동아시아 문명공동체: 인문종교와 문화예술

동아시아 문명공동체: 인문종교와 문화예술

초판 1쇄 인쇄 2018년 12월 15일
초판 1쇄 발행 2018년 12월 20일

지은이 / 선문대학교 역사문화콘텐츠개발연구소 편
인 쇄 / 북토리

펴낸곳 / 도서출판 동과서
서울시 영등포구 국회대로 53길 23, 태성빌딩 4층
등록번호 / 제22 - 405호

D.K.S. Publishing Co.
23, Gukhoe-daero 53-gil, Yeongdeungpo-gu,
Seoul, 07229 Rep. of KOREA

전화 / (02)333-7533
팩스 / (02)6280-2353

값 25,000원

ISBN 978-89-6525-135-4 (93150)

동아시아 문명공동체: 인문종교와 문화예술

선문대학교 역사문화콘텐츠개발연구소 편

동과서

인사말

현금 동아시아는 일국적 근대화 기획이 착수된 이후 동아시아공동체의 문화적 소통과 연대적 실제상들이 파편화 · 기형화되어 역내 국가 간 상호 대결과 분쟁이 일상화되고 있습니다. 이러한 동아시아권의 제반 분쟁과 균열 현상들은 초국가주의(transnationalism)적 평화협력 구상으로서의 '국제 공공성' 공백이 불러온 결과라고 할 것입니다. 그런 점에서 동아시아에 지속 가능한 '문화와 평화 질서'의 출현이 무엇보다도 절실한 때입니다. 인권과 평화 보장을 위한 초국적 연합체 강화는 '동아시아시민', 곧 역내 인권주의자와 평화주의자의 상호 빈번한 교류와 공감 속에서만 가능하다고 사료됩니다. 그리고 평화협력과 공동번영을 위한 바람직한 동아시아공동체는 '보편적 인권'과 '평화 이념'을 지향하는 시민사회가 그 정체성 구성의 주체가 되었을 때 견고해질 수 있을 것입니다.

이러한 문제인식 속에서 선문대 역사문화콘텐츠개발연구소에서는 국내 덕망 있고 고명한 여러 종교학자들을 모시고 동아시아문명과 그 안에서 결절結節된 값진 동아시아 종교적 에토스(ethos), 그리고 그 연대적 지혜를 듣는 소중한 자리를 마련했습니다. 이 논제는 '동아시아시민주의—종교시민사회 지역구상'이라는 새로운 평화협력 모델로서 동아시아인의 공통된 생활유전자인 '동아시아 종교생명주의'를 시민사회의 문화영역에 구현하고자 하는 구상이라 할 수 있습니다. 그 궁극적 지향점은 현재 세계적 담론인 공감 · 영성 · 예술 · 생명생태 문명의 동아시아적 의미를 진작시키고 그로부터 각성된 '동아시아 평화공동체'를 의제화하는 데 있습니다. 더불어 동아시아문명 차원에서 지역창생創生학, 문화예술 등을 확인하고 재음미해볼 수 있는 좋은 기회가 될 것입니다.

2018년 12월 10일

선문대학교 역사문화콘텐츠개발연구소

목 차

/ 제2부 동아시아 성서종교 담론 /

제3부 지역창생학, 다문화사회와 문화예술

/ 총론 /

동아시아 문명공동체 로드맵

-인문 · 종교 · 문화예술 네트워크-

전 홍 석(원광대학교)

1. 이끄는 말

21세기 전반은 인류 역사상 최대의 격동기다. 문명의 축이 변동됨은 물론 그 내용과 질이 대전환하고 있다. 서구중심주의(West-centrism)의 세계사적 철수단계인 '세계화(globalization)'의 패퇴는 중국을 비롯한 동아시아(East Asia) 중심의 새로운 시대를 촉진시키고 있다. 통상 현세기는 구미축이 침강하고 동아시아가 중심축으로 부상하는 '아시아태평양시대(the Asia-Pacific era)'[1]로 일컬어진다. 이 문명축의 변동은 미국의 동북아시아 주목, 서유럽의 대거 동진, 일본의 아시아 귀속 강조, 오세아니아 국가들의 탈구입아脫歐入亞 선포 등으로 이어지고 있다. 뿐만 아니라 태평양 횡단 교역량이 대서양 횡단 교역량을 두 배 이상 능가한 지 오래다. 그리고 21세기 초 한국, 일본, 중국, 타이완, 싱가포르 등 5개국의 GDP 합계는 유럽연합(EU) 27개국의 GDP 합계를 이미 앞질러 미국까지도 넘보고 있다. 더구나 미국과 유럽의 GDP 증가율이 하락세에 있는 반면에 동아시아의 GDP 증가율은 계속 상승세에 있다.[2]

그러나 이러한 동아시아권의 세계적 위상 제고와 세계경제의 동아시아화 추세에도 불구하고 정작 당사자인 한중일 3국은 전형적인 근대국가로 자처하면서 패권적 '국가주의(nationalism)'에 기대어 반목과 충돌을 거듭하고 있다. 동아시아는 여전히 '근대국가 시스템'과 이로부터 기인된 '냉전질서'가 지배하는 사회라고 할 수 있다. 본래 냉전질서는 전쟁을 멈춘 종전상태가 아니라 전쟁을 준비하고 국지적으로 전쟁을 치르고 있는

---

1) '아시아-태평양(Asia-Pacific)' 개념은 각광받는 새로운 지역 개념들 중 하나로 동북아시아와 동남아시아, 오세아니아, 러시아 극동지방, 그리고 미국, 캐나다, 맥시코를 포괄한다.

2) 황태연, 『공자와 세계 1: 패치워크문명 시대의 공맹 정치철학』 제1권 공자의 지식철학(상), 파주: 청계출판사, 2011, 50쪽 참조.

전시상황을 일컫는다. 이러한 냉전질서는 일상의 공간과 사고의 틀 속까지 전쟁의 의식과 구조를 심화시키고 있기 때문에 심각한 문제가 아닐 수 없다. 더욱 경계해야 할 점은 현 동아시아 질서의 축이 신종플루처럼 상황에 따라 변화하는, 곧 평화질서와 양립할 수 있을 만큼 새롭게 진화해 업그레이드된 '신냉전질서'라는 사실이다.[3)]

최근 역사 · 영토 문제 등의 신민족주의, 신냉전 기류는 동아시아의 분열상을 극명하게 보여준다. 일본은 점증하는 인접국의 국력신장에 맞서 자신들의 기득권 수호를 위해 군사비지출 세계 4위, 해군력 2위를 바탕으로 평화헌법 폐지, 집단자위권, 핵무장의 노골화, 주변국가와의 독도, 센카쿠(尖閣)열도 영토 분쟁 등 여러 잡음을 내고 있다. 중국 역시도 대국굴기大國崛起라는 말이 보여주듯이 과도한 패권의식으로 주변국을 복속시키고자 하는 대국주의적 야욕을 확산시키고 있다. 중국은 자국과 미국의 '주요 2개국(G2) 시대'를 선언하면서 동아시아의 패권을 장악하려고 한다. 일본과는 댜오위다오(釣魚島, 일본명 센카쿠열도) 분쟁을, 동남아시아 국가들과는 난사(南沙)군도와 시사(西沙)군도 영유권 분쟁을 벌이고 있다. 또한 동북공정, 불법어로, 이어도 영토 분쟁화 시도 등은 한국과 직접적으로 갈등을 빚는 대표적인 사안들이다. 이러한 현 동아시아권의 제반 분쟁과 균열 현상들은 초국가주의(transnationalism)적 평화협력 구상으로서의 '국제 공공성' 공백이 불러온 결과라고 할 수 있다.

그런 점에서 동아시아에 지속가능한 '문화와 평화 질서'의 출현이 무엇보다도 절실한 때다. 다시 말해 동아시아의 경제적 성장과 물질적 번영이 보다 발전된 형태로 상승 · 지속되려면 이를 보위할 '동아시아적 가치'가 응축된 이 지역의 영구적인 평화번영체제 구축이 선행되어야 한다.

---

3) 이기호, 「동아시아 시민사회 지역구상에 대한 고찰」, 『동향과 전망』 통권78호, 박영률출판사, 2010, 189쪽.

그리고 시민사회 문화시스템이 동행하는 '동아시아성'의 확보만이 역내域內 생활세계의 민주적 잠재력과 참여, 더 나아가 인권보호, 평등한 상호 인정과 존중을 기대할 수 있다. 따라서 본고에서 제안하는 혁신적인 동아시아 다이멘션(Dimension)으로서의 '문명공동체 로드맵'은 동아시아 생명문화운동의 핵심인 인문인, 종교인, 문화예술인을 역내 연결망(network)의 '생명주의 데모스(Demos, 마을 · 민중 · 시민 · 다수)'로 격상시켜 동태적이고 역동적인 '동아시아의 정체성(identity)'을 모색하는 데 목표를 둔다.[4] 그 궁극적 지향점은 현재 세계적 담론인 예술 · 공감 · 영성 · 생태문명의 동아시아적 의미를 진작시키고 그로부터 각성된 '동아시아 평화공동체'를 정식화하는 데 있다.

2. 문명공동체: 시민사회 지역구상

현재 글로벌(global) 사회와 식민지적 지배가 동일선상에 존재한다면 그에 맞서 문명공동체적 '지역화(regionalization)'로의 전환노력 역시 간과될 수 없다.[5] 동아시아공동체의 전제조건인 '지역정체성'은 분명 미래의

---

4) 본고에서 제안하는 동아시아 시민사회 지역구상으로서의 '인문 · 종교 · 문화예술 네트워크'는 1990년대 초부터 등장한 한국발 동아시아담론사로 볼 때 '동아시아아이덴티티(identity)담론', 이를테면 지역정체성이란 어떤 고정적이고 정태적인 것이 아니라 역동적인 사회적 과정을 통해 끊임없이 변형되고 재구성된다고 보는 동아시아정체성론, 그리고 '대안체제담론(동아시아대안문명론)'에서의 동아시아 문화공동체 형성, 즉 동아시아 역내 시민사회 등에 의한 아래로부터의 연대(동아시아 시민사회 공동체) 추구와 맥을 같이한다. 박승우, 「동아시아 공동체 담론 리뷰」, 『아시아 리뷰』 제1권 제1호, 서울대학교 아시아연구소, 2011, 77~89쪽 참조.

5) 이 연구에서 사용하는 '지역화(regionalization)'란 개념은 주로 민간(시민)영역이라는 점

기획이자 이 미래를 조망하면서 과거로부터 성찰하는 기획이다. 그런 만큼 시간의 퇴적 위에 만들어진 공간의 존재방식으로서 동아시아의 '지역성'을 찾는 작업에는 많은 인내와 지속성이 필수적이라고 말해지는 것이다. 사실 근대 동아시아의 역사는 "전제와 정체의 동아시아로부터 해방과 변혁의 동아시아라는 대조적인 이미지로 이행해온 역동의 과정"6)이었다. 후자와 관련해 동아시아에서 그 고유한 전통성과 정체성을 기반으로 단일성과 연대를 추구하고자 하는 관심은 20세기 초 이래 동아시아 지식인들의 상상력을 지속적으로 자극해왔다. 최초의 동아시아공동체 논의는 안중근이 남긴 『동양평화론』에서 확인할 수 있다. 여기서 그는 한국, 중국, 일본 3국간의 상설기구인 '동양평화회의체 구성', '동북아 3국 공동은행 설립과 공용화폐 발행', '동북아 3국 공동평화군 창설' 등을 제의함으로써 동북아시아공동체 형성이론의 사상적 선구로 평가된다.7)

에서 국가영역인 '지역주의(regionalism)'와 구별된다. 이를테면 지역주의란 다수의 국가를 포괄하는 특정지역에 다자적인 교류와 협력의 틀을 제도화하는 시도를 말한다. 지역주의의 주된 행위주체는 국가기구로서 기본적으로 지역주의는 국가가 위로부터 주도하는 움직임이다. 반면에 '지역화'는 민간영역에서 이루어지는 다양한 경제적·사회문화적 교류와 상호의존의 증대를 말하는데 이는 아래로부터의 추동력이라 할 수 있다. 박승우, 「동아시아 공동체와 동아시아 담론」, 『동아시아브리프』 제6권 제4호(통권 22호), 성균관대학교 동아시아학술원 동아시아지역연구소, 2011, 13쪽 참조.

6) 김경일, 『제국의 시대와 동아시아 연대』, 파주: 창비, 2011, 8쪽.

7) 안중근의 『동양평화론』은 1910년 여순 감옥에서 작성된 미완성의 글이다. 그 특징을 보면 민족국가의 독립사상과 동양평화사상이라는 공존형이 아닌 양자의 통합형이다. 이를테면 지금까지 한국이나 미국에서 주로 행하고 있는 두 당사국끼리의 양자동맹형이 아니라 여러 나라가 함께하는 다자동맹형이며, 독립국가들 간의 국가연합과 같은 칸트형이 아니라 독립국가들의 다자동맹 위에 초국가적 통합체를 만든다는 장모네형이다. 따라서 개별국가의 사업들을 서로 돕는 협력형이 아니라 동맹체가 함께 입안 추진하는 공동사업형이다. 안중근의 한중일 공동평화군 창설, 공동은행 설립, 공동화폐 발행, 공동산업개발 추진 등은 유럽경제통합 이후의 과제들이다. 그리고 이러한 공동사업들이 한 단계에서 다음 단계로, 한 지역에서 다른 지역으로 확산되어가는 신기능주의형이다. 유럽통합체가 밖으로 당시 소련의 도전에 공동대응하고

이른바 '동아시아'란 정치적 · 경제적 · 문화적 · 역사적 경험공간과 그 미래의 기대지평이 복합적으로 융합된 '지리정치적(geopolitical) 개념이자 지리문화적(geocultural) 개념이다. 초국가적 동아시아공동체, 즉 지역연대와 지역정체성 구성을 핵심으로 하는 '동아시아담론'은 이들 개념군과의 밀접한 연관 속에서 지난 1990년대 초부터 점차로 고조되었다.[8] 다시 말해서 20세기 후반 냉전체제의 붕괴와 함께 미소 양극 중심의 세계질서가 다극구조로 전환하는 과정에서 동아시아 국제질서의 재편, 또는 동아시아의 새로운 공존과 연대의 모색이 관심의 대상이 되면서 본격화된 것이다.[9] 최근 '동아시아' 개념은 동북아시아뿐만 아니라 동남아시아까지 포괄하는 보다 넓은 의미로 사용되기도 한다. 그러나 유교문명권으로 한정했을 때 동아시아는 중국, 한국, 일본, 베트남을 주요 구성원으로 하며 중국의 소수민족, 타이완, 홍콩, 싱가포르, 몽골, 일본의 일부가 된 오키나와(琉球)도 포함된다.

여하튼 이 지역주의자들은 유럽연합(EU), 북미주자유무역지대(NAFTA) 등의 예로부터 고무되어 특정한 지역을 바탕으로 초국가적 공동체를 만들거나 또는 국가 간 경쟁과 분쟁을 종식시키기 위해 지역적 협력과 정체성의 형성을 강조했다. 이러한 노력은 1967년에 결성된 동남아시아국가연합(ASEAN, Association of Southeast Asian Nations)에 추가하여 아세안(ASEAN: 필리핀 · 말레이시아 · 싱가포르 · 인도네시아 · 태국 · 브루나이 · 베트남 ·

안으로 독일을 공동체의 틀 속에 묶어두듯이, 동양평화론은 밖으로 서양 혹은 외부 제국주의의 도전에 공동대응하고 안으로 일본의 침략주의를 자신의 틀 속에 묶어두려는 구상이다. 윤현근, 「동아시아공동체 수립에 있어서 동아시아 지역주의의 근원과 함의」, 『국방연구』 52권 3호, 2009, 46쪽; 김영호, 「국제: 안중근 동양평화론 토대 위에 '동북아 건축학개론' 열어라」, 『한겨레』, 2014. 01. 02., 10면 TOP 각각 참조.

8) 전홍석, 「동아시아 모델의 전환: 중세화론과 진경문화」, 『조선시대 공공성 담론의 동학』(황태연 외), 성남: 한국학중앙연구원 출판부, 2016, 206쪽 참조.

9) 김경일, 『제국의 시대와 동아시아 연대』, 6쪽.

라오스 · 미얀마 · 캄보디아)과 한국 · 중국 · 일본 3국 간의 ASEAN+3(APT), 동아시아정상회의(EAS) 등과 같은 지역공동체의 출범으로 결실을 맺기도 했다. 그러나 '동아시아공동체' 형성을 위한 이러한 다각적인 노력에도 불구하고 그 내용을 자국의 욕망과 이해利害관계를 투사해서 채우고자 하기 때문에 동아시아공동체 실현은 요원하게만 느껴진다. 탈냉전으로 일시 사라졌던 해양세력과 대륙세력 간의 팽팽한 대결구도가 다시 살아났고 '동아시아공동체 구상'은 관심권에서 멀어지고 있다. 저간의 한중일 3국의 국제관계는 급속히 악화되어 신냉전, 신민족주의 기류를 형성하면서 그 위험 수위를 넘어서고 있다.

그나마 다행한 것은 2018년 2월 평창동계올림픽의 남북대화, 3월 대북, 방미 특별사절단 파견 등을 계기로 화해무드가 조성되고 있다. 방북을 마친 특사단은 4월말 제3차 남북정상회담 개최 합의와 북한의 비핵화 의지 표명 등의 성과를 이루어냈다. 그 뒤로 곧바로 이어진 방미 특사단의 활약은 5월 말~6월 초 북미 첫 정상회담, 북한 비핵화에 대한 기대감을 고조시켰다. 급기야 4월 27일 감격스러운 '2018 남북정상회담'이 실현되었다. 두 정상은 평화의 집에서 3개 장 13개 조항으로 이뤄진 '한반도의 평화와 번영, 통일을 위한 판문점 선언'에 합의했다. 이 '판문점 선언'은 남북관계 개선, 전쟁위험 해소, 항구적 평화체제 구축을 골자로 한다. 그리고 이러한 노력은 사상 최초로 이루어진 싱가포르에서의 '6 · 12 북미정상회담(2018)'의 성사로 결실을 맺었다. 양 정상은 완전한 비핵화, 평화체제 보장, 북미 관계 정상화 추진, 6 · 25 전쟁 전사자 유해송환 등 4개 항에 합의했다. 그러나 이러한 대반전에도 불구하고 CVID(완전하고 검증가능하며 불가역적인 비핵화)의 논란 속에서 '북의 비핵화'가 아니라 남쪽의 미군을 포함하는 '한반도의 비핵화' 쟁점이 해소되지 않고 있어 한반도 정세는 여전히 불안정한 상태다. 더군다나 현재 동북아시아는 때 아닌 신냉전질서가 재현되면서 혼돈의 각축장이 되고 있다. 예컨대 국제 구도의 다극화 특징인 해묵은 영토·역사 문제, 위안부 문제, 사드(THAAD, 고고도미사일방어시스템)사태 등으로 불신과 대립이 상존한다.

특기할 사항으로 이러한 냉전질서는 현재 동아시아에 자리 잡고 있는 '근대국가 시스템'의 태생적 산물이라는 데 심각성을 더해준다. 현 동아시아 다극화체제의 핵심인 이 근대국가 범주는 본질적으로 근대적 '국민(민족)국가(nation-state) 시스템'과 겹친다. 엄밀히 말해서 근대 세계시스템의 역사는 서구에서 형성된 근대국가의 조직체가 지구상에 보급되어 가는 과정이었다.[10] 그리고 이 시스템은 유럽의 중세와 비교할 때 '민족국가'의 압도적인 우위성이 확보되었다는 데 특징이 있다. 여기서 "민족국가의 존재 이유는 영토의 독점지배, 다른 나라와의 전쟁을 통한 영토장악, 국가에 충성할 의무를 가진 사람들을 국경 내에 격리하는 데 기초한다".[11] 또한 대외적 차원에서 근대국가는 어떤 외부의 권위에 대해서도 자유로우며 다른 국가들과 평등한 동격의 관계를 유지한다. 그런 이유로 다른 근대국가들과 끊임없는 경쟁관계에 있다. 이 경쟁의 목표는 영향력, 권력, 그리고 가장 중요하게는 생존이며 그 경쟁 과정에서 피비린내 나는 '전쟁'이 수반된다.[12] 냉전질서는 이러한 근대국가의 생존공식으로서의 전쟁을 내장하고 있는 질서, 곧 무력에 기초한 평화를 의미한다.

이처럼 현 동아시아지역의 반목과 충돌은 공존의 질서를 보장하고 갈

---

10) 이 중앙집권식 근대 세계시스템이 출현한지는 인류 역사상 그렇게 오래된 것은 아니다. 이 서구식 모델인 근대국가는 '중세 말·근대 초(15~18세기)' 유럽에서 등장하여 여러 세기에 걸쳐 지리적 범위를 확대하는 데 성공했다. 이후 그 존재양식은 세계 여타 지역으로 확산되었고 오늘날 그것은 '국가' 그 자체와 동일시된다.

11) Jeremy Rifkin, *The European Dream: How Europe's Vision of the Future is Quietly Eclipsing the American Dream*, New York: Tarcher, 2004. 제러미 리프킨, 『유러피언 드림』, 이원기 옮김, 서울: 민음사, 2012, 262쪽.

12) 김준석, 『근대 국가』, 서울: 책세상, 2011, 39쪽 참조.

등을 조정하는 '초국가적 공간'과 '국제 공공성'이 부재한 데서 기인한다. 아울러 그로부터 파생된 과거 생존공식으로서의 근대국가체제 내지는 그 국제규범을 지나치게 고집한 데서 원인을 찾을 수 있다. '근대 국민(민족)국가 시스템'이 조성하는 냉전질서는 가장 중요한 행위자로 '국가'를 불러내고 국가에 배타적 지위를 부여한다. 그럼으로써 "국가 이외의 행위자는 항상 주변부에 배치되고 국가 간의 의사결정 과정에서 완전히 배제되거나 국가의 필요에 의해 참여가 조절되거나 통제된다".[13] 더구나 이 민족국가의 탄생과정에서 상상된 '민족' 개념은 역사상 그 내부의 억압과 차별을 은폐하는 억압적 기제이자 그 문화적인 근원에 이미 폭력성을 내포한다. 동아시아지역에 있어 근대적인 민족국가의 성립과정에서 발생된 일련의 배타적이고 대결적인 민족주의 전쟁사가 이를 반증해준다.

그러므로 근현대 동아시아지역의 역사적 상흔을 고스란히 간직하고 있는 이 '민족' 개념은 동아시아공동체 구성에 부정적일 수밖에 없다. 이 지점에서 문명공동체론의 핵심가치인 '동아시아시민(시민사회)'을 거론해 볼 수 있을 것이다. 국가의 무력에 기초한 냉전질서가 횡행하는 이때에 가장 주목해야 할 공간이 '동아시아 시민사회'가 아닐 수 없다. 무엇보다도 동아시아지역의 공동번영과 평화프로세스의 추진은 시민사회가 주도하는 수평적 연대와 교류가 필수적임은 재론의 여지가 없다. 동아시아시민은 국가와 시장의 실패에 대한 대안으로서 '문명(Civilization)'의 경계가 그렇듯이 국가시민과 세계시민의 중간 지점에 위치한다. 이들은 "기본적으로 국가나 민족, 지역의 경계를 뛰어넘어 자발성을 바탕으로 국적에 구애받지 않고 개인의 자격으로 국제사회의 동학에 참여하는"[14] 사람들이다. 더욱이 그들의 문화적 체험과 집합적 정체성은 동아시아 문명공동

13) 이기호, 「동아시아 시민사회 지역구상에 대한 고찰」, 190쪽.
14) 박길성, 『세계화: 자본과 문화의 구조변동』, 서울: 사회비평사, 1996, 72쪽.

체 구상을 위한 출발점과 그 자원이 될 수 있다.

이 '시민사회 지역구상'은 국가와 자본으로부터 그 발상이 독립적이며 창의적이고, 국경을 넘어서는 도전들에 대해 책임성과 공공성을 가지고 접근한다는 점에서 중요하다. 따라서 이 접근법은 그 자체가 이미 냉전 질서를 부정하는 사고와 원칙을 가지고 출발한다고 하겠다.[15] 21세기는 시간과 공간이 더욱 압축되면서 인간활동이 세계적인 흐름으로 변했다. 그러므로 원래 재산을 보호하고 영토를 방어하기 위해 만들어졌던 배타적 통치체제인 '민족국가'는 세계 전체에 영향을 미치는 위험과 위협에 효과적으로 대처하기 어렵다. 우리는 과거 잘못된 국가주의의 이념으로 겪어야 했던 불행한 역사와 그 전쟁의 참상들을 기억한다. 이제 안전에 대한 개념도 국가적 영토라는 좁은 한계, 그리고 재산권 및 시민권에 따르는 제한된 보호를 초월해 더욱 넓어져야 한다.

이러한 생각은 포용적인 '문명' 기제를 통한 '보편적 인권'의 실현, 즉 그 보호와 안전의 의미장을 확장하자는 주장을 함축한다. 과거 가변적 · 대결적 · 배타적인 국가 단위보다는 그 본질이 "가장 상위수준에 있는 사람들의 문화적 결집체이며 가장 광범위한 수준의 문화적 동질성"[16]이라는 점에서 비교적 안정적 · 공생적 · 포용적 문명 단위가 국제질서와 세계체제이론으로서 정합성을 갖추어가고 있다. 그리고 그 필요성에서 새로 대두된 정치적 · 문화적 개념이 다름 아닌 인간의 공통된 취약성과 연약성, 그리고 그 안전의 필요성에 공감하는 '보편적 인권'이다. 이 보편적 인권은 미래학자 제러미 리프킨(Jeremy Rifkin)의 견해에 따르면 "연결된 자와 단절된 자, 포함된 자와 배제된 자 사이의 격차를 줄이기 위한 행

15) 이기호, 「동아시아 시민사회 지역구상에 대한 고찰」, 194쪽 참조.

16) Samuel Huntington, *The Clash of Civilizations and the Remaking of World Order*, New York: Touchstone, 1997. 사무엘 헌팅턴, 『문명의 충돌』, 이희재 옮김, 서울: 김영사, 1998, 49쪽.

동기준"[17]이다. '공감(empathy)'은 새로운 사회적 접착제이며 '보편적 인권'은 세계화 의식을 증진하는 새로운 행동규범인 것이다. 그런데 다른 사람의 곤경과 고통에 공감해야만 보편적 인권을 존중할 수 있다. 공감의 '감(感, pathy)'은 다른 사람이 겪는 고통의 정서적 상태로 들어가 그들의 고통을 자신의 고통인 것처럼 느끼는 것을 뜻한다. 좀 더 부연해보면 수동적인 입장을 의미하는 동정(sympathy)과 달리 공감은 적극적인 참여를 의미하며 관찰자가 기꺼이 다른 사람의 경험의 일부가 되어 그들의 경험에 대한 느낌을 공유한다는 의미인 것이다.[18]

중세에 그리스도교적 영구 구원의 꿈을 활성화시킨 사회적 접착제는 '신앙(faith)'이었다. 근대에 와서는 물질적 진보를 위해 누구나 추구한 것이 '이성(reason)'이었다. 그러나 지금 도래하고 있는 새로운 시대에는 인간의 공통된 취약성을 보호하고 세계화 의식을 갖기 위한 수단이 바로 '공감'이다.[19] 그렇다고 해서 신앙과 이성을 부정하는 것은 아니다. 리프킨은 과거의 사회적 접착제인 신앙, 이성은 공감과의 상호보완적 관계임을 역설한다. "온전한 세계화 의식은 이 세 가지 사회적 접착제를 특정한 순위 없이 전부 수용한다. 신앙, 이성, 공감은 전부 성숙한 인간의식에 필수적인 요소다. 각각은 상호 배타적이 아니라 상호보완적이다. 13세기의 위대한 신학자 성 토마스 아퀴나스(Thomas Aquinas)는 신앙과 이성 사이의 조화, 미묘한 합을 찾기 위해 노력했다. 그렇다면 글로벌 시대의 시급한 과제는 무엇일까? 신앙, 이성, 공감 이 세 가지를 상호보완적으로 통합하는 '새로운 합'을 만들어내는 것이다."[20] 이와 같은 인간 본성에 대

---

17) 제러미 리프킨, 『유러피언 드림』, 361쪽.

18) Jeremy Rifkin, *The Empathic Civilization: The Race to Global Consciousness in a World in Crisis*, Cambridge, UK: Polity, 2010. 제러미 리프킨, 『공감의 시대』, 이경남 옮김, 서울: 민음사, 2010, 19~20쪽 참조.

19) 제러미 리프킨, 『유러피언 드림』, 349~350쪽, 참조.

한 새로운 이해가 다름 아닌 동아시아 시민사회 지역구상으로서 '인문 · 종교 · 문화예술 네트워크(network)'를 문명공동체의 핵심요소로 배정하게 된 이론적 근거가 된다.

3. 인문·종교·문화예술 네트워크

동아시아 평화공동체 구성을 위한 연대와 공조는 우리는 하나라는 인도주의적이고 보편적인 인간애의 '공감' 속에서만 가능할 것이다. 아울러 소통과 화해에 이르는 '지역정체성'은 타자와 공유하는 생명존중의 호혜적 각성에서 비롯되며, 이러한 공존의식이 공고화되었을 때 화합과 조화, 그리고 공동번영이라는 '평화공동체적 공동선'에 도달할 수 있다. 지난날 패권주의시대에 이방세계의 타자에 대한 정복과 승리의 논리가 득세했다면 현세기는 이질적이고 적대적 관계의 그들과 대화하고 화합하는 문명공동체 차원의 '공감적 공존의 철학'을 모색해야 한다. 우리는 그 사유모델을 근대성(modernity)과 끊임없는 교섭 속에 있는 전통시대 동아시아의 사상과 지형에서 찾아볼 수 있다. 이 논제는 동아시아의 전통 깊은 문화유산을 통해 대안적 정치 · 경제 · 사회체제를 모색하려는 시도[21], 그리고 세계문학사에 나타난 유럽중심주의에 대한 문제의식을 바탕으로 동아시아의 문학유산의 상징적 의미를 읽어내고 이를 미래에 투시하는 방법을 통해 유럽중심주의에서 탈피하고자 하는 노력[22] 등과 맥을 같이

20) 제러미 리프킨, 『유러피언 드림』, 351~352쪽.

21) 김형찬, 「동아시아 공동체와 한국철학의 정체성」, 『오늘의동양사상』 14, 예문동양사상연구원, 2006, 197~203쪽 참조.

한다.

그런데 이러한 방향의 연구는 본래 '동아시아성' 영역이었던, 즉 보편적 성인聖人의 문덕文德", '도道'와 연결되는 문명생명주의의 '중화中華'를 근대 국가주의 · 민족주의와 대척점에 위치한 '동아시아시민주의'로 격상시키는 작업이 중요하다. 이것은 현재 국민국가 범주로 전락한 '중화'의 의미적 용법을 문명공동체적 의미로 재개념화, 복원하는 일과 관련된다. 더 나아가서는 서구와 일본 제국주의의 폭력적인 '근대화(modernization)' 개입으로 인해 파괴된 동아시아 '중화 세계시스템'을 현재화하는 작업과도 무연하지 않다. 여기에는 또한 동아시아 '평화협력의 문명코드 — 중화생명주의'를 수반하는 평등과 호혜, 개방과 포용, 관용과 다양성 등의 현대적이고 민주적인 원칙들이 반영되어야 함은 물론이다. 그 궁극적 실현체는 '동아시아시민주의'가 선도하는 예술 · 공감 · 영성 · 생태문명과 그에 기초한 항구적인 '동아시아 평화공동체'라고 할 수 있다.

이 발상은 최근 급부상하고 있는 '탈근대적 중세화(medievalization)론'과 접맥된다. 중세화론은 상호의존이 심화되고 세계화가 일정한 단계에 도달했을 때의 국제관계를 나타내기 위한 용어로 출현한 것이다. 잘 알다시피 근대화는 'modernization'의 번역어로 등장한 말이다. 근대화는 그 진원지가 서구라는 점에서 유럽문명권에서 먼저 이루어진 논의를 그 용어와 함께 수입한 것이다. 그런데 중세화를 뜻하는 'medievalization'은 영어를 비롯한 서구어에는 없는 말이라고 한다. 그런 까닭에 일각에서는 동아시아의 용어 중세화를 'medievalization'으로 번역해 사용해야 함은 물론, 동아시아학계가 앞서서 '중세화론'을 개척하고 정립해야 한다고 주장하게 된다.[23] 아무튼 이 신중세화 이론은 1960~70년대에 아놀드 월퍼스

22) 조동일, 『하나이면서 여럿인 동아시아 문학』, 서울: 지식산업사, 1999, 39~40쪽 참조.
23) 조동일, 『동아시아문명론』, 파주: 지식산업사, 2010, 27~28쪽 참조.

(Arnold Wolfers), 헤들리 불(Hedley Bull) 등에 의해 제기된 바 있다. 특히 헤들리 불은 장래에 출현할 가능성이 있는 국제시스템의 하나로서 '새로운 중세'를 제시했다. 이러한 '신중세화체제'는 오늘날 서구가 유러피언 드림(European Dream)으로 대변되는 EU의 실체를 '신중세화'로 파악하고 있다는 점에서 특기할만하다. 최근의 주창자들로서는 리프킨을 위시해서 일본의 저명한 국제정치학자 타나까 아끼히꼬(田中明彦), 국내에서는 동아시아학의 노학자 조동일 등이 눈에 띈다.[24)]

이처럼 '신중세화론'과 연계시켜 볼 때 '중화'적 가치는 전통문화의 현재성과 관련됨을 알 수 있다. 근대 국가주의의 틀에서 벗어나게 되면 '중화'의 의미 구성체로부터 긴밀한 내적 연관관계의 풍부한 '동아시아적 함의'를 추출할 수 있다. 그것은 동아시아의 정체성과 그 연대감을 추동하고 강화하는 역내 공통된 '문명의 생명소'로 작동해왔다. 그리고 '중화 공공성'은 동아시아 현실역사에서 원심적 '중화보편주의'와 구심적 '중화민족주의'로 표출되었다. 역사상 중화문명은 동아시아 여러 이족夷族지역의 소단위 민족문화와의 교섭 속에서 창출·발전되었고 동아시아의 모든 공동체 구성원들이 함께 공유하고 향유한 것이다. 그러므로 그 중심이 화족華族의 중국에만 국한되지 않는다. 더 정확히 말해서 동아시아의 보편적 규범인 중화는 원천적으로 배타적 근대 국가주의로 한정시켜 사유할 수 없다.[25)] 현재에도 중화보편주의는 동아시아문명의 역내 생명소로

24) 전홍석, 「동아시아 모델의 전환: 중세화론과 진경문화」, 214~220쪽 참조.

25) 전홍석, 「동아시아 모델의 전환: 중세화론과 진경문화」, 237~238쪽 참조. 이와 함께 본고에서 지칭하는 '중국'이란 말 역시도 오늘날의 국가(중화인민공화국) 개념이 아니라 동아시아대륙의 중심부 중원中原을 지배하는 왕조, 즉 책봉의 권한을 가진 천자天子의 제국임에 유념해야 한다. 더욱이 그 왕조의 지배민족 역시도 역사상 한족漢族만이 아니었고 선비, 거란, 여진, 몽골 등의 다른 여러 민족도 함께 포함되었다. 전통시대 동아시아의 국가는 특정한 가문이 국가권력을 독점하는 왕조의 형태로 존재했다. 예를 들면 한漢은 곧 왕조의 명칭이며 국가의 칭호였다. 그러나 중국은

투영·편재偏在하여 한족중화주의, 티베트중화주의, 신장新疆중화주의, 월남중화주의, 일본중화주의, 한국중화주의 등의 각양각색의 생동하는 중화민족주의적 스펙트럼을 구성한다.

사실상 '동아시아—중화'란 지리상의 개념으로서의 고정된 경계나 구조를 가진 실체가 아니다. 그것은 이 지역을 구성하는 주체의 행위에 따라 유동하는 역사적이고 문화적인 공간이다. 더욱이 동아시아세계는 하나의 사유공간이자 문제설정으로서 새로운 실험을 통해 창조되는 미래 지향적인 과제임과 동시에 '동아시아성'의 재활성화를 기약하는 과거로부터 재구성되는 반성적 영역임을 상기할 필요가 있다. 백영서의 표현을 빌리자면 이것은 '지적 실험으로서의 동아시아'로, "동아시아를 어떠한 고정된 실체로도 간주하지 않고 항상 자기 성찰 속에서 유동하는 것으로 파악하는 사고와 그에 입각한 실천의 과정을 뜻한다".[26] 그런 의미에서 여태까지의 동아시아가 어떤 사상事象이나 성질이 유사한 지역범위인 '등질지역'을 찾아나서는 작업이었다면, 그보다 어떤 중심지의 기능이 미치는 범위인 '기능지역'을 찾아내는 작업이 필요하다는 생각은 한 가지 방법일 수 있다. 그 개진된 진술을 옮겨보면 "정치적 기능지역, 경제적 기능지역, 문화적 기능지역 등 구체적 요소—예를 들면 책봉, 동전의 유통, 서적의 유통 등—에 따라 하이퍼텍스트(hypertext)와 같이 등질지역으로서의 동아시아는 그 지리적 영역이 고정된 것이 아니라 신축적이며 다양하고, 따라서 동아시아는 하나가 아니라 다수 존재할 수 있고 그러한 다수의 동아시아들이 중첩되며 동아시아가 존재하게 될 것이다."[27]

국가개념이 아니었다. 그것은 중원이라는 특정한 활동 공간에서 '중화' 문화를 창조하고 향유하면서 역사적 경험을 공유한 특정 '역사공동체'의 명칭이었다. 김한규, 『천하국가: 전통 시대 동아시아 세계 질서』, 서울: 소나무, 2005, 10쪽 참조.

26) 백영서, 「중국에 '아시아'가 있는가? — 한국인의 시각」, 『발견으로서의 동아시아』(정문길 외 엮음), 서울: 문학과지성사, 2000, 58쪽.

이러한 인식 속에서 본 로드맵은 '인문 · 종교 · 문화예술 네트워크'를 통해 지속적으로 창신創新해가는 동아시아 문명공동체 구성을 제안하다. 그리고 이 제안은 크게 보아 '동아시아 시민사회 지역구상'[28] 노선에 합류한다. 이 발상 이면에는 "국가를 넘어서는 시민사회 네트워크는 새로운 가치들을 실험하고 미래에 대한 공동의 기억을 키워가기 위해서도 중요하다. 동시에 그러한 실험이 가능한 시민사회의 자원이 무엇인가에 대해 고민하고 그 에너지가 소진되지 않고 언제든지 충전될 수 있도록 노력하는 것이 필요하다."[29]라는 문제의식이 존재한다. 인권과 평화 보장을 위한 초국가적 연합체 강화는 '동아시아시민', 곧 역내 인권주의자와 평화주의자의 상호 빈번한 교류와 공감 속에서만 가능하다. 그리고 공존과 공동번영을 위한 바람직한 동아시아 문명공동체는 공감적 문화(생명)감수성에 기초한 '보편적 인권'과 '평화 이념'을 지향하는 시민세력이 그 정체성 구성의 주체가 되었을 때 견고해질 수 있다. 이것이 바로 역내 인문 · 종교 · 문화예술 네트워크를 통한 '동아시아 평화공동체' 구축을 제안하는 이유다.

근본적으로 '동아시아 문명공동체' 실현은 역내 제국諸國이 근대적 민족(국민)국가의 사고회로에서 벗어나 동아시아성과 세계성에 접속하는

27) 하세봉, 「한국학계의 동아시아 만들기」, 『동아시아 문화와 사상』 제4호, 동아시아문화포럼, 서울: 열화당, 2000, 231쪽. '지역'이라는 단어는 일국一國 내의 지방(local), 특정한 지대(area), 광역권(region)을 포함하는 그 외연이 폭넓은 개념이다. 그런데 지리학에서는 리전(region)을 '일정한 기준에 의해 성질이 같거나 서로 밀접한 공간관계를 갖는 범위'라 규정하고 지역을 등질지역과 기능지역으로 구분한다.

28) 이유선, 「동아시아 공동체의 가능성과 시민사회」, 『사회와철학』 제11호, 사회와철학연구회, 2006; 이기호, 「동아시아 시민사회 지역구상에 대한 고찰」; 신종훈, 「유럽정체성과 동아시아공동체 담론 : 동아시아공동체의 정체성에 대한 비판적 질문」, 『歷史學報』 제221집, 2014 각각 참조.

29) 이기호, 「동아시아 시민사회 지역구상에 대한 고찰」, 206쪽.

'열린 민족주의'의 성숙이 요청된다. 이와 연동된 문제로서 이 지역의 평화협력과 공존공영 역시 영토에 기초한 의무와 재산권에서 탈피해 '지역의 공동선'에 입각한 의무와 '보편적인 인권'에 애착을 가져야만 가능한 일이다. 때문에 문명공동체의 구성 주체로서 '동아시아 시민사회'를 요청하는 것이다. 주지하다시피 "시민은 자유를 사랑하고 타인의 존엄과 자유를 존중하며, 평등한 관계 속에서 타인과 연합하고 그들과 함께 '더불어 사는 삶'을 실현하기 위한 공동의 가치와 행동 방안을 만들어가는 사람들이다".[30] 특히나 '생명'을 체현하는 인문 · 종교 · 예술세계는 문화지형의 최고단계에 위치한다. 그러니만큼 본고에서 제시하는 동아시아의 평화 네트워크는 상호중첩적인 다원적 지역문화를 창조적으로 형상화하는 문화예술인, 경건성과 생명애로 자기희생을 감내하는 종교인, 그리고 국가민족주의의 완충지대인 문해율을 높이고 문명공동체적 가치를 이론화하고 대중화하는 인문학자로 구성된다.

이들 동아시아의 실존자(existant) 인문인, 종교인, 문화예술인은 문명(중화)생명주의의 데모스이자 이 지역 문화소통코드의 계발생산자로서 반목과 분쟁의 요소를 희석시키고 동아시아를 공감(생명)적 화해의 문명세계로 추동할 것이다. 여기서는 인문인, 문화예술인 못지않게 기성의 사고형식을 넘어서서 무한한 문화창신의 가능성을 담지한 '종교 영역'이 주효하다. 왜냐하면 신앙은 지知, 정情, 의意의 경험 전체뿐만 아니라 그 경험을 초월한 영역에까지 관계하기 때문이다. 각설하고 본 제안 네트워크의 공공성은 공감, 생명, 영성, 명상, 영감, 초월성, 아우라 등의 주제어를 통해서 동아시아인들의 "내면적 삶의 평화 완성과 지구 생태계와의 영적인 소통에 의한 총체적 오염의 사전 극복, 그리고 인간 간의 시장적 관계를 넘어서는 참다운 초월적 사랑을 획득"[31]하는 데 있다. 이제 동아

---

30) 신진욱, 『시민』, 서울: 책세상, 2009, 16쪽.

시아인들은 상호 대결적이고 배타적인 국가주의를 초월할 만큼 정신적 지혜의 성숙기에 접어들었다. 동아시아는 분쟁과 갈등으로 점철된 20세기로부터 탈각하여 21세기 공감적인 보편적 인간애에 기초한 평화와 공치共治의 모습으로 일신해야 할 전환점에 당면해 있다. 그런 점에서 초국적 시민사회로서의 인문 · 종교 · 문화예술 네트워크는 문명공동체의 행위자, 소통자로 작동하며 지속가능한 '동아시아의 정체성'을 간단없이 창조 · 정립해나갈 것이다.

문명공동체적 관점에서 볼 때 '동아시아의 정체성'은 전통적 문화자산과 겹치는 공동의 역사경험을 활용하여 끊임없이 현재적으로 창신해야 할 과제다. 또한 거기에는 '동아시아시민주의'에 입각한 역내 문화적 교류의 확대를 통해 국가, 민족, 소지역의 문화적 특수성을 넘어서 오히려 거기로부터 수렴되는 동아시아의 공동선, 곧 문명보편주의가 창달되어야 한다. 그런 의미에서 동아시아의 공적 영역인 '중화생명주의'는 동아시아 평화협력의 소통과 공감의 문명코드로, 더 나아가서 동아시아 지역(문명)정체성 구성의 현재적 규범으로 끊임없이 재발견되어야 한다. 본 로드맵이 제안하는 역내 시민사회로서의 '인문 · 종교 · 문화예술 네트워크'는 영성, 이성, 감성, 공감의 새로운 합의 영역인 '공감적 인간(Homo-Empathicus)'을 인식주체의 또 다른 근거로 활용한다. 더불어 현 시대정신인 예술 · 공감 · 영성 · 생태문명의 동아시아적 의미를 공론화함으로써 동아시아인들의 공감적이고 연대적 '생명(문화)감수성'을 일깨우는 참여자적 생명인식을 그 방법론으로 제시한다.[32]

---

31) 김지하, 「동서 통합으로부터 '붉'을 향하여」, 『동양과 서양, 그리고 미학』(장파), 파주: 푸른숲, 2009, 10쪽.

32) 참고로 리프킨은 이기적인 동물이 아니라 '공감하는 인간'이 인류의 문명을 진화시켜 왔다고 주장한다. 그는 '공감'을 다른 사람의 정서 상태로 들어가 그들의 고통이나 기쁨을 함께 느끼는 것으로 정의한다. 특히 유전학에서 '거울신경세포(Mirror

이렇게 "재발견된 인간은 서구 근대의 개인 유형인, 고립된 그리고 인생의 목표를 표준화한 근대사회의 목표, 즉 양적 · 경제적인 소득 증대로 전치한 소유 집착적인 개인이 아니다. 이들은 세계의 구성원들이 서로 연결되어 있음을 인식하고 동시에 자기 내면의 개성을 나름으로 표현하고자 하는 '관계망-내-자기표출'형 개인들이다".[33] 더하여 여기서의 인간형은 정의情意의 면을 기능적으로 통일하면서 실존적 상황에서 생사를 걸고 초월적인 존재와 전인격적인 관계를 맺는 신앙 영역에까지 확장된다. 실제로 오늘날 우리가 지향해야 할 동아시아상은 '생명 존중의 관계망'을 긍정하고 '문화(생명)의지'로 충만한 예술적 · 공감적 · 영성적 · 생태적 세계로 규정할 수 있다. 아울러 그 실현주체는 그러한 가치의 동아시아성을 체득한 '실존적 각자覺者', 곧 인간 안의 자비와 공감의 영성을 일깨우는 미학적이고 영성(생명)생태적인 문화인격체가 아니면 안 된다. 이들의 실체는 문명생명주의를 체현하는 '동아시아 데모스'로서 예술가, 인문학자, 종교 신앙인, 문화 이론가 등을 포괄하는 '동아시아 시민사회' 다름 아니다.

Neurons)'의 발견은 인간 본성에 대한 논쟁을 초래했고, 그로 인해 인간은 타인의 생각이나 행동을 개념적 추리를 통해서가 아니라 직접적인 시뮬레이션을 통해 자신의 것인 양 이해할 수 있다는 사실이 밝혀졌다. 이 거울신경세포가 바로 리프킨이 말하는 '공감뉴런'(Empathy Neurons)이다.

33) 문순홍, 「온생명과 정치사회 체제」, 『동아시아 문화와 사상』 제4호, 서울: 열화당, 2000, 149쪽.

4. 로드맵의 효용성: 공공재 기능

이 장에서는 상기한 제반 문제와 관련해서 본 로드맵이 제공하는 문명(동아시아)적 공공재(public goods) 기능, 이를테면 적실성과 시의성 그리고 기대효과(효용성)를 구체적으로 적시해 논구해보고자 한다.

첫째, 동아시아 역내 분단국의 통일 해법이다. 오늘날 동아시아의 균열, 중국의 양안兩岸갈등, 소수민족(티베트 · 신장 등) 문제, 한반도의 남북대치 등의 상황은 과거 동아시아세계가 서구와 일본이 획책한 제국주의적이고 폭력적인 근대 민족국가체제의 수용과정에서 배태된 것이다. 제2차 세계대전 이후 미소 양강兩强구도 속에서 발발된 중국국공내전, 한국전쟁, 인도차이나 베트남전쟁 등 일련의 '동아시아 30년 전쟁(1945~1975)'은 모두 이 서구식 모델인 근대국가 시스템이 빚은 역사참극이다. 그 결과가 오늘날 역내 분단국의 상흔으로 유전되는 것이다. 근대국가 이데올기의 극점인 미소냉전체제가 해체된 이상 동아시아는 갈등과 분열을 조장하는 이 체제를 더 이상 고집할 이유가 없다. 이제 동아시아는 근대 국가주의적 세계시스템에서 탈피하여 미래 지향적인 '문명공동체적 세계시스템'으로의 전환을 모색해야 한다. 그것만이 현재의 동아시아 제반 분쟁상황과 분단국 문제를 해결하는 최적의 방법이다.

그 실효성은 서로 간에 수시로 살벌한 전쟁을 벌이던 유럽 국가들이 공통된 그리스도교문명을 선용하여 유럽경제공동체(EEC)의 틀 속에 연합함으로써 각 나라들 간의 복잡다단한 전통적 영토 · 국경분쟁, 즉 영국과 프랑스의 도버해협제도諸島 분쟁, 독일과 프랑스의 알자스-로렌 분쟁, 수데텐도이치 영토분쟁, 독일과 폴란드의 국경분쟁 및 단치히 영유권 분쟁 등을 일거에 해소했던 유럽의 선례에서 확인할 수 있다.[34] 특히 한반도의 분단 상황에 비추어볼 때 '문명'에 토대한 이 유럽의 공동체가 독일통일의 길을 열었다는 사실은 의미심장하다. 즉, "독일이 서유럽제국의 영구동맹국으로 엮어진 EEC의 틀이 없었다면 영국과 프랑스를 위시한 주변 국가들은 서독이 동독을 병합하여 유럽최강국으로서의 지위를 굳히는 것을 결코 용납할 수 없었을 것"[35]이라는 분석이 그것이다.

덧붙여 중국의 화약고가 된 티베트, 신장 등의 소수민족 갈등문제도 과도한 서구식 국가시스템을 집착하는 데서 기인한다. 때문에 그 해법은 근대 국가주의적 세계시스템에서 벗어나는 유연한 태도가 관건이 아닐 수 없다. 다행히 현 시진핑(習近平) 정부의 문제인식도 현재와 같은 강압보다는 보다 효율적으로 조절할 수 있는 통치기능이 확대되어야 중국내 통치의 안정성을 높일 수 있다는 정책의 전환이 포착되어 고무적이다.[36] 현재로서는 요원하지만 리프킨의 다음 말을 권장해본다. "중국과 인도는 민족국가 모델로서는 글로벌 경제와 문화를 수용하기에 역부족인 현실에서 북아메리카의 경우보다 더 큰 장애물에 직면하고 있다. 인도나 중국이 과연 단일국가체제로서 10억 이상의 인구를 유지할 수 있을까? 서로 얽혀 있는 정체성으로 사람들이 더욱 탄력적인 편의의 네트워크를 지향하고 있는 현실을 감안하면 그렇게 많은 인구를 단일국가체제로 끌고 나가기는 불가능한 일로 보인다. 가능성이 있는 시나리오는 중국과 인도 둘 다 적어도 부분적으로 좀 더 준準자치 지역으로 분리되어 그들 지역이 세계 전체 속에서 나름대로의 경제 및 정치 네트워크를 형성하는 것이다. 그것이 좀 더 발전하면 두 나라 모두 단일국가의 틀을 떨쳐버리고

---

34) 황태연, 『공자와 세계 1: 패치워크문명 시대의 공맹 정치철학』 제1권 공자의 지식철학(상), 69쪽 참조.

35) 황태연, 『공자와 세계 1: 패치워크문명 시대의 공맹 정치철학』 제1권 공자의 지식철학(상), 69쪽.

36) 中共中央宣傳部, 『習近平總書記系列重要講話讀本』, 北京: 人民出版社, 2014, 169~170쪽 참조.

분화된 각 지역이 서로간의 합의를 통해 EU의 모델처럼 초국가적 정치 연합체로 재편성될 수도 있다."[37]

둘째, 동아시아 시민사회의 문화시스템 구축이다. 우리에게 자긍심과 동시에 과제를 던져주고 있는 '아시아태평양시대'란 비단 '세계경제의 동아시아화' 추세만을 한정하는 말은 아닐 것이다. 그것은 세계문명의 중심축 변동을 알리는 상징적인 표현이기도 하다. 그러니만큼 현금 동북아시아 3국이 편협한 '국가주의'에 편승하여 서로 반목하고 쟁투하는 행태는 금세기 시대정신을 역행하는 일이 아닐 수 없다. 이제 동북아시아 3국은 동아시아의 공동번영과 미래의 희망을 위해 상대의 몰이해에서 비롯된 편협한 이기주의와 그로 인해 형성된 분쟁의 역사 퇴보적인 의식의 어두운 잔영들을 거둬내야 한다. 그리고 국가적 · 민족적 재난을 함께 나누고 분쟁을 해소하는 화합의 이념과 생명 존중의 동아시아 국제 공론장을 마련해야 한다. 그러기 위해서는 범 '동아시아시민'이 주체가 되어 "동아시아에 국민국가의 층위를 넘어선 공론공동체, 국가와 독립된 사회 제 세력이 만들어내는 사회공동체, 국경을 넘어선 문화활동을 통한 문화공동체 등 다양한 층위의 공동체 건설을 촉진하고 발전시켜 국가 중심적 동아시아 질서를 상대화하고 비판할 수 있는 다양한 안목을 키워나가야 할 것이다".[38]

그런 까닭에 동아시아 국제 소통기구에 준하는 문화적 공간과 시스템의 창출이 중요하다. 이러한 동아시아 시민사회의 '공영역적 문화시스템'이 구축되어야 역내 국가적 행위의 갈등을 규제하고 건전한 비판정신을 회복할 수 있을 것이다. 2003년 2월에 출범한 참여정부가 평화와 번영의

---

37) 제러미 리프킨, 『유러피언 드림』, 463쪽.

38) 이시재, 「시론: 영토분쟁 푸는 동아시아공동체 구상」, 『한겨레』, 2012. 12. 04., 31면 3단.

21세기 동북아시아 건설을 국정목표로 정해 대외적으로 제시했던 기저는 기본적으로 여기에 바탕을 둔다. 그리고 2013년 한국정부에 의해 제안된 '동북아평화협력구상(서울프로세스)' 역시도 같은 맥락으로 파악된다. 지금 동북아에는 역내 국가 간에 평화와 협력을 증진시키기 위한 다자적 메커니즘이 없다는 인식이 그것이다. 더 나아가 촛불시민혁명으로 2017년 5월 탄생한 문재인 정부의 '한반도 운전자론'도 거시적으로는 평화공동체를 지향하는 '동아시아 시민사회 문화시스템' 안에서만 지속가능한 실효성을 거둘 수 있다. 그런가 하면 중국의 문화자각과 그에 수반된 대외정책의 경우도 동아시아 시민사회의 동의를 이끌어내는 공유적 문화시스템을 마련하고 공생공영의 동아시아적 문화코드를 읽어내는 노력이 병행되어야만 진정한 의미의 '중국의 꿈(中國夢)'은 실현될 수 있다. 이제반 수요에 호응하는 동아시아 인문 · 종교 · 문화예술 네트워크 시민주의는 문명공동체를 전제로 하는 교류협력, 평화협력 모색을 위한 다자적 기제로서 역내 공론공동체, 지식공동체, 종교공동체, 사회공동체, 문화공동체, 예술공동체, 생태공동체, 평화공동체 등을 선도할 것이다.

셋째, 소통적 · 연대적 문명(문화)코드 창출이다. 동아시아인들은 동아시아권의 갈등과 분열을 조장하는 내셔널리즘(nationalism)을 해소하고 평화와 공동번영을 보장하는 평화협력 구상으로서의 '역내 공공성' 영역 확보에 관심을 기울여야 할 때다. 또한 이 지역의 평화구현의 실마리는 초국가적 상호 의존성이 심화되고 있는 세계적 조류에 부응하여 총체적이고 포용적인 '문명'에 바탕을 둔 동아시아공동체의 의미를 극대화하는 데서 풀어야 한다. 이러한 문제인식은 또한 역내 국가들이 공통으로 겪고 있는 인구의 급속한 고령화, 다문화사회의 위기, 인권보호, 생태계 파괴, 부의 불균형, 핵위협, 국제범죄, 사이버테러 등의 초국가적 현안과도 무관하지 않다. 그러나 여기에는 다분히 대립분쟁적인 기존의 정치 · 경제적 시안試案에 앞서, 그 긴장과 불확정성을 해소할 '문명'의 포용성이 개방해주는 지속가능한 생활세계 영역의 '문화소통코드'가 필요하다. 달리 말하자면 단순히 정치 · 경제적 이익만을 위한 지역통합은 지속가능하기 어려우며 동아시아가 지속가능한 공동체를 원한다면 '문화(생명)'라는 소통인자가 요청된다는 것이다. 이 소통인자는 역내 국가 간 화해와 협력을 이끄는 동아시아 평화의 생명선이 되어줄 것이다. 경제와 문화가 어우러진 '동아시아문화경제공동체(CECEA: Cultural and Economic Community of East Asia)'가 거론된 까닭도 여기에 있다.

다만 그 관건은 근대 서구와 일본의 제국주의적 국가주의로 인해 파괴되고 소실된 동아시아인의 소통적 · 연대적 문명(문화)코드를 어떻게 복원 · 창신할 것인가에 달려있다. 본 로드맵이 제시하는 '동아시아 문명공동체'는 지적이고 종교적이며 예술적 실험과 생활세계에서의 일상적 실천을 통해 만들어가는 '동아시아 정체성'이라는 새로운 인식의 지평에 근거한다. 최근 동아시아공동체 논의를 살펴보면 크게 보아 정치 · 경제와 시민생활 두 영역으로 분류할 수 있다. 인문 · 종교 · 문화예술 네트워크는 '동아시아시민주의'라는 새로운 협력모델로서 정치 · 경제 영역보다는 동아시아를 매일매일 체험하면서 살아가는 동아시아시민의 탈권력적 · 탈시장적 생활세계에 바탕을 둔다. 때문에 이 네트워크는 동아시아인의 공통된 생활유전자인 '동아시아 생명주의'를 시민사회의 문화영역에 구현하고자 하는 구상이기도 하다. EAVG 보고서가 지역정체성과 지역의식 함양, 동아시아 문화 및 예술의 보존과 증진을 위한 프로젝트 협력을 촉구한 의미도 같은 맥락일 것이다. 이것이 바로 본 제안서가 고차원적 동아시아 시민사회에 기초한 예술 · 공감 · 영성 · 생태문명으로서의 '동아시아 문명공동체'를 제시한 이유다.

넷째, 동아시아 문명생명주의의 발신이다. 현대문명을 조형해낸 계몽주의사상은 인간 이성의 무한한 발전에 대한 믿음과 자연에 대한 지배, 그리고 주체와 객체, 나와 타인을 구별하는 보편적 객관주의로 요약할 수 있다.[39] 이렇게 타자와의 관계성을 배제하는 이원적 근대성(주객이분법)은 인류의 확장적 · 침략적 · 지배적 성향의 주체성을 지나치게 자극한 나머지 인간과 자연의 대치뿐만 아니라 인간과 인간, 국가와 국가, 민족과 민족, 문명과 문명 간의 상호 쟁탈과 적대감을 유발하는 사유의 틀로 작용해왔다. 현재 동아시아의 제반 분열상 역시 이러한 근대성의 폐해와 무관하지 않다. 때문에 동아시아는 분리된 개체로서 타자와의 관계성을 단절시키는 이항 대립적 근대 메커니즘에서 탈피하여 '생태적 관계망'의 회복을 통한 타자와 공감하고 공존하는 '생명공동체적 시스템'으로의 전환이 시급하다.

지역공동체적 견지에서 '문명'은 대규모의 총체적 인간 생존양식으로서 하위개념인 '문화'를 포괄하는 유개념으로 관찰된다. 이때 문화는 그 상위개념인 문명에 대한 종개념으로서 국가나 민족을 종차로 하여 한국문화, 일본문화, 한족문화, 티베트문화 등으로 나타난다. 이를 '문명생명(생태)주의'로 치환해보면 '문명'은 정상 단위로서의 생명, 곧 자기충족적이고 자기완결적인 총체로서의 생명시스템이라고 할 수 있다. 그리고 '문화'는 그 안에서 상대적 독자성을 견지하며 생존하는 개개의 조건부 단위의 생명, 곧 '관계망―내―개체생명'으로 규정할 수 있다.[40] 이러한 생

39) 이진우, 『포스트모더니즘의 철학적 이해』, 서울: 서광사, 1993, 16쪽 참조.

40) 여기서의 논변은 지구의 생명현상은 '온생명'이라는 하나의 큰 틀 속에서 이루어지는 부분적인 현상들이고, 따라서 생명으로 세계를 본다고 할 때 이 세계를 구성하는 것의 단위성과 그 정체성은 다층적·다원적인 단위들로 구성된 성층구조이며 원자처럼 개별화한 입자가 아니라 관계 속에 얽힌 존재라는 점에서 찾아져야 한다는 장회익의 관점을 원용한 것이다. 장회익은 지구상에 나타난 계통적·생태적으로 연결된 전체 생명체계와 이를 지지하는 모든 필수적 요소들을 하나의 실체로 인정해 '온생명'이라 지칭한다. 이 과학적 개념으로서의 온생명은 생명현상을 그 안에 완벽

명주의 문명관은 우리에게 역내 '민족국가(문화)'들은 더 큰 생명의 질서, 곧 정상적 보생명인 '동아시아문명'을 전제로 해야 성립, 생존할 수 있음을 각성시킨다. 따라서 자족적 정상 단위인 '중화 생명체(문명)'가 파괴될 경우 그 조건부 단위인 민족국가도 저 본원적인 연대적 생명성을 상실하여 혼돈에 빠지게 되고 말 것이다.

본 로드맵은 생명의 내포성과 그 협동호혜성이 지시하는 상호 연결된 동심원으로서의 '문명(생명)공동체' 구현과 그와 결부된 동아시아의 보편적 문명코드인 '중화(생명) 공공성'의 회복을 요점으로 한다. 그런 의미에서 동아시아의 인문인, 종교인, 문화예술인은 '문명(중화)생명주의'의 발신자가 될 필요가 있다. 이 '동아시아 데모스'는 문명공동체 차원에서 중화생명주의를 온몸으로 내면화함으로써 동아시아문명은 개체인 민족문화와 그 보생명의 결합 속에서 발현된다는 사실을 인지해야 한다.[41] 바

하게 담아낼 하나의 자족적 체계를 말하는데, 때로는 우주 내에 임의로 지정한 한 정상적 위치에서 외부로부터의 그 어떤 특정의 도움을 얻지 않고 그 안에서 자생적인 생명현상을 준영속적으로 담아낼 수 있는 체계를 의미한다. 이처럼 자기충족적인 단위로서의 온생명에 비교해볼 때 '낱생명'들은 생명현상을 가능케 하는 최소한의 물리적인 조건을 전제로 해야 하기 때문에 완벽한 자기충족성을 구가할 수 없다. 왜냐하면 단위화가 단위화된 실체의 본질적인 한 부분을 필연적으로 단위 밖으로 배제하게 되는, 즉 이것의 정상적 기능을 유지하기 위해서는 단위 밖으로 밀려난 본질적 한 부분을 항상 전제해야 하기 때문이다. 이 단위 밖으로 밀려난 물질적인 한 부분이 바로 낱생명에 대한 조건으로 이를 장회익은 '보생명'이라 불렀다. 보생명은 온생명에서 낱생명을 뺀 나머지 부분이고, 그런 의미에서 낱생명의 특정 조건은 보생명이며 낱생명은 정상 단위로서의 온생명에 대해 조건부 단위로서의 특성을 갖는다. 장회익, 「온생명과 인류 문명」, 『동아시아 문화와 사상』 제4호, 서울: 열화당, 2000 참조.

41) 문명권 내부담론 차원에서 '문화'는 자족적 단위의 생명으로서의 '문명'과는 달리 자족적 실체가 아님은 말할 것도 없다. 장회익의 온생명적 의미의 문명론을 다소 수정해 적용시켜 보면 문명의 하위 개체인 문화는 그것의 '보생명'에 크게 의존해야 하는 의존적인 존재 단위로서, 종적으로는 주변 생태계로부터 필요한 물질적 소요

꿔 말해 역내 민족문화의 참생명은 보다 근원적인 생명체, 곧 '전체로서의 동아시아 문화생태계(중화: 온생명적 동아시아성)' 속에서 확보될 수 있음을 체현해내야야 한다. 인류의 문명사에 있어 시민은 각 시대별 사회변동 과정에서 인간이 당면한 역사적 과제와 씨름하며 끊임없이 창조적으로 진화해온 존재다. 오늘날 '동아시아시민 ― 인문인 · 종교인 · 문화예술인'은 이 시민적 역사성의 현재적 소명자로서 유기적 생태의 관계망 안에서 타자와 공생하는 동아시아 문명공동체 구성의 행위주체가 되어야 한다.

다섯째, 주체적 동아시아의 위상 정립이다. '동아시아'의 의미구성체는 서구 열강과 군국 일본이 각인시킨 근대 세계시스템의 제국주의적 조형물로 이해된다. 동아시아학 구축은 유럽의 전 지구적 확장에 따라 19세기에 형성된 구미의 창안물, 곧 동양시장에 대한 꿈과 지상낙원에 대한 갈망이 묘하게 결합된 '태평양'이란 개념과도 연동된 문제다. 태평양은 아시아 핵심부의 산물이 아니라 유럽으로부터 뻗어나가는 자본주의 세계경제의 연장으로 태평양권이 조직되어나간 소산인 것이다. 예컨대 태평양역사의 여러 단계를 스페인령 호수에서 영국령 호수로, 다시 미국령 호수로 부르며 태평양전쟁을 통해 미국령 호수에 대한 일본의 도전을 경험했다.[42] 그러므로 이 지역구성체는 구미열강의 전 지구화된 이해관계를 원리로 삼아 구미라는 중심에 대한 주변부로 조직되었기 때문에 '아시아태평양권'이란 명칭은 허구이고 '구미태평양권'이라고 부르는 게 옳

를 공급받아야 하며 써서 변형된 찌꺼기를 다시 생태계 안으로 되돌려 주어야 하는 존재이고, 횡적으로는 주변의 다른 문화들과 일정한 협력 및 경쟁 관계를 맺으며 존속해 나가야 하는 존재이다.

42) 아리프 딜릭, 「아시아 · 태평양권이라는 개념: 지역 구조 창설에 있어서 현실과 표상의 문제」, 『동아시아, 문제와 시각』(정문길·최원식·백영서·전형준 엮음), 문학과지성사, 1995, 58-60쪽 참조.

다는 주장에 동의하지 않을 수 없다.

그렇다면 명실상부한 아시아태평양권은 아시아적 · 태평양적 내용과 구미태평양권 사이의 모순을 아시아적 · 태평양적 내용의 입장에서 극복할 때 성립 가능할 것이다. 구미태평양권에서 아시아태평양권으로의 변화의 실제내용은 바로 그 모순 극복의 과정이라고 할 수 있다.[43] 때문에 이 지역이 구미태평양권에서 아시아태평양권으로 넘어가는 '태평양의 재창안'이 이루어지려면 환태평양의 핵심지인 '동아시아'가 그 개념의 태생적 한계인 제국주의로부터의 탈맥락화가 선행되어야 한다. 그러기 위해서는 동아시아 스스로가, 즉 동아시아시민이 주체가 되어 서구자본주의 국가의 이해관계가 일방적으로 관철된 침탈의 피해공간이 아니라, 타율적 근대의 아픔을 넘는 상호이해의 고리를 형성하고 공통의 문제인식을 조직하며 그로 인해 새로운 이상적 공간으로 탈바꿈하는 문화적 소통과 연대의 창조적 공간으로 변모해야 한다. 이로 보건대 동아시아시민주의가 구도하는 문명공동체로서의 동아시아적 가치와 그 정체성 확립은 향후 '태평양의 재창안'이라는 이 공동목표에 응답, 그 해답을 안출하는 데 일조할 것이다.

여섯째, 동아시아 전통문화 재창조의 시의성 확보다. 동아시아에서의 '문명'은 어원상 중화 지향의 '전통성'과 서화(西華, 서구) 지향의 '근대성'이라는 이중의 교차적 층위를 구성하는 개념이다. 금세기 문명대안론으로서의 동아시아 예술 · 공감 · 영성 · 생태문명의 구현은 '민족국가'를 지향하는 문명의 근대적 개념사보다는 주로 '문명공동체' 가치를 중시하는 문명의 전통적 개념사와 연계되어 있다. 그러므로 동아시아 전통문화의 부활은 현재 중국의 국가주의가 표방하는 근대적 중화민족주의 방향과

---

43) 전형준, 「같은 것과 다른 것: 방법으로서의 동아시아」, 『동아시아인의 '동양' 인식』(최원식·백영서 엮음), 창비, 2010, 287쪽 참조.

는 다른 탈근대적 중화보편주의 세계시스템, 곧 보편성과 특수성을 잇는 거시적 구도의 결합조직이자 생태학적 관계망을 긍정하는 '동아시아 중세화(和而不同: 理一分殊 · 理通氣局)'의 창조적 복원에서 확보될 수 있다고 말해진다. 이 견해에 따르면 '중화' 개념은 원천적으로 국가주의로 환원될 수 없으며 '통일성(理一 · 理通) 속의 다양성(分殊 · 氣局)', '다양성(分殊 · 氣局) 속의 통일성(理一 · 理通)'을 이룩한 결정체다. 이 문명의 원리는 중화로 대변되는 보편적 동아시아성이 개별적 민족문화의 형태로 성취된다는 사실을 적시해준다.[44]

결국 이 '신중세화론'은 각종 중심주의에 대한 비판적 의식을 바탕으로 동아시아를 서구 중심의 근대체제를 흔들 역동적 지역으로 사유하며 그 대안을 동아시아에서 찾고자 하는 '동아시아담론 — 문명대안론'과 겹친다. 이 입장은 동아시아론을 주장하는 논자들 전반이 공유하지만, 특히 동아시아의 '전통'에 주목하는 대목에서 두드러지게 나타난다. 가령 동아시아지역이 전통적으로 일원론적 · 생명론적 철학과 직관적 · 감각적 문화사상을 특징으로 한다든가, 또는 정신문화와 관련하여 "불교와 도가사상을 포함하는 신유학의 전통, 커뮤니케이션의 매체이자 사상의 원천으로서 한자라는 문자, 자연과 인간의 일체화, 세계에 대한 유기체론적 시각, 개인주의에 우선되는 공동체 윤리, 선형적 사고방식 대신 나선형 혹은 순환적 사고방식 등"[45]의 본질적으로 서구와는 다른 문화적 기반을 가지고 있다는 인식을 전제로 한다. 아울러 동아시아문명론의 보수적 입장에서는 유교사상을 새로운 사회를 만들어갈 동력으로 보고 유교자본주의와 유교민주주의 가능성의 타진이 인류보편사의 새로운 방향모색에 능동적으로 동참하는 길이라고 주장한다.[46] 다른 한편에서 진보적 학자

44) 전홍석, 「동아시아 모델의 전환: 중세화론과 진경문화」 참조.
45) 하세봉, 「한국학계의 동아시아 만들기」, 219쪽.

들은 유학을 새로운 사상을 모색하는 하나의 문명적 자산으로 여기는가 하면[47], 문명론적 대안을 자기 전통 속에서 모색하는데 있어 풍부한 유산을 가진 동아시아에 특별한 사명이 있다고 보았다.[48]

5. 끝맺는 말

이상으로 역내 '인문 · 종교 · 문화예술 네트워크'와 그에 따른 동아시아의 문명공동체, 평화공동체 활성화의 제반 사항들을 논구해보았다. 21세기 초국적 공동체를 통한 동아시아의 '화해와 평화'는 문명사적 과제다. 글로벌 파워의 중심이 아시아로 이동함에 따라 지역화를 바탕으로 한 '동아시아공동체' 구성은 이제 외면할 수 없는 대세가 되었다. 현재 생산되고 있는 다양한 동아시아담론에서도 확인할 수 있듯이 역내 국가들 역시도 대국적으로는 공동번영과 평화를 위한 동아시아 '공동의 집'을 건설하자는 데 인식을 같이하고 있다. 여기서 '공동의 집'이란 동아시아 구성원들의 상호 동의를 전제로 하는 통일된 초국가적 공동체를 의미한다. 그런데 이 동아시아공동체는 동아시아인의 '공동선'을 위한 공동체가 되어야 하며 그것은 동아시아인 스스로가 '공통의 정체성'을 찾거나 만들고자 하는 관심과 노력에서 가능할 것이다. 최근 동아시아 문명공동체와 그 정체성 구성의 주체로서 '시민'과 '시민사회'의 중요성이 부각되고 있

---

46) 함재봉, 『유교 자본주의 민주주의』, 서울: 전통과 현대, 2000, 39쪽 참조.
47) 최원식, 『생산적 대화를 위하여』, 서울: 창작과비평사, 1997, 412~413쪽 참조.
48) 백낙청, 「미래를 여는 우리의 시각을 찾아」, 『창작과비평』 79, 창작과비평사, 1993, 28~29쪽 참조.

다. 이 새로운 구상과 대안은 국가, 민족, 기업과 구분되는 자발적 '동아시아시민'이 주도하는 문화적 교류와 연대로서 '동아시아 시민사회 지역구상'으로 명명된다.

여기에는 19, 20세기 수직적이고 중앙집권적인 화석에너지시대의 '국가 패러다임'에서 탈피하여 21세기 이타적 협력과 네트워크적 신재생에너지 시대의 '문명공동체 패러다임(시민사회 패러다임)'으로의 전환이 상정되어 있다. 네트워크에 의한 상호 의존적이고 협력적인 사회시스템이 전 지구적으로 진전되고 있는 현 시점에서 서구식 근대적 국가, 즉 '국민(민족)국가 모델'은 이제 더 이상 절대적 가치로 받아들여지지 않는다. 심지어 그 발상지인 유럽에서조차도 현재 회의와 비관주의가 만연한 가운데 국민이나 영토, 국가보다는 공통된 '문명적 가치'를 우선시하여 EU라는 초국가적 다중심 통치체제를 마련한 것이다. 이와는 상반되게 동아시아는 일국一國적 근대화 기획이 착수된 이후 동아시아공동체의 문화적 소통과 연대적 실제상들이 파편화 · 기형화되어 역내 국가 간 상호 대결과 분쟁이 일상화되고 있다. 그런 맥락에서 본 로드맵은 시민사회 지역구상 차원에서 발제된 것이다. 이제 맹목적이고 그릇된 '국가' 관념에서 벗어나 보다 포괄적이고 개방적인 '문명'에 터하여 타자와 호응하는 상호주체적인 공존공영과 평화번영의 '동아시아공동체 구성'을 구체화해야 할 때다. 요컨대 본 로드맵이 구도하는 현실진단과 그 문명론적 설계가 이후 '동아시아 인문 · 종교 · 문화예술 교류', '동아시아 인문 · 종교 · 문화예술공동체 기구 결성', 그리고 이를 수렴하는 동아시아 평화공동체 실현의 허브로서 '한중일 합작 동아시아대학 설립'으로 가시화되기를 기대해본다.

참고문헌

김경일, 『제국의 시대와 동아시아 연대』, 파주: 창비, 2011.

김준석, 『근대 국가』, 서울: 책세상, 2011.

김한규, 『천하국가: 전통 시대 동아시아 세계 질서』, 서울: 소나무, 2005.

박길성, 『세계화: 자본과 문화의 구조변동』, 서울: 사회비평사, 1996.

신진욱, 『시민』, 서울: 책세상, 2009.

조동일, 『하나이면서 여럿인 동아시아 문학』, 서울: 지식산업사, 1999.

조동일, 『동아시아문명론』, 파주: 지식산업사, 2010.

최원식, 『생산적 대화를 위하여』, 서울: 창작과비평사, 1997.

함재봉, 『유교 자본주의 민주주의』, 서울: 전통과 현대, 2000.

김영호, 「국제: 안중근 동양평화론 토대 위에 '동북아 건축학개론' 열어라」, 『한겨레』, 2014. 01. 02.

김지하, 「동서 통합으로부터 '?'을 향하여」, 『동양과 서양, 그리고 미학』(장파), 파주: 푸른숲, 2009.

김형찬, 「동아시아 공동체와 한국철학의 정체성」, 『오늘의동양사상』 14, 예문동양사상연구원, 2006.

문순홍, 「온생명과 정치사회 체제」, 『동아시아 문화와 사상』 제4호, 서울: 열화당, 2000.

박승우, 「동아시아 공동체 담론 리뷰」, 『아시아 리뷰』 제1권 제1호, 서울대학교 아시아연구소, 2011.

박승우, 「동아시아 공동체와 동아시아 담론」, 『동아시아브리프』 제6권 제4호(통권 22호), 성균관대학교 동아시아학술원 동아시아지역연구소, 2011.

백낙청, 「미래를 여는 우리의 시각을 찾아」, 『창작과비평』 79, 창작과비평사, 1993.

백영서, 「중국에 '아시아'가 있는가? — 한국인의 시각」, 『발견으로서의 동아시아』(정문길 외 엮음), 서울: 문학과지성사, 2000.

신종훈, 「유럽정체성과 동아시아공동체 담론 : 동아시아공동체의 정체성에 대한 비판적 질문」, 『歷史學報』 제221집, 2014.

윤현근, 「동아시아공동체 수립에 있어서 동아시아 지역주의의 근원과 함의」, 『국방연구』 52권 3호, 2009.

이기호, 「동아시아 시민사회 지역구상에 대한 고찰」, 『동향과 전망』 통권78호, 박영률출판사, 2010.

이시재, 「시론: 영토분쟁 푸는 동아시아공동체 구상」, 『한겨레』, 2012. 12. 04.

이유선, 「동아시아 공동체의 가능성과 시민사회」, 『사회와철학』 제11호, 사회와철학연구회, 2006.

이진우, 『포스트모더니즘의 철학적 이해』, 서울: 서광사, 1993.

장회익, 「온생명과 인류 문명」, 『동아시아 문화와 사상』 제4호, 서울: 열화당, 2000.

전홍석, 「동아시아 모델의 전환: 중세화론과 진경문화」, 『조선시대 공공성 담론의 동학』(황태연 외), 성남: 한국학중앙연구원 출판부, 2016.

하세봉, 「한국학계의 동아시아 만들기」, 『동아시아 문화와 사상』 제4호, 동아시아문화포럼, 서울: 열화당, 2000.

황태연, 『공자와 세계 1 : 패치워크문명 시대의 공맹 정치철학』 제1권 공자의 지식철학(상), 파주: 청계출판사, 2011.

中共中央宣傳部, 『習近平總書記系列重要講話讀本』, 北京: 人民出版社, 2014.

Huntington, Samuel. *The Clash of Civilizations and the Remaking of World Order*, New York: Touchstone, 1997 (사무엘 헌팅턴, 『문명의 충돌』, 이희재 옮김, 서울: 김영사, 1998).

Rifkin, Jeremy. *The European Dream: How Europe's Vision of the Future is Quietly Eclipsing the American Dream*, New York: Tarcher, 2004 (제러미 리프킨, 『유러피언 드림』, 이원기 옮김, 서울: 민음사, 2012).

Rifkin, Jeremy. The Empathic Civilization: The Race to Global Consciousness in a World in Crisis, Cambridge, UK: Polity, 2010 (제러미 리프킨, 『공감의 시대』, 이경남 옮김, 서울: 민음사, 2010).

/ 제1부 동아시아 토착종교 담론 /

유교의 정치, 윤리 사상을 심층 해부한다:

동아시아 문명공동체의 기초 다지기를 위한 '다 사람, 더 사람'의 수평유교를 찾아서

이 하 배(항공대학교)

1. 들어서는 말: 유교의 '예禮-군羣' 프로젝트

공자와 그의 제자들과 후배들에 의해 정리된 하나의 실천적 사상체계라 할 '선진 유교' 혹은 '원시 유교'의 기본 관심은 '사람'이다. 아니, 사람들의 삶이다. 아니, 사람들의 '좋은 삶'이다. 수없이 다루어져 온 유교지만, 아직 말해져야 할 부분이 많이 남아 있다고 할 것이다.

본 논문은 한국을 포함한 동아시아 사회의 과거와 현재의 삶을 강하게 규정해온 유교의 논리를 예 개념을 중심으로 보다 심층적으로 분석해 보려는 하나의 시도다.

이를 위해 기존의 유교이해, 유교분석에서 그동안 주목을 받지 못한 혹은 적게 받은 개념들에 주목한다. 그 개념들은 "무리 짓기"(羣), "응집하기"(凝), "아우르기"(兼), "나누기"(分), "합하기"(合), "머물기"(止), '內-분리', '外-분리', '上下', "싸우기"(爭) 혹은 '외적 크기', '내적 크기', '제 자리', '(안)움직임' 등이다. 예 개념으로 묻고 분석하고 이해하는 장점은 예가 인간관계, 상하(힘의 '크기'), 내외, 추상과 구체뿐만 아니라 인의예지를 통일적으로 접근할 수 있다는 데에서 찾아진다.[1]

유교는 하나의 "올바른 분리" 내지는 "(수직) 분리 속에서의 사회적 조화로운 공존"[2]인 '예禮-군羣'을 지향한다. 그것은 유교가 발생한 당시의

---

1) 고대 중국의 사회화 질서에서 다양한 수직적 상하上下 분리는 '소분리'와 '대분리'를 포괄하는 '외분리'와 '내분리' 개념으로 정리될 수 있다. "사회(세계)" 내지는 "가족(세계)" 내에는 여러 "소小-분리分離"의 상하上下 관계들(Oben-Unten; 父-子, 男-女, 老-少, 사회적 上-下, 親舊-親舊 등)이 있고, 국가세계에는 통치자와 피치자 간의 "대大-분리分離"의 상하上下 관계(OBEN-UNTEN)가 있으며 자아自我 세계 즉 한 개인의 내면세계 속에는, 외적 세계의 상하上下 분리 관계들의 결과이자 원인이기도 한 내적內的 상하上下 분리 관계(道/禮/仁義-利欲)가 있다.

"잘못" 분리되고 분리하는 사회적 삶에 대한 하나의 반응 방식이었다. '예군', '예 사회화'가 포함하는 삶의 영역은 매우 포괄적이다. 사회적 삶의 실천들 전체를 기본적으로 포괄할 능력이 있는 예군, 예 사회화 개념은 - 좀 더 구체적으로 말해 - 정치적, 교육적, 도덕적, 문화적, 사회적 측면과 함께 경제적, 군사적, 종교적, 제도적 제 측면들에 끼어든다.

선진先秦 제자諸子의 사상을 총정리하면서 유교를 체계화하는 순자는 '함께 하는 삶'을 개념적으로 표현하여 "군羣"으로 불렀다.[3] 순자荀子에게서 "군羣" 자는 글자의 위 부분("君")과 아랫부분("羊")을 선별적으로 강조하는 방식에 따라 세 의미를 갖는다: 1. "(서로 함께) 무리 짓기"('羣 1')[4]; 2. "양羊"들 위에 앉아 있는 군君이 '상上'으로서 자신의 아래에 서있는 "양羊"들을 무리 짓게 하고 사회적 삶을 계획, 영위하게 하는 통치행위('羣 2')[5]; 3. 무리 지어지는 '아래' 양羊들('羣 3')[6]. '羣 2'하는 "군君"은 '羣 1'이라는 함께 하는 사회적 삶의 전체 과정에서 '위로 떠-올라' 행동의 주체로 되고 '羣 3'은 객체로 된다. '羣 2'와 '羣 3'에서 함께 하는 삶 '羣 1'이 "수직화垂直化"(Vertikalisierung)되는 계기들이 잘 표현되고 있다.

하욱(Haug)은 이 '함께 하는 삶'을 "Vergesellschaftung"(훼어게젤샤프퉁/풰: "社會化")으로 표현한다.[7] 여기에서 하욱의 "훼어게젤샤프퉁" 개념이

---

2) 羣居和一(『荀子』: 禮論)

3) 人之生 不能無羣 羣無分則爭 爭則亂 亂則窮矣 故無分者人之大害也 有分者天下之本利也 而人君者管分之樞要也(『荀子』: 富國) 참조.

4) 人能羣

5) 君者善羣也(『荀子』: 王制)

6) 合羣者(『荀子』: 非十二子)

7) b 아닌 v를 표현하고 p 아닌 f을 한글로 표현하기 위하여 입술소리 아래 작은 ㅇ을 연서해서 쓴 입술가벼운소리 순경음(脣輕音) 가운데 ㅸ 과 ㆄ 자를 붙여쓸 것을 온 국민님들께 제안한다. 그러면, 예를 들어, '프랑스 파리'에서 앞의 피읖은 입술가벼운소리 ㆄ 으로 써서 f와 p의 한글표기를 구분(區分)할 수 있을 것이다. 그리고 좀 덧붙여 말하자면, 국내에서는 알파벳보다 한글을 압도적으로 많이 쓰는 컴퓨터 자판이건만,

모든 함께 하는 사회적 삶의 종류를 포용할 수 있는 유개념임에 비해, 순자의 "군羣" 개념은 뚜렷이 "이데올로기적" 사회화로 한정된다. 하욱의 개념 "사회화"는 "삶의 전 영역에서 일어나고 있는 인간 상호 간의 사회적 (삶의: 필자) 제 관계들의 구성과 실천"[8] 혹은 "사회적 삶의 실천적 제 인간관계 총합"[9]으로 정의되는데, 이 개념은 모든 '삶의 실천 행위들'(Lebenspraxen)을 포괄할 수 있다. 여기에서 사용되는 "사회화"는 우리가 사회학, 심리학, 교육학 등에서 일반적으로 사용하고 있는 의미인 한 개인이 일정한 사회적 환경에 태어나 이 속에서 '무리' 없이 살아갈 수 있는 주체로 적응해 간다는 것(만)을 뜻하는 것도 아니고, 사회주의 논의에서 자주 거론되는 생산수단의 탈脫사유화(공유화, 국유화 등)를 뜻하는 것도 아니다. 이 개념은 작은 외연을 갖고 있는 이들의 개념들과는 구분된다.

순자의 사회화가 이데올로기적인(ideologisch) 이유는 그것이 사회적 '위'(上)가 사회적 '아래'(下)의 물질적, 정신적 삶을 '조화' 속에서 내지는 조화를 수단으로 규정하고 지배하는 것을 당연시하고 나아가 이상으로까지 삼는 방법이기 때문이다. '이데올로기적 사회화'의 핵심적 특징은 '모두 다 같이, 그러나 분리 속에서'(合而分) 내지는 '분리 속에서, 그러나 모두 다같이'(分而合)이다. 여기에서 분리는 수직적 분리 혹은 "차이(차이2)"이지, 수평적 분리 내지는 "차이(차이1)"을 지칭하는 것이 아니다. 여기에서 우리 문제로의 이론적 접근의 출발점과 도달점의 윤곽이 드러난다.[10]

써진 자판이나 쓸 때의 자판에서 알파벳이 먼저임은 참으로 우습고도 슬픈 일이다.

8) Haug, Wolfgang F., 1987: "Ideologische Mächte und die antagonistische Reklamation des Gemeinwesens, Zur Weiterentwicklung der Umrisse." In: *Plualer Marxismus*, Bd. II, W. F. Haug, Berlin (W), 46쪽

9) Haug, Wolfgang F., 1985: "Der Begriff der Selbstverwaltung im Marxismus und die Aufgaben der Intellektuellen." In: *Pluraler Marxismus*, Bd. I, W. F. Haug, Berlin (W), 236쪽.

순자적 '분이합分而合'의 이데올로기적 사회화가 순자, 유교, 나아가 기타 동양 사상에만 한정되는 사회화 형식일까? 본 논문은 순자를 포함한 원시유교 예-사회화의 이런 '분이합分而合'의 이데올로기적 성격을 규명할 것이다. 분석의 텍스트는 주로 『논어論語』와 『맹자孟子』 그리고 『순자荀子』다.

이 작업은 지금여기에서 함께하는 삶을 보다 잘 물어내고 드러내고 풀어내는 관심으로 연결된다. 우리의 크고 작은 사회화 질서의 지형도는 - 사실적, 비판적 시각에서 - '중변中邊' 내지 '상하上下' 내지 '대소大小'라는 개념 쌍으로 적절히 그려질 수 있다고 본다. 우리나라에서 사회화가 '중심주의적'(zentralistisch) 혹은 '수직주의적'(vertikalistisch)으로 진행되고 있는 것을 도처에서 어렵지 않게 경험할 수 있다. 갑질 문화가 전형적인 예다. 이런 사회적 삶의 구조는 '하나'의 '중中'이나 '상上'이 (행동)주체로서 자신 이외의 영역의 삶까지를 '결정하고', 이 '이외의 영역'에 속한 개체들의 객체적 삶의 실천은 이 하나의 '중中이나 상上'에 의해 기본적으

10) Berlin의 자유 대학(F.U.)에서 1978년부터 하욱 교수를 중심으로 사회 운동의 새로운 실천에 기여하기 위해 새로이 대두하는 정치적, 이데올로기적 이론들을 비판적으로 수용하면서 이론적으로 특히 "경제 (결정) 주의와의 단절"과 이데올로기 문제의 非二次性을 내걸고 출발한 PIT(Projekt Ideologie-Theorie)는 "Argument 출판사"를 중심으로 이데올로기 문제에서 국제적, 학제적으로 최근까지 많은 이론적 업적을 남겼다. Haug은 이데올로기 문제를 의식(Bewuβtsein) 차원으로 축소, 환원하여 설명하는 경향들에 반대하고, Marx, Engels나 그들을 해석하는 Gramsci ("문화 사회", "헤게모니" 등 참조)나 Althusser ("이데올로기적 국가 기구", "(호명된) 주체" 등 참조)의 유물론적 해석 전통을 비판적으로 살리면서 이데올로기 카테고리를 보다 포괄적이고 분석력 있는 "이데올로기적(임)"이라는 카테고리로 대체시키면서 이를 "上에 의한 사회화"(Haug, 1987, 46)라 이해한다. Haug의 이데올로기 이론을 J. Koivisto와 V. Pietilä가 "Haugs Theorie des Ideologischen im Vergleich"(1993)에서 다른 이론들과 비교하면서 짧게 잘 요약했다. 그람시와 알튀세에 대해서는 *A. Gramsci: Gefängnishefte*. Hrsg. v. K. Bochmann und W. F. Haug, Hamburg-Berlin 1991ff.; L. Althusser: *Ideologie und ideologische Staatsapparate*. Hamburg, Berlin(W) 참조.

로 규정되고 '결정되는' 소외적 사회화의 구조로서, 이는 (과거) 소외적 사회화의 '결과'이자 (미래) 소외적 사회화의 '원인'으로 된다. 이런 구조 속에서 사회적 삶의 능력 크기 차원에서 인간의 사회적 한 단위 관계는 한쪽은 '상上' 내지는 '중심'으로 다른 한쪽은 '하下' 내지는 '주변'으로 구조지워지고 기능하게 된다.

2. 예 주체구성: "수신修身"의 아스케제로 "큰 사람" 되기

1) 남과 '나쁜' 싸움: '외적 크기'에서

유교는 '큰 사람' 되기/만들기를 통하여 '큰 사회', '큰 삶' 내지 '사회적 큰 삶'을 하나의 방식으로 실현하려는 프로젝트라 할 것이다.[11] 사람들의 사회적 '큰 삶', '큰 사회', '예군禮羣'의 기초는 유교에서 "큰 사람"("大人", "成人", "聖人", "君子" 등)에서 찾아진다. 이런 "큰 사람" 되기의 과정 내지 방법이 "수신修身"이다.

유교는 결국, '외적 세계'(가정과 사회, 국가에서 다양한 방식의 인간관계 혹은 인간 만남의 영역들)에서 '외적 크기'(외물, 지위, 물리력 등과 연결된 힘의 크기) 속에서 '외적 크기'에 의한 그리고 '외적 크기'를 위한 싸움 내지 불화, 갈등을 문제로 삼고, 이런 문제를 풀기 위해 '내적 세계'(마음의 세계)에 주목한다. 여기에서 "싸움"은 爭, 鬪, 亂, 不仁, 不義, 非禮, 不服, 反亂, 戰爭 등의 개념으로 표현되는 사회적 '나쁜 인간관계'라 할 수

11) '內聖外王'은 그 한 예라 할 것이다.

있다. 순자는 예 발생의 근거를 사람들이 본래적으로 타고난 물욕과 제한된 물자로 인해 발생할 수밖에 없는 싸움을 해결하고 사람들의 욕구를 충족시키기 위해 만들어진 것으로 이해한다.[12)]

유교의 사회적, 정치적, 윤리적 관심인 '사람들이 함께하는 사회적 좋은 삶'은 사회적 '크기'와 역할에서 '서로 다른' 사람들이 '각자 제 자리에 잘 머물 줄 알면서' 싸우지 않고 함께 '조화롭게' 살아가는 것을 말한다. 이것이 '예군禮羣', 즉 '예禮-사회화' 혹은 '예禮적으로 함께 하는 사회적 삶의 조직, 실천'이라는 유교의 기초개념이다.

유교의 예-사회화에서 일정한 크기의 사회 단위에서 일정한 방식으로 '함께 하는 삶'이라는 통치("治國", "爲國", "用國", "爲政" 등)의 문제가 중요하다. 여기에서 무엇보다 군君과 민民 혹은 상上과 하下 간의 관계가 문제로 주목을 받는데, 이 문제는 주로 상上이 하下를 어떻게 대하느냐 혹은 대해야 하느냐 하는, 군이 민을 만나고 대하는 태도로 집약된다. 상上-'이' 하下-'를' 어떤 방식으로 대하여야 상上이나 하下 '모두에게 좋은' 함께하는 삶이 실현될 수 있는지의 문제는 현실사회의 인간관계를 강조하는 중국철학의 일반 문제라 할 수 있다. 유교도 통치자, 특히 최고 통치자에게 자기 생각을 말한다. 일정한 '생각 방식'의 최고 통치자가 하민下民, 사민士民을 '대하는 태도와 행동 방식'은 어떠어떠한데, 어떠어떠한 문제가 있기에, 치자와 민 상하가 모두 잘 살려면 어떠어떠해야 한다는 식으로 말한다. 이는 주로 혹은 우선, 상上이 '가는 길'과 '갈 길'에 대한 얘기다. '갈 길'에서 통치자의 두 과제, 즉 '자신을 (잘) 살리는' 일과 '만민을 (잘) 살리는' 일, 그리하여 양 쪽이 모두 (잘) 사는 일이 얘기된다.

---

12) 禮起於何也 曰人生而有欲 欲而不得則不能無求 求而無度量分界則不能不爭 爭則亂 亂則窮 先王惡其亂也 故制禮義以分之 以養人之欲 給人之求 使欲必不窮乎物 物必不屈於欲 兩者相持而長 是禮之所起也(『荀子』: 禮論)

유교는 기존의 통치 행위(상이 '가는 길')가 백성들의 삶을 어렵게 한다고 비판한다.[13] 상이 하로부터 '산 노동', '죽은 노동'을 '너무 많이' "취해서" "홀로 먹는" 것이 "상이 명해도 하가 듣지 않고"[14] "상과 하가 서로 떨어지고"(上下析)[15] 상과 하가 모두 못살게 되고 "망하는"[16] 원인이 되기에 덕과 예와 도에 의한 상하 조화의 통치를 말한다.[17]

2) 자신과의 '좋은' 싸움: '내적 크기'로

유교는 내적 세계를 하나의 방식으로 '경유'하여(방법) 외적 세계의 '좋은 질서'(내용)를 창출하여 '함께 잘 살려는 이론적 실천이자 실천적 이론'의 한 방식이다.

일반적으로, '내적 세계'(자아 세계)의 "미화美化"[18]를 통해서 외적세계로서의 사회를 미화美化시키려 하는 유교의 사회화에 있어서 내적 세계는 외적 세계를 일정한 방식으로 매개한다.[19] 사회 구성원들 모두가 일정한 방식으로 함께하는 삶을 보장하기 위하여 사람들은 외적 세계에서

---

13) 父子不相見 兄弟妻子離散(『孟子』: 梁惠王下, 1)

14) 其身不正 雖令不從(『論語』: XIII, 6); 刑罰雖繁 令不下通(『荀子』: 王覇)

15) 上詐其下 下詐其上 則是上下析也 如是則敵國輕之 與國疑之(『荀子』: 王覇)

16) 聚斂者亡(『荀子』: 王制)

17) 堯舜性者也 湯武反之也 動容周旋中禮者 盛德之至也(『孟子』: 盡心下, 33)

18) 修文 (『論語』: XVI, 1); 以僞飾性(『荀子』: 王制)

19) 타고난 인성人性은 맹자孟子에게는 "보존"(存)되거나 "되찾아야"(求) 될 긍정적인 것(善)이고, 순자荀子에게는 벗어나야 될 부정적인 것(惡)이다. 여기서 중요한 것은 인성人性이 선善이냐 악惡이냐 하는 본질론적 질문-접근 방식이 아니라, 인성人性이 선善이든 악惡이든 공자, 맹자, 순자 모두에게는, (內的 차원에서) 보통 사람들은, 그 원인이야 어떻든 - 순자에게서처럼 악惡의 타고남 혹은 맹자에서처럼 선善의 상실 -, 단지 하下(內下)에만 머물 줄 아는, 악惡 내지는 불선不善의 "단지-사람"(Nur-Mensch)으로서 일정한 방식으로 부정되어 상上(內上)으로 되어져야 될 존재로 이해되고 있다는 사실이다.

한 사람으로서 '예禮-사람'으로 "머물"(止) 수 있고, "다른 사람들을 바르게 할"(正人) 수 있기 위해서, 먼저 "자신의 자아 세계를 (조작하여) 바르게 하여야"(正己) 한다.[20] 자기 자신을 "이기고"(克), "닦고"(修; 潔), "바루고"(正), "기르는"(養) 관리/돌보기는 (大)上인 인군 내지는 치자들한테 뿐만 아니라 - 비록 그 "자아관리/자아 돌보기"(Selbstpflege)의 방식이나 내용에서 서로 다르더라도 - 모든 사람들에게도 일반적으로 적용된다. 따라서 그것은 (大)下인 民에게도 적용된다. 民의 "자아관리"라는 차원이 없이는 유교 사회화의 기본 방식인 인군의 헤게모니적(hegemonial) 권력의 조직 창출(Macht-Organisation)을 생각할 수 없다.[21]

"자아 정화淨化"(修身, 潔己)로서의 '자신에의 노동'인 '자아노동'에서 이기고(克), 닦고(修, 潔), 바루고(正), 기르는(養) 심心은 우선 '노동주체'가 되고, 심心의 다른 한 부분이라 볼 수 있는 사욕私欲(人欲, 物欲)으로 불리는 '나쁜' 욕欲-심心은 '노동대상'으로서, 그리고 다양한 배움의 채널을 통해 바깥으로부터 '수입'되고 다양한 정도로 체득하여 내면화된 '내상內上', 즉 내적 세계에서의 상上(道, 禮, 仁義 등)은 우선 일종의 노동수단[22]으로 기능을 한다.

---

20) 其身正而天下歸之(『孟子』: 離婁上, 4); 吾未聞枉己而正人者也(『孟子』: 萬章上, 7); 有大人者正己而物正者也(『孟子』: 盡心上, 19) 등.

21) 민民도 유교의 "수기치인修己治人" 논리의 수취인(Adressat)이다. 여기에서는 다만 수기치인의 방식과 내용의 양과 질이 사대부에서의 그것과 다를 뿐이다. 예를 들어 "교민敎民"(『孟子』: 告子下, 8)이나 민의 "수신修身"(『大學』)이나 "수기修己"(『荀子』: 君道)의 결과인 "민덕民德"(『論語』: 學而, 9) 등도 이를 뒷받침하는데, 주자는 "교민敎民"을 "(民을) 예禮와 의義로 가르쳐서 (집으로) 들어와서는 부형父兄을 섬기고 (집 밖으로) 나가서는 장상長上을 섬기게 한다"(『經書』, 713)라고 해설했다. 臣下百吏至于庶人 莫不修己而後敢安止 (『荀子』: 君道); 自天子以至於庶人 壹是皆以修身爲本 (『大學』: 經 一章). 이를 더 뒷받침하는 몇몇 예들: 小人學道(『論語』: XVII, 4); 上無禮 下無學 賊民興(『孟子』: 離婁上, 1); (民)奚暇治禮義哉(『孟子』: 梁惠王上, 7); 民日遷善而不知爲之(『孟子』: 盡心上, 13).

22) 예를 들어: 禮者所以正身也(『荀子』: 脩身)

"안연이 인仁에 대하여 물었다. 공자가 대답하길 '자기 자신(己2)을 이기고(克) 예禮로 돌아가는 것이 인仁을 실천하는 것이다. … 인仁을 실천함이 자기 자신(己1)에게서 나오는 것이지 남(人)으로부터 나오는 것이겠는가?'"[23)]

인용문에서 나(己)와 남(人) 간의 인간관계가 전제 되고, 그 관계를 관리하고 조절하는 일반적 규범으로서의 인仁, 혹은 그 구체적 표현 형식이자 실천 형식인 예禮가 등장하는데, 이런 관계의 관리, 조절의 관건은 늘 "자아"(己)의 세계에서 찾아진다. 이 내적 세계에서 자아는 돌보는(克, 修, 潔, 正, 養 등) 주체로서의 "자아"(己1)와 돌봐지는 객체로서의 "자아"(己2)로 분리된다. 외적 세계를 위해서 그리고 외적 세계에 의해 매개되면서 일어나고 있는, 내적 세계에서의 ("나쁜") 욕심(들)의 "올바른" "정리"(治) 내지는 "정화"(修, 潔) 과정인 자아노동은 "싸움"(克, 戰 또는 正)[24)]의 형태로 진행된다. 즉 외적 세계에서 공동체 삶을 영위하는 데에 있어서 "싸움"(爭, 亂)을 피해 가기 위해, 내적 세계에서 그들의 자아와 일정한 방식으로 미리 "싸우는"(克, 戰) 과정이 자아 노동이다.[25)]

결코 완전하게 될 수 없는 내상內上-화化 혹은 예禮-화化를 상당정도 이룬 다음에도, 이 내부세계에서 사람들은 내상內上-자아로서 내상內上으로써 '더 큰' 내상內上-자아로 "되고"(化, 成, 爲) 이에 "머물기"(止) 위해, 내하內下-자아가 이를 "넘으려는"(違), "벗어나려는"(踰) 의지에 대항하여 계속 쉬지 않고 싸워야 한다. 사람들이 자신의 (더 좋은) 삶만을 생각하는 욕심欲心만 갖게 되면 "사람이 아닌 것"(非人)으로 되고[26)] 더불어 함께하

---

23) 顔淵問仁 子曰克己復禮爲仁 … 爲仁由己 而由人乎哉(『論語』: XII, 1)

24) 劉炫云 克訓勝也 己謂身也 身有嗜慾 當以禮義齊之. 嗜慾與禮義戰 使禮義勝其嗜慾 身得復歸於禮 如是乃爲仁也. (『正義』, 『中文大辭典』에서 인용, "克己" 참조) "정기正己"의 "정正"도 싸움의 뜻을 가진 "정征"의 원자다.

25) 苟爲後義而先利 不奪不饜 … 王亦曰仁義而已矣(『孟子』: 梁惠王上, 1)

는 사회적 삶에 ("올바르게") 동참할 수 없게 된다. 따라서 남들과 함께 살려하는 "올바른"(公) 의지(욕구)가 위에서 '자아2'의 자기만 홀로 (잘) 살려하는 "잘못된"(私) 의지(욕구)에 헤게모니를 행사할 수 있어야 한다.[27)] 하나의 자아(자아1)는 도道 등의 내상內上으로 변화된 (禮化된) 心으로서, 또 다른 자아(자아2) 내지는 아직도 욕欲의 '내하內下'(내적 세계에서의 下)에 머물러 있는 욕심欲心을 넘어서는 안 될 일정한 "경계선"[28)]으로 통제하고 또 그 위에서 주도권 내지 권력을 행사할 수 있기 위해, 계속 그리고 더 내상內上으로 무장해야 한다.

그러나 완전한 예禮-화化에 도달하지 못한, 못할 수밖에 없는 심心은 내상內上과 내하內下 간에서 일종의 중간자로서 누구와 동맹을 맺어야 할지 쉽게 결정을 내리지 못하고 망설이면서 결코 도道나 예禮 등의 내상內上과 영원히 변치 않는 동맹을 맺을 수는 없게 된다. 사람들은 현실적인 삶에서 그를 조화調和로운 사회적 삶을 위해 "따라야 하는 길"(道)로부터 "빗나가게"(違) 하는 반대세력으로서의 (특히 육체적이고 물질적인) 유혹들에 항상 노출되어져 있다.[29)] 아스케제[30)] 속에 연습練習하며 예인禮人으로 "되는/werden" 동안이거나 연습 내용을 실천하는(禮人으로 "존재

---

26) 無惻隱之心 非人也 無羞惡之心 非人也 無辭讓之心 非人也 無是非之心 非人也(『孟子』: 公孫丑上, 6); 人而不仁則非人(『論語』 VI, 23에 대한 范氏의 註, 『經書』 175 쪽)

27) 以義制利(『荀子』: 正論); 以仁存心 以禮存心(『孟子』: 離婁下, 28).

28) 人有不爲(『孟子』: 離婁下, 8), 無爲其所不爲(『孟子』: 盡心上, 17)에서의 "不爲".

29) 子曰 回也 其心三月不違仁 其餘則日月至焉而已矣(『論語』: VI, 5)

30) 아스케제(Askese/áskēsis)는 일정한 삶에 필요한 일정한 능력 혹은 덕(Arete)의 획득을 위한 심신의 연습(鍊習), 훈육(訓育), 훈련(訓鍊), 단련(鍛鍊), 수련(修鍊), 수신(修身)이다. 수행자(修行者), 고행자(苦行者)는 '세속적' 욕망(欲望)이나 갇힌 생각들을 하나의 방식으로 비우고 초월하는 단련(鍛鍊)으로 끊임없이 자신의 이상적인 삶을 추구한다. 피타고라스, 공자, 소크라테스 등을 위시하여 동서고금을 막론하고, 다양한 현자들은 '사람-이기(Mensch-Sein)' 위한 '사람-되기(Mensch-Werden)'의 방법으로 일종의 '나와의 좋은 싸움'인 아스케제를 각각의 방식으로 강조해왔다.

하는/sein") 동안에도 사람들은 늘 "자신을 검사하고" 자신이 도 혹은 예의 경계선 안에 "머물고" 있는지 혹은 아닌지를 감시해야 된다.[31)]

예화禮化된 사람으로 "되는" 학습에서 이러한 연습과 실천의 두 과정은 실제에 있어서는 서로 긴밀하게 얽혀있다. 한 개인이 "학습"과 "연습" 과정을 통하여 내적 세계에서 '내상內上과 내하內下 간의 조화로운 지배관계'를 설립함으로써 이러한 올바른 "내적內的 분리"에 성공하게 되면서, 그는 하나의 윤리적 행동주체로 구성된다. 하나의 행동주체인 개인은 이제 예-행동주체, ***군자君子*** 혹은 예인禮人()〉〉주체〈〈()으로 "되었다"(爲, 成, 化, geworden).[32)]

내內-분리 세계("德" 기준) \ 외外-분리 세계("位" 기준)		자아 세계 (內-분리)		
		내상內上 (上: 禮, 道, 仁義 등)	내하內下 (下: 非禮, 不義, 欲 등)	
사회세계 (小-분리)	小上(上: 父, 長, 男 등)	禮-長 ()〉〉長〈〈()	非禮-長	
	小下(下: 子, 幼, 女 등)	禮-幼 ()〉〉幼〈〈()	非禮-幼	
국가세계 (大-분리)	大上(上: 君, 治者)	禮-君 ()〉〉君〈〈()	非禮-君	君子
	大下(下: 民, 被治者)	禮-民 ()〉〉民〈〈()	非禮-民	小人
		군자君子 ()〉〉人〈〈()	***소인小人***	

예 주체 구성

(* 참고: 굵고 이탤릭으로 된 글씨는 '내적內的 *크기*'를 가리키고, 꺾기 괄호()〉〉〈〈()는 내적內的 *크기*에서 "완성된 사람"(成人)을 가리킨다.)

---

31) 內自訟(『論語』: V, 26); 內省不疚 夫何憂何懼(『論語』: 顔淵, 4); 吾日三省吾身(『論語』: 學而, 4); 反身而誠(『孟子』: 盡心上, 4) 等의 예들이 있다.

32) 여기서 기존의 君子-小人의 축은 내적 차원(Innen-Dimension)인 德과 외적, 사회적 차원인 位의 두 차원으로 나뉘어 분류된다. 외적 *크기*(Außengröße)에서의 군자는 내적 *크기*(Innengröße)에서의 ***君子***와 유관하고도 무관하다. 외적 *크기*(大, 小) 차원에서의 군자는 통치자만 기리키지만 내적 *크기* 차원의 ***君子***는 小人(民)일 수도 있고 ***小人***은 군자(君, 사대부)일 수도 있기 때문에 이 두 *크기*에서의 같은 이름의 두 군자는 서로 무관하지만, 이 내적 *크기*가 결국 외적 *크기*에서 유래하고(Von) 또 기능, 작용에서 그로 돌아가야(Zu) 된다는 측면에서 맥락을 같이 하는 것이다. 그리고 이 두 차원의 명시적, 비명시적 混用이 일정한 이데올로기적 효과를 창출하게 된다.

3. 예의 힘: “큰 응고”(大凝)의 길

1) ‘안에서 머물기’(內止): “지키기”(守), “어기지 않기”(不違), “떠나지 않기”(不離), “최고선에 머물기”(止於至善)

유교가 하나의 ‘이상 삶’을 가능케 하는 하나의 ‘이상 사회’를 실현하기 위한 전제로서 하나의 ‘이상 인간’이기 위해 요청되는 다양한 가치나 규범들이 바로 인의예지 등의 ‘내상內上’(내적 세계, 내적 크기에서의 이상理想인 上)이다.

자신과의 싸움에서 자기 자신을 이기면서 구성된 예-주체⟨⟩⟩주체⟨⟨⟩는 내적 크기에서 다 큰 ‘완성된 사람’(“成人”, 『荀子』: 勸學)으로서 ‘행위하는 삶’이나 ‘사는 행위’에서 이제 외적 압력이나 통제 없이 ‘내상內上’에 머물 수 있고 머물려 하고 나아가 머문다.[33] 예禮-주체, 예인禮人(君子)은 인仁을 “어기지 않고”(不違)[34] 법을 “넘지 않으며”(不踰)[35] 선왕의 도를 “지키고”(守)[36] “따른다”(順)[37]. 인仁, 법(矩), 도道 등의 반대편에 맹자의 “하면

33) 權利不能傾也 羣衆不能移也 天下不能蕩也 生乎由是 死乎由是 夫是之謂德操 德操然後能定 能定然後能應 能定能應 夫是之謂成人(『荀子』: 勸學) “操”는 “守”의 뜻 (熊公哲, 1974, 16). Watson (1963, 23)은 “成人”을 “the complete man”이라고 번역했다. 君子所性 仁義禮智根於心 其生色也 睟然見於面 盎於背 施於四體 四體不言而喩 (『孟子』: 盡心上, 21)도 참조. 여기에서는 禮化 이전의 개인과 禮化 이후의 개인을 구분하기 위해 꺾음괄호⟨⟩⟩⟨⟨⟩가 사용된다.

34) 不違仁(『論語』: VI, 5)

35) 不踰矩(『論語』: II, 4)

36) 守先王之道(『孟子』: 滕文公下, 4); 能守道(『荀子』: 解蔽) 주자는 “據於德”(『論語』: VII, 6)에서 “據”를 “執守”로, “依於仁”(『論語』: VII, 6)에서 “依”를 “不違”로 해석했다. (『經書』, 186쪽)

37) 不識不知順帝之則(『詩經』: 大雅, 皇矣之篇)

안 되는 것"(不爲)이 있는데,[38] 이들은 "하면 안 되는 것을 하지 않는다".[39] 이들은 외적 크기에서 "궁窮해도" 내적 크기에서 "의義를 잃지 아니하고" 외적 크기에서 "달達해도" 내적 크기에서 "도道를 떠나지 않는다".[40] 때문에 "부귀도 넘치게 할 수 없으며 빈천도 옮길 수 없으며 위협도 굴복시킬 수 없으며"[41] "변치 않는 마음으로"[42] "이것에 살고 이것에 죽는다".[43] 이것이 맹자의 "이인존심以仁存心 이예존심以禮存心"이나 순자의 "이의제리以義制利"의 개념으로 연결된다.

그런데 내적 세계, 내적 크기에서의 상上인 '내상內上'은 외적 세계의 구체적인 외적 크기에서의 각자의 '자리'들에 따라 나뉜다. 구체적 자리와 직분이 사상된 추상적이고 일반적인 차원에서는 "착함"이라든가 "옳음" 등의 개념으로 '같은 것'으로 보일 수 있지만, '군이 가야 할 길'과 '신이 가야 할 길'이 같을 수 없고 '아버지가 가야 할 길'과 '아들이 가야 할 길'이 같을 수 없다. 반만 구체로 내려온다면 혹은 반만 추상한다면, 내상은 외적 크기에서의 上에 해당되는 내상(상의 내상/예/도)이 있고 외적 크기에서의 下에 해당되는 내상(하의 내상/예/도)이 있다. 그러므로 같은 도라고 해도 "군자의 도"가 있고 "소인의 도"가 있는 것이다.[44] 일반적으로 말해, 상의 내상은 하를 사랑으로 대하고 만나는 것이고, 하의 내상은 상을 순종하고 섬기는 것이다. 그러나 더 구체로 내려와 '각자의 자리'를 감안한다면, 다양한 만남에서 다양한 자리들에 요구되는 내상은 더 늘어나고 더 달라진다.

---

38) 人有不爲(『孟子』: 離婁下, 8)
39) 無爲其所不爲(『孟子』: 盡心上, 17)
40) 士窮不失義 達不離道(『孟子』: 盡心上, 9)
41) 富貴不能淫 貧賤不能移 威武不能屈 (『孟子』: 騰文公下, 2)
42) 有恒心 (『孟子』: 梁惠王上, 7)
43) 生乎由是 死乎由是(『荀子』: 勸學)
44) 君子學道則愛人 小人學道則易使也 (『論語』: XVII, 4)

내상을 "어기지 않고" "넘지 않으며" "지키고" "잃지 아니하고" "떠나지 않는 것"을 '내적 크기(에서의 상)에 머문다'는 의미에서 '내지內止'라는 개념으로 표현할 수 있을 것이다. "대학의 도"의 궁극적 목적은 "지선至善"이라는 내상에 "머무는 것"(止)이다.[45] 이제 '내지內止'의 논리는 아래에 등장할 개념인 '외지外止'의 사회화 질서에 끼어들게 된다.

> "인심人心은 대야 속의 물과 비유될 수 있다. 반듯하게 놓여 움직여지지 않으면 담탁湛濁한 것은 하下에 머물고 청명淸明한 것은 상上에 머물게 되어, (우리는) 수염이나 눈썹을 (잘) 볼 수 있고 피부(의 무늬)도 (잘) 관찰할 수 있다. 미풍微風이 불고 지나가면 담탁湛濁한 것은 하下에서 동요動搖되어 청명淸明한 것이 상上에서 어지럽혀져서, 커다란 형체의 올바른 모양도 분간할 수 없게 된다."[46]

내적 세계에서의 질서 잡힌 상하上下의 관계가 "깨끗한 것"(淸明)과 "더러운 것"(湛濁)의 상하上下 관계로 표현되는 순자의 은유에서 우리는 그것의 외적 세계 내에서의 상하上下 관계, 특히 상하上下 관계와의 유비를 읽어 낼 수 있다. 간접적이지만 외적 하下는 내적 "더러움", "작음", "적음" 등으로 비유되고, 외적 상上은 내적 "깨끗함", "큼", "많음" 등으로 비유되며, 이 비유는 어느 차원에서든 상上은 상上에 하下는 하下에 머물러야("正錯而勿動") 함의 표현이라 볼 수 있다.

---

45) 大學之道 在明明德 在親民 在止於至善 (『大學』, 經 一章)

46) 人心譬如槃水 正錯而勿動 則湛濁在下 而淸明在上 則足以見鬚眉而察(膚)理矣 微風過之 湛濁動乎下 淸明亂於上 則不可以得大形之正也 (『荀子』: 解蔽)

2) 모으는 힘 그리고 복종시키는 힘: "돌아오기"(歸), "겸하기"(兼), "복종시키기"(服)

유가에 따르면 예는 '유능'하여 일정한 힘이 있다. '함께 하는 삶을 조직하기'(羣)에서 예의 이런 힘이 강조된다. 예가 함께 하는 삶의 '어려움들'을 극복하는 힘이 있다는 것이다.[47] 그 힘은 특히 국가라는 '대-분리' 세계에서 상하(大上-大下) 간의 '만남'을 가능케 하고 '올바르게' 하는 힘이다. 그런 만남은 호감가는 만남이다.

대상大上(인군, 통치자)이 '내적 (큰) 크기'(내상)와 '내적으로 크기'(內上-人으로 되기)를 좋아하면, 대하大下(백성)도 '내적 (큰) 크기'와 '내적으로 크기'를 좋아하게 되어, "사방의 백성들은 그 자식들을 포대기에 업고 (인군에게로) 올 것이다".[48] 상의 내적 크기는 "예禮, 의義, 신信"으로 "대인의 일"(朱子 주)이고, 하의 내적 크기는 "경敬, 복服, 용정用情"인데, 이 다름은 "각자 (서로 다른) 부류에 따라 응하는 것"(各以其類而應)에 근거한다. "가까이 있는 사람들이 기뻐하며 멀리 있는 사람들이 찾아오는" 일이 인의예지에서 '큰' 사람들의 "(올바른) 정치"(政)다.[49]

이것이 "귀인歸仁"의[50] 개념으로 "많은 사람들을 얻는"(得衆)[51] 힘이요 길이다. 맹자가 "자신의 몸이 바르면 천하의 사람들이 돌아온다."를 말할 때나[52] 순자가 "덕으로써/서 사람들을 아우르는 자가 왕이 될 수 있다."

---

47) 隆禮貴義者其國治 簡禮賤義者其國亂 治者强亂者弱 是强弱之本也(『荀子』: 議兵)

48) 上好禮則民莫敢不敬 上好義則民莫敢不服 上好信則民莫敢不用情 夫如是則四方之民襁負其子而至矣(『論語』: XIII, 4)

49) 葉公問政 子曰 近者說遠者來(LY1316)

50) 歸仁(『論語』: XII, 1); 得其民 … 民之歸仁也 猶水之就下 獸之走壙也(『孟子』: 離婁上, 9); 天下之士 皆悅而願立於其朝矣 … 天下之民 皆悅而願爲之氓 (『孟子』: 公孫丑上, 5)

51) 得衆(『論語』: XVII, 6; XX, 1)

52) 其身正而天下歸之(『孟子』: 離婁上, 4)

를 말할 때,[53] 이는 모두 내적인 크기가 많은 사람들을 (백성으로) 모으고 얻을 수 있는 힘이 있다는 것을 말하는 것이다. '대-분리' 세계에서 상하간의 만남은 일종의 '자기장'(Magnetismus)의 성격을 띤다. 사방, 원근 차이, (자발적) 모임, 아우르기 등의 특징들이 자기장의 논리와의 유사성을 말해준다 할 것이다. 또한 "인자는 불인자를 이긴다"(仁勝不仁) 혹은 "인자는 적이 없다"(仁者無敵)는 논리도 상의 내적 크기가 하나의 이기는 힘이자 모으는 힘으로 연결된다.

상이 하를 모아 얻을 수 있는 힘은 상이 하를 복종시킬 수 있는 힘에 근거한다. "멀리 있는 사람들이 복종하지 않으면 문덕文德을 닦아 오게 하여야 한다"[54]라고 할 때나 "덕으로써/서 사람들을 복종하게 하는 자는 속마음이 기뻐 진실로 복종하는 것이다"[55]라고 할 때, 내적 크기가 스스로 복종하게 할 수 있는 힘이 있다는 것을 가리킨다. 스스로 복종하므로 "속마음이 기뻐 진실로 하는 복종"이요, "벌을 주지 않아도 하는 복종"[56]인 것이다. 자발적 동의에 의한 이런 종류의 복종에 외적, 강제적 복종이 대립된다. 외적, 강제적 복종은 무력이나 형벌 등 '외적 크기'에 의한 복종이다.[57]

"위爲"와 "불위不爲"의 예禮로 단속斷續하면서 군君은 사士와 민民을 단속團束해낼 수 있게 된다. 상(君)이 상에서 하(士民)를 '올바르게' 대하고 만날 때, 하는 하에서 복종하고 편안해 한다는 것을 순자는 "큰 응고"(大凝)라 부른다.[58] "큰 응고"는 상과 하의 (서로 다른 방식의) 예-주체 구성

53) 以德兼人者王(『荀子』: 議兵)
54) 遠人不服 則修文德以來之(『論語』: XVI, 1)
55) 以德服人者 中心悅而誠服也(『孟子』: 公孫丑上, 3)
56) 賞不用而民勸 罰不用而民服(『荀子』: 君道)
57) 以力服人者 非心服也 力不贍也(『孟子』: 公孫丑上, 3)
58) 故凝士以禮 凝民以政 … 士服民安 夫是之謂大凝(荀子(『荀子』: 議兵)

의 효과라 할 것이다.

이런 유교적 함께하는 삶의 타협(禮-羣)의 방식이 순자의 "겸술兼術"(『荀子』: 非相), 즉 일군一君이 '타자들인 만민萬民을 덕으로서/써 - 자신의 상덕上德/대덕大德과 타자, 즉 피치자들의 하덕下德/소덕小德으로써 - 아울러 모두 자신 밑에 복종시키는 기술技術/예술藝術(Kunst)'로써 잘 개념화된 인군의 타자 '복종 술' 내지는 "대응大凝"의 '결합 술'이다.

4. 힘의 예: '각자 제 자리에 머물기'(Cuum Cuique: Jedem das Seine)

1) '밖에서 머물기'(外止): '인군답게, 신하답게, 아비답게, 아들답게'

사람들을 끌어 모으고 복종시킬 수 있는 '예의 힘'은 동시에 '힘의 예'다. 예의 기초는 "나눔"(分)이다. 더 정확히 말한다면, '수직적 나눔'이다. 나눔에는 '수평적 나눔'도 있다. 상하나 대소로 나뉜 비대칭적 수직적 힘 관계를 근거로 하지 않는 '다름'들의 나뉨에서 수평적 나눔이 얘기될 수 있을 것이다. 예가 수직적으로 분리된 '사회적 배치 질서'에서 생겨나서 이 질서를 관리하고 유지하는 힘이 있다면,[59] 이는 힘에 의한 힘을 위한 힘의 예라 할 수 있을 것이다. 상하나 대소 혹은 중변中邊이나 강약의 힘 관계를 유교는 하나의 방법으로 문제 삼지만 - 혹은 문제 삼으면서 -, 동

59) 爲禮卒於無別 無別不可謂禮(『左傳』, 僖公 22년); 禮者 貴賤有等 長幼有差 貧富輕重皆有稱者也(『荀子』, 富國); 夫禮者 所以定親疎 決嫌疑 別同異 明是非也(『禮記』: 曲禮 上) 참조. 人之生 不能無羣 羣無分則爭 … 而人君者管分之樞要也(『荀子』: 富國)

시에 이 힘 관계는 유교에서 추구된다. 하나의 방식으로 내적 크기의 논리로 외적 크기가 부정되지만 - 혹은 부정되면서 - 동시에 외적 크기는 하나의 방식으로 긍정되고 있다고 할 수 있다. 아니, 유교에서 추구되는 내적 (큰) 크기는 그 자체에 외적 자리질서인 기존의 상하질서를 그 기초에서 이미 포함하고 있다.[60]

앞에서 나는 서로 다른 자리에 서로 다르게 요구되는 '내상'을 예화禮化된 주체는 "어기지 않고" "넘지 않으며" "지키고" "떠나지 않으면서" 내적 크기(에서의 상)에 머무는 '내지內止'에 대해서 얘기했다. 서로 다른 자리에 서로 다르게 요구되는 행동규범으로서의 '내상'(의 내용과 방법)에 머무는 '내지內止'는 곧 '서로 다른 자리에 서로 다르게 머무는' '외지外止'의 개념으로 연결된다. '각자의 제 자리에 각자 머물기'는 '외지外止'라고 불릴 수 있을 것이다. "군자는 자기 자리의 안에 머문다"[61] 혹은 "공손히 자기의 자리에 머물 뿐이다"[62] 혹은 "자기 자리의 직분에 최선을 다하고 제도에 편안함으로써 상에 화답한다"[63] 혹은 "(자기 자리에) 편안히 머문다"[64] 등에서 '외지'의 개념을 잘 읽을 수 있다.

'내지'와 연결되는 '외지'의 개념은 "정명正名"의 개념으로 가장 잘 정리된다. "정명"이란 군君, 신臣, 부父, 자子, 농農, 상商 등의 서로 다른 사회

---

60) 유교는 기존한 그리고 현존하는 사회에서 긍정적으로 평가되는 사회의 수직적 "기초 결구"(Grundgliederung)의 사회적 인간관계들을 자신의 예禮-사회화의 프로그램에 수용하여 "옛것"(古) 내지는 "존재하여야 될 것"(긍정적으로 평가되고 외적 크기가 감안된 기초결구 + 유교에 의해 새로 구성된 조화의 이상)으로 개축하였다. "고지군자古之君子"(『孟子』: 公孫丑下), "好古敏以求之" (『論語』: VII, 19), 등에서의 "고古"는 유교적 이상화 작업이 가미된 옛 사회 질서이다.

61) 君子思不出其位(『論語』: XIV, 28)

62) 恭爲子職而已矣(『孟子』: 萬章上, 1)

63) 治國者 分已定 則主相臣下百吏 各謹其所聞… 所聞所見 誠以齊矣 則雖幽閒隱辟 百姓莫敢不敬分安制以和其上(『荀子』: 王霸)

64) 如是 則臣下百吏至于庶人 莫不修己而後敢安止(『荀子』: 君道)

적 자리들이 '각자의 제 자리'()〉〉君〈〈, 〉〉臣〈〈, 〉〉父〈〈, 〉〉子〈〈, 〉〉農〈〈, 〉〉商〈〈 등)에 상응하여 올바르게 행동할 수 있는 자가 '되어' 그에 '머물러야' 한다는 것이다.[65] 이러한 "정명" 사상은 수직적 사회화 질서 속에서 사회적 행위자들이 '상이나 하로서의 남을 하나의 하나 상으로서 배려할 줄 알면서 상하가 올바르게 각자의 자리에 머무르면서 수직 속에서 조화로운 삶을 영위해야 한다'는 '예-사회화' 내지는 '예禮-군羣'의 본래적 관심사다. '남을 잘 배려, 존중하면서 혹은 배려, 존중하지만 혹은 배려, 존중하기에 상하가 각자 제 자리를 지키는 것'이 정명의 요지다. 여기에 '수직 속의 배려' 나아가 '수직을 배려하기'의 관념이 들어 있다고 할 수 있다.

결국, 내지는 외지를 위해 요청된다. 소-분리 세계(가족, 사회)와 대-분리 세계(국가)로 이루어진 외적 세계 중에서 대-분리 세계에서 군민君民 간의 상하 분리 혹은 상하 만남을 중심으로 외지의 문제를 살펴보자. 덕치, 왕도정치, 예치 혹은 예군에서 대-분리 세계에서의 군민君民 간 상하 관계가 중요하다. 군이 그의 상덕上德으로 되어 예-군()〉〉군〈()이 된다면, 군은 군으로 "머물" 수 있게 된다. 그러면 민 역시 그들 자신의 하덕下德으로 되어 예-민()〉〉민〈()로 되고 그럼으로써 피치자로 "머물" 수 있게 되고, 머물려 할 것이기 때문이다. 여기에서 상上-내상內上(上德)과 하下-내상內上(下德)의 두 종류의 내상이 있고 그에 상응해서 두 종류의 내상에 매개된 상上-내지內止(止)와 하下-내지內止(止) 두 종류의 "내적 머묾"이 있다. 그리고 군이 자신(의 자리)에 머무는 상上-외지外止(止)와 민이 자신(의 자리)에 머무는 하下-외지外止(止)의 두 사회적 존재양식인 "외지外止"의 종류가 있다.

이런 내적 '머물음'(止)과 외적 '머물음'(止)의 논리는 다음처럼 간단한

---

65) 君君 臣臣 父父 子子 兄兄 弟弟 一也 農農 士士 工工 商商 一也. (『荀子』: 王制)

도식으로 표현될 수 있을 것이다: 상上-내지內止(止) → 하下-내지內止(止) → 하下-외지外止(止) → 상上-외지外止(止) 혹은 예禮-군君이기 → 예禮-민民이기 → 민民이기 → 군君이기. 이는 인군이 내적으로 상上이 되어 이 내상에 머물려 하고 또 머물 수 있다면, 일반 백성들도 "역시" 내적으로 상上이 되고 그것에 머물려 하고 또 머물 수 있을 것이라는 논리다. "민民"이 예화되어 자신의 내상에 "머물려 함"과 "머물 수 있음"은 다시 인군을 자기 자리에 머물 수 있게 해 준다는 의미다.

그리하여 인군에게 있어서 "자기 정화淨化"는 자기 자리에 "머물"(止) 수 있는, 즉 계속 통치할 수 있는 도덕적이고 물질적인 전제를 이룬다. 반면에 피치자들에게 있어서 "자기 정화淨化"는 통치자에게 요청된 전제들의 충족 효과로서 통치자를 떠나지 않고 그와 함께 하되, 그들 자신의 자리에 "머물" 수 있는 즉 통치 받을 수 있는 근거가 된다. 이것이 바로 내지內止(上-內止, 下-內止)와 외지外止(上-外止, 下-外止)관계의 기초 논리다.

2) '같음과 같지 않음'(同而不同): '움직임과 움직이지 않음'(動而不動)

"(인군으로서 자기 사람들을) 덕德(大德의 힘)으로 다스리는 것은 비유컨대 북극성이 자기 자리(其所)에 머물러(居) 있되 뭇별들은 그를 사면으로 둘러싸고 그로 향하는 것과 같다."[66]

"무위無爲이지만 다스릴 수 있었던 자는 순임금이실 것이다. 무엇을 하셨겠는가? 몸가짐을 바르게 하고 바르게 남면을 하였을 뿐이셨다."[67]

---

66) 爲政以德 譬如北辰居其所 而衆星共之(『論語』: II, 1)

67) 無爲而治者其舜也與 夫何爲哉 恭己正南面而已矣(『論語』: XV, 5)

"(내적으로 큰) 천자는 보지 않아도 보이고 … 움직이지 않아도 공을 이루나니, 고요히 홀로 앉아 있되 천하가 따르기를 한 몸과 같이 하며, 사지가 마음을 따르듯 한다."[68]

한 나라의 최고 통치자가 덕, 내적 크기의 힘으로써 그 백성들의 사회적 삶을 조직하는 논리는 '북극성'(北辰)과 '뭇별들'(衆星) 사이의 관계 방식의 논리로 비유된다. 군과 민을 상징하는 북극성과 뭇별들이 만나는 방식은 '일一과 만萬'의 관계요, '움직임과 움직이지 않음'의 관계요, '중변' 혹은 '상하'의 관계라 할 수 있다. '일과 만'의 관계, 만남, 교환, 소통에서 일종의 평형 혹은 등식이 성립될 때, '일' 군의 (사회적 행동) 능력은 '만' 양의 (사회적 행동) (무)능력들의 합에 해당되고, '일' 양의 능력은 '일' 군의 만분의 일에 해당된다. '일 곱하기 만은 만 곱하기 일'이 된다. 숫자에서 한쪽의 질은 다른 쪽의 양이 되고 한쪽의 양은 다른 쪽의 질이 된다.

일과 만 사이의 이런 사회화(羣) 논리는 '부동不同의 동同'의 한 형식이다. 이런 '부동不同의 동同'(혹은 '不同의 同')의 형식은 '부동不動의 동動'(혹은 '動의 不動')의 논리로 연결된다. 일군一君은 제 자리("其所")에 움직이지 않고("無爲", "不動") 머물러 있지만("居"), 만민萬民은 일군의 자리에 향하면서 따르고 복종하게("共") 된다. 이는 "동일한 몸"(一體)에서 주변의 "사지四肢"가 중심의 "심장"을 "따르는" 것과 같은 논리라 한다. "몸가짐을 바르게 하여" 가운데에서 움직이지 않고 "남면南面"하고 있을 뿐이지만, 주변자 백성들은 주변에서 그 중심을 '자발적으로' 따른다는 것이다. 이리하여 인군은 "움직이지 않되 공을 이룬다". 〉〉인군〈〈으로의 예-주체 형성 이후에는 전혀 "움직이지 않지만" 하민下民들은 〉〉하민下民〈〈의 예-주체로 형성되어 "움직이면서", 인군을 위하여 "자발적으로 마음으로부터 우

68) 天子 不視而見 … 不動而功 塊然獨坐而天下從之如一體 如四肢之從心(『荀子』: 君道)

러나와 복종하게 되기" 때문이다.[69] 이는 인군이 덕을 닦고 쌓아 덕군德君, 예군禮君〈〉〉인군〈〈〉으로 되면, "주체화된"(subjektiviert) 신민들이 "자발적으로 그리고 기뻐하면서"(中心悅) 그를 중앙中央으로 세우고 스스로는 주변자들로서 그의 주변부에 머물려 하고 또 중앙中央으로 향하려 하기 때문에, 즉 "진실로 복종하면서"(誠服) 관계하려, 만나려 혹은 함께하려, 함께이려 하기 때문에, 이 인군은 힘들이지 않고 자기 자리 중앙中央을 계속 지킬 수 있고 머물 수 있게 된다는 논리다.

일군一君과 만민萬民의 이런 만남의 방식에서 양자의 '행동능력의 질'을 비교해볼 때, 일군은 자신은 움직이지 않지만 남은 일정한 방식으로 움직이게 할 수 있게("共之", "從之", "使人") 되는 데에 비해, 만민은 자신은 움직이지만 남은 움직이게 하지 못한다. 그러므로 일군一君의 자리는 '움직이지 않음 속의 움직임'의 자리요 만민의 자리는 '움직임 속의 움직이지 않음'의 자리로 된다. 한 국가 전체의 사회화에 대해 최고의 의무와 권리를 갖는 일군一君의 자리에서 볼 때, 이 '움직이지 않음 속의 움직임'의 자리는 '움직여 안 움직이기' 그리고/그러나 '안 움직여 움직이기'의 논리로 연결된다.

통치자가 "불위不爲"라는 경계선[70] 속에서 수신과 그의 정책적 발로인 애민의 "유위有爲"(순자에게선 僞)를 도달한 이후에 '유위有位'를 위해 다시 유위有爲를 할 필요가 없다. 왜냐하면 이렇게 되면 피치자 스스로가 복종하여 그들 자신의 자리에 스스로 머묾으로써 통치자의 '제 자리' 유지 혹은 '유위有位'를 위한 유위有爲를 스스로 떠맡게 될 것이기 때문이라는 것이다. 예 사회화에서 하下는 상上을 따라한다. 하下는 상上의 효과

69) 以德服人者 中心悅而誠服也(『孟子』: 公孫丑上, 3)

70) 人有不爲也而後 可以有爲(『孟子』: 離婁下, 8); 無爲其所不爲 無欲其所不欲 如此而已矣(『孟子』: 盡心上, 17) 참조.

다. 상이 솔선하여 '바르면' 하도 역시 '바르게' 되고[71] "인주는 백성을 부르는 자요 상은 하의 모범이다. 그리하여 백성 혹은 하는 부름을 듣고 응(답)하고 모범을 보고 움직인다."[72] 따라서 백성들의 움직임은 자신들의 낮은, 피지배 자리를 고정하고 연장하는 효과를 낸다.

그렇다면 이는 일종의 '못 움직이게 하기 위한 움직임' 아닐까? 통치자의 '제 자리' 유지를 위한 유위有爲를 스스로 떠맡는 피치자의 복종의 '움직임'은 일종의 '머무는 나아감' 내지 '나아가는 머묾'으로서 '나아가지만 제 자리'에 머무는 것에 불과하다고 할 수 있을 것이다. "밝은 덕"의 인주에게 천하가 모여드는 것이 "매미가 밝은 불로 모여드는" 논리와 같다는 것은[73] 일군一君의 '움직이지 않음 속의 움직임'의 자리와 만민萬民의 '움직임 속의 움직이지 않음'의 자리를 말해주는 것을 넘어, 매미의 자발적 복종이 '자발적 희생'으로 연결된다는 것까지를 암시한다고 할 수 있을 것이다.

인군이 자신 "홀로"[74]만 생각한다면 그는 영원히 홀로되어 더 이상 "홀로의 자리(一人者로서의 지위)에 설"[75] 수 없는 것이다. 그러므로 그는 자신을, 자신의 "사회적 (혹은 사회에 의해 생성된) 유능"을 그의 "타자들"과 나눌 수 있어 그들과 함께 하는 삶(與民同樂)을 찾아야 한다. 이것은 "홀로"(홀로2)를 극복한 "홀로"(홀로1)로서 "남"과의 일정한 타협(Kompromiβbildung)을 통해 "홀로의 자리"(一君)를 확보해 내는 방식이다. 이것이 유교의 "헤게모니 조직"(Hegemonieorganisation) 방식이다.

---

71) 子帥以正 孰敢不正(『論語』: XII, 17)

72) 主者民之唱也 上者下之儀也 彼將聽唱而應 視儀而動(『荀子』: 正論). "儀正而景正", "盂方而水方", "源淸則流淸"(『荀子』: 君道)도 참조.

73) 今人主有能明己德 則天下歸之 若蟬之歸明火(『荀子』: 致仕)

74) 예를 들면, 獨樂樂(『孟子』: 梁惠王下, 1)

75) 百里之國足而獨立(『荀子』: 仲尼); 是國未能獨立(『荀子』: 王制)

<나들이> 노자老子의 정치-윤리 철학: "무위無爲"의 힘

노자의 정치-윤리 사상에서도 주목하는 것이 일정한 크기의 사회 단위에서 일정한 방식으로 '함께 하는 삶'이라는 통치("治國", "爲國", "莅天下")의 문제일 때, 역시 무엇보다 (侯)왕王 내지 군君과 민民 간의 관계가 문제다.[76] 이 문제는 주로 후왕이 민과 어떤 관계를 맺어야 하느냐 하는 후왕이 민을 대하는 태도의 문제라 할 수 있다. 노자도 통치자, 특히 최고 통치자가 자기의 생각을 들어야 한다고 생각한다. 이는 후왕이 '가는 길'과 '가야 할 길'에 대한 얘기다. 노자도 통치자의 두 과제, 즉 '자기를 (잘) 살리는' 자기 자리의 유지와 '만민을 (잘) 살리는' 일을 얘기한다. 그러므로 노자는 기존의 통치 행위가 백성들의 삶에 "짐"이 되거나 "유해"한 것이라고 비판한다. 성인으로서의 '통치자가 가야 할 길'은 "강해江海-백곡百谷"의 비유에서 아주 명료하게 드러난다. 이는 자신의 자리를 유지하는 동시에 '남들', 즉 백성들의 삶을 살리는 통치자의 두 상호 모순적인 과제가 화해되고 통합되어야 한다는 좋은 예다.

> "강해가 백곡의 왕이 될 수 있는 까닭은 (자신을) 잘 낮출 수 있기 때문이다. (…) 그러므로 백성들의 위에 있고자 하면 반드시 자신의 말을 낮추어야 하고, 백성들의 앞에 있고자 하면 반드시 자신의 몸을 뒤로하여야 한다. 그러

---

76) 호적에게 노자는 "반정치 의식을 가진 사람"이다.(방동미, 25쪽) 미우라 두우사꾸에 의하면 공자와 노자에게 "윤리설이 곧 정치설"이며 그들은 모두 "윤리설을 확충하여 정치설로 삼았"고 "어떻게 천하를 다스리는가 하는 문제가 그들의 사상을 관철하고 있었다." 그는 동시에, 공자 사상은 "윤리적"·"사회적" 등이나 노자 사상은 "철학적"·"비사회적"·"형이상학적"·"출세간적" 등이라 하면서 철학을 윤리나 사회로부터 분리시킨다.(미우라 두우사꾸, 191-192쪽) "『노자』는 그 논술 전부가 정치철학이라고 해서 좋으리라."(우현민, 341쪽)

하기에 위에 있어도 백성들은 무거워 하지 않고 앞에 있어도 백성들은 해롭다 하지 않는 것이다. 그러하기에 천하(의 백성들)는 기꺼이 밀어 올리면서 싫어하지 않는다. 자신이 (백성들과) 싸우지 아니하므로 천하(의 백성들)는 그와 싸울 수 (혹은 싸워 이길 수) 없는 것이다."[77]

노자의 정치-윤리 철학은 무위無爲를 통해 권력 혹은 '큰 자리'(大位)를 조직하고 관리하는 '유위有位'의 논리다. 그것의 방법은 하下를 통합하여 자발적으로 그들의 자기 자리인 '하下에 머물게/있게' 하는 것이다. 상上으로서 '(하下에) 머물게/있게 하는 자'는 이렇게 '상上에 머물/있을' 수 있게 되어 '나라를 소유하고' '천하를 취取'할 수 있게 되는 것이다. 노자의 정치-윤리 철학에서도 '위이기'(Obensein)와 '아래이기'(Untensein)의 상호 힘 관계가 문제일 때, 위이기와 아래이기는 상대적인 관계로 서로를 필요로 하는 관계다. 도나 도를 체득하여 '내적으로도 크고' 그리고 동시에 '외적으로도 큰' 사람인 '성인적 후왕'의 천하에 대한 관계는 '하나의 큰' 강하江河의 '많은 작은' 천곡川谷들에 대한 관계와 같을 때, 이는 우선 1:100 구도로서 '하나' 위주爲主의 '중심주의적' 내지는 '수직주의적' 구도인 것이다. 그 이유는 도와 도에 비견되는 강해나 후왕이 문제의 중심에 놓이고 목적으로 추구되기 때문이다.[78] 여기서 "수직"은 공간적 수직이 아니라 윗사람과 아랫사람이라 할 때의 위와 아래 간의 힘 관계를 지시하는 것이다. 공간적으로 볼 때는 아래에 있는 강해가 결코 윗자리, 윗사람의 비유가 될 수는 없을 것이다.

---

77) 江海所以能爲百谷王者 以其善下之 (…) 是以欲上民必以其言下之 欲先民必以其身後之 是以處上而民不重 處前而民不害 是以天下樂推而不厭 以其不爭 故天下莫能與之爭(66장)

78) 서양철학의 목적론은 아니지만, 플라톤의 '선의 이데아'나 아리스토텔레스의 '신' 개념을 떠올리는 대목이다.

무욕을 주장하지만 이렇게 추구할 만한 자리인 "위" 혹은 "앞"에 존재할("上人"/"處上", "先人"/"處前") "수 있기"(能爲) 위한 전제 조건이 즉 (자신을) "아래에 두기/놓기"("下之") 혹은 "뒤에 두기/놓기"(後之)라 한다. 다시 말해 백곡의 "왕王"이 될 수 있는 "근거"(所以)가 자신을 남의 "아래"나 "뒤"에 두는 것이다. 강과 바다는 백곡보다 아래에 있기에 백곡을 모을 수 있는 힘이 있다. 아래에 있지만 백곡은 모두 그로 흘러들어 모인다. 강해는 실제로 백곡의 아래에 있지만, 기꺼이 추대하면서 자발적으로 '모여드는' 백곡을 겸兼하고 어御할 수 있는 왕王이므로 동시에 '상백곡上百谷' 혹은 '처백곡지상處百谷之上'할 수 있다는 것이다. 이 논리는 '아래이자 위' 혹은 '아래이므로 위일 수 있음'의 그것이다.

어떤 방법(道)이나 수단으로든 "위" 혹은 "앞"에 존재할("上人"/"處上" 혹은 "先人"/"處前") "수 있기"(能爲)가 목적이 될 때, 이는 권력의 조직 및 관리의 기술/예술과 연결된다. 즉, 이는 없는 권력을 만들어 내거나, 있는 권력을 키우거나 보존하고 관리하는 사실적 도덕적 기술/예술(Kunst)과 연결된다고 할 수 있다. 하나의 외적 '큰' 크기(侯王)가 내적으로도 '크게'(德) 되어 많은 외적 '작은' 크기들을 (내적/외적으로) '크게' 대한다면, 많은 외적 '작은' 크기들이 또한 상응해서 내적으로 '크게' 되어 상에 동의하게 된다는 이런 논리는 유가의 논리와 같다고 할 것이다.

비록 다른 방식으로지만, 후왕으로서 자신을 남의 "아래"나 "뒤"에 두는 것은 군민君民의 '사회적 인간관계' 혹은 '인간적 사회관계'에서 군君이 일정한 방법으로(노자적 방법으로) "民의 삶을 배려하고 사랑"(愛民: 『道德經』, 10장)한다는 일종의 덕치 내지 예-군의 논리와 그 효과에 대해 말하고 있다.

여기에서 유위有位가 문제의 출발점이자 도착점이다. '유위有位'는 없는 혹은 있는 '(큰) 자리를 갖는 것'을 말한다. '위로 되기', '위 자리에 머물기'의 (사실적·도덕적) 올바른 방법/길은 무위의 도를 알고 체득하여 따르는 것이다. '없는 자리'는 새로 만들어 있게 하고 '있는 자리'는 계속 있게 하는 것이 유위有位다. 특히 최고 통치자가 갖고 '있는 자리'를 어떻게 가지고 갈 수 있는지의 방법으로 '기존의 큰 크기가 자기 크기를 유지하거나 늘리는 기술'을 노자는 묻고 답한다.

유위有位를 위해서는 힘이 필요하다. 힘은 세상적 지행을 부정하는 무지, 무욕, 무사無事, 무위에서 나온다. 그리고 힘이 있으면 이긴다. 이런 힘은 외적 강압이나 조작 등의 유위로 생기는 힘이 아니다. 유위有爲로 하면 '있는 자리'를 잃게 되어 무위無位로 된다. 무위無爲로 해야 없는 자리는 새로 있게 되고 있는 자리는 계속 있게 되어 유위有位로 된다. 이는 유위有爲하면 무위無位하고 무위無爲하면 유위有位할 수 있다는 논리다. 노자의 목표인 유위有位가 세속적인데 비해 고도로 효율적인 방법인 무위無爲가 비세속적이라면, 그 비세속의 방법은 세속을 강화시키는 효과를 포함할 수 있는 것이다. 그 방법이 상上이 상上을 위해 하下를 배려하는 것이나 하가 상을 본받고 복종하는 것을 통해 힘을 유지하고 키움으로써 유위有位하기를 목표로 한다면, 그것은 계속 상하 '수직주의 속에서' 사고하는 것이다.

5. 나서는 말: '다 사람, 더 사람'의 수평유교를 찾아서

유교의 본래적 이상은 '도덕논리를 통한 (上下) 분리 속에서의 질서와 조화의 실현'이다. 민주와 합리 그리고 다원을 가치로 추구하는 현대의 삶에서 이런 종류의 '조화 철학'의 문제점은 더욱 강하게 부각된다. 소외의 원인이자 동시에 결과로서 상하 분리의 '차이2' 개념은 '수직적, 중심주의적, 지배관계적, 획일적 차이'를 의미하므로 현대사회에서 요청되는 가치인 '수평적, 다원주의적, 다문화적, 비획일적 차이'로서의 '차이1' 개념에 반대가 된다. 수직적, 획일적 차이가 '차이2'이고 수평적, 다원적 차이가 '차이1'인데 두 차이 간의 차이에 착안해서 '조화1' 개념과 '조화2' 개념을 말할 수 있다. '차이1' 속에서의 수평적, 다원적 조화가 '조화1'임에 반해, '차이2' 속에서의 수직적, 획일적 조화가 '조화2'다. 이런 '조화2'의 사회화에서는 함께(公)의 이익이 결국은 '윗자리' 홀로(上)의 이익으로 쉽게 드러난다. 이 점이 "함께 속의 홀로"의 개념으로 연결된다.

인간 만남에서 예는 어떤 필요에서 생겨나고 어떤 기능을 할까? '따로 함께'가 예를 만들어낸 것인지 혹은 예가 이런 '따로 함께'를 만들어 낸 것인지? 혹은 '상과 하', '대와 소'의 인간 크기에서 '따로'(分)가 예의 '함께'(合)를 요청하는 것인지, 아니면 예의 '함께'가 '따로'를 요구하는 것인지? 양자는 차라리 서로가 서로를 요청하고 도와주고 강화하는 관계라 할 것이다.[79] 현대 사회에서 이런 일들이 얼마만큼 인식되고 얼마만큼 사라졌는지 검토할 필요가 없을까?

> "분리(자리, 지위)가 균등하면 (질서에서) 충분하지 못하고, 세력(의 크기)이 같으면 통일되지 않고, 대중이 (부리는 자들과) 같으면 부려질 수 없다. 하늘이 있고 땅이 있어 상하의 차이가 있게 되고, 명왕明王이 왕위에 올라 국사를 다스림에 제도가 있게 된다. 무릇 둘 다 귀하면 서로 섬길 수 없고 둘 다 천하면 서로 부릴 수가 없는 것은 하늘의 이치다. (사람들의) 세력과

79) 이런 '겉도는 함께', '밀어내는 함께'라 할 "따로 함께"는 '따로함께2'의 개념으로 이어진다. 이에 반해 '따로함께1'은 따로일수록 함께가 보장되고 함께일수록 따로가 보장되는 사회화를 가리킨다. 『갑질시대 소통인문학』(2016, 이하배) 참조.

지위가 같고, 하고자 원하고 싫어하는 것이 같고 또 (삶의 수단으로서의) 물자가 부족하다면 (그들은) 반드시 싸우게 될 것이고 싸우게 되면 (사회적 삶의 질서가) 어지럽게 될 것이고, 어지럽게 되면 (사회적 삶의 영위는) 궁색하게 될 것이다. 선왕先王이 이런 어지러움을 싫어하여 예의禮義를 제정하여 (그들을 上下로) 서로 나누어서 빈부와 귀천의 차이를 두어 서로 관계, 교류를 하게 한 것이니, 이것이 천하(의 羣, 즉 사회생활 영위)를 돌보는 근본이 되는 것이다. 『서書』에서 '평등은 (진정한) 평등이 아니다.'라 했는데 위의 말을 일컫는 것이다."[80]

외적 크기에서 "같으면" "섬김"(事)이나 "부림"(使)이 없어지게 되어 함께하는 삶이 궁색해지고 어지럽게 된다. 둘 다 귀貴하거나 둘 다 천賤하여 상하上下의 수직적 분리가 없게 되면, 물자의 부족 하에서 더불어 함께하는 삶은 곤경에 빠지게 된다. 그리하여 禮-사회화의 내적 상하上下 분리를 매개로하는 외적 상하上下 분리 속에서의 정신적, 물질적 상호교환(Reziprozität)의 원리가 "하늘의 이치"로 요청된다. 이런 예-사회화의 논리에서는 "평등한 것은 평등한 것이 아니다"(維齊非齊). "평등한 것은 평등한 것이 아니다"면 불평등한 것이 평등한 것이 된다. 유교 논리에서 모든 사람들이 "평등"하다면,[81] 그들은 "불평등"[82] 속에 "평등"한 것이다: 그들이 수직적 분리 속에 "불평등"할 때, 그들은 비로소 "평등"하게 된다.[83]

---

80) 分均則不偏 勢齊則不壹 衆齊則不使 有天有地而上下有差 明王始立而處國有制 夫兩貴之不 相事 兩賤之不能相使 是天數也 勢位齊 而欲惡同 物不能澹 則必爭 爭則亂 亂則窮矣 先王惡其亂也 故制禮義而分之 使有貧富貴賤之等 足以相兼臨者 是養天下之本也 書曰 維齊非齊 此之謂也(『荀子』: 王制)

81) 天下莫不平均(『荀子』: 王覇); 至平(『荀子』: 君道); 不患寡而患不均(『論語』: XVI, 1) 참조

82) 禮者以財爲用 以貴賤爲文 以多少爲異 以隆殺爲要(『荀子』: 禮論); 貴賤有等 長幼有差 貧富輕重 皆有稱者也(『荀子』: 禮論).

이런 식으로 수평적인 것은 늘 수직적인 것에 끼워져 설치되어지고 (평등은 불평등), 반대로 수직적인 것은 수평적인 것으로 구성된다. (불평등이 평등)[84]

"군자는 화和하고 동同하지 않으며 소인은 동同하고 화和하지 않는다"(『論語』: XIII, 23)에서, "화和"는 수직적 예禮-사회화를 말하고 "동同"은 이를 무시하는 비례非禮, 불인不仁, 불의不義의 사회화를 말한다. 결합에서의 과잉은 상하 분리의 해체를 초래하기까지 할 것이고, 분리에서의 과잉은 이 분리를 되돌릴 수 없는 분리로, 그리하여 상하 간의 관계 내지 만남이 단절되는 위험으로까지 나아가게 한다.[85] *유교의 예-사회화에서는 수직적 분리("分") 없이는 결합("合")이 생각되어질 수 없듯이 (분리는 결합의 전제 조건), 결합("合") 없이는 수직적 분리("分")가 생각되어질 수 없다 (결합은 분리의 전제 조건).* 상上 없는 하下나 하下 없는 상上은 존재할 수 없으므로 양자 간의 일정한 공존 방식이 문제로 되는데, 그것이 "화이부동和而不同"하는, 즉 상하가 명확히 분리되되 화합해야 되는 혹은 화합하되 분리되어야 하는 "분이합分而合" 내지는 "합이분合而分"의 예禮-사회화의 기초 논리다.

기존질서를 내적 크기 논리를 통해 '나름대로' 개선하려는 예-사회화의 비판적인 목소리가 기존질서 내지는 '외적 크기' 논리를 이미 일정한 방

83) Dirlmeier는 Aristoteles의 "비례적 평등"(proportionale Gleichheit)을 "두 시민의 요구들의 관계를 그들의 가치(사회적 자리 - 필자) 관계에 일치하게 하는 것"으로 해석한다. (1987, 327)

84) 아리스토텔레스를 많이 따르는 중세의 토마스에게 죄가 가해지는 사람이 높을수록 죄는 더 무겁다: "처벌의 크기는 죄의 크기에 비례한다. … 그러나 신에 대한 죄는 끝없이 무겁다. 왜냐면 죄가 가해지는 사람이 높을수록 죄는 더 무겁기 때문이다."(Thomas v. Aquin: Summa contra gentiles)

85) 禮之用 和爲貴 先王之道 斯爲美 小大由之 有所不行 知和而和 不以禮節之 亦不可行也 (『論語』: I, 12); 上下之交不相亂(『荀子』: 儒效); 和而不同(『論語』: XIII, 23).

식으로 함유하고 있다. 자기만의 이익이 아니라, 공동의 이익을 추구하며 함께 하는 현실 삶을 문제 삼는다는 관심은 우선 올바른 출발이다. 그러나 당시의 '함께 하는 삶'의 방식을 문제 삼고 이를 넘어서기 위해 유교가 추구하는 미래의 '함께 하는 삶'의 내용과 방식에서 문제는 한편으로는 사회적 제 관계들의 사실 차원을 "수신"의 논리로 집약되는 고립된 개인의 당위 도덕으로 지나치게 축소, 환원한다는 점과, 한편으로는 자칫 소수의 외적 힘(크기) 중심으로 함께 하는 삶이 생각되고 결정되기 쉽고, 또 역사적으로 실제로 많이 그렇게 적용되어 기능해 왔다는 사실에 있다고 본다. 그러므로 그 문제는 무엇보다 유교가 '수직주의적' 사회화 이론과 실천의 생산과 재생산의 논리라는 데에서 찾아진다 할 수 있다.

유교의 정치, 윤리 사상을 '다 사람, 더 사람'의 수평유교-'로' 심층적으로 해부하여 보았다. '수직'에 붙들리고 '내면'으로 축소하는 유교의 시대적 한계를 '다 사람', '더 세상'-'으로' 넘어서면서, 멀리는 인도나 메소포타미아, 나일 강의 고대문명들과도 이어지는 서구 기독교 문명이 찾는 신神적인 '절대'나 '완전' 속의 일정한 비인간非人間, 비현실非現實이 아니라,[86] 무엇보다 인간 사회 속에서 함께하는 사람 삶을 들여다보며 돌아보고 둘러보면서 '더 사람'을 '더 세상', '더 함께'의 시선으로 내다보며 찾아가는('안에서 밖이기', '밖에서 안이기') 유교의 장점을 살려간다면, 그리하여 유교가 서구적 현세/내세의 이분법 없음의 장점을 현세 안에서 상/하의 이분법 있음으로 많이 상쇄할 수 있음을 '다 사람, 더 사람'의 수평적 사회화의 방향에서 - 끊임없는 '여는 닫음, 닫는 열음' 속에 - 넘어간

86) 전통유교의 방법은 크게 보아 적어도 두 가지의 문제를 안고 있다고 할 것이다. 그 하나는 과거 신분사회의 수직적 분리질서를 전제하고 결과함이라서 그 '더 사람'은 그냥 '다 사람'이기 어려움이요, 그 둘은 절대나 완전의 부재 속에 논리나 개념, 비판이나 창조에 상대적으로 취약할 수 있어, 엄밀하고 비판적인 개념이나 학문의 분화 및 발전이 더딜 수 있음이 아닐까 한다.

다면, 미래와 세계로 향하는 이런 이론적, 실천적 물음의 맥락에서 동아시아 문명공동체의 기초 다지기도 더 물어지고 더 찾아질 수 있지 않을까 한다.

동서의 '간 갈 길들'을 '지止'하고 '양揚'하며 (Aufheben) '다 사람, 더 사람'을 향하여 미래와 세계로 끊임없이 열며 물어가는 외적, 내적 전제들을 고민할 때, 우리의 유교는 사람크기, 세상크기를 더 묻고 더 생각하며 더 알고 더 실천하는 '앎 함, 함 앎'의 수평유교, 비판유교로 되어, '세상이 세상다울 때 사람이 사람다울 수 있고 사람이 사람다울 때 세상이 세상다울 수 있는' '세세인인, 인인세세'의 힘-'으로' 한 걸음 앞으로 더 나아갈 수 있으리.[87]

87) 저기서의 '로'와 여기서의 '으로'는 방법이자 목적이 된다.

/ 제1부 동아시아 토착종교 담론 /

동아시아학과 보편학 수립의 과제:

다산역학의 보편성과 특수성 관점을 중심으로

황 병 기(대진대학교 인문학연구소)

1. 머리말

이 글은 다산茶山 정약용丁若鏞(1762~1836)의 경설을 통해 언어(문자), 기호(상징), 의미가 지닌 보편성과 특수성의 문제를 검토한 글이다. 특히 역학 방면에서 그의 역상학易象學을 통해 그에 의해 해석된 중국 고대의 보편적 상징체계와 특수적 구체세계의 관계성을 탐구하였다.

인간의 사유는 언어를 기반으로 한다. 언어가 아니라면 사유할 도리가 없다. 생각하는 행위의 도구이며 수단이 바로 언어이다. 그런데 사유는 분별하는 데에서 출발한다. 나와 너, 이것과 저것, 자自와 타他 등이 그 분별의 내용이 된다. 사유는 대부분 이분법적 방식으로 진행된다. 이러한 분별에 기초하여 인간은 세계를 파악한다. 이 분별의 행위가 조화의 방향을 추구하는가 아니면 분열의 방향을 추구하는가에 따라서 사유구조가 결정되고 이렇게 결정된 사유구조는 곧 철학이 된다. 문자란 이 언어가 시각적 기호로 변모된 것이다. 문자가 언어보다 먼저 생겨났을 수는 없다. 필자가 사용하는 '언어'라는 용어는 말을 가리키고 '문자'는 글을 가리킨다.

『역易』을 놓고 본다면 창작될 당시 어떤 주술행위로서의 언어가 있었고, 이 언어를 표현하기 위해 괘卦라는 시각적 기호를 만들어내었던 것이다. 당시로서는 괘라는 시각적 기호가 바로 주술언어에 대한 문자였다. 그러나 이 괘라는 문자가 태생적으로 함축적 기호의 성격이 강하였기 때문에 이 기호를 설명하기 위한 또 다른 언어가 기술되었다. 그것이 바로 사詞(괘사와 효사)이다.

이 괘라는 기호문자가 창작된 이유가 무엇일까? 아마도 정약용의 저작 「천문평」의 첫마디인 "문자지흥文字之興, 소이류만물야所以類萬物也.(문자가 일어나게 된 것은 만물을 분류하기 위해서이다)"가 이 모든 것의 해답일 것이다.[1] 만물을 분류하기 위해서 문자가 만들어졌으므로, 문자는 바로 세계 파악의 코드인 것이다.

기호는 약속에 의해 형성된다. 교통신호(일종의 기호)를 약속하지 않는다면 도로주행은 거의 불가능할 것이다. 언言, 상象, 의意 가운데 상象이 『역』의 제1의적 요소임을 인정한다면 정약용의 역상易象 이론은 독자에게 파노라마와 같은 구체적 이미지를 떠올리게 하며, 고도의 추상적인 형이상학 체계로는 얻을 수 없는 구체적이며 실존적인 사유를 하도록 이끈다. 정약용은 이미 기호가 인위적 조작에 의해 임의적으로 부여된 명칭임을 알고 있었다. 8괘의 명칭이나 물상들은 사람이 정한 이름(人立之名)이지 자연적으로 실재하는 것이 아님을 「역론2」에서 밝힌 바 있다.[2] 『역』에 대한 모든 신비화적 작업을 에포케(epoche)하게 만드는 것이 바로 '인립지명人立之名'이라는 전제이다. 괘명과 물상은 최초 약속에 의해 정해진 명칭이기 때문에 그 약속만 독자가 지킬 수 있으면 언제든 『역』은 만날 수 있게 된다. 이는 마치 교통신호가 파란 불일 때 언제든 지나갈 수 있음을 우리가 보장받는 것과 같다.

이미 상징성을 띠게 된 기호 메시지는 문자의 발명만큼이나 인류 역사상 커다란 의미를 지니고 있으며, 그것은 또 하나의 문자 역할을 한다.

---

1) 정약용은 『與猶堂全書』(이하 全書) 1/22, 「雜評·千文評」, 27b-28b에서, "문자가 일어나게 된 것은 만물을 분류하기 위해서이다. 그것들의 형태를 취하기도 하고, 실정을 취하기도 하고, 일을 취하기도 하는데, 반드시 분류된 것들을 경험하여야 두루 통할 수 있다. 같은 부류의 것들을 다 알고 그것들의 차이점을 구별한 뒤에야 사리가 뚜렷해져서 문리가 터지고 두뇌가 열리니, 이렇게 하여 개발되는 것이다.(文字之興, 所以類萬物也. 或以其形, 或以其情, 或以其事, 必觸類而旁通之. 竭其族, 別其異, 而後其情理燦然, 而文心慧竇, 於是乎開發也.)"라고 하였다.

2) 『전서』 1/11, 「論·易論二」, 2b. "著之爲法式, 冀天之因其名而用之, 雖人立之名, 非天之所以爲實然."

기호 메시지는 예술작품과는 달리 기호에 대한 지식의 내용에 따라 일정한 해석이 이루어진다. 이는 문자에 대한 해독과 마찬가지로 기호읽기인 것이다.

2. 언어(문자)의 특수성과 기호(상징)의 보편성

『춘추』 민공閔公 원년(기원전 661)조의 좌전左傳에 따르면, 필만畢萬이 진晉나라에 벼슬하는 문제를 가지고 점을 친 일이 기록되어 있다. 필만이 얻은 괘는 준지비屯之比였는데, 이는 준屯괘(䷂)의 초9가 변한 것이다. 진晉의 대부인 신료辛廖가 점풀이를 다음과 같이 하였다.

> 길합니다. 준屯괘는 견고하고 비比괘는 들어감을 의미하니, 이보다 더 길한 것이 어디 있겠습니까? 반드시 번창할 것입니다. 震이 땅으로 변하며, 수레는 말을 따르고 발은 거기에 거하고 형은 장자가 되는데, 어미가 그를 감싸고 사람들이 그에게 귀속하니, 이 여섯 가지가 바뀌지 않으면서 합하여 견고할 수 있고 편안하여 사람들을 죽일 수 있는 능력을 갖게 되니, 공후公侯의 괘입니다.[3]

신료의 말 가운데 "준고屯固, 비입比入.(屯괘는 견고하고 比괘는 들어감을 의미한다.)"의 준屯과 비比는 대성괘를 지칭한다. 그는 준屯괘의 내포

---

3) 『춘추좌전』, 閔公 元年. "吉. 屯固比入, 吉孰大焉? 其必蕃昌. 震爲土, 車從馬, 足居之, 兄長之, 母覆之, 衆歸之, 六體不易, 合而能固, 安而能殺, 公侯之卦也."

적 의미를 '견고함'으로 이해하였고, 비比괘의 내포적 의미를 '들어감'으로 이해하였다. 따라서 필만이 얻은 준지비屯之比는 '견고함'의 상황에서 어디엔가로 '들어감'이 진행되는 점이므로 길하지 않을 수 없음을 단정한다. 이러한 상황의 변화과정을 설명하는 신료의 근거는 어디에 있는가? 이는 바로 8괘의 물상들을 활용하는 데에서 시작된다. 그가 언급한 소성괘는 여기에서 모두 3개이며 명칭은 괘명을 쓰기도 하고 또 괘덕을 활용하기도 하였는데, 전체적으로 여섯 가지의 상황이 전개되고 있다. 신료의 점풀이는 3층 구조를 지닌다.

① 震爲土
② 車從馬, 足居之, 兄長之
③ 母覆之, 衆歸之

괘상의 변화를 가지고 설명해보자. ䷂ → ䷇ (屯卦 → 比卦) 준屯괘의 하괘인 진震(☳)이 비比괘에서 곤坤(☷)으로 변하였다. 신료가 언급한 ① "진위토震爲土.(震이 땅으로 변한다.)"는 이러한 준지비屯之比의 전체적 상황변화를 보여준다. ② "거종마車從馬, 족거지足居之, 형장지兄長之.(수레는 말을 따르고, 발은 거기에 거하고, 형은 장자가 된다.)"는 앞서 말한 "준고屯固(준괘는 견고하다.)", 즉 준괘가 내포하고 있는 견고함의 상황을 설명한 것이다. ③ "모복지母覆之, 중귀지衆歸之.(어미는 그를 감싸고, 사람들이 그에게 귀속한다.)"는 비比괘가 준屯괘의 견고한 상황이 진행되어 오는 국면에 대처하면서 포용과 귀속을 택하는 이른바 "비입比入(比괘는 들어감을 의미한다.)"의 과정을 보여준다.

여기에 활용된 소성괘는 진震(☳), 감坎(☵), 곤坤(☷)의 3개이다. 3괘에서 나온 물상들을 정리하면 다음과 같다.

震(☳)：車, 足, 長男

坎(☵)：馬, 歸

坤(☷)：土, 母, 衆

이 필만畢萬의 시초점은 정약용의 역상학 체계에 있어서 의미 있는 사례이다. 신료辛廖가 효사와는 관계없이 별도로 상象을 관찰하여 점괘를 풀고 있기 때문이다.[4] 준屯괘 초9의 효사는 이러하다. "초구初九, 반선磐桓, 이거정利居貞, 이건후利建侯.(초9는 절뚝거림이니 거처를 옮기는 일이 이로우며, 제후를 세움이 이롭다)" 여기에는 신료가 언급하고 있는 물상들이 전혀 등장하지 않는다. 도대체 초9 효사는 어떻게 하여 이런 내용으로 구성되었을까?

신료의 점풀이에 의하면 이 초9의 '반선磐桓'[5]이나 '이거정利居貞'은 의미 없어 보인다. 위에서 열거한 ①→②→③의 3층 구조에 의해 그가 내리는 결론은 公侯에게 맞는 괘이므로 길하다는 것이다. 곧 준지비屯之比는 공후의 괘이므로 효사 중에서 '제후를 세움이 이롭다'는 마지막 구절만이 살아있게 된다. 엄밀하게 말하자면 필만은 진나라에 벼슬하는 일을 물은 것이기 때문에 '이건후利建侯'도 딱 들어맞는 효사라고 할 수는 없다. 어떻게 그는 주공周公이 지은 효사를 전혀 언급하지 않으면서도[6] 어

---

4) 『주역사전』 2/43, 「春秋官占補註 · 畢萬之筮」, 7/17a. "辛廖捨爻詞, 而別自觀象, 此占法也."

5) 磐桓：다산은 '磐桓'을 절뚝발이의 걸음걸이를 형용하는 의태어로 해독한다. 『예기』 「投壺」편의 '般旋'과 『사기』의 '槃散' 그리고 陶潛의 사에 나오는 '盤桓'을 모두 같은 의미로 파악하면서 磐桓의 桓과 邅을 협운으로 읽는다. 『주역사전』 屯卦 초9의 茶山箋(2/38, 2/3a)에 상세하다.('磐桓', 讀作般還[桓還聲相近], 『禮』所云'般旋'也[「投壺」篇], '桓'與'邅'叶.[讀作旋] 『史記』云, "躄者, 槃散行汲"[旋散聲相近], 植一足而運一足, 其行盤桓然也.[觀上之一有此象] 陶潛詞云, "撫孤松而盤桓", 亦此意也.['盤桓'者, 左右兩足, 一植一休, 其形如躄者之行])

6) 정약용은 신료의 점풀이가 주공의 효사와는 전혀 다른 방식으로 유추된 것임을 주장하지만 한편으로 일부는 효사와 어느 정도 관련이 있음을 시사하였다. "『역』 효사

했든 반틈의 동일한 결론을 끌어낼 수 있었을까?

결론부터 말하자면, 주공의 효사는 준지비屯之比라는 기호가 담고 있는 수많은 물상들 가운데서 주공 자신에 의해 선택된 물상들의 조합이라는 것이다. 물상들의 조합의 가능성은 다양하게 열려있다. 신료와 같은 방식의 조합이 있을 수 있으며, 주공과 같은 방식뿐 아니라 정약용과 같은 방식이 있을 수 있다. 그렇기 때문에 『주역』의 역사易詞는 하나의 텍스트일 수 있는 것이며, 그 텍스트의 내용과 지시指示가 무엇인가 하는 점이 그 텍스트를 다른 방식의 텍스트와 구별짓는 기준이 된다.

> 주공이 지은 효사는 특별히 사례를 보여줄 뿐이지, 이 한두 마디로 천하의 실정을 다하여 그 심오함을 다 표현할 수 있다고 말하는 것이 아니다. 그러므로 복사卜史는 효사 밖에서 사안에 따라 상象을 취하여 오직 변화에 적용하는 것이니, 곧 수레 · 말 · 형 · 어미가 비록 효사에 또렷하게 열거되지는 않았지만, 신료辛廖는 미루어 연역하여 점을 풀이할 수가 있었던 것이다.[7]

신료는 준屯괘 초9를 풀이하면서 제후를 세움이 이롭다는 결론을 이끌어내었다. 물론 효사와 비교할 때 효사의 점사와 동일한 점사는 아니다. 제후를 세우는 일과 남의 나라에 벼슬하는 일은 엄연히 다른 일이다.

그렇다면 정약용은 준屯괘 초9를 어떻게 해석하고 있을까? 다산전茶山箋을 살펴보자.

에서 '거처를 옮기는 일이 이롭다'고 하였으니, 여기에서 '발이 거기에 머문다'고 한 것은 대개 효사에 바탕한 것이다.(『易』詞云, '利居貞', 此云'足居之', 盖以爻詞爲本.)" (『주역사전』 2/43, 「春秋官占補註 · 畢萬之筮」, 茶山絀箋, 7/17a.)

7) 『주역사전』 2/43, 「春秋官占補註 · 畢萬之筮」, 7/17a. "周公之撰爻詞, 特示例耳, 非以是一二句謂可以竭天下情而盡其賾也. 故卜史于爻詞之外, 隨事取象, 唯變是適, 卽車 · 馬 · 兄 · 母, 雖非爻詞之所歷擧, 而辛廖得推演爲占也."

이는 준屯괘가 비比괘로 간 것이다. '반선磐桓'은 절뚝발이의 걸음걸이이다. 괘가 관觀괘로부터 오니[상→1] 손巽의 두 강획은[觀괘 위가 巽] 그 상象이 다리이다.[巽이 다리를 상징] 그런데 준屯괘로 옮기면 한쪽 다리가 병이 나서[위가 이제 坎] 다른 한쪽 다리만으로 가니[아래가 이제 震], 주춤거리며 가는 모양이다. 림臨괘의 진震 발이[臨괘는 큰 震] 한쪽이 병이 나서 다른 한쪽으로만 가는 것도[제2획이 제5위로 가서 감坎이 됨] 이 상象이다. 초효가 괘의 주인이므로 그 본래의 상을 말하였다.

○ '거정居貞'은 거처를 옮기는 일이다.[筮居(거처를 시초점으로 물음—역자주)는 복거卜居(거처를 거북점으로 물음—역자주)와 같음] 괘가 관觀괘로부터 오는데[상→1] 강획이 바깥으로부터 옮겨와서 안에서 주인이 되고[와서 震이 됨], 감坎 집이 견고해지고 진震 농사일은 번성해지니[본디 坤의 밭], '거처를 옮기는 일이 이롭다'고 한다.

○ 괘가 관觀괘로부터 오는데[상→1] 강획이 바깥으로부터 와서 드디어 진震 주인이 되어서[아래가 이제 震] 곤坤 나라를 주관하니[觀괘 아래가 坤], '제후를 세움이 이롭다'고 한다. 그런데 그것이 비比괘로 변하니 비比괘가 복復괘로부터 오면, 진震 주인이 올라가서[1→5] 임금의 지위가 드디어 바르게 되므로[제5위가 임금이 됨], 마찬가지로 제후를 세움이 이롭다.[8]

이 준屯괘 초9가 바로 필만이 얻은 준지비屯之比이다. 신료는 초9의 효

8) 『주역사전』 2/38, 屯卦 初九, 茶山箋, 2/2b. "此屯之比也. '磐桓'者, 躄者之行也.[義見下] 卦自觀來[上之一], 巽之兩剛[觀上巽], 其象股也.[巽爲股] 移之爲屯, 則一股受病[上今坎], 一股獨行[下今震], 磐桓之行也. 臨之震足[臨大震], 一病一行[二之五爲坎], 亦此象也. 初爲卦主, 故言其本象. ○ '居貞'者, 遷居之事也.[筮居如卜居] 卦自觀來[上之一], 剛自外遷, 爲主於內[來爲震], 坎宮旣固, 震稼蕃鮮[本坤田], '利居貞'也. ○ 卦自觀來[上之一], 剛自外來, 遂爲震主[下今震], 以主坤國[觀下坤], '利建侯'也. 其變爲比[水地比], 比自復來, 震主旣升[一之五], 君位遂正[五爲君], 亦利建也."

사를 전혀 언급하지 않으면서 길흉을 말하였지만, 사실 효사를 언급하지 않더라도 신료가 말한 물상들이 모두 이 괘상에 다 드러나 있다. 그러나 물상의 외연은 너무나 크다. 정약용은 신료가 언급한 소성괘를 포함하여, 벽괘와 지괘의 소성괘들을 활용하여 전혀 다른 물상들을 언급하고 있지만 그 결론은 동일하다.

효사의 '반선磐桓'이 절뚝거리는 모양을 형용할 수 있는 까닭은 무엇인가? 준屯괘의 벽괘로는 관觀괘(䷓)와 림臨괘(䷒)가 있다. 관觀괘의 경우, 상획이 제1위로 추이하여 준괘가 만들어지는데, 관觀괘(䷓)의 상괘는 손巽(☴)으로 그것의 물상인 다리(股)는 이미 「설괘」에 전거가 있다. 그런데 준屯괘(䷂)로 추이하면 상괘가 감坎(☵)이 되어 손巽(☴)의 두 양획 가운데 하나를 잃어 한쪽 다리만 남아있는 이미지이다. 여기에 그 양획이 제1위로 옮겨가서 하괘가 진震(☳)으로 변하고, 그 진震의 물상이 걸어감(行)이니, 두 이미지가 합성되면 다리 하나를 잃고 걸어가는 모양이 된다. 림臨괘에서 추이할 때도 마찬가지의 상이 형성된다. 림臨괘(䷒)의 경우도, 겸체로 볼 때 진震(☳)의 모양으로 진震의 물상인 발의 이미지를 지니다가, 제2획이 제5위로 추이하여 준屯괘(䷂)가 되면 한쪽 다리를 잃는 꼴이므로 전체적인 상이 절뚝거리는 모양이 된다.

'거정居貞'이 거처를 옮기는 일이라는 뜻은 어떻게 추출되는가? 준屯괘가 관觀괘로부터 추이해오면 상획의 양陽이 외괘에서 내괘의 제1위로 옮겨와 내괘의 주인인 진震이 된다. 감坎(☵)은 집(宮)을 상징하는데, 준屯괘의 상괘가 감坎으로 변하여 집이 튼튼해지는 이미지를 얻고, 관觀괘의 때에 하괘의 밭을 상징하던 곤坤(☷)에 진震 주인이 와서 농사일을 하는 이미지가 만들어진다. 관觀괘의 양획 하나가 준屯괘로 추이한 결과, 집이 튼튼해지는 효과를 얻고 괘의 주인이 돌아와 경작을 하게 되므로, "거처를 옮기는 일이 이롭다"는 효사가 만들어질 수 있다.

또 '이건후利建侯.(제후를 세움이 이롭다)는 어떻게 추출되는가? 관觀괘의 하괘는 곤坤(☷)으로서 나라와 백성 등을 상징하는데, 추이하여 준屯괘가 되면 상획인 양陽이 제1위로 내려와 진震(☳)으로서 곤坤의 주인이 되어 곤坤 나라를 주관하는 이미지가 형성된다. 따라서 '제후를 세움이 이롭다'는 효사가 만들어질 수 있는 것이다. 뿐만 아니라 지괘之卦를 가지고도 '제후를 세움이 이롭다'는 효사를 얻을 수 있다. 지괘之卦인 비比괘(䷇)는 복復괘(䷗)로부터 추이하는데, 복괘의 제1획이 제5위로 올라가서 임금의 지위에 바로 선 상황이므로, 마찬가지의 결론을 얻게 된다.

정약용이 활용한 물상을 정리하면 다음과 같다.

巽(☴) : 股

震(☳) : 行, 足, 稼, 主

坎(☵) : 宮

坤(☷) : 國

(巽(☴)의 두 양획 : 각각 한쪽의 股)

총 7개의 물상이, 괘가 벽괘辟卦에서 연괘衍卦로, 또 그것의 지괘之卦로 변할 때마다 자리를 이동하여 이전의 물상을 교체하고, 또 상호 연관되면서 초9 효사를 구성하게 된다. 정약용의 이러한 작업에서 반드시 놓쳐서는 안 되는 점이 있다. 주공이 찬술撰述한 효사의 성립근거를 증명하기 위해서 위와 같은 물상과 그것들의 연관을 추출해낸 것이지, 이러한 물상들을 먼저 추출한 뒤에 효사를 증명하는 방식이 아니라는 점이다. 왜냐하면 위의 총 7개의 물상과 그것들의 연관은 전혀 다른 효사를 만들어낼 수 있을 뿐만 아니라, 위의 총 4개의 소성괘에서 추출된 물상도 전혀 다르게 뽑아낼 수 있기 때문이다. 8괘의 물상은 유비類比의 방식으로 확장되어 무한의 외연을 가지고 있다.

신료의 점풀이와 정약용의 주석을 종합적으로 분석해보면, 물상의 외연을 짐작할 수 있다. 신료는 총 3개의 소성괘—즉 진震, 감坎, 곤坤—에서 총 8개의 물상—거車, 족足, 장남長男, 마馬, 귀歸, 토土, 모母, 중衆—을 추출하여, 준지비屯之比가 길한 괘로서 공후公侯의 괘임을 증명하였지만, 정약용은 4개의 소성괘—손巽, 진震, 감坎, 곤坤—와 그것들의 7개의 물상—고股, 행行, 족足, 가稼, 주主, 궁宮, 국國—을 가지고 벽괘, 연괘, 지괘를 활용하여 효사의 "이거정利居貞, 이건후利建侯.(거처를 옮기는 일이 이롭고, 제후를 세움이 이롭다.)"를 증명하였다. 두 사람이 이용한 소성괘는 정약용의 주석에서 손巽이 추가된 것 외에는 동일하지만, 각각의 물상은 동일하지 않다.

정약용이, "주공이 지은 효사는 특별히 사례를 보여줄 뿐이지, 이 한두 마디로 천하의 실정을 다하여 그 심오함을 다 표현할 수 있다고 말하는 것이 아니다"[9]라고 한 말은 곧 상象보다 사詞가 부차적이며 임의적임을 지적한 것이다. 상象은 기호로서의 근본성을 띠고 있으며, 8괘가 비록 8개의 기호이긴 하지만 그 외연은 무한으로 확장될 수 있다. 역사易詞는 그 무한의 외연 가운데 임의의 선택에 의해 구성된다. 그것이 임의적인 한에 있어서 선택된 역사易詞의 내용은 창작자의 사상을 그대로 표현하지 않을 수 없다. 『주역』이 문왕과 주공의 찬술撰述이라고 한다면, 『주역』은 그들의 사상을 보여주는 것이며, 『주역사전』이 정약용의 저술이라고 하면, 『주역사전』은 정약용의 사상이 된다. 그런데 정약용은 지금 문왕과 주공의 원의原義를 보여준다고 생각하는 것이므로, 『주역사전』은 곧 문왕과 주공의 사상과 직접 일맥상통하는 것이 된다.

9) 『주역사전』 2/43, 「春秋官占補註 · 畢萬之筮」, 茶山箋, 7/17a. "周公之撰爻詞, 特示例耳, 非以是一二句謂可以竭天下情而盡其賾也."

3. 정약용이 언어(문자)를 버리고 기호(상징)을 취한 철학적 의미

『역』이 상들의 조합으로 모두 해석이 가능하다면 결국 『주역』의 신비로움은 사상되고 상들의 조합만 남지 않겠는가? 『역학서언』 「주역답객난周易答客難」에 이에 대한 답안이 등장한다. 「주역답객난」은 갑, 을, 병이라는 손님의 질문에 대해 답변하는 형태의 글인데 정약용의 자문자답의 측면도 있다.

을乙이라는 사람이 다음과 같이 질문한다.

> 실로 그대의 말처럼 『역』 괘효사의 물상들이 다 「설괘」와 들어맞는다고 한다면, 이는 『역』 괘효사의 글들이 심오하지 않음이다. 이미 심오하지 않다면 거기에서 말하는 것들은 단지 점서일 뿐으로 커다란 의리가 그 속에 깃들어 있는 것이 아니다. 만약 이러하다면 『역』은 그리 존중할 필요가 없을 것이다.[10]

을이라는 사람은, 다만 상들의 조합으로 『역』 해석이 가능하다면 거기에 도덕적 의리가 담겨 있다거나 자연의 섭리를 표현하고 있다는 전통적 관념이 무의미해진다고 비평한다. 그는 절대진리가 표현된 『역』이 물상들의 조합방식으로 설명되면서 일반진리가 되어버린다면 인간의 지적 한계 내에서 『역』이 충분히 논의될 수 있다는 것이고, 동시에 유가 제1

10) 『易學緖言』 2/48, 「周易答客難」, 4/25a. "乙者曰, '苟如子言, 『易』詞諸物, 皆合「說卦」, 是『易』詞文, 都不深奥. 旣不深奥, 卽其所言亶爲占筮, 無大義理寓於其中. 苟如是矣, 『易』不必尊'."

의 경전이라는 독보적 위상도 흔들리게 될 것이라고 걱정한다. 그의 질문과 같이 단지 점치는 책으로서만 의미가 있을 뿐 존중해야 할 이유가 사라진다. 단지 「설괘」에 등장하는 물상들의 기계적 조합에 의해 오차 없이 딱 맞아떨어지는 수학적 공식과 같이 되어버리고 그림 짜맞추기 놀이에 불과하게 되는 것이다. 당연히 을과 같은 추론이 가능할 테지만 정약용의 대답은 다르다. 여전히 『역』은 존중받을 만하고 위대한 책이라는 것이다.

> 『역』의 도道는 크게는 천지를 두루 망라하여 이기二氣에 따라 사시四時를 질서지을 수 있으며, 작게는 벼룩이 뛰고 파리가 나는 것까지 살펴 알 수 있게 한다. 높이면 소장굴신消長屈伸의 이치를 징험하여 진퇴출처進退出處의 까닭을 알 수 있고, 낮추면 말, 소, 개, 닭을 얻거나 잃는 일까지 헤아릴 수 있다. 멀게는 귀신에 이르러 천명을 상고하여 바람과 비, 가뭄과 장마의 일을 알 수 있고, 가깝게는 부자, 군신, 부부의 달라진 상황에 대처할 수 있으며 이목구비와 사지와 온몸의 움직임도 그 징조를 미리 알 수 있다. 그러므로 『역』의 괘효사에서 문장을 만들 때, 더러는 넓고 크게 하고, 더러는 작고 첨예하게 하고, 더러는 전중엄존典重嚴尊하게 하며, 더러는 비비협애卑鄙狹隘하게 하며, 더러는 심오하여 깊은 취지가 있는 듯이 하고, 더러는 천근淺近하여 고담준론이 없게 하고, 더러는 황홀하여 다양하게 변하게 하고, 더러는 졸렬할 정도로 곧아 일정함을 지키도록 하여, 뒤섞어 하나로 귀결시키지 않았다. 대체로 배우는 자로 하여금 이것을 끌어다가 저것을 추론하게 하고, 왼쪽과 비교하여 오른쪽을 깨닫게 하며, 서로를 참작하여 두루 통하고 글을 요약하여 뭇 상황을 다스리기를 기대하였을 뿐이다. 그 도가 이와 같은데도 후대에 『역』을 말하는 자들은 오직 크고 존엄하고 유원幽遠하기만을 힘쓰면서, 아울

> 러 그 자잘하고 가까운 뜻을 은하수처럼 끝이 없이 풀이하였다. 이것이 『역』이 어두워져서 성인의 평범하고 내실 있는 가르침이 고묘高妙하고 신기하며 신령스러운 법으로 돌아가도 깨닫지 못하는 이유이다.[11]

정약용의 대답에서 우리는 그가 이해하는 『역』의 진면목을 알 수 있다. '대소大小'의 관점에서 볼 때, 『역』의 도道는 천지를 망라하여 사시四時를 질서지을 수 있으며, 벼룩이 뛰고 파리가 나는 것까지 살펴 알 수 있게 한다. '상비尙卑'의 관점에서는 소장굴신消長屈伸의 이치를 징험하여 진퇴출처進退出處의 까닭을 알 수 있고, 말, 소, 개, 닭을 얻거나 잃는 일까지 헤아릴 수 있다. '원근(遠邇)'의 관점에서는 귀신에 이르러 천명을 상고하여 바람과 비, 가뭄과 장마의 일을 알 수 있고, 부자, 군신, 부부의 달라진 상황에 대처할 수 있으며, 이목구비와 사지와 온몸의 움직임도 그 징조를 미리 알 수 있다. 그가 설정하고 있는 크고 작음, 높고 낮음, 멀고 가까움 등의 내용이 각각 정확한 대구를 이루면서 서술되고 있는 것 같지는 않다.

'대大'와 '상尙'과 '원遠'의 관점에서는 '미륜천지순이기彌綸天地順二氣(천지를 두루 망라하여 二氣에 따름)'와 '험소장굴신지리驗消長屈信之理(소장굴신의 이치를 징험함)'와 '달귀신고천명達鬼神考天命(귀신에 이르러 천명

---

11) 『역학서언』 2/48, 「周易答客難」, 4/25a-b. "『易』之爲道, 大可以彌綸天地, 順二氣而序四時, 小可以察蚤蠅之飛躍. 尙之, 可以驗消長屈信之理, 而知所以進退出處, 卑之, 可以稽馬牛犬雞之得喪. 遠之, 可以達鬼神考天命, 而識風雨旱澇之故, 邇之, 可以處父子君臣夫婦之變, 而耳目口鼻四肢百體之動, 亦可能前知其徵. 故『易』詞立文, 或廣大弘敞, 或細小尖碎, 或典重嚴尊, 或卑鄙狹隘, 或深奧而有幽趣, 或淺近而無高論, 或恍忽而多變, 或拙直而守常, 錯綜雜糅, 不一其歸. 蓋欲使學者, 引此而推彼. 比左而悟右, 期乎其參互會通以約文, 而馭衆情而已矣. 其爲道如是也. 而後之說『易』者, 唯大之尊之幽遠之爲務, 并其瑣小卑近之旨, 而訓之爲河漢而無極也. 此『易』所以晦而聖人平實之敎, 歸於高妙神奇靈幻之法, 而莫之提悟者也."

을 상고함)'이라는 원심적 지향을 거쳐서, '이서사시而序四時(4시를 질서지음)', '이지소이진퇴출처而知所以進退出處(진퇴출처의 까닭을 앎)', '이식풍우한로지고而識風雨旱澇之故(바람과 비, 가뭄과 장마의 일을 앎)'의 구심적 지향으로 넘어온다. 전자는 천지자연의 이치에 해당하며 후자는 결국 인간의 일이다. 2기二氣의 움직임을 살펴서 사계절과 그 절기를 정하는 일은 인간이 천지를 모방하여 할 수 있는 일이며, 사건 사태를 만나서 그에 맞게 대처하는 진퇴출처도 근원적으로 천지음양의 소장굴신의 이치를 터득하고 그 이치가 만들어내는 효과들을 검증하는 원심적 작업을 통해야만 가능하다. 바람과 비, 가뭄과 장마 등의 자연현상의 발생원인과 대책을 강구하는 것도 귀신과 천명을 고찰하여 그것에 통하려는 노력을 통하여야 되는 것이다. 이런 의미에서 『역』은 신성하고 위대할 수가 있다.

그러나 정약용의 이 말은 문맥의 흐름으로 볼 때, 구심적 지향으로 향하고 있으며 『역』은 인간의 일을 질서짓고(序) 처신의 방법을 알며(知) 자연현상을 아는(識) 도구적 장치임을 알게 된다. 그것은 '소小'와 '비卑'와 '이邇'의 관점에서 더욱 뚜렷해진다. 여기에서는 다 구심적 지향만을 언급하고 있다. 주변에서 쉽게 볼 수 있는 벼룩과 파리의 움직임을 알 수가 있고, 말, 소, 개, 닭을 잃거나 얻는 발생가능한 인간 주변의 일, 그리고 부자, 군신, 부부의 시시각각 변하는 관계설정을 가능하게 해주는 것이 『역』의 도인 것이다. 포괄적으로 '대소大小'로 구별되는 두 관점에서 결국은 원심적 지향에서 구심적 방향으로 논의를 치중하고 있는 것이다. 『역』 괘효사의 글들은 두 측면을 다 포괄하고 있다. 넓기도 하고 좁기도 하며, 심오하여 깊은 취지가 있는 듯하기도 하고, 아주 가까워서 고담준론이 없는 듯하기도 하며, 황홀하여 다양하게 변하는 듯도 하고, 졸렬할 정도로 한 가지만을 고집하기도 하여 하나로 귀결되지 않는다. 그런데 『역』이 이렇게 구성되어 있는 까닭은 "이것을 끌어다가 저것을 추론하게 하고, 왼쪽과 비교하여 오른쪽을 깨닫게 하여, 서로를 참작하여 두루 통하고 글을 요약하여 뭇 상황을 다스리기를 기대하였기" 때문이다.

정약용의 답변에서 핵심은 바로 여기에 있다. 즉, 글을 요약하여 대중의 실정을 다스리기를 기대한 것이다. 『역』의 글은 "뒤섞어 하나로 귀결시키지 않았지만(錯綜雜糅, 不一其歸)" 이것을 인간사에 맞추어 잘 요약하면 '중정衆情' 즉 뭇 상황을 깨달을 수 있고 대처할 수 있는 것이다. 『역』의 작자가 기대한 것은 바로 이것이다. 이러한 원 의도를 알지 못하면 『역』은 영원히 신비적으로만 채색되고 실제에서 멀어질 것이다. 그래서 정약용은 "『역』이 어두워져서 성인의 평범하고 내실 있는 가르침이 고묘高妙하고 신기하며 신령스러운 법으로 돌아가도 깨닫지 못한다"고 지적하는 것이다.

정약용은 위 답변에 이어서 이른바 '중정衆情'의 사례들을 몇 가지 적시한다. 기본적으로 괘효사는 점사이기 때문에 주나라 당시의 예법이 내포되지 않을 수 없다. 어떤 사건 사태의 처리방안을 논할 때 그 사건 사태가 서술되고 난 다음에 이에 대한 점사, 즉 처리방안이 논의될 수 있기 때문이다.

『역』의 "지나가는 사람이 소를 얻으니 마을사람에게는 재앙이다."[無妄괘 육3]라는 효사는 민간에서 소를 잃었을 때의 점사이다.[『역』에서 '소를 잃는다'거나 '끌어서 돌아온다'는 류가 다 그러함]

『역』의 "귀패龜貝를 잃으니 쫓지 않아도 7일에 얻는다."[震괘 육2. ○ 旣濟괘의 글도 유사함]라는 효사는 민간에서 재물을 잃었을 때의 점사이다.[『역』에서 '양을 잃는다'거나 '노자와 도끼를 잃는다'는 류가 다 그러함]

『역』의 "가서 비를 만나면 길하다."[睽괘 상9]라는 효사는 막 먼길을 떠나려고 할 때의 점사이다.[비를 만나지 않는다면 도적을 만나 병을 얻을 것이므로 비를 만난다는 말로 길함을 삼은 것]

『역』의 "큰 희생을 씀이 길하다."[萃괘의 괘사]와 "돼지와 물고기라면 길하다."[中孚괘의 괘사]라는 괘사는 제사에 쓸 희생을 점칠 때의 점사이다.[渙괘 구2의 '그 상에서 도망간다'는 효사도 그러함]

『역』의 "사슴을 쫓는데 안내자가 없다."[屯괘 육3]와 "밭에 날짐승이 있거든 말을 받드는 것이 이롭다."[師괘 육5]와 "왕이 세 군데로 몰며 앞의 짐승을 놓아준다."[比괘 구5]라는 효사는 사냥하는 것에 대한 점사이다.["사냥하나 짐승을 잡지 못한다."(恒괘 구4—역자주.)나 "사냥하여 세 마리의 여우를 잡는다."(解괘 구2—역자주.)가 다 그러함]

『역』의 "구름이 빽빽하나 비가 오지 않음은 우리의 서쪽 교외로부터 하기 때문이다."[小畜괘의 괘사와 小過괘의 육5]라는 것은 기우제를 지내면서 비를 기원할 때의 점사이다.[小畜괘의 상9도 그러함][12]

소를 잃은 자, 재물을 잃은 자, 먼길을 떠나는 자, 제사를 지내려는 자, 사냥하려는 자, 기우제를 지내려는 자들이 맞닥뜨린 현실에 대해 점을 쳐서 물었을 때 나온 점사가 위 대답 속에 나오는 괘효사들이다. 그러나 이 몇 사례들만 있는 것이 아니라 제사나 혼인이나 전쟁 등과 관련된 점은 수를 헤아릴 수 없이 많다. 정약용이 과연 64괘사와 386효사, 합하여

12) 『역학서언』 2/48, 「周易答客難」, 4/25b. "『易』曰, '行人得牛, 邑人之災'[無妄之六三], 此民間失牛者之占辭也.[『易』凡言'喪牛''牽復'之類, 皆是] 『易』曰, '喪貝, 勿逐, 七日得'[震六二. ○ 旣濟文相類], 此民間失財者之占辭也.[『易』凡言'喪羊''喪其資斧', 皆是] 『易』曰, '往遇雨, 則吉'[睽上九], 此遠行起程者之占辭也.[謂不遇雨, 則遇盜得病, 故以遇雨爲吉也] 『易』曰, '用大牲, 吉'[萃之彖], '豚魚, 吉'[中孚卦], 此祭祀筮牲之占辭也.[渙九二'奔其机', 亦是] 『易』曰, '卽鹿無虞'[屯六三], '田有禽, 利執言'[師六五], '王用三驅, 失前禽'[比九五], 此田獵之占辭也.['田無禽', '田獲三狐', 皆是] 『易』曰, '密雲不雨, 自我西郊'[小畜之彖, 小過之六五], 此雩祀禱雨之占辭也.[小畜上九, 亦是]"

450개의 사詞를 각각 점사로 귀속시키려는 의도는 무엇일까? 이 「주역답객난周易答客難」의 질의응답은 정약용의 역상학을 이해하는 데 매우 중요한 저작이다. 아마도 정약용이 말하고자 하는 핵심은 다음의 구절에 있을 것이다.

> 이와 같은 것은 문왕과 주공이 괘효사를 찬술할 초기에 오직 점치는 사람을 위해 대의를 밝히고 사례를 세우는 데 그쳤을 뿐이기 때문이다. 천인성명天人性命의 이치가 이 사이 어디에 깃들어 있겠는가![13]

괘효사를 지은 당사자들의 의도는 바로 서인筮人들이 사용하도록 대의를 밝히고 사례를 만들어 놓은 것일 뿐이다. 인간사의 내용을 이루고 있는 전쟁, 혼인, 제사, 사냥, 재물을 잃음 등의 행위들은 이미 벌어진 불행한 사태라든지 혹은 앞으로 있을 대사大事에 해당한다. 이러한 불행한 사태와 대사를 당해 인간들은 하늘에 묻고 그 답을 얻으려고 한다. 그래서 찾는 것이 점이다. 문왕과 주공은 이때에 유용하게 쓰도록 하기 위해 괘효사를 찬술한 것이다. 이런 까닭에 애초에 『역』에는 천인성명天人性命의 이치가 놓일 자리가 없었던 것이다. 천인성명의 이치란 결국 인문학을 자연학에 결부시키는 원리이다. 정약용의 이어지는 말로 정리한다면, "상하 두 편 64괘 386효의 효사를 하나같이 천인성명의 의리에 귀결시켜서 스스로 그 진퇴존망의 뜻이 깃들게 하고자 한다면 어긋나서 맞추려 하여도 들어맞지 않음이 많을 것이다."[14] 괘효사는 점치는 자들을 위해

13) 『역학서언』 2/48, 「周易答客難」, 4/25b. "若是者, 文周撰詞之初, 唯爲筮人發凡立例而止耳. 天人性命之理, 何所寓於此間哉!"

14) 『역학서언』 2/48, 「周易答客難」, 4/26a. "今欲以二篇六十四卦三百八十六爻之詞, 一以歸之於天人性命之理, 而欲以自寓其進退存亡之義, 則多見其鉏鋙枘鑿, 而不相投合也."

만들어놓은 사례집일 뿐인데 여기에서 성명性命의 이치를 찾는 것은 애초 출발부터 잘못된 것이다.

그러나 그렇다고 하여 정약용이 『역』을 존중하지 않는 것은 아니다. 성명의 이치를 추구하는 방식이 아닌 다른 방식으로 접근할 때 『역』은 의미가 있게 되며 대의로써 존중받을 수 있게 된다. 그 방식은 바로 "사詞를 버리고 그 상象을 음미한다.(舍其詞, 而玩其象.)"는 것이다.

> 만약 점을 쳐서 그것을 만났을 때 詞를 버리고 그 상을 음미한다면, 두 편 64괘 386효가 다 대의일 것이니 어찌 존중하지 않을 수 있겠는가?[15)]

정약용의 이 말은 대단히 파격적이다. '사사완상舍詞玩象', 곧 괘효사를 버리고 상을 음미한다는 말은 한대 상수역학자들에게서도 찾아볼 수 없는 선언이다. 정약용 자신이 문왕과 주공을 성인의 반열로 존중하며 유가 제1경전의 저작자들로 인정하고 있으면서도 그들이 찬술한 사詞들을 버리라는 말은 마치 모순처럼 보이지만, 정약용에게 있어 이른바 대의大義가 담겨 있는 곳은 사詞가 아니라 효爻이다. 효는 변화를 상징하고 이 변화는 효들의 상에서 표현된다. 386효가 각각 하나 이상의 상들을 가지고 있고 이 상들의 조합과 변화원리를 음미하게 되면 『역』이 내포하고 있는 대의를 알 수 있게 된다. 정약용이 지적하듯이 386효의 효사를 가지고 천인성명의 이치에 귀결시킨 뒤에 저절로 그 이치 속에서 자신의 행동지침을 찾아내려는 의도는 효사 저작의 의도가 본래 천인성명의 이치를 밝히는 데 있는 것이 아니기 때문에 실현될 수가 없다.

---

15) 『역학서언』 2/48, 「周易答客難」, 4/26a. "若夫筮而遇之, 舍其詞而玩其象, 則二篇六十四卦三百八十六爻, 皆大義也, 何不尊之有?"

4. 보편에로 수렴하는 동양정신의 표현

유형의 사물과 그 사물의 정태적 속성 및 동태적 속성을 엄연히 구별하는 관점은 정약용에게 일관된다. 그리고 이 관점은 『역』 해석에도 그대로 적용된다. 그는 『역학서언』에서 다음과 같이 말하였다.

> 원래 태극·양의·사상·팔괘의 학설은 두 가지의 전제조건이 필요하다. 하나는 천지 본래의 사물(本物)이고, 다른 하나는 괘를 뽑을 때 사용하는 상象(法象)이다. 선유는 태극과 양의에 대해서는 어설프게나마 두 가지 전제조건을 들고 있으나 4상과 8괘의 본래의 사물이 무엇인지는 알지 못하였다. 그러나 하늘, 땅, 물, 불, 우레, 바람, 산, 못이 곧 8괘 본래의 사물이라고 다른 사람이 굳이 말하더라도 이론異論이 없을 테지만, 4상에 의해 상징된 것만은 예로부터 지금까지 언급한 자가 아무도 없다. 만약 소강절의 횡배도橫排圖에 배열된 노양·소양·소음·노음을 가지고 말하자면, 이는 4개의 상象이지 4개의 사물이 아니다.[16]

정약용이 여기에서 말하고 있는 본물本物과 법상法象의 관계구도를 이해해야 할 필요가 있다. 앞서 언급했다시피 『역』의 경과 전에서 말하는 태극과 양의와 사상과 팔괘는 다 본물本物이 있은 다음에야 구성될 수 있는 법상法象이다. 법상이란 여기에서 모델로 삼는 상象이란 의미이므

---

16) 『易學緖言』 2/46, 「邵子先天論·論河圖爲八卦之則」, 2/38b-39a. "原來, 太極·兩儀·四象·八卦之說, 須有兩件. 一是天地之本物, 一是蓍卦之法象. 先儒, 於太極·兩儀, 粗有兩件, 而四象八卦之本物, 不知爲何物. 然天地水火雷風山澤, 卽八卦之本物, 人苟言之, 可無異論, 惟是四象之所象, 古往今來, 都無言者. 若以邵氏橫排圖所列老陽·少陽·少陰·老陰言之, 則此是四象, 不是四物."

로 이미지라는 말로도 표현이 가능하며, 이하 간단하게 상象이라는 말로 사용할 것이다. 물物과 상象은 「천문평」에서 언급하고 있는 유형지물有形之物과 무형지정無形之情의 구도 아래 있는 것이다. 음양陰陽이라는 것도 단지 천지라는 본물에 대한 상象일 뿐이다. 그가 8괘의 본물本物로 제시한 것은 천天·지地·수水·화火·뢰雷·풍風·산山·택澤이다. 소성괘로서의 8괘는 이 천·지·수·화·뇌·풍·산·택의 이미지, 즉 상象인 것이다.

> 양의兩儀에 의해 상징된 것이 하늘과 땅인데도 혹 '음과 양'이라 한다면, 4상에 의해 상징된 것은 어찌 해당 사물이 없는가? 종이 위의 흑백의 자취가 어찌 하늘과 땅을 받들기에 충분하겠는가? 만약 '4상이 원래 본래의 사물에 대한 명칭일 수 있다'고 말한다면 태양·태음·소양·소음은 천지간에 본디 이러한 사물도 없고 이러한 명칭도 없으니[책력가들은 해와 달을 태양과 태음이라고 여기지만 소강절이 지적한 것은 해와 달이 아님이 분명하다], 장차 어찌하겠는가?
>
> 포희씨가 처음 괘를 그릴 때 오직 자리를 깔고 앉아서 위로는 천문을 관찰하고 아래로는 지리를 관찰하였는데, 이렇게 하여 먼저 두 개의 사물을 얻었다. 그 두 개가 네 개로 나뉘어져 또 네 개의 사물을 얻었고, 네 개가 또 여덟 개로 나뉘어져 드디어 여덟 개의 사물을 얻었다. 여덟 개의 사물이란 하늘, 땅, 물, 불, 우레, 바람, 산, 못이다. 여덟 개의 사물을 얻고 나서야 8괘를 그렸다. 이렇게 보면 '하도河圖'라는 것은 반드시 여덟 개 사물의 상象이 있어야만 성인이 법칙으로 삼을 수가 있는 것인데, 지금의 하도河圖에 과연 여덟 개 사물의 상象이 있는가?[17]

---

17) 『易學緖言』 2/46, 「邵子先天論·論河圖爲八卦之則」, 2/39a. "兩儀所儀, 旣是天地, 或云, '陰陽', 則四象所象, 豈無其物乎? 紙上黑白之痕, 豈足以承天地乎? 若云, '四象, 原可爲本物之名', 則太陽·太陰·少陽·少陰, 天地間本無此物, 亦無此名[曆家, 以日月爲太陽太陰, 然邵子所指, 必非日

이에 따르면 양의兩儀는 천지天地를 상징한 것이며, 4상四象은 그 천지가 분화되어 형성된 천지수화天地水火 4개의 유기游氣적 사물을 상징한다. 그리고 4상이 분화되어 형성된 8괘는 천지수화뇌풍산택天地水火雷風山澤 8개의 구체적 사물을 상징한다. 구체적 사물이 없다면 상象도 또한 있을 수가 없는 것이다. 필자는 여기에서 정약용이 사용하는 '물物'이라는 글자를 사물이라는 용어로 번역사용하고 있는데 '사물과 상징'이라는 대립적 구도 속에서 사용하고 있는 것이다. 정약용은 하도와 낙서를 기본적으로 부정하면서, 8괘가 단독적으로 어떤 의미를 지니고 있는 것이 아니라 8괘 탄생 이전에 여덟 개의 구체적 자연사물이 존재하고 있는 것을 기호화한 것일 뿐이라고 주장한다.

지금 태극이 분화하는 원리를 논하자면 원래 1은 2를 포함하고[태극이 하늘과 땅을 포함한다], 2는 4를 포함하고[하늘과 땅은 하늘과 땅, 물, 불을 포함한다], 4는 8을 포함하니[하늘·땅·물·불은 하늘·땅·물·불·우레·바람·산·못을 포함한다], 태극은 8개사물의 종합체이며 8개의 사물은 태극의 분화물이다. 그 재료는 따로 구별되는 것이 아니며 그 도수 또한 따로 계산할 수 없다. 비유하자면, 큰 음악이 분화하여 단지 이 8음뿐인데 8음이 모이면 또 큰 음악이 되는 것이지, 큰 음악 외에 별도로 8음이 있다거나 8음 외에 따로 큰 음악이 있는 것이 아니다.[18]

月], 將若之何? 包犧畫卦之初, 專藉仰觀俯察, 仰觀俯察, 先得兩物, 兩分爲四, 又得四物, 四化爲八, 遂得八物. 八物者, 天地水火雷風山澤也. 八物旣得, 乃畫八卦. 由是觀之, 所謂'河圖', 必有八物之象, 乃可爲聖人所則, 今之河圖, 其有八物之象乎?"

18) 『易學緒言』 2/46, 「邵子先天論·論河圖爲八卦之則」, 2/39a. "今論太極剖判之理, 原來一包兩[太極包天地], 兩包四[天地包天地水火], 四包八[天地水火, 包天地水火雷風山澤], 則太極者, 八物之合, 八物者, 太極之分. 其材料不是各辦, 其度數不可各計. 譬如大樂之分, 只此八音, 八音之會, 還是大樂, 非大樂之外別有八音·八音之外別有大樂也."

정약용은 태극을 원기元氣로 설정하고 있다. 원기인 태극이 분화하여 천지라는 2개의 사물로 변하고 이것이 천지수화라는 4개의 사물로 분화하며 또 이것이 8개의 사물, 천지수화뇌풍산택으로 분화한다. 이것은 우주의 자기 성장과정이며 이를 통해 만물이 형성되는 것이다. 정약용은 여기에서 무극이태극無極而太極, 즉 태극과 무극이 동일한 의미를 지닌다고 하는 주자학적 틀을 깨고 있다. 태극은 부판剖判이 가능한 태초의 원기이기 때문에 무극이라는 말로 대치할 수 없는 것이다. 태극은 이미 물物의 범주에 속한다. 이 태초의 물物이 두 개, 네 개, 여덟 개의 물物로 분화하는 과정은 마치 어설픈 우주론처럼 보이기는 하지만 추상적 논의가 아닌 구체적 우주 형성의 과정을 시각적으로 연상할 때 가능해 보이는 과정이다.

5. 문명의 보편성을 탐구한 융합형 문명론

정약용은 중국의 역대 천문지天文志와 오행지五行志들을 "한결같이 근거 없이 견강부회한 것들"이라고 단언한다. 왜냐하면 "별들의 운행에는 모두 정해진 도수度數가 있어서 어지럽혀질 수 없기" 때문이다.[19] 즉 천체의 운행은 그 각각의 공전과 자전의 주기대로 돌아가는 것이어서 인간사의 길흉에 따라서 뒤바뀔 수 있는 성질의 것이 아니라는 주장이다. 이러한 생각의 근저에는 "인간사회의 원리와 자연계의 법칙을 구분해서 파악하는 관점이 깔려 있으며"[20], "자연세계와 인간사를 포함해서 세상의

19) 『전서』 1/11, 「五學論五」, 23a-b. "天文五行志, 歷世傅會無一驗者. 星行咸有定度, 不可相亂, 又何惑焉?"

모든 것들을 몇 개의 범주로서 나누어 서로 연결시킬 수 있고 같은 범주에 속하는 것들 사이에 서로 상관관계가 있다고 보는 상관적 사고(correlative thinking)에 대한 거부"[21]였다.

그렇다면 동양의 학자들이 전통적으로 자연학의 이치가 담겨있다고 믿어왔던 『주역』과 『상서』 등의 기타 경전들에서 수학, 천문학, 과학, 의학 등의 요소를 제거한다면 정약용은 과연 인문학만을 말하고 자연과학은 배제한 것인가 살펴볼 필요가 있다.

정약용은 자연학을 인문학에서 분리하여 독립적으로 논의하고자 하였다. 이러한 정약용의 생각은 『역』에서 성리학자들이 주장하는 천인天人성명性命의 이치를 분리해내는 작업에서 분명하게 드러난다.[22] 이때의 '천인성명지리天人性命之理'는 자연학과 인문학의 형이상학적 결합의 원리이다. 천명으로서의 천리를 품수하여 인간의 본성이 이루어진다고 보는 주희 성리학의 입장은 인문학의 원리를 자연학의 원리에 근원하는 것으로 보고 그 둘의 합일을 추구한 것인데, 정약용은 이 둘을 뚜렷하게 구별하였다. 정약용이 천인성명의 형이상학적 결합을 부정한 것은 자연학과 인문학의 체용일원體用一源적 결합의 방식을 버리고 『역』을 포함한 6경4서에서 구체적이며 실존적인 인문 가치를 읽어내려는 의도 때문이다.

한국사 전체를 들어 유가경전의 완주完註를 시도하여 달성한 인물은 정약용이 유일하다. 그가 완주한 6경4서는 유가경전 전부라 할 수 있다. 그것도 4서3경의 분류체계가 아니라 6경4서의 체제로 재편한 것은 단순한 완주의 의미를 넘어서서 신학新學의 수립을 예고하는 것이라 할 수

20) 구만옥, 「다산 정약용의 천문역법론」(『다산학』 10, 다산학술문화재단, 2007. 6), 65쪽.

21) 김영식, 「미신과 술수에 대한 정약용의 태도」(『다산학』 10, 다산학술문화재단, 2007. 6), 36-43쪽 참조.

22) 『역학서언』 2/48, 「周易答客難」, 4/25b. "文周撰詞之初, 唯爲筮人發凡立例而止耳. 天人性命之理, 何所寓於此間哉!"

있다. 게다가 6경4서를 효제孝悌의 도덕서로 총괄하고 여타의 영역 곧 정치, 법률, 음악, 언어, 의학 등에서 단독저술을 집필한 것은 이른바 종래의 유학이라는 범주를 도덕적인 학문으로 규정하고 비도덕학을 별도의 분과학으로 정립하는 분명한 의도를 지녔다고 보아야 한다.

이는 비유적으로 말하자면, 중국 현대신유학 제1세대의 비조로 간주되는 양수명梁漱溟(1893~1988)과 주겸지朱謙之(1899~1972) 등이 동도서기東道西器의 관점에서 밀려오는 서세西勢에 맞서 중국문명의 장점을 도덕으로, 서양문명의 장점을 과학으로, 그리고 인도문명의 장점으로 종교를 내세운 기본입장과 상통한다. 양수명은 그의 책에서 서양과 중국, 인도라는 세 문명권으로 구분하고 각각 종교, 형이상학, 인식론, 인생철학이라는 네 분야의 상이한 특징을 설명하였다. 중국은 종교에 있어 소박하며 다른 문화를 모방하였으나 관련이 미미하다고 보았으며, 형이상학 방면에서는 서양, 인도와 전혀 다른 독특한 형이상학을 건립하였는데 세력도 매우 널리 미치고 한번 형성된 뒤 변하지 않았다고 규정하였다. 인식론 방면에서는 관심을 기울이지 않아 거의 없다고 보았고, 인생철학은 가장 홍성하고 또한 미묘하며, 중국철학 전체가 이에 해당한다고 정리하였다. 반면 서양은 종교에 있어 세력의 부침이 있으나 시대적 요구에 부응하고 있다고 보았으며, 형이상학 방면은 처음에 홍성한 후 비판을 받고 거의 절멸되어 현재는 세력을 잃은 처지에서 새로운 길을 모색하는 단계라고 보았다. 또한 인식론 방면은 홍성기를 맞이하여 다른 무엇보다도 철학의 중심문제가 되어 있다고 보았으며, 인생철학은 조야하며 수준도 낮다고 평가하였다.[23]

---

23) 梁漱溟, 『동서문화와 철학』(강중기 역, 솔출판사, 2005), 123쪽. (『양수명전집』 1, 산동인민출판사, 1989, 396쪽; 초간은 상해 상무인서관에서 1922년 출간되었다.) 또한 朱謙之, 『중국사상이 유럽문화에 끼친 영향』(전홍석 역, 동과서, 2018)에도 문명에 대

서세동점의 시대에 서양문명에 대비되는 중국문명의 우수성을 강조하는 것이 양수명과 주겸지의 기본 노선이었는데, 그가 이 책에서 강조한 중국문명의 우수성은 바로 인생철학이었다. 양수명과 주겸지 등이 20세기 1920년대에 부르짖었던 중국문명의 우수성이 1800년대 정약용이 정리한 6경4서가 담고 있는 효제孝悌와 닮은 것이 아닐까!

그런데 왜 불교학, 도교학이 아니면 모든 학문이 유학의 카테고리 안으로 포섭되고 있는가 하는 데에는, 유학을 혹은 중국을 상대화시키지 못하는 병폐가 내재되어 있다. 유학의 내부에서도 학문의 분화가 이루어질 수 있다. 예를 들어, 공자, 맹자, 순자가 그 학문성격을 각각 달리하고 있으며, 또 크게는 이들의 학문과 송명대의 주희, 왕수인의 그것이 완연히 다르다. 또 이들의 학문과 실학자들의 학문이 다르다. 현재의 우리는 유학의 개념 정의가 진정으로 필요한 사람들이다. 과연 유학이란 무엇인가! 도가학, 불가학을 제외하면 유학이란 말인가! 고대의 분류체계로 병가, 잡가, 음양가, 농가, 소설가 등의 분과가 있었듯이, 유학의 개념 정의를 분명하게 해서 그 개념에서 벗어나는 논의는 별도의 분과학으로 정립해야 할 때이다. 이러한 맥락에서 볼 때, 정약용의 학문은 유학의 카테고리 속에서가 아니라 유학과 서학(西學)이 총합된 동서문명 융합형 학문체계라는 별도의 카테고리로 규정할 수 있다. 동서문명의 결합과 조화라는 만남의 차원에서 논한다면 '유학신계통'이 아닌 말 그대로 '신계통'으로 정립해 갈 수 있는 것이다.

이른바 정약용의 새로운 체계는 문명의 정리로부터 출발한다. 중국 현대의 양수명梁漱溟이 중국문명을 인생철학으로 정의내리고, 일본 메이지明治 시대의 지식인들이 동양문명을 유가독존儒家獨尊이 아닌 유·도·불 혼합의 방식으로 정리하였으며, 조선후기의 지식인들이 주자학을 첨예하

한 3대 구분이 드러난다.

게 발전시키고 한편에선 백과전서적 계몽에 몰입하였듯이, 정약용도 유가 경전 전부를 정리하면서부터 자신의 새로운 체계 구축을 도모하였다.

이른바 문명의 정리는 정약용 개인이 품었던 자신감과 자부심에 바탕하였을 것이다. 근대의 일본이 동아시아의 맹주 역할을 자임하게 되면서 가지게 된 자부심이 『한문대계』와 『한적국자해전서』 등의 자료집성을 이룰 수 있게 했던 것처럼, 그리고 중국이 번영기마다 언제나 국고정리 사업을 펼쳤던 것처럼, 그리고 조선후기의 지식인들이 공맹의 도가 이제 오직 조선에만 남았다는 정신무장(곧 자부심)을 통해 동양유학사에 유례없는 주자학 연구를 달성할 수 있었던 것처럼, 그렇게 정약용도 서양문명의 정신적 힘인 종교성을 수용하면서 인륜도덕을 더욱 굳건히 하는 새로운 체계를 건설함으로써 자부심을 표현했을 것이다.

참고문헌

『與猶堂全書』(新朝鮮社本), 서울: 여강출판사, 1989년 영인본.
『與猶堂全書補遺』, 茶山學會 편, 서울: 경인문화사, 1989년 영인본.

Georges Jean, 『기호의 언어—정교한 상징의 세계』(김형진 역), 서울: 시공사, 1997, 2002.
방 인, 「茶山易의 기호론적 세계관」, 『대동철학』 20, 대동철학회, 2003. 3.
梁漱溟, 『동서문화와 철학』(강중기 역), 솔출판사, 2005. (『梁漱溟全集』 1, 산동인민출판사, 1989)
이광호, 「동서 융합의 측면에서 본 정약용의 사상」, 『退溪學報』 114, 퇴계학연구원, 2003.
朱謙之, 『중국사상이 유럽문화에 끼친 영향』, 동과서, 2018.
황병기, 「다산 정약용의 인문학 지향의 주역철학」, 『유교문화연구』 9, 유교문화연구소, 2005.2.
황병기, 『정약용의 주역철학』, 동과서, 2012.

/ 제1부 동아시아 토착종교 담론 /

동아시아 불교의 보편적 토대 성립과정 연구:

격의불교와 승조의 공개념 이해를 중심으로

지 혜 경(연세대학교)

1. 들어가며

불교는 외래종교지만, 토착화 과정을 거치면서 동아시아 사상의 한 축을 지키는 중요한 철학, 종교로 자리매김했다. 토착화 과정에서 불교는 중국 사상인 유가와 도가와 상호 영향을 주고받으며, 중국적으로 변하였으며, 동시에 유가와 도가의 사유의 지평을 넓히기도 하였다. 특히 도가와는 사상적으로 유사점이 많다고 여겨져서 불교 초기 전래 시기에는 도가의 한 부류로 오해되기도 하였으며, 불교 철학을 소개하는 데에 도가 철학의 개념들이 사용되었다. 이 둘 사이의 긴밀한 관계는 선불교의 종조로 알려진 달마대사의 설화에도 잘 나타나 있다. 현재 전해지는 달마대사의 그림을 보면 눈이 튀어나오고 매우 우락부락한 외모를 가지고 있다. 그러나 원래 달마대사의 외모는 그렇게 못생기지 않았으며 매우 잘생겼다고 한다. 설화에 의하면 달마대사가 일 때문에 동굴에 몸을 벗어놓고 고국에 갔다온 사이에 우연히 그곳을 들렀던 도사가 자신의 못생긴 몸을 달마대사의 몸과 바꿔치기했다고 한다. 이후 동굴에 도착한 달마대사는 자신의 몸을 찾았으나, 찾지 못해서 결국 그 도사의 못생긴 몸을 가질 수밖에 없었다. 이 설화는 도가와 불교의 긴밀한 교섭관계를 빗댄 이야기로, 불교가 중국 토착 사상인 도가의 색채를 수용하면서 중국적인 불교가 되었음을 말해주고 있다.

동아시아의 불교는 인도에서 중국을 거쳐 중국화된 불교가 전달되어 한국, 일본의 토양에 맞게 변형된 것이기 때문에 삼국 불교사상에는 공유하고 있는 보편적 토대들이 있다. 예를 들어 동아시아 삼국에서는 유식, 여래장, 중관 사상을 결합시킨 진여연기론을 설명하고 있는 『대승기신론』을 중시하며, 어찌보면 초기 불교의 무아론과 상반된다고 볼 수도 있는 불성사상을 수용하고 있다. 이러한 토대는 어느 날 갑자기 발생한 것이 아니며, 불교가 처음 중국에 전래된 순간부터 발전되어 형성된 것이다. 그래서 본 논문은 동아시아 보편적 토대가 형성된 과정을 추적해 보고자 한다.

동아시아 불교의 보편적 토대를 논의하기 위해 우선 불교의 여러 핵심 개념 가운데에서 제일 먼저 논란이 되었던 空개념에 대한 초기 중국 불교학자들의 이해를 검토하고자 한다. 우선 도가의 無개념을 수용하여 空개념 이해를 시도한 초기 격의불교 학자들의 논의를 이해하기 위해 위진현학의 유무논쟁을 살펴보고, 위진현학의 유무개념 이해가 격의불교가들에 의해 어떻게 적용되었는지 살펴본다. 이어서 당시 다른 승려들에 비해, 중국의 역사와 철학에 상당한 이해가 있었으며, 중관불교의 空 개념에 대한 기존 중국인들의 오해를 비판하고 空을 올바르게 이해했다고 평가받는 승조(384~414)의 사상을 검토하여 동아시아 불교의 보편적 토대가 형성되는 과정을 논의하고자 한다.

2. 위진시대魏晉時代의 유무논쟁有無論爭

흔히들 玄學의 논의를 현실을 벗어난 고원한 경지를 논했다고 이야기 한다. 표면적으로 그들은 현실문제와는 무관한 형이상학적 논의인 有와 無에 대하여 중심적으로 논한 것으로 보인다. 그러나 그 논의 근저에는 有로 이야기될 수 있는 名教와 無로 이야기될 수 있는 自然 중에서 어느 것이 더 본질적인가에 대한 논의를 통해, 당시에 적합한 새로운 통치제도를 찾기 위한 노력이 깔려 있었다고 할 수 있다.[1] 현학의 유무논쟁은 왕필의 '貴無論'과 배위의 '崇有論', 곽상의 '獨化論', 장잠의 '至虛論'을 거치면서 논의가 정리되어, 이후 불교의 空 이해에 대한 기반을 제공하는 역할을 하게 된다.

왕필(226~249)은 老子의 有無 개념[2]을 해석하면서, 형체 없는 無가 만물의 근본인 측면을 강조한다. 그의 이러한 논의는 다양한 사물을 하나로 묶을 수 있는 근원적인 것을 찾는 과정에서 老子의 無를 수용함으로 시작되었다. 우선 그는 有無 개념에 대해, 『老子』 1장 "無, 名天地之始, 有, 名萬物之母"[3]에 대한 注에서 다음과 같이 말하고 있다.[4]

---

1) 위진시대 현학의 문제는 여러 가지를 이야기 할 수 있다. 현대의 연구자들은 초기에 自然과 名教를 위진현학의 주요 쟁점으로 설명했으나, 지금은 有無本體論을 주요 문제라고 보며, 위진현학을 본체론의 철학이라고 규정하고 있다. 林麗眞의 경우는 당시의 문제와 현대 학자들의 견해를 종합하여, 위진시대의 쟁점들을 크게 (1) 本末有無 (2) 自然과 名教 (3) 言象意의 논의 (4) 聖人觀 (5) 養生, 神仙 (6) 隱逸· 無君 (7) 영혼과 육체의 생멸문제로 나누었다. (林麗眞, 「魏晉玄學硏究的回顧與展望」, 『中國學報』, 한국 중국학회, 1998.6, 228~233쪽) 본 논문은 이 견해를 전적으로 수용한다.

2) 중국철학에서 有無논의의 첫장을 연 사람은 노자라고 한다. 그러므로 노자의 有無개념의 연장선상에서 有無개념을 살펴볼 때 현학의 논의들에 대한 올바른 이해가 가능할 것이다. 그러므로 우선 간략하게 노자의 有無개념을 살펴보면, "有形·無形", "만물의 근원인 도의 두 측면으로서의 有·無(무는 천지의 시초를 이름하고, 유는 만물의 어머니를 이름한다. … 이 두 가지는 함께 나왔으니, 이름은 다르나 칭위는 같으니, 현묘하고 또 현묘한지라 온갖 싹의 근원이다. : 無, 名天地之始, 有, 名萬物之母, …此兩者, 同出而異名, 同謂之玄, 玄之又玄, 衆妙之門.)", "有無相生", "有生於無", "有爲·無爲" 로 볼 수 있다. 이들 개념은 道를 설명하게 위해 사용된 개념으로, 有와 無를 모두 아우르고 있으면서도 無에 가까운 道를 설명하면서, 道에 의한 무위의 통치를 말하고 있다. 이러한 노자의 有無개념은 漢代에 河上公에 의해 無形인 道가 천지인 有를 낳고 천지인 有가 만물을 낳는다는 우주생성론의 입장에서 도를 설명하는 개념으로 사용된다. 이후 왕필에게 "有形·無形", "有爲·無爲"의 개념이 수용되고, "有生於無"를 "有之所始, 以無爲本"으로 이해되면서, 有와 無는 형체있는 有와 그것의 근거인 無形의 無의 관계문제로 전환되게 된다.

3) 老子 본뜻에 의하면, 앞의 주에서 단구한 것이 맞으나, 왕필은 "無名, 天地之始, 有名, 萬物之母."로 단구한다.

무릇 有는 모두 無에서 시작하므로, 아직 드러나지 않고 이름이 없는 때에 만물의 시작이 되고, 有形有名일 때에 이르러서는 자라나게 해주고 길러 주고 형체를 드러나게 해 주고, 완성시켜 주니 그 어미가 된다. 도가 無形과 無名으로 만물을 시작시키고 이루어 주면, (만물은) 그것에 의해 시작하고 이루어지되 그렇게 되는 까닭을 알지 못하니 현묘하고 또 현묘하다는 것이다.[5)]

여기서 有無는 有形·無形, 有名·無名의 두 가지 의미를 갖게 된다. 하나는 존재하는 사물의 측면에서 형체가 있고 없음으로 표현한 것이고, 다른 하나는 인간의 인식작용의 측면에서 이름지워 규정되기 이전과 이후를 말한 것이다. 인식의 지평에 사물이 들어오기 위해서는 명칭을 얻어야만 한다. 명칭이 부여된 것에 한해서 우리는 알 수 있다. 그렇기 때문에 이름이 없는 때에 만물이 시작된다고 한 것이다. 또한 無名에서 有名으로 전환 되는 상황은 명확히 알 수 없으므로 현묘하다고 할 수 있다.

그런데 無形이 有形의 근원이 된다는 것은 선뜻 수용하기 힘들다. 물론 형체가 있는 것은 한정 지워져 있으므로 다른 형체 있는 것을 포괄할 수 없기 때문에 모든 것을 포괄하려면 형체 없는 것이 근원이 되어야 한다고 이해할 수도 있다. 그렇지만 그가 이렇게 無를 有의 근원으로 말하는 데에는 좀더 단순한 근거가 있다. 『老子』 11장에 대한 그의 주석에는 좀 더 초보적이라 볼 수 있는 有無 개념에 대한 언급이 있다.

수레와 찰흙, 벽이 세 가지 예가 된 까닭은 모두 無로 쓰임을 삼기 때문이

4) 여기서 인용되는 왕필의 注는 류우열의 교감본 『老子왕필集校釋』에 근거하였고, 모두 임채우의 『왕필의 老子』(예문서원, 1997)번역을 따랐다.

5) 왕필, 『老子注』 1장, "凡有皆始於無, 故未形無名之始, 則爲萬物之始, 及其有形有名之時, 則長之育之亨之毒之, 爲其母也. 言道以無形無名始成萬物, [萬物]以始以成而不知其所以[然], 玄之又玄也."

다. 無란 有가 이롭게 되는 이유이니, 모두 無에 의지해서 쓰인다는 말이다.[6)]

위 인용문에서 그의 有는 형체를 가지고 있어서 우리 눈에 보이는 틀이며, 無는 형체에 의해 형성된 빈 공간을 말한다. 그는 눈에 보이는 틀과 빈 공간 중에서 빈 공간을 더 근원적인 것으로 본다. 빈 공간이 존재하지 않는다면, 아무리 형체가 있다 하더라도 가치를 부여받지 못한다. 그러므로 有形은 無形에 의존할 수밖에 없으며, 無는 有의 근본이 될 수 있다. 그는 이러한 맥락에서 無가 有의 근본임을 주장하고 있는 것이다.

한편 배위는 왕필의 貴無論이 완적 등의 광달파에 수용되면서, 예의도덕을 무시하는 지나친 자연주의로 흐르는데 문제를 느꼈다. 그는 無에 대해 다음과 같이 정의하고 왕필의 無를 비판한다.

무릇 지극한 무[至無]는 (아무것도) 생겨나게 할 수 없다. 그러므로 처음으로 생겨나는 것은 스스로 생겨난다. 스스로 생겨나서 有를 형체로 삼고 있으니, 有가 없어지게 되면 생명도 사라진다. 생명은 有로써 자기 몫을 삼고 있으니, 허무란 有가 없어진 것이다.[7)]

즉 그는 無란 모든 것이 소멸된 상태이며, 有와는 다른 차원의 것이므로 거기에서 만물이 생성한다고 이야기할 수 없다고 한다. 그래서 그는 모든 사물의 총체(群本)만이 만물이 근원이라고 이야기할 수 있다고 한다. 여기서 왕필과 배위의 無개념정의에 차이가 있음을 알 수 있다. 龐

6) 왕필, 『老子注』, 11장 "木埴壁所以成三者, 而皆以無爲用也. 言無者, 有之所以爲利, 皆賴無以爲用也."

7) 『晉書』 「崇有論」, "夫至無者無以能生, 故始生者自生也. 自生而必體有, 則有遺而生虧矣. 生以有爲其分, 則虛無是有之所謂遺者也."

朴에 의하면 無에 크게 사물이 있다가 없어진[有而後亡] 亡과, 외견상으로는 없지만 실제로는 있는[似無實有] 無와 본래 없는[无而絶无] 无의 세 가지 의미가 있다고 한다. 그는 이 중에서 노자·왕필·하안의 무는 '無'이며, 배위·곽상의 무는 '无'이므로 노자·왕필은 有生於無였는데, 배위·곽상은 사실 有生於无를 비판한 것이라 한다.[8] 그러면 정말 배위가 왕필의 無를 단지 제대로 이해하지 못하여 비판한 것일까? 그의 숭유론의 목적은 앞에서도 말했듯이 예의도덕을 무시하는 지나친 자연주의에 대한 문제제기에서 시작된 것이다. 만일 왕필처럼 형체 있음[有]을 무시하고 無에 치우치면 예교를 무시하게 되기 때문에 그는 만물의 근거를 無가 아닌 郡有라고 이야기하며, 有를 숭상하는 논의를 편 것이다. 그는 왕필이 어쩌면 간과하고 있었을 모든 것이 소멸된 상태의 无의 개념이 있음을 지적하면서 문제제기를 한 것이다.

곽상은 배위의 이러한 无개념은 수용했으나, 郡有를 근거로 삼을 경우 개별적인 有들이 충분히 설명되지 않음에 문제를 느껴 사물의 근거를 개별有 각각에 부여하게 된다. 즉, 사물들의 통일성보다는 독자성에 주목하며, 개별有를 부각시키며 그 개별有들의 관계에는 감각과 언어로 규정하기 어려운 영역이 있다고 한다. '이름 붙일 수 없고 말할 수 없는 곳'[無名無言之域][9]이라는 그의 표현에서 알 수 있듯이 그는 감각기관으로 규정할 수 없는 영역과 '감각기관으로 규정할 수 있는 형체를 가진 영역'[涉有物之域]을 구별하고 있다. '無名無言의 영역이 바로 無形의 사물의 본질을 말하는 玄冥[10]이다. 그의 玄冥은 無名無言의 영역이므로 無라고 할 수 있으

---

8) 임채우, 「왕필 역철학 연구」, 연세대박사학위청구논문, 1995, 200~202쪽 참조. 본 논문에서는 이 의견을 수용하여 현학의 무 개념에는 無와 无의 두 가지 의미가 있음을 전제로 받아들이고 앞으로는 '언제나 아무것도 없는 無'는 无로 사용할 것이다.

9) 不聞不見之域, 無言無意之域으로도 표현한다. (원정근, 「위진철학에서의 有無논쟁」, 『논쟁으로 보는 중국철학』, 182쪽 참조)

나, 아무것도 존재하지 않는 배위의 无개념과는 같지 않으므로 無는 아니다. 그래서 곽상은 "玄冥은 無라고 이름 지을 수는 있지만 無는 아니다"[11] 라고 말한다. 곽상의 현명은 왕필의 無名안 道와 비슷하다. 그러나 현명은 道와는 달리 場의 의미가 강하여 사물들은 이러한 玄冥의 상태에서 獨化하며 서로 간의 유기적 통일성을 이루어 玄冥은 獨化를 가능하게 하는 場으로서의 역할을 한다. 그는 이처럼 배위의 숭유론 체제 속에서 왕필의 無개념의 無形性이 만물의 중심이 된다는 주장은 수용하지 않았지만, 만물에는 無名의 영역이 있음은 인정하고 있다.

玄冥論을 통해 나름대로 개별有들의 관계성을 설명해보려고 했으나, 곽상의 이론은 여전히 개별적인 有들의 독자성에 치우쳐져 있어서, 개별有들이 다른 사물과의 연관성 없이 고립적으로 운동하고 변화하는 실체가 되어버린다. 장잠은 이에 대한 문제제기를 하며, 개별有들이 저절로 그러하게 생겨나고 변화할 수 있는 場으로써의 玄冥에서 한걸음 더 나아가 그것이 바로 우주본체의 至虛라고 말한다. 결국 무형성이 또 다시 유형성의 근원으로 자리매김하게 되어 왕필의 無를 중시하는 입장이 다시 부활하게 된 것이다.

그런데 장잠의 無는 无의 의미를 의식하고 있었기 때문에 왕필과는 달리 모든 것이 소멸되는 귀결처의 의미도 지닌다. 그는 그런 無를 "至無", 또는 "至虛"라고 하는데, 그는 "群有는 至虛로써 종주를 삼고, 群品은 끝마침과 소멸로써 징험을 삼는다"[12]고 말하여 至虛를 만물의 근원으로 여겼다. 그러나 无와 無를 명백히 구별하지 못했기 때문에 無와 사물 간의 연관성을 설명함에 있어서, 다만 저절로 형체가 있게 되는 것이라 말하는

10) 이에 대해 그는 玄安, 玄合, 至無, 都無, 了無, 冥合 등으로 다양하게 표현한다. (원정근, 「위진철학에서의 有無논쟁」, 183쪽 참조)

11) 곽상, 『莊子注』, 「大宗師」, "玄冥者, 所以名無而非無也."

12) 『列子注』, 「列子注序」, 群有以至虛爲宗, 萬品以終滅爲驗."

한계를 가지게 된다. 즉, 장잠은 왕필의 貴無의 입장을 가지긴 했으나, 곽상·裵頠의 無개념을 수용함으로 인해 생긴 둘 사이의 모순관계를 충분히 해결하지 못했다 하겠다. 이러한 유무에 대한 논의들과 개념 정의들은 격의불교에서 空이 無와 동일한 개념으로 생각되면서, 有空의 논의로 바뀌고 이후 공에 대한 바른 이해가 정립되면서 이 모순관계도 해결의 실마리를 찾게 된다.

3. 격의불교格義佛敎의 공空이해

새로운 사상이 수용될 때는 우선 자국어로 번역하는 작업이 시작된다. 그리고 그 과정 가운데 가장 문제가 되는 것은 개념을 어떻게 이해하고 적절히 표현해 낼 것인가이다. 지금도 그러하지만 당시 불교 번역에 종사하고 있던 이들에게도 이 문제는 피할 수 없었던 것이다. 그래서 당시 역승들의 가장 주요한 문제는 '空이란 무엇인가'였다.

空이란 무엇인가. 부처님이 無我를 말하여 사람들을 번뇌와 윤회의 수레바퀴에서 벗어날 수 있는 길을 제시한 후 그의 제자와 많은 사람들은 부처님의 여러 말씀들에 대해 자신들의 이해를 가지고 설명하기 시작하였다. 그리고 시간이 흘러감에 따라 여러 부파가 생겼고, 이에 따라 의도하지 않은 오해들이 생겨나기 시작하였다. 그런 상황 속에서 부처님이 돌아가신지 6-7백년 경(B.C. 2-3C)에 용수(나가르주나)는 당시 불교도들이 부처님의 기본 이론과는 좀 어긋난 주장을 하고 있음에 비판을 가하기 시작한다. 그는 부처님이 말씀하신 非有非無의 중도와 인연설에 입각하여 존재요소들이 실체성을 가진다는 주장과 실체성을 가지지 않는다는 주장을 비판하며, 모든 존재들은 인연에 의해 설립된 것으로 非有非無, 즉 空라는 개념을 사용하기에 이른다.

번역작업을 하게 되면 자국어에서 가장 비슷한 개념을 사용하여 새로운 개념을 이해하고 표현하기 마련이다. 중국에서도 반야부 경전을 번역하면서 주요 개념인 空을 당시의 현학의 無개념을 빌어 이해하고 표현하였었다. 그런데 현학에서 사용되는 無개념이 사람들마다 차이가 있었기 때문에 그들의 空 이해 역시 어느 현학가의 無개념을 수용하느냐에 따라 空에 대한 설명방식이 다르게 된다. 그리하여 위진시대의 대표적인 6가 7종[13]이 성립되었으며 이 6가 7종을 격의불교라고 한다. 그런데 이 6가 중에서 識含宗, 幻化宗, 緣會宗은 모두 卽色宗의 주장에 포함되므로, 本無宗, 心無宗, 卽色宗 3종이 독자적 이론을 갖춘 격의불교의 代表宗이라 하겠다.[14]

먼저 竺法溫이 주장한 心無宗의 주장에 대해 살펴보자.[15] 길장은 『中觀論疏』에서 심무종의 주장을 다음과 같이 기록하고 있다.

> 경전에서 모든 존재가 空하다고 한 것은 心體로 하여금 허망하게 집착하지 않도록 하고자 한 것이다. 그래서 無라고 말했을 뿐이지, 外物이 空하다는 것

13) 本無宗(本無宗, 本無異宗), 心無宗, 卽色宗, 識含宗, 幻化宗, 緣會宗을 말한다.

14) 鎌田茂雄, 『중국불교사』(장휘옥 역) 권2, 177쪽

15) 그들에 대한 기록은 『肇論』과 『肇論』에 대한 여러 주석들, 당시 문헌, 『中論』에 대한 여러 疏에서 살펴볼 수 있다. 心無宗을 주장한 사람으로 元康의 경우는 道恒과 支愍度를 들고 있으며, 吉藏의 경우는 竺法溫을 들고 있다. 그러면 이 사람들의 의견이 모두 같은가? 道恒의 경우는 『高僧傳』 「竺法太傳」에서 本無宗과 대립되는 입장이 있다는 정도로만 언급되어 있으므로 자세한 내용을 알기 어렵다. 支愍度의 경우는 『세설신어』의 劉孝標는 注에서 支愍度의 주장을 간략히 언급하고 있는데, 글의 내용상 支愍度의 의견은 空에 초점이 맞추어져 있지 않으므로 空에 대한 논의 맥락에서의 心無는 竺法溫일 가능성이 높다.

은 아니다. 즉 만물의 세계는 空하지 않다.[16]

여기서 心無의 의미는 대상세계를 인식하는 인식의 주관을 배제하는 측면에서의 心無이지, 대상세계의 실재성을 부정하지 않는다. 그렇다면 도대체 그는 왜 이렇게 생각한 것일까? 그는 당시 대부분의 사람들처럼 空을 無와 비슷한 개념으로 이해하고 있었으므로 분명 당시 玄學家의 無 개념을 수용했을 것이다. 그의 無 개념은 누구의 것을 수용한 것이길래 이렇게 말하는 것일까? 마침 그의 無 개념에 대한 언급이 남아 있으므로 그것을 살펴본 후 논의해보자.

> 有는 有形이고 無는 無像이다. 有像인 것은 無라고 말할 수 없고 無形인 것은 有라고 말할 수 없다. 그런데도 경전에서 '色이 없다'라고 하는 것은 다만 그 마음을 바르게 한다는 것이지 대상인 色이 空하다는 것이 아니다. 다만 안으로 그 마음을 그쳐서 대상인 色을 생각하지 않으면 색상은 곧 사라진다.[17]

竺法溫은 裵頠와 곽상의 無개념을 수용하여 空을 아무것도 생성할 수 없는 无의 의미와 동일시하고 있다. 이러한 그의 입장에는 곽상의 無 개념뿐만 아니라, 곽상의 개별사물들의 있음과 독자성에 대한 긍정적인 태도 또한 수용하고 있다. 곽상은 사물의 본질이란 바로 눈에 보이는 이 有이며, 이 有는 각각의 자기 성분이 있으므로 각각의 성분의 마땅함을 얻

---

16) 吉藏, 『中觀論疏』(대정42, 29a), "經中說, 諸法空者, 欲令心體虛妄不執, 故言無耳, 不空外物, 卽萬物之境不空."

17) 惠達, 『肇論疏』(卍續藏經150, 866a), "夫有有形者也, 無無像者也. 有像不可言無, 無形不可言有. 而經中秤色無者, 但內正其心, 不空外色. 但內停其心, 令不想外色, 卽色想廢矣."

고 無心을 통해서만 모든 사물의 변화에 응할 수 있는 자유로움을 얻을 수 있다고 하였다. 竺法溫은 이러한 곽상의 세계관도 수용하고 있었기 때문에, 대상세계의 본모습이 無임을 인정할 수 없다. 그런데 경전의 내용은 분명 대상세계의 空함을 말하고 있으므로 그는 곽상의 無心을 자기식대로 수용한다.[18] 즉 대상세계에 대한 주관적 판단을 그치고, 고요히 하여 대상세계를 마음에서 無化시키는 것을 無心으로 본 것이다.

다음으로 本無宗에 대한 元康과 吉藏 등의 의견을 살펴보면, 本無宗의 이론을 주장한 사람은 竺法汰, 竺法深, 道安 세 사람으로, 이 중에 축법태의 本無宗에 대한 기록은 앞에서 살펴본 것처럼 道安의 心無宗과 다른 의견을 가지고 토론을 했다는 것 이외에 다른 기록이 없다.[19] 吉藏의 경우는 道安을 本無宗으로 竺法深을 本無異宗으로 구분하여 설명하고 있다. 우선 竺法深의 이론에 대한 吉藏의 말을 살펴보면 다음과 같다.

> 本無라고 하는 것은 色法이 존재하기 이전에 먼저 無가 있었다는 것이다. 그러므로 無로부터 有가 나왔다. 즉 無는 有의 앞에 존재하며, 有는 無의 뒤에 존재한다. 그러므로 本無(근본·근원자로서의 無)라 한다.[20]

이는 왕필의 無 개념보다 無에 생성하는 본체의 의미가 강하다는 차이가 있지만, 無를 근원으로 보는 왕필의 貴無論과 상당히 흡사하다고 하겠다. 竺法深은 無란 有를 생산해내는 근원이며 만물의 시초로서, 만물이 존재하기 이전에 이미 존재하고 있기에 本無라고 한다는 것이다. 본래부터

---

18) 湯一介, 「從印度佛教傳入中國看研究比較哲學·比較宗教學的意義」, 『中國傳統文化中的儒道釋』, 203~204쪽

19) 慧皎 撰, 湯用彤 校注, 『高僧傳』, 192~193쪽.

20) 吉藏, 『中觀論疏』(대정42, 29a), "本無者未有色法, 先有於無. 故從無出有, 卽無在有先, 有在無後. 故稱本無."

존재하고 있기 때문에 無가 아니라 本無라고 칭하므로 이 때의 本無란 만물의 본체로서 이야기 될 수 있다. 그렇다면 本無와 空은 어떤 연관성이 있을까? 本無란 空의 다른 이름인가? 安澄의 『中觀疏記』에 보면 竺法深의 無와 空에 대해서 둘이 같은 것임을 간접적으로 표현해주고 있다.

> 대저 無란 무엇인가? 豁然하여 형체가 없으나 만물이 이로 말미암아 생겨난다. 有는 생겨지며 無는 능히 만물을 생한다. 그러므로 붓다가 브라만주의 자에게 답하기를 四大가 空으로부터 생겨난다고 하였다.[21]

여기서 竺法深은 空을 無와 같은 것으로 보고 있으며, 현상 배후의 본체로 空을 이해하고 있다. 만물은 스스로 생하는 것이 아니라, 空을 통해서, 空으로부터 생성하는 것이다. 그는 이러한 도식을 眞諦·俗諦의 설명에 그대로 대입하여, 眞諦는 형체가 없는 本無이며, 本無로부터 생겨난 만물을 俗諦라고 말한다.[22] 즉 竺法深은 왕필의 貴無論의 영향 속에서 인도의 空개념을 나름대로 이해, 해석하였다고 하겠다.

한편 吉藏은 竺法深의 이러한 주장과 道安의 의견은 다르다고 주장하고 있는데, 그렇다면 道安의 의견은 어떠할까? 吉藏은 道安의 견해에 대하여 다음과 같이 말한다.

> 無는 만물의 생성 앞에 있으며, 空은 만물의 시초가 된다. 사람들이 막히는 바는 末有에 있다. 만일 本無에 마음을 맡긴다면 다른 생각들이 곧 사라진다.[23]

---

21) 安澄, 『中觀疏記』(대정65, 93b), "夫無者何也. 豁然無形, 而萬物由之而生也. 有雖可生, 而無能生萬物, 故佛答梵志, 四大從空生也."

22) 대정65, 93b

이로 미루어보건대, 道安의 本無宗도 왕필의 貴無論과 크게 다르지 않으므로 竺法深의 주장과 큰 차이가 없음을 알 수 있다. 吉藏의 경우는 道安의 空개념이 구마라습 문하의 空 개념과 차이가 없다고 하였으나[24], 그것은 吉藏의 오해라고 생각된다. 이들 本無宗의 주장은 空을 만물을 생성하는 본체 또는 근거로서 설명한다. 이 둘 사이에 큰 차이는 없으나 굳이 道安과 竺法深의 다른 점을 찾고자 한다면, 道安이 竺法深에 비하여 玄學의 본말론의 도식을 가지고 空과 만물을 本無와 末有로 설명하고 있다고 하겠다.

한편 卽色宗은 吉藏에 의하면 卽色의 이론에는 두 종파가 있다고 한다. 하나는 관내 지방의 卽色宗이며, 다른 하나는 지도림의 卽色宗이다. 그러나 지도림의 설은 즉색종이라고만 하기에는 여러 주장이 섞여 있으므로, 여기서는 관내지방의 즉색종에 한정하여 논의를 전개하겠다. 그러면 관내지방의 주장은 어떠했을까? 마찬가지로 길장의 『중관론소』에는 다음과 같은 기록이 있다.

> 하나는 關內 지방의 卽色宗로서 色에 즉하여 空임을 밝히는 것이다. 이는 色에 자성이 없음을 밝히므로 色에 즉하여 空이라고 말한 것이지, 色에 즉하여 (존재의) 원인[25]이 空하다고 말한 것은 아니다.[26]

23) 吉藏, 『中觀論疏』(대정42, 29a), "無在萬化之前, 空爲衆形之始. 夫人之所滯, 滯在末有. 若宅心本無, 則異想便息."

24) 吉藏, 『中觀論疏』(대정42, 29a), "此與方等經論什肇山門義無異也."

25) 慧遠의 『大乘義藏』 卷一에 의하면 性을 네 가지 의미로 이야기 하고 있다. "性釋有四義, 一者種子因本之義, 二體義名性, 三不改名性, 四性別爲性." 여기서는 첫 번째 의미를 수용하여 해석했다.

26) 吉藏, 『中觀論疏』(대정42, 29a), "一者關內卽色義, 明卽色是空者. 此明色無自性, 故言卽色是空, 不言卽色是本性空也.

도대체 色에 즉하여 空이라고 하면서 色에 즉하여 원인이 空하다고 한 것은 아니라는 것이 도대체 무슨 말인가? 安澄은 이에 대해 더 자세히 설명해 주고 있다.

> 細色(존재를 이루는 개별요소)이 화합하여 麤色(전체로서의 존재)을 만든다. 그러나 空이라고 할 때에는 추색만이 空하다고 한 것이지 세색마저 空하다고 한 것은 아니다. 세색을 기다려 추색이 이루어지므로 추색은 스스로 색으로 존재하지 않기 때문이다. 또한 흑색을 기다려 백색이 있기 때문에 백색은 스스로 백색으로 존재하지 않는다. 그러므로 추색에 즉하여 空이라고 한 것이고 세색마저 없다는 말은 아니다. 만약에 추색에 고정된 모습[定相]이 있다면 인연을 기다리지 않고도 마땅히 추색이 있을 것이다. 또한 추색에 정상이 있다면 마땅히 세색에 의하지 않고서도 이루어질 것이다[27]

관내 지방의 주장은 사물이란 요소들의 집합으로 존재하고, 전체를 이루는 개별요소들은 존재한다는 것이다. 그렇기 때문에 色은 空하지만, 色의 본성이 空하지 않다고 말할 수 있는 것이다. 色이 이렇게 이야기될 경우, 존재요소의 空함을 설명하기 위해서 또 더 작은 개념을 도입해야 하며, 이렇게 될 경우 무한 소급하는 문제가 생기게 된다. 만약에 細色이 가장 작은 단위라고 한다면 이는 아비다르마 논사들의 논의와 흡사해진다. 즉 사물들은 사물의 존재요소인 法이 인연을 만나 모이면 생성되었다가, 인연이 흩어지면 소멸하는 것이며, 사물의 존재요소인 法은 과거·현재·미래에 항상 존재하게 되는 것처럼, 細色과 麤色의 관계도 그렇게

---

27) 安澄, 『中觀疏記』(대정65, 94a), "細色和合而成麤色, 若爲空時, 但空麤色不空細色, 望細色而麤色, 不自色故, 又望黑色, 而是白色, 白色不白色, 故言卽色空者, 非無色. 若有色定相者, 不待因緣, 應有色法. 又麤色有定相, 應不因細色, 而成."

되기 때문이다. 여기서 보듯이 즉색종은 심무·본무와는 달리 현학의 유무논쟁과 연관성은 거의 없으나 이들의 주장은 아비다르마 논사들의 有에 치우친 논의와 같으므로, 앞의 두 종과 마찬가지로 승조의 비판대상이 된다.

4. 승조의 격의불교 비판과 空이해

앞에서 살펴보았듯이 본무·심무종은 현학의 유무논의와 관련하여 자신들의 공을 이해하고 설명하고, 즉색종은 아비다르마 논사들과 흡사한 주장으로 空을 설명하고 있다. 이에 대해 승조는 이들의 주장들이 모두 각각 有와 無에 치우쳐져 있음을 지적하며, 이들을 비판한다.

> 心無라는 주장은 만물에 무심하여 만물이 일찍이 없었던 적이 없다고 한다. 이는 마음을 고요히 하는 점에서 얻은 바가 있으나, 物이 空함을 알지 못한다. 즉색이라는 주장은 色이 스스로 色이 아니므로 비록 色이나 色이 아님을 밝혔다. 무릇 色이라는 것은 다만 色과 마주치면 色에 즉하는 것이지 어찌 色됨을 기다린 후에 색이 되겠는가. 이는 色이 그 자체로 色이 아님은 바로 말했으나, 아직 色이 色이 아님은 깨닫지 못했다. 本無라는 주장은 마음속으로 無를 숭상하는 경향이 많고, 말을 할 때마다 無를 끌어들인다. 그러므로 非有라고 말할 때 有는 곧 無가 되며, 非無라 말할 때 無는 역시 無라고 한다. 이러한 말들의 본래 의미를 살펴보면 非有란 진실로 있는 것이 아니며, 非無란 진실로 없는 것이 아닐 뿐이다. 하필 꼭 非有의 그 有가 無이며, 非無의 그 無조차도 無라는 뜻이겠는가. 이는 바로 無를 좋아해서 하는 말이니 어찌

사실에 순조롭게 통한 것이며 사물의 情에 즉한 것이겠는가.[28]

승조의 이해에 의하면, 심무종과 즉색종은 사물의 있음에 치우쳐져 있으며, 본무종은 無에 치우쳐져 있다. 그의 지적에 의하면, 곽상의 주장과 그의 有無개념을 수용한 심무종은 空을 완전한 없음의 无로 받아들일 수 없었고, 또한 개별유의 중요성을 부각하고 있는 나머지, 空을 개인의 인식영역에 제한시켰다. 그리하여, 개인의 마음의 영역에서 무심한 상태로 사물을 받아들이는 것을 공으로 이해했으며, 사물의 존재의 실체 없음을 이해하지는 못하였다. 또한 아비달마와 흡사한 즉색종은 모든 것을 色이라는 요소로 보아 전체유의 실체 없음은 알았으나, 개별 요소 또한 실체가 없는 것이 空임을 이해하지 못하고 유에 치우친 주장을 하고 있다.

왕필의 귀무론의 영향을 받은 본무종은 앞서 살펴본 바와 같이 생성근거로서의 無개념과 공을 동일시하고 있으므로 실체를 인정하는 문제가 발생하기 쉽다. 사물의 본모습은 非有非無의 空이다. 그런데, 본무종은 非有를 有가 곧 無임을 말하는 것이고, 非無를 無는 역시 無라고 말함으로써 有도 無도 모두 無라고 이야기한다. 이는 승조의 입장에서 보면 '모든 것이 無라는 견해에 치우친' 또한 '無를 만물의 실체로 보는'아주 위험한 단견인 것이다.

그렇다면 승조가 이해한 공이란 어떤 것일까? 우리가 살고 있는 현상

28) 『肇論』, 「不眞空論」(대정45, 152a), "心無者, 無心於萬物, 萬物未嘗無. 此得在於神靜, 失在於物虛. 卽色者, 明色不自色. 故雖色而非色也. 夫言色者, 但當色卽色, 豈待色色而後爲色哉. 此直語色不自色, 未領色之非色也. 本無者, 情尙於無多, 觸言以賓無. 故非有, 有卽無. 非無, 無亦無. 尋夫立文之本旨者, 直以非有非眞有, 非無非眞無耳. 何必非有無此有, 非無無彼無? 此眞好無之談, 豈謂順通事實, 卽物之情哉?"여기서 '非有, 有卽無. 非無, 無亦無' 의 無를 없음으로 해석해야 할지, 본체의 無로 해석해야 할지의 문제가 있으나, '말마다 無를 끌어들인다'는 구절의 의미와 연관하여, 현상적인 있음과 없음 모두 근원인 無라고 할 수 있다는 의미에서 無로 해석해 보았다.

세계는 항상 있는 것이라고도 항상 없다고 할 수도 없다. 현상세계의 사물은 생성·소멸하므로, 있다가도 없어질 수 있으며 논리적으로 有無 어느 한 측면을 가지면 언제나 하나의 상태만 유지할 수 있는 것은 아니다. 그러므로 사물이란 진실된 有처럼 언제나 존재하지 않고, 진실된 無처럼 언제나 없는 것도 아니다. 바로 사물의 이러한 상태를 空이라고 부른다.

> 有라고 말하고자 하나, 有는 진실된 生이 아니며, 無라고 말하고자 하나, 象은 이미 형체가 있다. 象이 형체가 있으므로, 無가 아니다. 참되지도 않고, 實有도 아니므로 眞空이 아님의 의미는 여기에서 드러난다[29]

진실된 生이 아니라는 것은 무엇을 말하는 것일까? 元康의 疏에 의하면, 인연을 빌어서 생겨나기 때문에 진실된 생이 아니므로 有라고 할 수 없다고 한다. 여기서 有라고 할 수 없다는 것은 진실된 有라고 할 수 없다는 뜻이다. 그러나 無라고 말하려고 해도 모든 사물은 형체를 가지고 존재하고 있으므로, 이를 존재론적으로도 인식론적으로도 없는 것이라고 할 수 없다. 空이 있는 것도 아니며, 없는 것도 아니라는 말이 의미하는 바는 존재하긴 존재하지만, 진실된 有가 아니라는 측면에서 말하는 것이다. 이 문장 다음에 인용되는 幻化人의 비유는 이러한 空의 의미를 명확히 전달해 주고 있다.

> 『방광반야경』에서 말하였다. '모든 법은 임시적 칭호[假號]이며, 참되지 않다. 비유컨대 幻化人과 같다. 환화인은 없는 것은 아니나, 환화인은 참된 사람이 아니다.'[30]

---

29) 『肇論』, 「不眞空論」(대정45, 152c), "欲言其有, 有非眞生., 欲言其無, 事象旣形, 象形不卽無. 非眞非實有, 然則不眞空義, 顯於玆矣."

앞에서 이야기했듯이 논리적으로 만물을 존재한다고 말할 수 있으려면 그것은 진실된 영원불변의 존재이어야 한다. 그렇지만 참된 존재가 아니라고 해서 사물의 존재하고 있음마저 부정하고, 이름지어 말할 수 없는 것은 아니다. 그러므로 모든 法은 잠시 이름지어 존재하고 있다고 할 뿐, 진실로 존재하는 것은 아니다. 이는 환술로 만들어 놓은 사람 같아서, 현상적으로는 존재하고 있으나 진실로 존재하는 인간이라 할 수 없는 것이다. 사물들이 진실로 존재하지 않으므로, 그것은 일종의 無의 상태라고 할 수도 있다. 그러나 无라고 하기에는 이 세계에 형체를 드러내므로 그것을 无가 아닌 空이라고 부른다. 즉 사물은 있다고 하기에는 실체가 없고, 없다고 하기에는 형체를 형성하여 현상적으로 잠시 나타나므로, 그 모습을 非有非無의 空이라고 말한다. 그리고 사물은 참되게 존재하지는 않지만, 형상을 가지고 존재하므로 假有라고 부른다. 그렇다면 사물은 어떻게 형상을 갖고 임시로 있게 되는가? 그는 인연을 통해 생긴다고 말한다.[31]

> 모든 法은 인연이 모여서 생겨난다. 인연이 모여서 생겨나면 생기기 전에는 존재하지 않는다. 인연이 흩어지면 소멸한다.[32]

이처럼 인연을 통해 존재하고 소멸되므로 사물은 无라고 할 수 없고, 임시적으로 있는 假有라고 할 수 있다. 이것이 바로 非有非無의 空이다.

---

30) 『肇論』, 「不眞空論」(대정45, 152c), "故放光云, 諸法假號不眞. 譬如幻化人, 非無幻化人, 幻化人非眞人也."

31) 불교는 사물의 존재를 연기로 설명한다. 즉 모든 것은 인연이 모여서 생성소멸한다는 것이다. 초기 불교에서는 "이것이 있을 때 저것이 있다. 이것이 일어날 때 저것이 일어난다. 이것이 존재하지 않을 때 저것이 존재하지 않는다. 이것이 소멸할 때 저것이 소멸한다"라고 말하면서 사물의 상호 의존성을 연기로 표현하였다.

32) 『肇論』, 「宗本義」(대정45, 150c), "一切諸法, 緣會而生. 緣會而生, 則未生無有, 緣離則滅."

승조가 이런 입장을 가지게 되는 것은 그의 앞에서 잠깐 언급되었듯이 有라고 말하려면 언제나 有이어야 하며, 無라고 말하려면 언제나 無이어야 한다는 논리적 유무개념을 가지고 있기 때문이다.

원래 인도에서의 空 개념은 사물에게 있는 형상 부분과 무형상의 부분에서 어느 것이 중심이냐 하는 본체론적 측면에서 논의되는 玄學의 無 개념과는 다른 맥락에서 형성되었고, 논의 층차도 다르다. 그러나 중국인들은 空을 이해함에 자신들의 개념을 사용함으로써 인도의 인식론적 空 개념을 존재론적 측면에서 논하게 된다. 앞에서도 말했듯이 心無宗에서는 空을 无로 이해하고 있었기에, 곽상처럼 존재하는 세계의 있음을 긍정하고 있는 중국인들은 그것을 수용하기 어려웠다. 그래서 그들은 공을 無心으로 이해했다. 本無宗에서는 왕필의 本末 논의에 근거하여 사물의 근원으로서의 無를 空으로 이해하였다. 玄學에서는 유형적 부분이 근본이냐, 무형적 부분이 근본이냐는 맥락에서 有無를 논했다면, 格義佛教에서는 無를 空과 동일시한 뒤, 만물의 본모습이 空인 것인가, 만물은 空이 아니고, 그것을 바라보는 우리마음에서 그 대상세계가 空하게 되는 것인가의 문제로 변화되었다고 할 수 있다. 이렇게 玄學의 有無 논의는 格義佛教에서 有-無·有-空 논의로 전환되어 불교 내에서 전개되는데, 이들의 논의는 인도불교의 인식론적 맥락보다는 좀 더 존재론적인 논의라 할 수 있다.

이에 대해 승조는 대상세계가 有라고 할 경우는 자성을 가진 실체를 인정하게 되므로 잘못되었으며, 대상세계가 空함을 無라고 할 경우 눈에 보이는 형상을 무시하게 되므로 둘 다 한쪽에 치우친 이해라고 비판한다. 그는 이들을 비판함에 존재론적, 인식론적 입장을 모두 가지고 비판한다. 즉 존재론적으로는 만물의 존재근거를 설정하려는 그들의 주장이 잘못되었음을[33], 인식론적으로는 사물에 대한 올바른 인식은 언어와 연

33) 본무종은 無를 만물의 참모습으로 보고 있으며, 심무종은 만물은 无가 아니므로 有

기법을 통해 형성된 이 세계의 有와 사물의 본모습의 空함에 치우치지 않고 사물의 실상을 그대로 보는 것이라 주장한다. 그리하여 그는 기존 논의가 존재론적 有無논의에 치우쳐 空을 실체처럼 이해한데 대하여 龍樹의 二諦論의 체계를 끌어와 그 안에서 존재론적 논의를 수용하면서도 인식론적 캐락을 놓치지 않았다. 즉, 그는 현상의 세계를 俗諦, 실상의 세계를 眞諦라고 하여 俗諦에서는 존재론적 논의를 하고, 둘 사이의 관계를 인식론적으로 논함으로 인식론적 논의로 모든 논의를 포함시켰다.

승조에게 있어서 眞諦·俗諦는 龍樹처럼 언어로 규정되어 우리에게 인식될 수 있는 진리의 측면을 俗諦로, 언어로 규정되기 이전의 무규정적 진리의 측면을 眞諦로 이야기한다. 그의 이러한 도식은 왕필의 有名과 無名의 도식과 흡사하다. 有名에 의해 규정된 이 세계는 규정되기 이전의 無名의 모습을 갖고 있으며, 有無 논의에서 無가 더 근본적인 것처럼 無名은 有名의 본질적인 모습이다. 그렇다면 승조에게서도 眞諦가 더 근본적인 것일까? 반드시 그렇게만 볼 수는 없다. 뒤에서 살펴보겠지만 俗諦와 眞諦는 마치 동전의 양면같은 관계를 가지고 있기 때문이다. 有無에서 근본적인 것을 논하는 것은 俗諦에서나 가능한 이야기이다. 우리의 언어로 표현되는 진리의 세계인 俗諦에서는 언어적 한계 때문에 空이 마치 法의 본모습이며 근본적인 것으로 논해질 수 있다. 그렇기 때문에 有無에서 어느 것이 더 근본적인가하는 玄學의 논의가 가능한 것이다. 그는 俗諦의 영역에서 玄學의 논의를 계승하여 空은 法의 실상이라고 정의하고 존재론적인 논의를 전개한다.

> 性空은 모든 法의 실제 모습인 실상을 말한다.[34]

일 수밖에 없다는 입장을 가지고 있다. 그들은 여전히 무의식적으로 존재근원을 설정하고 잇는 것이다.

실상이란, 일종의 사물의 있는 그대로의 모습을 말한다고 할 수 있다. 실상은 본체나 근원의 의미를 가지고 있지 않으며, 규정되기 이전의 모습 정도로 설명될 수 있을 것이다. 예를 들어 도자기가 도자기로써 규정되기 이전의 모습은 바로 흙이다. 흙에 여러 인연들이 모여서 규정되면 그것은 도자기로 만들어지는 것이다. 물론 흙의 본래 모습은 더 근원적인 무규정의 상태로 이야기될 수 있다. 실상이란 이런 무규정의 상태를 말한다. 그러므로 法[또는 物]과 空의 관계를 한 마디로 말하면 현상과 본질의 관계, 또는 규정된 상태와 무규정의 상태라고 말할 수 있다. 이러한 무규정의 상태는 규정된 형태도 없고, 규정된 이름도 없으므로, 老子의 道나 왕필의 無 개념과 비슷한 점이 있다고 하겠다. 그러므로 승조의 空 개념은 玄學의 시초라고 불리던 왕필의 無 개념을 般若적 空 개념으로 발전시켰다고 볼 수도 있다. 즉 승조는 왕필 無 개념의 본체론적 측면을 제거하고, 無가 내포한 언어로 규정될 수 없는 무규정성을 반야사상의 空과 이제론에 흡수시켰다고 할 수 있겠다.

이러한 실상으로서의 空 개념과 만물의 法 개념을 바탕으로 그는 玄學의 有無 논의를 새롭게 전개한다. 玄學에서는 현상 사물의 근본적인 것은 무엇이며, 그들 사이의 관계는 어떻게 설명될 수 있는가의 문제가 있었는데, 승조는 그 근원을, 현상을 떠나 존재하는 실체로서가 아닌 현상의 실상으로 보면서, 현상과 실상의 관계 문제를 해결할 수 있는 새로운 실마리를 제공한다.

이제 승조에게 와서 세상의 物은 따로 존재하는 어떠한 근원·근거에 의해 존재하는 것이 아니고, 스스로 그냥 존재하는 것도 아니다. 실상이 현상으로 드러나는 것일 뿐이다. 그렇다면 사물은 어떻게 현상으로 드러나게 되는 것일까?

34) 『肇論』, 「宗本義」(대정45, 150c), “性空者, 謂諸法實相也.”

空은 여러 사물의 실상으로서, 인연의 법칙을 따라 여러 사물은 형체를 갖게 되며, 이를 통해 우리의 인식세계에 들어온다. 그러다가 인연의 법칙을 따라 형체가 흩어지면 원래의 空 상태가 되어 우리는 그것을 인식할 수 없다. 사물이란 空한 실상이 인연의 조합에 의해 우리에게 드러나는 것이다.

모든 사물은 불변적 실체가 없고 실상은 空하다. 사물은 인간의 언어의 규정이나 인연의 논리를 통하지 않고 설명되어질 수 없고, 인식될 수도 없다. 승조는 이 원칙에 입각하여 空과 物의 관계를 설명함으로써, 玄學처럼 논의를 이분법적으로 분리시키지 않고, 하나의 틀 속에서 이야기한다. 그럼에도 불구하고, 여전히 그의 空은 物보다 더 근본하며, 本無宗의 주장처럼 실체 같아 보인다. 이것이 바로 俗諦가 가지고 있는 언어적 한계이다. 왕필의 稱謂[35]가 진리를 명함에 한계가 있는 것처럼 언어로 표현된 俗諦는 한계가 있는 것이다. 그래서 俗諦가 있지 않음[非有]을 말하면서, 眞諦의 영역으로 논의가 넘어가게 된다.

眞諦란 언어 영역을 넘어서 있으며, 有도 아니고 無도 아닌 中道를 말한다. 眞諦란 실상인 空 그 자체이며, 우리의 언어나 분별된 앎이 아닌 般若의 지혜로써 알 수 있는 영역이다. 그러나 실제로 그 안에서 아는 작용으로서의 般若와 아는 대상인 眞諦는 분리되지 않는다.

般若의 眞諦에 대한 관계는 작용을 말할 땐 같으되 다르고, 고요할 경우를

---

35) 왕필은 언어형식으로부터 그 언어의 의미를 탐구하는 방법[辯名析理]을 가지고 자신의 논의를 다루는 방법으로 사용하였다. 辯名析理의 구체적 내용은 名號와 稱謂로 名號는 외계 사물에 대한 언표이며 稱謂는 외계사물이 아닌 형이상학적인 것에 대한 언표이다. 그러나 "名號는 합당하지 않고, 稱謂는 완벽하게 표현할 수 없다(名之不能當, 稱之不能旣)"고 말함으로써 둘 다 형이상학적인 진리를 직접적으로 표현하는데 한계가 있다고 한다. (서대원, 「왕필의 귀무철학체계의 연구」, 연대석사논문, 10~18쪽)

> 말할 땐 다르되 같다. 그러므로 같음을 변별할 때는 다름 가운데에서 같음을, 다르다고 분별할 때는 같은 가운데에서 다른 것이니, 다르다고 할 수도 없고 같다고 할 수도 없다.[36)]

般若는 인식의 근거가 되며, 眞諦는 사물들의 근거가 된다. 둘 다 근거라는 면에서는 같으나, 般若가 眞諦를 인식할 때는 주객이 분리되면서 다르게 된다. 하나는 존재론적 근거이고, 또 하나는 인식론적 근거이므로 다르나, 사태의 측면에서는 하나의 고요하고 적막한 空일 뿐이라는 데에서 결국 같아진다. 즉 眞諦와 般若란 같은 것을 작용에 따라 다르게 이름 지은 것일 뿐이며, 자신의 인식이 자신을 비추는 격이 되어 버린다. 만약에 인식주체와 대상이 분리되어 인식된다고 할 때 眞諦는 俗諦로써 우리에게 인식되게 된다. 眞諦는 이처럼 존재론적이며 인식론적이다. 般若를 통해서만 우리는 眞諦를 알 수 있다. 그렇기 때문에 俗諦의 입장에서 보면 존재론적인 근거처럼 보인다.

그러나 실질적으로 眞諦는 俗諦를 般若의 지혜로 비춰보았을 때 드러나는 실상일 뿐이다. 만일 眞諦가 실상이라면, 眞諦는 俗諦보다 중요한 것인가? 이에 대해서 우리는 초기불교의 입장을 따라 중도를 이야기할 수밖에 없다. 즉 사람들은 현상세계와 오래된 언어 습관에 가려져 그 현상세계 근저에 어떠한 진리세계가 존재한다고 생각한다. 그러나 인연의 논리를 이해하고, 언어의 습관이 주는 허상을 제거하여 般若의 지혜로 비춰보면, 우리는 드러나는 현상세계는 불변적인 진리세계를 가지지 않고 空함을 알게 된다. 그러나 이렇게 드러난 실상의 진리세계가 실체를 가진

---

36) 『肇論』, 「般若無知論」(대정45, 154c), "是以般若之與眞諦, 言用卽同而異, 言寂卽異而同. 同故無心於彼此, 異故不失於照功. 是以辨同者同於異, 辨異者異於同, 斯則不可得而異, 不可得而同也."

것으로 이야기해서는 안 된다. 이러한 견해는 空에 집착하는 견해이다. 그러므로 그는 眞諦나 俗諦 어느 한 쪽에 중심을 두는 것은 아니라 하겠다. 그렇다면, 俗諦와 眞諦는 어떤 식으로 관계맺음을 할까? 이는 龍樹처럼 언어 문제의 연장 속에서 인식론적인 방법을 통해서이다.

> 그러므로 『방광반야경』에서 말하였다. "第一眞諦는 인연을 떠났기 때문에 성취함도 얻음도 없지만, 연생의 世俗諦는 인연에 의지해서 생하기 때문에 문득 성취함도 얻음도 있다." 얻음이 있는 것이란, 얻음이 없음에 대한 거짓 호칭이며, 얻음이 없는 것이란, 얻음이 있음에 대한 참된 이름이다. 참된 이름이기 때문에 비록 참되나 有가 아니며, 거짓 호칭이기 때문에 비록 거짓되긴 하나 無는 아니다.[37]

『방광반야경』의 의미에 대하여 元康은 眞諦에서는 성불도 열반도 얻을 수 없으며, 이는 俗諦에서 가능한 것이라고 한다. 그는 왜 그렇게 풀고 있을까? 그는 얻음이 있음을 正으로 이해하고 있다.[38] 얻음이 있다는 것은 바로잡을 것이 있다는 것이다. 그렇다면 俗諦는 바로잡을 것이 있으므로 성불도 열반도 얻을 수 있으나, 眞諦는 바로잡을 것이 없는 상태, 바로 열반의 상태이므로 眞諦에서의 성불과 열반은 얻는다고 할 수 없는 것이다. 그러므로 얻음이 있음(俗諦)은 실제로 얻는 것이 아니므로 얻음 없음(眞諦)에 대한 거짓 칭호라 할 수 있고, 얻음이 없음은 얻음 있음의 참된 이름이라고 할 수 있다. 참된 이름이나, 얻을 수 없는 것이므로 있다고 할 수 없으며, 거짓 칭호라 하더라도 얻을 수 있는 것이므로 없다

---

37) 『肇論』, 「不眞空論」(대정45, 151b), "故放光云 '第一眞諦, 無成無得. 世俗諦故, 便有成有得' 夫有得卽是無得之僞號. 無得卽是有得之眞名. 眞名故, 雖眞而非有. 僞號故, 雖僞而非無."
38) 元康, 『肇論疏』, "今依古本, 有得爲正也." (대정45, 172c)

고 할 수 없다.

眞諦는 俗諦의 진실된 모습이며, 俗諦는 眞諦의 임의적 칭호라는 것이다. 眞諦와 俗諦의 관계는 이처럼 언어를 매개로 하여 형성되므로 승조의 경우도 龍樹처럼 만일 언어의 매개적 작용성을 인정하고, 그 한계를 넘어서서 사물의 있는 그대로의 모습을 바로본다면, 眞諦를 보게 된다.

그럼에도 그가 眞諦인 열반을 俗諦에서 얻는 것임을 말하고 있는 이유는 사람들이 열반이라고 말하면 현실과 떨어진 현허한 경계를 생각하며, 거기에 실체성을 부여하게 됨을 막기 위함이다. 승조는 眞諦와 俗諦, 어느 한 쪽에 치우치는 것을 경계하여, 眞諦를 진실된 상태와 俗諦를 거짓 칭호로 보고 있음에도, 그 논의를 한 번 뒤집어 어느 한 쪽에 실체성을 부여하는 것을 끊임없이 거부하고 있다. 그리하여 그는 한편으로 玄學의 有無 논의에서 보여지는 본체와 현상의 문제를, 俗諦의 세계에서 空과 物의 관계로 해석하면서, 空과 동일한 眞諦가 실체화되는 문제를 바로잡고 있다. 또 다른 한편으로는 인식론적인 방식으로 두 가지 진리가 결코 다른 것이 아님을 말함으로서 玄學에서 대두될 수 있는 본체와 현상세계가 분리되는 문제를 불교적인 관점에서 해결하려고 시도하였다.

그는 기존의 有無개념을 비판하면서 俗諦의 영역에서 空을 불변하는 자성을 가지지 않고, 인연에 의해 생성 소멸되며, 임시적인 형상을 가진 대상세계의 본모습이라고 정의 내린다. 空은 설명되는 순간, 俗諦의 영역에 있게 되므로, 인식될 수 있다. 그러나 진정한 空은 언어의 한계를 넘어서 있는 眞諦의 영역, 그것이다. 그 영역은 언어로 규정되기 이전의 상태이며, 왕필의 無名과 같다. 眞諦는 언어로 그것을 규정하는 순간, 바로 俗諦의 상태가 되어버리며, 有名의 상태가 되어 버린다. 이처럼 眞諦는 언어의 영역을 넘어서 있기 때문에, 우리의 인식작용으로 포착불가능하며, 般若라는 비춰주는 작용을 통해서만 인식가능하다. 그리하여 우리가 般若

의 지혜를 통해 眞諦를 직관한다면, 우리는 眞諦와 俗諦가 둘이 아닌 하나의 모습임을 알 수 있다. 승조는 이러한 논의를 통하여, 중국인들에게 空 개념을 본래 의미에 가깝게 설명하였으며, 또한 현학 내에서의 有無의 논의를 俗諦 내의 논의로 포섭하고, 眞諦와 俗諦의 관계를 有無 어느 쪽에도 치우치지 않는 중도의 논의를 전개하게 된 것이다.

5. 맺음말

魏晉시대의 有無 논쟁은 본질과 현상의 관계문제로, 여기에서 無개념은 두 가지 의미로 해석되었다. 왕필의 경우 無를 다양한 有의 근원으로 이해하고 있으나, 배위는 無를 无로 상정하여 아무것도 없음으로 이해한다. 배위의 无개념을 수용한 곽상의 사상에서 無는 아무것도 생할 수 없으며 有는 독자적으로 존재한다. 격의불교가들은 이러한 유무개념을 통해 공 개념을 설명하고자 했다. 本無宗은 왕필의 무개념을 수용한 반면, 心無宗은 곽상의 무 개념을 수용하였다. 승조는 이에 格義佛敎의 空 이해를 비판하면서 자신의 공 이해를 정립하게 된다.

나아가 승조는 자신의 空 이해를 바탕으로 현학의 有無논의마저 俗諦 세계에서 物空의 틀을 가지고 존재론적 논의로 포섭하면서, 논의 초점을 眞俗의 관계로 전환시킨다. 그리하여 眞俗不二의 二諦論을 가지고 본질과 현상의 관계를 설명한다. 이를 통해 승조는 위진현학의 본체-현상 논의를 수용하며, 인도의 인식론적 공이해를 결합시켰다. 당시 사상 흐름 속에 有無개념을 비판하는 과정에서 재창조된 승조의 空개념과 二諦論은 이렇게 당시의 근원과 사물의 관계 문제를, 본체와 현상의 이분법적 논의에서 실상과 현상의 논의로 전환하여 둘 사이의 관계 문제를 해결함으로써 불교를 중국사상의 한 흐름으로 정착시키는데 기여했다.

眞諦는 언어로 분별·규정되지 않는 진리의 세계·본질의 세계를 말하며, 俗諦는 언어로 파악되는 진리의 세계·현상의 세계를 말한다. 이 둘 사이는 언어를 통해 관계를 맺고 있다. 우리가 일반적으로 접하는 세계는 俗諦의 세계로서 언어를 사용하는 세계이므로 우리는 언어의 한계가 있음에도 우리는 언어를 통하는 수밖에 없다. 그러나 본질에 대한 올바른 인식은 언어의 한계를 넘어서야 한다. 결국 眞諦를 온전히 인식하고자 할 때는 般若의 지혜를 통해 직관하는 수밖에 없다. 그런데 이럴 경우 본질인 眞諦가 중국인들에게 있어서는 실체처럼 느껴질 수 있기 때문에 승조는 眞諦가 언어로 고정되면, 또 넘어서야 하는 진리로 보고 끊임없이 부정하는 역동적인 변증논리를 주장하게 된다.

그의 이러한 노력에도 불구하고 이후 空개념은 인도처럼 논리적·인식론적 측면에서 이해되기보다는 중국적 본체개념의 색채를 벗어버리지 못한 채 실상, 달리 말해 본질 개념 측면의 공의 의미만 부각되게 된다. 그리하여 이후 동아시아 불교의 공통기반이 되는 독특한 眞如 緣起論을 형성시키는 데에 기여하게 된다.

참고문헌

僧肇, 『肇論』, 대정신수대장경, 권45
惠達, 『肇論疏』, 卍속장경, 권150
元康, 『肇論疏』, 대정신수대장경, 권45
吉藏, 『中觀論疏』, 대정신수대장경, 권42
慧皎 撰, 湯用彤 校注, 『高僧傳』, 북경:중화서국, 1996.
樓宇烈 校釋, 『王弼集校釋』, 대북:중화서국, 民國 81년.
郭慶藩 撰, 『莊子集釋』, 북경:중화서국, 1995.
楊伯峻 撰, 『列子集釋』, 북경:중화서국, 1996.
徐震堮 著 , 『世說新語校箋』, 홍콩:중화서국, 1987.
『晉書』

중국철학연구회, 『논쟁으로 보는 중국철학』, 서울:예문서원, 1995
鎌田茂雄, 『중국불교사』(장휘옥 역), 서울:장승,
임채우, 「王弼의 易철학 연구」, 연세대박사학위논문, 1996.
지혜경, 「승조의 공사상연구-위진시대 유무논쟁과 관련하여」, 연세대석사학위논문, 1999.

/ 제1부 동아시아 토착종교 담론 /

동아시아의 도교문화와 한국선도의 굴절:

그 보편성과 특수성을 중심으로

임 채 우 (국제뇌교육종합대학원)

1. 동아시아 도교문화와 한국

고대 동아시아의 사상적 구도는 유교와 도교를 주축으로 구성되어 왔다. 이는 중국뿐 아니라 우리나라도 마찬가지였다. 특히 중국의 정치적 영향력과 지배권을 미쳐온 중심에는 유교가 자리잡고 있었고, 도교는 그 주변부에 위치한 것으로 인식되는 경향이 있었다. 삼국시대 이래로 우리가 중국의 문명을 받아들이는 것은 바람직한 일이지만 중국인 자신들을 위한 중화주의 시각까지 수용할 필요는 없었으나, 유교와 함께 따라들어온 중화주의는 우리의 도교사상을 때로 마비시켰다. 전통시기 우리의 선도 전통을 스스로 비하하면서 이단으로 금하거나 중국 도교의 한 지파支派로 붙여놓았고, 우리의 선도는 잊혀진 존재가 되었다.

이런 경향은 최근까지도 우리의 사상계에서 확인할 수 있다. 예를 들어 현재 가장 방대한 규모를 갖춘 『한국철학사』(1989)를 보면 선도사상의 위상이 단적으로 드러난다. 여기에서는 통일신라시대와 조선시대에만 도가사상 부분이 편성되어 있고, 고려시대에는 풍수도참으로 도교사상을 대신하고 있다. 그 내용을 유교나 불교에 비교해본다면 양과 질에서 매우 파행적이며 불완전할 뿐더러, 우리의 선도가 중국의 도가·도교 사상의 영향 하에 있는 것으로 기술하고 있다.

그러나 최근에는 오히려 중국문화의 주류가 도가문화에 있다는 시각이 나오면서, 새로운 문제가 제기되고 있음은 주목할 만하다. 예를 들면 陳鼓應은 중국철학사의 흐름을 이전과 다르게 보았다. 즉 한무제의 '獨尊儒術'이후 2천년간 유가가 중국철학의 중심이었다는 관점은 사실인 듯하지만 잘못된 견해이며, 도가사상이 중심이고 유가 묵가 법가 등이 서로 보조적으로 발전해왔다고 했다. 또 공자보다 노자가 첫 번째 철학가이며

선진시대 중국철학사에서 가장 큰 영향을 미쳤다고 보았다.[1)]

그동안 한국의 철학계에서도 유교 불교에 대한 연구가 주류를 이루고 있었으나 최근 '한국 선도'라는 개념이 새롭게 부상하고 있다. 한국선도문화연구원이나 국제선도문화연구소 등이 설립되어 『선도문화』라는 학술지가 발간되고 두차례에 걸쳐 한국 선도를 주제로 한 국제학술대회가 열리기도 했다.[2)] 국내에서 발표된 많은 학술논문을 수록해서 연구자에게 제공해주고 있는 〈한국학술정보원〉에서 '선도'로 검색을 하면 수십편의 한국 선도 관련 논문이 검색되고 있다.[3)] 그런데 최근 등장한 '선도'관련

---

1) 陳鼓應, 『老莊新論』, 上海古籍出版社, 1992. 320-325쪽 참조.

2) 국제선도문화연구소가 개최한 제1회 국제仙道 컨퍼런스(2007.4.27.)와 국제뇌교육종합대학원 국학연구원에서 개최한 천부경韓·中학술대회(2007.12.8.)가 이 경우에 속한다.

3) 한국학술정보http://search.koreanstudies.net에서 검색한 내용을 인용하면 아래와 같다.

이진수, 풍류도로서의 신선사상 『道教文化研究』 14집, 2000. 5장. 한국적 仙道의 수련법 140

『천부경』의 "三"에 관한 선도적 고찰 이근철 국제뇌교육종합대학원 국학연구원 | 선도문화 | 2007

『符都誌』에 나타난 한국선도의 "一,三論" 정경희 국제뇌교육종합대학원 국학연구원 | 선도문화 | 2007

「천부경」, 「삼일신고」의 수리체계와 "3수 분화의 세계관(1-3-9-81)" 우실하 국제뇌교육종합대학원 국학연구원 | 선도문화 | 2006

白峯神師의 道統傳授에 관한 연구 조준희 국제뇌교육종합대학원 국학연구원 | 선도문화 | 2006

고유의 선도 활기법 선수들에게 어떤 도움되나 - 국가대표 선수들 즉석에서 치료해 줘 - 취재부 대한체육회 | SPORTS KOREA | 1984

한국 선도(仙道)의 인간학 연구: 인성론을 중심으로 안진경 범한철학회 | 범한철학 | 2006

전북 모악산은 어떻게 "성스러운 어머니 산"이 되는가? - 선도(仙道)의 맥락에서 보는 성스러움의 다섯 계기 김성환 국제뇌교육종합대학원 국학연구원 | 학술대회 | 2006

중국도가와 도교 그리고 한국仙의 사상에 관한 비교연구 민영현 국제뇌교육종합대학원 국학연구원 | 선도문화 | 2006

전북 모악산은 어떻게 "성스러운 어머니산"이 되는가? -선도의 맥락에서 보는 성스러움

논문을 분석해보면 대부분 2000년도 초반부터 새로운 학문의 개념으로 부상하고 있음을 볼 수 있다. 이는 최근 들어와서 도교연구의 새로운 트렌드로 한국 선도에 대한 관심이 고조되고 있음을 말해준다. 이는 한국 선도, 좀더 폭넓게 말한다면 한국의 도교를 다룬다는 점에서 그간 유교

의 다섯 계기- 김성환 한국도교문화학회 | 도교문화연구 | 2006
근대 한국선도의 제천의례 연구 -대종교를 중심으로-윤관동 한국도교문화학회 | 도교문화연구 | 2006
현대생활속의 선도(仙道)의 의미와 가치 이광호, 김학덕, 윤여탁 한국체육철학회 (구 한국스포츠무용철학회) | 움직임의철학 : 한국체육철학회지 | 2004
韓國仙道의 수행법과 제천의례 정경희 한국도교문화학회 | 도교문화연구 | 2004
옥보고(玉寶高)의 금도(琴道)와 선도(仙道) 권오성 한국국악학회 | 한국음악연구 | 2002
단군한배검(=檀君大皇祖)사상에서 드러난 나철의 수행관 안병로 한국신종교학회 | 신종교연구 | 2006
한국 도교의 자연관 - 선교적 자연관의 원형과 재현 -김성환 한국사상사학회 | 한국사상사학 | 2004
韓國仙道의 "삼신하느님" 정경희 국제뇌교육종합대학원 국학연구원 | 학술대회 | 2007
황로도 연구: 사상의 기원과 사조의 계보 김성환 한국도교문화학회 | 도교문화연구 | 2007
智異山의 老姑壇과 성모천왕(聖母天王) 송화섭 한국도교문화학회 | 도교문화연구 | 2007
"한국선도"와 근대 이후의 "국학" 담론 정경희 동학학회 | 동학학보 | 2007
천부경의 유래와 선도문화 박성수 국제뇌교육종합대학원 국학연구원 | 학술대회 | 2006
「천부경」, 「삼일신고」의 수리체계와 "3수 분화의 세계관" 우실하 국제뇌교육종합대학원 국학연구원 | 선도문화 | 2006
선도문화와 한국 혼 박성수 국제뇌교육종합대학원 국학연구원 | 학술대회 | 2006
전북 모악산은 어떻게 "성스러운 어머니 산"이 되는가? - 선도(仙道)의 맥락에서 보는 성스러움의 다섯 계기 김성환 국제뇌교육종합대학원 국학연구원 | 학술대회 | 2006
한국선도와 미륵신앙 정경희 국제뇌교육종합대학원 국학연구원 | 학술대회 | 2006
선도문화의 원류 신시를 찾아서 박성수 국제뇌교육종합대학원 국학연구원 | 학술대회 | 2006
한국의 제천(祭天) 전통에서 바라본 정조대 천제(天祭) 기능의 회복 정경희 조선시대사학회 | 조선시대사학보 | 2005

나 불교에 비해 거의 다뤄지지 못했던[4] 한국철학사의 공백을 메울 수 있는 주제이며, 특히 '한국선도'를 언급하는 이들 논문에서 자각적으로 제기하고 있는 중국 도교와 구별되는 한국고유사상의 독자성이란 점에서 중요한 의미를 지닌 문제의식이라고 할 수 있다.

仙道와 비슷한 의미를 지닌 개념으로는 일단 '도교'나 '도가' '신선사상' 등의 개념들을 생각해볼 수 있다. 그러나 도가와 도교의 차이란 명확한 것이 아니며 정의를 내리기 쉽지 않다. 여기에 최근 대두되고 있는 仙道나 한국선도라는 개념이 더해진다면 문제는 더 복잡하게 된다. 이런 비슷비슷하고 정의하기 어려운 유사한 개념들을 어떻게 구별할 것인가? 또 한국선도라고 한정지을 때의 이 새로운 개념의 외연과 내포를 어떻게 규정할 수 있을까? 이런 점에서 앞으로 연구의 혼란을 피하기 위해 한국선도에 대한 기본적인 개념 정립 문제가 제기될 필요가 있다고 본다.

이것이 본 연구에서 문제 삼고자 하는 주제로서, 한국선도와 한국도교란 두 개념을 대조해보면서 그 보편성과 특수성의 문제를 비교분석하기로 한다. 여기에는 중국의 도교 개념과 비교하면서 한국 선도 및 한국도교의 외연과 내포를 보편성과 특수성의 시각에서 정리해보기로 한다.

2. 도교와 도가의 정의 문제

위에서 언급한 유사한 개념들 가운데 가장 널리 알려진 일반적 개념은 '道教'라고 할 것이다. 도교 개념을 정의하려할 때 흔히 거론되는 개념

---

4) 김성환, 「도학(道學), 도가(道家), 도교(道教), 그 화해 가능성의 재조명」, 『도교학연구』 第16집, 한국도교학회, 2000. 1-2쪽 참조.

은 道家이다. 이 양자가 혼동하기도 쉽거니와 상호 비교를 통해 각자의 의미를 더 뚜렷이 할 수 있기 때문이기도 하다. 그동안 국내학계에서는 도가와 도교 개념 자체에 대한 몇 차례 논의가 있었다.[5]

일단 자칫 혼동하기 쉬운 도교와 도가라는 두 가지 개념부터 고찰해 보자. 이렇게 家와 教를 구분한 것이 누구에서부터 시작된 것인지는 불분명하지만, 현대의 저명한 중국철학자 馮友蘭이 1930년대에 저술한 『중국철학사』에서의 언급이 큰 영향을 끼쳤다. 그는 도가와 도교가 서로 다를 뿐 아니라 사상적으로도 서로 상반된다는 견해를 제시하였다.

> 철학으로서의 도가와 종교로서의 도교는 서로 다르다. 이 양자의 가르침은 상이할 뿐만 아니라 경우에 따라서는 상반되기도 한다. 철학으로서의 도가는 자연을 따르라는 설을 가르치는 데 반해 종교로서의 도교는 자연에 역행하는 설을 가르친다. 즉 노자나 장자에 의하면 생명이 다하면 죽음이 온다는 것은 자연의 도이며 우리는 이 도를 어길 수 없다. 그러나 도교의 근본교리는 죽음을 피하는 방법, 즉 불로장생을 가르쳤다. 이것은 분명히 자연에 역행하는 일이다.[6]

풍우란에 의하면 '가'란 철학파를 지칭하는 것이며 '교'는 종교를 의미한다고 한다. 좀더 구체적으로 말해서 '가'는 선진시대의 제자백가에게 적용될 수 있으며 '교'는 유교, 불교 등도 포함하여 한대 이후 교조적인

---

5) 이 문제는 1970년대 한국철학회에서 『한국철학연구』를 집필하면서 활발하게 논의되었다. 국내학계의 논의의 전개과정은 먼저 문학방면에서 이종은과 차주환의 문제제기와 안병주, 이남영, 유병덕 등의 철학계의 인정을 거쳐왔다고 한다. 김낙필, 한국도교 연구의 중요쟁점, 『한국의 신선사상』, 2000, 14, 18쪽 참조. 도가철학을 전공한 전문학자의 논의로는 윤찬원, 김낙필, 김성환의 논의가 있었다.

6) 馮友蘭 저, 정인재 역, 『中國哲學史』, 형설출판사, 1987, 27쪽.

사상에 적용된다는 것이다.[7)]

이와 비슷한 맥락에서 湯一介는 도가는 노장사상을 출발로 하는 학술 유파이며 도교는 노장을 始祖와 숭배대상으로 하는 종교단체라고 정의한 바 있다.[8)] 이 두 개념에 대해서는 탕일개의 구분보다는 오히려 풍우란이 더 구체적이다. 가령 노자에 대한 대표적인 주석으로 하상공주와 왕필주가 있는데, 노자 사상을 출발로 하는 학술인지 노자를 시조로 숭배하는 사상인지라는 관점에서는 이 양자의 차이를 구별하기 어렵다. 그러나 그들 주석의 내용을 보면 하나는 장생불사를 추구하고 하나는 자연 철학을 추구함을 볼 수 있다.

가령 노자 6장 "谷神不死"에 대한 주석을 보자. 먼저 하상공은 "谷은 기른다는 뜻이다. 사람이 神을 잘 기르면 죽지 않는다(谷, 養也. 人能養神則不死)"고 해석해서, 신을 길러서 장생불사를 이루는 것으로 설명했다. 반면에 왕필은 '谷神'을 '골짜기 가운데의 빈 곳' 즉 無개념으로 이해하고 있다. 그래서 왕필은 "형태나 그림자가 없고, 거스르거나 어기지 않으며, 낮은 곳에 처해 움직이지 않고, 고요함을 지켜 시들지 않으니, 만물이 그것으로 인해서 이루어지되 그 형상을 보이지 않으니 이는 지극한 존재이다."라고 하여 無의 존재에 대해 설명을 하고 있다.[9)] 노자 50장에는 '양생을 잘하는 이(善攝生者)'라는 장생술적인 구절이 나온다. 이에 대한 왕필주에서는 "攝生을 잘하는 이는 生을 생으로 삼지 않기 때문에 死地가 없다(善攝生者, 無以生爲生, 故無死地也)"는 생사를 초월하는 도가의 뜻으로 해석한다. 그렇지만 하상공은 여러 곳에서 장생불사의 도를 언급한다.[10)]

---

7) 윤찬원, 「도교개념의 정의에 관한 논구」, 『한국도교와 도가사상』, 한국도교사상연구회편, 아세아문화사, 1991, 64쪽.

8) 湯一介, 道家與魏晉玄學, 『노장사상과 동양문화』, 1995, 401쪽 인용.

9) 谷神, 谷中央無(谷)[者]也. 無形無影, 無逆無違, 處卑不動, 守靜不衰, 物以之成而不見其形, 此至物也.

이상에서 보면 하상공의 주석은 장생불사를 추구하는 도교에 속하고 왕필의 주석은 장생보다는 생사를 초월하는 자연주의 철학을 추구하는 도가에 속한다고 판별할 수 있다. 그런데 도교란 개념은 대단히 복잡하고 폭넓은 정의영역을 갖고 있으며, 또 도가와 도교의 차이란 그렇게 명확한 것이 아니다.

그동안 국내학계에서도 도가와 도교 개념 자체에 대해서도 몇 가지 논의가 있었는데 이 부분에 대해 가장 많은 논의를 한 이는 윤찬원이다. 그는 '家, 敎(그리고 學이란 개념까지 포함하여) 등의 개념들은 의미상으로 명확한 개념적 영역을 확보하고 있었던 것은 아니었다'고 한다. 그러한 실례를 『中庸』의 '天命之謂性 率性之謂道 脩道之謂敎.'라든지 『大學』, 『論語』 등의 고전에서 확인할 수 있는데, 家는 하나의 학파를 가리키는 경우도 있지만 일상적으로는 '가문' 또는 '일가를 이루다'의 일가 등의 의미를 갖는 것이고, 敎는 원래 종교를 의미하였던 것이 아니라 가르침을 의미하였으며, 학은 殷나라와 같은 고대세계에서 귀족의 자제를 교육하는 學宮에서 추상화되어 「학문」 또는 「수양」을 의미하기도 하였다고 정리한다. 그러나 이러한 개념들은 '(훌륭한) 「가르침」'이라는 측면에서 공통의 개념적 영역을 확보하고 있었으며 상호 유동적이었다고 한다.[11)]

그런데 그는 "유교사상에 대한 연구와 달리 도교의 경우에는 道家와 道敎 간의 연속성과 불연속성의 문제가 발생한다. 이는 도가와 도교를 사상사적인 면에서 하나는 철학, 다른 하나는 종교로 간주하여 서로 이질적인 것으로 이해하는 데서 기인한다"고 하면서 다음과 같이 도가와 도

10) 노자 1장, 하상공주, 非自然長生之道也. 常道當以無爲養神, 無事安民, 含光藏暉, 滅迹匿端, 不可稱道. 54장 하상공주, 爲人子孫能修道如是 則長生不死. 28장 하상공주, 德不差忒, 則長生久壽. 참조.

11) 윤찬원, 「道家-道敎의 의미에 대한 철학적 고찰」, 『도교문화연구』 16집, 2002. 11쪽 인용.

교의 구별문제에 대해 언급하였다.

> 일반적으로 도교는 도가의 철학과 중국인의 민간신앙이 결합된 형태의 중국적 민족종교를 의미하는 것으로 간주되는데, 여기에서 도가와 도교는 용어는 의미상 현저한 편차를 갖게 된다. 흔히 도가가 주로 春秋戰國時代에 씌어진 『老子』 및 『莊子』 書를 기초로 하는 하나의 철학사상을 지칭하는 것이라면, 도교는 도가(노장사상)의 철학에 여러 가지 민간신앙의 요소들을 혼합하여 종교적 의례의 형식까지를 포괄하는 종교복합체를 가리키는 것으로 이해되고 있다. 이러한 관점에서, 도가는 philosophical Taoism으로, 도교는 religious Taoism으로 번역되고 있다.
>
> 그러나 이러한 상식적인 도가와 도교의 개념구분은 그 의미나 사상형태 등 실제상에 있어서 그다지 정확한 것은 아니다. 「도교」라는 개념 그 자체는 내용상으로는 philosophical taoism과 religious taoism을 포괄한다…(그러나) 결론적으로 말하면, 이 글의 전제는 도가와 도교를 오늘날 일반적으로 사용되는 것과 같이 또는 많은 학자들이 사용하는 것처럼 엄밀하게 구분지을 수 없다는 것이다.[12]

윤찬원은 「도가」와 「도교」란 개념 구분은 20세기 초에 와서야 이루어진 것으로 양자는 그렇게 간단히 도식화될 수 있다거나 구별지을 수 없다고 보았다. 그래서 김낙필은 도교와 도가가 역사적으로 불연속적으로 단절되어 있지 않은 만큼 도교를 도가까지 포함한 넓은 의미로 사용하자는 윤찬원의 제안에 동의하고 있다.[13] 한편 김성환은 오히려 몸에 관한

---

12) 윤찬원, 「道家-道教의 의미에 대한 철학적 고찰」, 9-10쪽 인용.
13) 김낙필, 「한국도교 연구의 중요쟁점」, 『한국의 신선사상』, 2000, 21쪽 인용.

양생학설이라는 도가 사상 속에 도교가 포함되는 방식으로 이해하기도 했다.[14]

아무튼 도교 자체를 한마디로 정의내리기는 쉽지 않으며 일본학자 酒井忠夫는 도교에 관해서 13가지의 견해를 나열한 바 있다.[15] 그래서 송항룡은 "도교는 너무나 복잡다양한 종교현상으로 드러나고 있기 때문에 무어라고 한마디로 정의내리기 힘든 종교"라고 말하기도 하였다.[16] 그간 순수한 철학적 탐구의 소재로 삼기가 편리하다는 이유로 도교와 도교를 종교와 철학으로 선명하게 분리시키려 했었지만,[17] 이렇게 종교인가 철학인가의 문제로 분명하게 분리할 수 없으며, 도교의 범주 속에는 도가 사상, 신선술, 민간신앙, 잡술 등의 여러 요소가 결합되어 있다. 한마디로 도교는 인간의 생명을 영원하게 간직하려는 여러 과학 사상 종교 민속 등의 다양한 복합체이다.

3. 한국선도의 굴절과 개념 정의

최근 대두되고 있는 '선도仙道'란 개념은 무엇을 지칭하는 것일까? 사실 仙道란 개념이 최근에야 쓰여진 신개념은 아니다. 진晋 간보干宝의 『搜神记』와 『雲笈七籤』등에 쓰이고 있다.[18] 현존하는 최대의 한자사전인

---

14) 김성환, 「도학(道學), 도가(道家), 도교(道教), 그 화해 가능성의 재조명」, 24-33쪽.

15) 최준식 역, 『도교란 무엇인가』, 민족사, 1990, 16-18쪽.

16) 송항룡, 『한국도교철학사』, 성균관대대동문화연구원, 1987, 39쪽.

17) 김낙필, 「한국도교 연구의 중요쟁점」, 19-20쪽 참조.

18) 『수신기』 卷一："隨之者不復還, 皆得仙道。" 『雲笈七籤』卷十八："宗族皆得仙道, 白日昇天。" 『雲笈七籤』卷九三："超跡塵滓, 棲真物表, 想道結襟, 以無爲爲事, 近於仙道一也。"

『한어대사전』에 설명된 仙道의 자의는 神仙이나 仙人을 이루는 도란 의미이다.[19] 그래서 선도 개념 자체의 의미는 羽化登仙을 추구하는 神仙사상과의 관련 속에서 이해될 수밖에 없다.

그런데, 우리의 고유한 선도는 중국의 도교와는 다른 독자적인 기원과 역사를 가지고 있었다. 하지만 삼국시대 이래로 중국과의 관계가 밀접해지면서, 고유의 선도는 왜곡되거나 굴절되어버렸다. 다시 말해 중국에서 도교가 수입되므로써, 비로소 한국에서도 도교전통이 시작되었다고 간주하게 된 것이다. 우리나라에 중국의 도교가 들어온 것은 나중에 고구려 말 영류왕 때(624)라고 하며, 그 뒤에 당나라 유학생들에 의해 중국의 불로장생술을 배워왔다고 하지만, 우리나라의 신선사상은 고유한 전통이 있었다.

중국의 신선사상은 발해만 연안에서 발생한 三神山 전설에서 기원하는데,[20] 전국 말기 燕나라와 齊나라 등에서부터 점차 신선술이 퍼졌다. 진시황이 전국을 통일한 후 사람을 보내 신선과 불사의 약을 찾았다는 이야기나, 한무제 역시 이 신선사상에 매력을 느끼고 자신의 불사를 위해 하늘에 대한 제사를 거행했다거나 丹藥을 복용했다는 등 신선을 통해 장생불사하려 했다는 기록이 전한다. 동한말에는 불로장생술의 고전인 魏伯陽의 『周易參同契』가 나왔고, 동진 시기에는 葛洪의 『抱朴子』같은 책이 나와 신선사상의 이론적인 면이 완성되었다.

---

19) 『漢語大詞典』 仙道 : 谓成仙之道。元 史樟 《庄周梦》 第四折：“再有凡心, 罰往下方, 永失仙道。” 2.指修仙得道者

20) 『史記 秦始皇本紀』, 齊人徐市等上書, 言海中有三神山, 名曰蓬萊、方丈、瀛洲. 『漢書郊祀志』, 此三神山者, 其傳在渤海中, 去人不遠, 蓋嘗有至者, 諸仙人及不死之藥皆在焉。其物禽獸盡白, 而黃金白銀爲宮闕。未至, 望之如雲；及至, 三神山乃居水下；臨之, 患且至, 風輒引船而去, 終莫能至云。世主莫不甘心焉. 『史记 · 孝武本纪』, 海上 燕 齊 之閒, 莫不搤捥而自言有禁方, 能神僊矣. 참조.

우리나라는 이런 중국의 신선술과는 다른 기원과 발전과정을 가지고 있다. 우선 단군이 천오백년간 세상을 다스리다가 산으로 들어가 산신이 되었다는 고사는 중국과는 다른 한국 신선사상의 원형이 된다고 할 수 있다. 특히 당나라에서 문명을 떨친 崔致遠 (857~?)의 견해를 참고해볼 필요가 있다. 그가 쓴 〈鸞郎碑序〉에 의하면 우리나라에는 고유의 현묘한 신선사상이 있었다고 한다. 그 구체적인 내용은 〈仙史〉라고 하는 책에 자세히 적혀있는데, 대략 유,불,도의 삼교의 가르침을 이미 포함하고 있었다고 한다. 그 〈선사〉라는 책이 전하지 않아서 그 자세한 내용을 알 수는 없지만, 우리에게는 신선사상과 밀접한 수련의 전통이 있었음을 짐작할 수 있다. 또 이런 내용들을 근거로 해서 『揆園史話』나 『청학집』에는 고유한 신선사상의 존재가 보다 체계적으로 언급되어 있다.

일제강점기 이능화 같은 학자는 중국 도교의 기원이 우리의 선도에 있다고 보는 견해를 말한다.

예로부터 신선을 말하는 사람은 누구나 黃帝가 공동에 있는 廣成子에게 도를 물었다고 전한다. 그러나 진나라 사람 葛洪이 지은 『抱朴子』에는 황제가 동쪽 청구에 와서 紫府선생에게 三皇內文을 받았다고 하였다. 자부선생은 즉 東王公으로서 그가 동방에 있는 까닭에 세상에서 동군이라 이르는 것이다. 단군은 동방 최초의 임금으로서 단을 모으고 하늘에 제사하였으므로 단군이라 하며 그 군자는 東君·帝君·眞君 등 선가의 용어이며 또한 雲中君·湘君 등 신군의 이름과 같은 것이다. 이로 보아 단군이라 함은 仙이라 할 수도 있다.[21]

"우리 민족의 원시종교는 곧 신도와 선교뿐이었다. 나중에 유·불 양교가

21) 李能和, 李鍾殷譯, 『朝鮮道教史』, 普成文化社, 1978, 47쪽.

들어오기는 하였어도 민간의 습성은 신도와 선교가 굳게 뿌리 박혀 있었으므로 五斗米道가 들어왔을 때에는 나라안 모든 사람들이 환영하고 다투어 신봉하게 된 것이다."[22]

또 그는 三神山이 한국에 있다거나 단군신화와 도교적 세계관과의 유사성을 논증하고[23] 특히 黃帝가 紫府先生에게 『三皇內文』을 받았다는 『포박자』의 기록에서 자부선생은 靑丘, 즉 우리나라에 있었던 선인이며 『삼황내문』은 바로 『음부경』이라고 추정하였다.[24] 그래서 중국도교 혹은 신선사상의 기원이 되는 황제가 우리 동방에 와서 도를 배웠다고 보며, 단군을 신선으로 파악한다. 이와 비슷하게 신채호도 『삼황내문』을 한국 고유의 仙經이라고 보고 있다. 즉 신선사상이 한국에서 중국으로 건너갔다는 견해를 받아들인 것이다.[25] 여기에서 황제가 청구를 지나다가 자부선생에게서 삼황내문을 받았다는 기록 자체가 더 이상 확인할 수 있는 근거나 자료가 없다. 또한 청구가 바로 우리 동방이라고 단정하는 것도 청색을 오행상에서 동방에 배당한 것 외에는 그 근거를 찾기는 어렵다. 이런 점 때문에 한국도교기원설에 대해서는 감성에 바탕한 민족주의적 주장을 극복하고 엄밀한 사료비판에 바탕한 자료를 근거로 해야한다는 주장이 제기되어 있다.[26]

중국학자들도 도교의 기원문제에 대해 많은 관심을 기울이고 있다. 1949년 陳寅恪은 중국의 동남연해지역에서 생성되었다고 했고, 蒙文通은

---

22) 이능화, 『조선도교사』, 53쪽.
23) 이능화, 『조선도교사』, 35쪽.
24) 이능화, 『조선도교사』, 44쪽.
25) 신채호, 『조선상고사』, 제2편, 수두시대, "『삼황내문』은 우리 민족의 고유한 仙經이었다(三皇內文是震壇白民國之特有仙經)."
26) 김낙필, 한국도교 연구의 중요 쟁점, 23-25쪽 참조.

파촉지역에서 생성되어 서남소수민족의 종교였다고 주장한 바 있다. 근자에 들어와서도 여러 학자들의 견해들이 등장했는데, 대체로 연해지역과 서남소수민족의 민간신앙에 기원을 두고 있다고 본다.[27] 이런 점에서 볼 때 중국도교의 뿌리가 우리나라의 신선사상에 있다는 주장은 최근의 연구성과를 참조해서 좀 더 근거를 보강해야 중국도교학자들의 동의를 얻을 수 있을 것이다.

그러나 한 가지 분명한 것은 우리 고유사상의 신선적 성격이다. 그것은 韓民族의 始祖인 檀君이 1908세를 살다가 山神이 되었다는 이야기를 위시해서[28], 우리의 풍속에 신선사상적 요소는 여러 가지 형태로 발견되며, 지금까지도 존속되고 있다. 한국은 본래 神仙을 숭상하는 고유한 仙風을 갖고 있었다. 新羅 眞興王(534-576)이 "타고난 성품이 풍취가 있어서 신선을 존숭(天性風味 多尙神仙)"해서 미모의 귀인 자제를 가려뽑아 국가의 棟梁之材로 길러낸 '花郞'이라는 國仙제도를 만들었다든지, 고구려의 '皀衣仙人'등의 官名 속에 이 신선사상적 색채를 찾아볼 수 있다. 이외에도 『삼국유사』 등에 山神이나 神仙을 비롯하여 仙人이니 國仙이니 仙母나 神母 등의 용어가 자주 등장하고 있다. 또한 옛부터 '錦繡江山'으로 불려지

---

27) 湯一介, 80년대 이래 중국대륙의 도교연구개황, 『한국 도교문화의 위상』 1993. 363-364쪽 참조.

28)三國遺事1卷-1紀異-古朝鮮 : 古記云: 昔有桓因[謂帝釋也.]庶子桓雄, 數意天下, 貪求人世. 父知子意, 下視三危太伯, 可以弘益人間, 乃授天符印三箇, 遣往理之. 雄率徒三千, 降於太伯山頂[卽太伯, 今妙香山.]神壇樹下, 謂之神市. 是謂桓雄天王也. 將風伯雨師雲師, 而主穀主命主病主刑主善惡凡主人間三百六十餘事, 在世理化. 時有一熊一虎, 同穴而居, 常祈于神雄, 願化爲人. 時神遣靈艾一炷, 蒜二十枚曰: "爾輩食之, 不見日光百日, 便得人形." 熊虎得而食之, 忌三七日, 熊得女身, 虎不能忌, 而不得人身. 熊女者, 無與爲婚, 故每於壇樹下, 呪願有孕, 雄乃假化而婚之, 孕生子, 號曰, 壇君王儉. 以唐高{堯}卽位五十年庚寅[唐堯卽位元年戊辰, 則五十年丁巳, 非庚寅也, 疑其未實.], 都平壤城[今西京], 始稱朝鮮. 又移都於白岳山阿斯達. 又名弓[一作方]忽山, 又今彌達. 御國一千五百年. 周虎{武}王卽位己卯, 封箕子於朝鮮, 壇君乃移於藏唐京, 後還隱於阿斯達爲山神, 壽一千九百八歲.

는 한국의 아름다운 山水와 기름진 沃土를 배경으로 秦始皇이 찾은 不老草나 三神山의 전설도 人蔘·靈芝의 靈藥이나 洞天福地의 勝景과 관련하여 한국의 여러 지방에서 발견되는 것도 이런 신선 문화를 배경으로 하고 있음을 방증하고 있다.[29]

아울러 우리 고유의 신선사상은 중국의 사서에도 등장한다. 가령 『史記』에 보면 渤海之中에 仙人과 不死藥이 있는 三神山이 있다고 한바 있거니와, 『후한서』「동이열전」에는 동방에 君子不死之國이 있다고 한바 있다.[30] 물론 이들이 반드시 우리나라를 지칭하는 지에 대해서는 단정하기는 어렵지만, 宋 徽宗의 使臣으로 高麗에 왔던 徐兢이 쓴 『高麗圖經』에도 고려는 위치가 道山 仙島와 가깝고 그 풍속이 長生久視之教를 숭상했다고 적고 있는 것을 보면, 우리나라는 본래 신선사상적 분위기가 충만한 지역으로 인정받고 있었음을 알 수 있다. 그래서 김낙필·양은용 등은 "신선사상의 형태는 외래적이기보다는 고래로부터의 존재해 온 태생적인 것으로 보인다. 중국과 지역을 연하면서도 독특한 환경을 지니고 살아온 문화적 풍토아래서 신선사상적인 성격이 자연스럽게 자리하게 된 것이다… 한국 고유사상에 있어서 신선적 요소가 도교전래 후에 풍부한 사상성을 띄면서 화랑도 등으로 전개되고, 시대를 흐르면서 종교적·철학적·문학적으로 발전해 나간다"고 보았다.[31]

이상에서 볼 때 중국도교의 뿌리가 한국에 있는지의 여부는 현재로서는 단정할 수 없다고 해도, 우리 민족 고유의 사상을 신선사상이나 선도

29) 임채우, 「韓國道敎之歷史與問題」, 『世界宗敎硏究』, 97年 第2期, 北京, 中國社會科學院 宗敎硏究所 인용.

30) 『後漢書』 東夷列傳, 王制云. 東方曰夷. 夷者柢也. 言仁而好生. 萬物柢地而出.(事見風俗圖) 故天性柔順. 易弓道御. 至有君子不死之國焉.(山海經曰. 君子國. 衣冠帶劍. 食獸. 使文虎在旁. 外國圖曰. 去琅邪三萬里. 山海經叉曰. 不死人在交經東. 其爲人黑色. 壽不死. 竝在東方也. 참조.

31) 김낙필·박영호·양은용·이진수, 「韓國神仙思想의 展開」, 『도교문화연구』 15집, 2001. 15쪽 인용.

사상과 연관시키는 것은 큰 무리가 없다고 할 수 있다. 여기에서 우리는 중국의 도교와 구별되는 독자적인 신선사상의 전통으로서 '한국선도'란 개념의 정당성을 얻을 수 있다.

4. 한국 선도와 한국도교 개념의 보편성과 특수성

최근에 대두된 한국선도란 개념은 바로 이런 내용을 계승한 개념으로 보면 될 것이다. 최근 중국에서는 도가나 도교 이외에도 비슷한 개념으로 仙學이나 道學의 개념을 사용하는 경우도 있고,[32] 이외에도 黃老學이나 黃老道도 있다.[33]

사실 최근에 대두된 한국선도 외에도 이전부터 한국의 고유 신선사상의 명칭에 대한 언급은 근대 이래 여러 학자들에 의해 제기되어 왔다. 가령 나철은 우리나라에 있던 현묘한 도를 신도 천신도 천신교 등의 여러 명칭으로 지칭했던 바 있고,[34] 일제강점기 때 박은식도 선교 신선도 신교의 명칭을 혼용하고 있다.[35] 이외에도 仙道를 위시해서 仙教 仙學, 神人教 부루교 수두교 등 여러 이름으로 불렸다.

---

32) 張立文의 『道學與中國文化』(人民出版社, 1996) 및 胡孚琛의 『道學通論 -道家 道教 仙學』(社會科學文獻出版社, 1999) 참조.

33) 김성환은 황로도를 "노자 학설에 뿌리를 두고 황제를 비조로 추존하는 황로도가적 전통을 계승하는 가운데 方技와 數術을 포괄하여 治身養生에 중점을 두었던 학술 사상 유파"라고 정의한 바 있다. 김성환, 「도학(道學), 도가(道家), 도교(道教), 그 화해 가능성의 재조명」, 16쪽. 도가와 황로도의 차이에 대해서는 김갑수, 「학파명으로서의 도가의 기원과 의미에 관하여 -황로학 제자리 찾기(2)」, 『도가철학』 창간호, 1999 참조.

34) 나철의 「중광가」 「일본총리 대외에게 준 글」(與日本總理大隈書抄」) 참조.

35) 『백암박은식전집』4, 「명림답부전」 동방미디어, 2002, 217-284쪽 참조.

현대에 들어와서 송항룡은 한국 고유의 신선사상적 요소를 '물론 우리 사상속의 도교적 요소를 그대로 도교사상이라고 인정될 수는 없다고 하더라도' '중국의 도교사상과는 무관하게 우리 고유신앙 속에서 연원이 형성되어진' 古神道사상을 언급하였고,[36] 김충열은 '우리의 민족 고유사상과 중국의 도가사상을 구분하기 위하여 우리민족 고유사상은 神明思想, 古神道思想 등 다른 용어를 써야 할 것이다'[37]라고 했으며, 김형효도 고신도사상이란 용어를 사용하면서 도가의 仙과 고신도의 仙을 혼동해서는 안된다고 말한바 있다.[38]

또 이와는 다른 시각에서 북한에서 우리 고유의 신선사상의 존재를 仙사상이란 개념으로 호칭한 바도 있다. 이는 의학, 생물학 등 자연과학의 발전에 기초하여[39] 유물론적 이해가 깊어감에 따라 발생한 무신론적 사상으로서[40], 이들을 仙人이라고 불렀으며 "이 사조는 당시 이웃나라 사람들에게까지 널리 퍼지여 그들은 우리나라를 장생불로지국…이라고 불렀다."[41]고 한다.

필자는 우리의 고유 신선사상을 지칭하는 개념으로 '선도' 더 정확하게는 '한국선도'란 개념이 더 적합하다고 본다. 왜냐면 도교로 호칭을 하면 중국 도교의 연장이나 아류라는 인상을 지우기 어렵고, 고신도라고 한다면 일본의 神道와 비슷한 느낌을 주기 때문에, 우리의 오랜 역사 속에서 써온 '仙' 개념을 계승한 '한국선도'란 개념이 더 간명하게 우리 고유사상의 신선사상적 의미와 더불어 이론체계성을 갖추었다는 의미를 지닌 개

---

36) 송항룡, 『한국도교철학사』, 34쪽.
37) 한국철학회편, 『한국철학연구』 상, 앞의 책, 328쪽.
38) 김형효, 『한국사상산고』, 일지사, 1985, 199쪽.
39) 『조선통사 상』, (평양;사회과학원 력사연구서,1977), 오월, 1988, 72쪽.
40) 『조선철학사개요』, (평양; 사회과학출판사, 1986.) 한마당, 1989 영인, 17쪽.
41) 『조선통사 상』, 72쪽.

념으로 더 적합하다고 생각한다.

도교와 선도는 일반적으로는 통용되어 쓸 수 있는 비슷한 개념이다. 양자는 어느 정도의 유사성과 보편성을 지닌다. 그러나 한국이란 개념과 결합되면 양자는 유사성보다는 차별성이 드러난다. 그래서 한국 도교란 중국 도교와의 관계속에서 파악되는 개념이지만, 한국 선도라고 하면 중국 도교와는 다른 독자적인 의미와 내용을 갖는 개념이 된다.

윤이흠 교수는 "우리가 仙이란 개념을 쓰는 한 그것은 중국문화사의 주류에 속하는 도교전통의 한 분야라는 사실을 거부할 수 없게 된다…우리민족의 한문을 수용하기 시작하면서 모든 서적이 한문으로 써졌고, 결과적으로 모든 분야에서 일어나는 논의와 설명이 한문으로 기록되었기 때문에… 바로 여기에 허점이 있다" "仙道나 기타 중국전통을 상징하는 전통한문용어로 쓰기보다는 '자기수련전통'이라는 개념"을 쓸 것을 제안하고 있다. 왜냐면 "한국민족이 독립적으로 적어도 중국과 상관없이 자기수련전통을 추구해온 역사적 사실과 우리민족의 정서적 고유성을 인정하는 출발점이 되기 때문이다."라고 한 바 있다.[42] 그러나 앞에서도 언급했다시피 '선'개념은 이미 우리의 역사와 문화 속에서 익숙한 개념이 되었고, '한국'선도라고 지칭한다면 중국과 구별된다는 의미를 지니기 때문에 이런 우려는 불식될 수 있다고 본다.

道, 教, 學은 개념상 의미의 차이가 존재한다. 다시 말해서 道란 것은 어떤 방면에서의 이상적이고 궁극적인 길(방법, 원리)을 제시해주는 의미이고 教는 도를 따르는 가르침이며[43] 學은 어떤 방면의 학술이나 학문이란 의미라고 본다면, 우리 고유의 신선사상을 仙教나 仙學으로 지칭하

42) 윤이흠, 한국의 자기수련단체가 가야할 길, 『제1회 국제仙道 컨퍼런스 자료집』, 국제선도문화연구소, 2007.4.27. 7-8쪽

43) 『중용』에서의 '率性之謂道 修道之謂教'의 의미를 참조.

는 것보다는 仙道라고 부르는 것이 더 타당하다고 본다. 또 그냥 선도라고 하면 중국도교의 하나로 오해할 소지도 있기 때문에 일단은 '한국'이란 수식어를 붙이는 것이 이런 오해에서 벗어날 수 있다.

우리의 학계에서의 한국선도에 대한 연구는 아직은 초기의 모색 단계라고 해도 과언이 아니다. 여기에서 특히 한국선도에 대한 기본적인 개념 정립 문제가 제기될 필요가 있다. 최근 나온 선도 관련 논문에서는 선도란 개념을 "광의적으로 중국이나 일본과 다른 한국 고유사상"을 의미한다고 정의하고 있다.[44] 여기에는 한국의 고유 사상 자체를 선도라고 보느냐, 아니면 고유사상의 한 부분으로서 선도가 존재하느냐의 문제가 남아있다. 만일 선도를 한국 고유사상과 동일시한다면 여기에는 일단 두 가지 문제점이 발생하게 된다.

첫째 본래 개념 자체가 갖고 있는 신선적인 의미를 배제한 한국의 고유사상 자체를 선도라고 부른다면 개념상의 혼란이 발생할 수 있다. 일반적으로 말해서 한국 고유사상은 선도적인 특성을 갖는다는 말은 가능하지만 만일 한국 고유사상을 선도라고만 규정한다면 고유사상의 범위를 협소화시키는 결과가 되어버릴 수 있으며, 또 '선도'란 개념의 내포와 외연이 제대로 부합하지 못하는 문제가 발생한다.

둘째는 선도 개념과 중국의 도교·신선사상과의 관계문제이다. 만일 한국 고유사상을 단순히 '선도'라고만 규정한다면 중국 도교사상으로서의 선도와 어떤 차별이 있는지가 잘 구별되지 않음으로써 연구자들을 혼란에 빠뜨리게 된다. 그래서 어떤 전공학자는 한국 선도에 관한 논문을 평

44) 조준희, 「고대의 선도사상과 문화」, 『한국선도의 역사와 문화』, 제1회 국제평화대학원대학교 학술대회 논문집, 2005, 27-28쪽 인용. 이외에 안진경은 "한국선도는 유불도 삼교가 들어오기 전부터 존재해온 민족의 고유한 문화이다"라고 정의한 바 있다. 안진경, 「한국 선도의 인간학연구」, 『범한철학』, 제40집, 253쪽.

하면서 "먼저 선도라는 용어의 정의, 범주, 특성을 규정하는 연구가 진행되면서 선도와 도교의 변별점, 도교적 맥락의 단학과 한국적 선도와의 변별점에 대한 치밀한 연구가 뒷받침된 후에야 비로소 설득력 있게 대중들이나 학계에 받아들여질 수 있다"[45]고 지적한 바 있었다.

물론 후대에 중국 도교가 한반도에 전래되면서 불가피하게 양자의 결합 혹은 습합 현상이 일어났다고 본다면 여기에 어디까지가 한국도교의 범주에 속하며 어디까지가 한국선도의 범주에 속하는지를 구별해야하는지 간단치 않은 문제가 남는다. 그러나 일단은 학계에서 통용되고 있는 기존의 용례와 관습을 종합해서 정리해본다면, 잠정적으로 한국에서 진행된 중국도교의 연장 발전을 한국도교라고 하고, 중국과 구별되는 고유한 독자적 본질을 지닌 도교를 한국선도라고 구별할 수 있다고 본다.

이상의 한국선도의 개념화 작업에 대한 고찰을 통해, 필자는 한국도교는 중국도교의 관련 속에서 한국에서 발달한 도교전통을 지칭하는 개념으로, 한국선도는 한국에서 자생적으로 발생해서 발전해온 고유의 선도전통을 지칭하는 개념으로 정립해서 쓸 것을 제안한다. 과연 한국선도의 내용이 무엇이며 한국도교와는 어떤 차이점을 갖는가 하는 점에 대해서는 여러 의견이 있을 수 있다. 이 점에 대해서는 앞으로 학계의 토론을 거쳐 점차로 정립해나갈 숙제라고 본다.

---

45) 김탁, 「고대의 선도사상과 문화에 대한 논평과 제언」, 『한국선도의 역사와 문화』, 제1회 국제평화대학원대학교 학술대회 논문집, 2005, 71-72쪽 참조.

참고문헌

류인희,리기용, 남북한 고대사상의 이해, 『동방학지』 제103집, 연세대학교 국학연구원, 99. 3.

림종상, 조선 신화 연구에 대한 몇가지 의견, 『력사과학』, 65.4.

정성철, 조선에서 철학사상의 발생과 발전, 『철학연구』, 91.2.

정해섭, 우리나라 고대 - 근대철학에서 〈선〉에 관한 사상 (1), 『철학연구』, 92, 1.

정해섭, 우리나라 고대 - 근대철학에서 〈선〉에 관한 사상 (2), 『철학연구』, 92, 2.

홍기문, 조선의 고대 사료로서 한위 이전 중국 문헌의 검토, 『역사제문제』 9집, 49.

강병수, 조선 후기 성호학파의 단군조선 인식 - 『성호사설』 · 『동사강목』 기사를 중심으로, 『선도문화』 2집, 선도문화연구원, 국제평화대학원대학교출판부, 2006.

김낙필, 한국 도교 연구의 발전적 방향, 『도교문화연구』 15집, 2001.

김낙필, 한국도교 연구의 중요 쟁점, 『道教文化硏究』 14집, 2000.

김낙필·박영호·양은용·이진수, 韓國神仙思想의 展開, 『도교문화연구』 15집, 2001.

김동환, 仙道史書에 나타나는 고구려 多勿主義에 대한 연구, 『선도문화』 1집, 선도문화연구원, 국제평화대학원대학교출판부, 2006.

김성환, 「도학(道學), 도가(道家), 도교(道教), 그 화해 가능성의 재조명」, 한국도교학회, 『도교학연구』, 2000.

김탁, 고대의 선도사상과 문화에 대한 논평과 제언, 『한국선도의 역사와 문화』, 제1회 국제평화대학원대학교 학술대회 논문집, 2005.

노국용, 아세아지역 문화유산의 보존과 전승 ; 일반 - 도교적인 민족성, 한국민속학회(구 민속학회), 『한국민속학』, 1997.

도광순, 한국도교의 사적 연구, 한국도교학회, 『도교학연구』, 1991.

도광순, 한국인의 심성과 도교, 한국도교학회, 『도교학연구』, 1994.

류병덕, 韓國 精神史에 있어서 道教의 특징, 도교논총 제1집 『도교와 한국사상』 아세아문화사. 1987.

민영현, 中國道家와 道教 및 韓國 仙의 사상에 관한 비교 연구, 『선도문화』 1집, 선도문화연구원, 국제평화대학원대학교출판부, 2006.

민영현, 한국 선사상의 기원과 그 형성에 관한 연구 - 신화해석을 중심으로 -, 한국도교학회, 『도교학연구』, 1994.

서영대, 한국선도의 역사적 흐름, 『천부경韓 · 中학술대회 자료집』, 국제뇌교육종합대학원 국학연구원, 2007.12.8.

송항룡, 중국 도교사상의 (道教思想) 한국유입과 그 전개추이, 고려대학교 아세아문제연구소, 『아세아연구』, 1983.

송항룡, 韓國古代의 道敎思想, 도교논총 제1집 『도교와 한국사상』 아세아문화사. 1987.
윤이흠, 한국의 자기수련단체가 가야할 길, 『제1회 국제仙道 컨퍼런스 자료집』, 국제선도문화연구소, 2007.4.27.
윤찬원, '道敎'槪念의 正義에 관한 論究, 도교논총 제5집 『한국도교와 도가사상』 아세아문화사, 1991.
이공훈, 유불선삼교합일사상과 도교와의 관계 및 도교교단의 사회적 역할, 한국도교학회, 『도교학연구』, 2001.
이석호, 中國道家·道敎思想이 韓國 古代思想에 미친 影響, 도교논총 제1집 『도교와 한국사상』 아세아문화사. 1987.
정재서, 동양의 도교문화 ; 한국 관방도교의 양상 및 특징 - 중국 도교와의 대비적 고찰 -, 한양대학교 한국학연구소, 『한국학논집』, 1995.
정재서, 한국 도교학의 현황과 전망, 한국종교학회, 『종교연구』, 1990.
정재서, 해방후 50년의 한국도교 연구사, 한국종교학회, 『종교연구』, 1997.
정재서, 韓國 官方道敎의 樣相 및 特徵, 도교논총 제8집 『도교의 한국적 수용과 전이』 아세아문화사, 1994.
한영우, 17세기의 反尊華的 道家史學의 성장 -北崖의 「揆園史話」에 대하여-, 『한국학보』, 1975.
한종만, 韓國의 儒佛道 三敎 會通論, 도교논총 제5집 『한국도교와 도가사상』 아세아문화사, 1991.
홍현식, 三敎關係의 思想的 考察, 도교논총 제7집 『한국 도교문화의 위상』 아세아문화사, 1993.
황광욱, 천부경의 전래에 관한 일고찰, 한국철학사연구회, 『한국철학논집』, 1992.
熊谷 治, 「三國遺事にみえる神仙思想」, 『朝鮮學報』 125호, 天理大學. 1987.
坂出祥伸, 國際學術會議'東洋と道敎文化'參加報告, 『東方宗敎』, 85호, 1995.
野崎充彦, 「道敎の朝鮮化につこて」, 『アシア遊學』 16호, 2005年 5月.
Russel Kirkland · T.H. Barret · Livia Kohn, "Introduction" Daoism Handbook(Leiden: Brill, 2000), Edited by Livia Kohn, P. x x xii.
郭武, 「再論道敎成神仙信仰的形成」, 『宗敎學硏究』 35期, 四川大學, 1997.
鞠曦. 安陽周易學院 교수, 天符經思想的現代意義, 『천부경 韓 · 中학술대회 자료집』, 국제뇌교육종합대학원 국학연구원, 2007.12.8.

/ 제2부 동아시아 성서종교 담론 /

천학의 중층적 이해:

보편학과 문명

김 선 희(이화여대)

1. 들어가며

조선이 중국과 지적으로 소통하는 과정은 중국을 명확히 타자로 인식하거나 그들로부터 들어온 학적 체계를 주체적 학문의 테두리 안에 위상과 범주를 부여해 적용하는 과정이었다고 보기는 어렵다. 유학을 통해 국가 운영의 토대와 정당성을 확보하고자 했던 정치적 조건상, 유학이 국가와 개인의 유일한 세계관으로 받아들여졌고, 따라서 이를 넘어서는 외부성이 발생하기 어려웠기 때문이다. 이미 국가 경영, 사회 운영, 가족 질서와 개인의 수신이라는 내면적 차원에 이르기까지 밀도 높게 유학의 그물로 짜여진 세계였다는 점과, 동일한 언어와 개념을 바탕으로 사유했다는 점에서 중국은 조선의 적극적 타자가 되기 어려웠다.

그럼에도 중국 학술이나 문물이 그대로 조선에 수평 이동되거나 전적으로 이식되었다고 볼 수는 없다. 조선의 지식인들은 지적, 정치적, 사회적 상황에 따라 수용된 담론을 내면화하면서 변용하거나 극복했다고 할 수 있다. 이 변용은 정치적 상황에 따라 중국에 대한 인식이 변화하는 시점 또는 외부로부터 새로운 사조가 들어오는 시점에서 두드러진다.

조선의 지적 소통에서 가장 근본적인 토대를 이루었던 것은 바로 화이관에 입각한 중화의식일 것이다. 조선에서 '중화(中華)'는 현실 혹은 현재의 중국이 아니라 이상화된 과거로부터의 이념이었고 이는 곧 명과 청의 교체에 따른 국제적 변동을 겪던 조선이 현실적 중국과 이념적 중국을 분리해 내면화했다는 의미가 된다. 이런 상황에서 중국과의 지적 소통과 학술 수용의 태도 역시 이중적으로 나타났다.[1] 그런 의미에서 조선

1) 새롭게 중원을 차지한 청을 이적으로 타자화하면서도 발전된 문물을 수용하고자 하는 이중적 태도는 여러 정책을 통해 가시적으로 드러난다. 정조가 중국으로부터의

학자들에게 중국은 그 자체로 모방해야 할 이상화된 타자나 묵수해야 하는 절대적 강자가 아니라 조선을 유지하고 발전시키기 위해 전략적으로 활용하는 교두보에 가까웠다.

본래 중화(中華)란 中과 나머지를 분별하는 공간적 표상 위에 종족이라는 변수를 다시 배치한 뒤, 이를 정당화하기 위해 문화적 이상과 도덕적 관념을 덧씌운 복합적 관념이다. 공간적 표상으로서의 中은 外라는 공간을 필연적으로 요청하며 이 外에 거주하는 夷는 필연적으로 문화적 정수로서의 華와 다른 후진적이고 야만적 상태에 배치되어 있다. 이러한 구도에서 긴장은 中에서, 그리고 華에서 온다. 中을, 華를 주장하는 자가 자기를 유지하기 위해서 外이자 夷를 구성해내고 관리하는 것이기 때문이다.[2] 外이자 夷는 中을 설정하지 않는 순간 더 이상 외이자 이일 수 없다. 문제는 조선과 같이, 外이자 夷이면서도 그런 지위에 머무를 수 없는 문명국가에서 비롯된다.

명의 멸망과 청의 대두는 조선 지식인들에게 크나큰 사건이었다. 이는

서적 입수에 큰 관심과 열의를 가지고 있었다는 점은 잘 알려져 있다. 정조의 『사고전서(四庫全書)』 입수 노력과 『고금도서집성(古今圖書集成)』 구입은 조선이 중국 사상과 서적 수입을 얼마나 중시했는지를 보여주는 한 예이다. 정조는 당시 상황에서 『사고전서』 구입이 여의치 않자 결국 거액을 들여 『사고전서』의 저본이 된 『고금도서집성』을 구입해 오도록 한다. 신양선, 『조선후기 서지사 연구』 혜안, 1996, 124-125쪽. 청나라에 다녀오는 등 국제적 경험을 통해 새로운 지식에 목말라 하며 서적 수입과 독서벽으로 해소하고자 했던 경화 사족의 탐서벽과 장서 열풍도 같은 맥락에서 설명할 수 있을 것이다.

2) 특정한 공간에 사는 특정한 종족이 특수한 문화적 도덕적 정치적 수준에 이르렀기 때문에 다른 공간의 다른 종족을 지배하고 통제할 수 있다는 발상은 중국에서도 아무런 긴장없이 받아들여지지 않았다. 한유는 '제후가 이적의 예에 따르면 이적으로 여기고 이적이라도 중국의 수준으로 나아가면 중국으로 간주할 수 있다(諸侯用夷禮則夷之, 夷而進於中國則中國之, 「原道」)고 선언함으로써 종족과 지역 보다 상위에 유학에 토대를 둔 문화적 이상을 세운다.

곧 '중화'의 이동을 의미하는 것이기도 했다. 조선인들은 '중화'의 유동성을 자각하게 된 것이다. 따라서 조선인들에게 명청 교체기는 새로운 논리를 개발해 상황을 타개해야 하는 과제의 시기였다. 중화를 구성하던 요소인 종족, 지역, 문화 가운데 종족과 지역을 뛰어넘어 오직 문화만으로 스스로를 중화로 자임하기 위한 논리와 선언이 요구되었던 것이다. 이러한 상황에서 조선의 상층부는 모종의 선택의 기로에서 이들은 불완전하며 일면 조선을 압박하던 타자였던 실제의 명(明)을 지워버리고, 오직 이념상으로만 존재하던 '중화'를 보편적이면서도 완전한 상징으로 선택한 뒤 스스로 중화의 중심을 이동시킴으로써 바뀐 상황을 돌파하고자 했던 것이다.[3] 중화 외부의 타자이면서도 중심을 자임하는 이 과정은 조선의 지적 상황을 다면화, 다각화시키는 역할을 하게 된다.

힘의 우열이라는 실질적 긴장 관계와 華에 의해 영원히 夷를 배정받은 이념적 긴장 관계 두 축을 동시에 운용해야 하는 조선의 입장에서 명의 멸망은 실질적 긴장 관계와 이념적 긴장 관계를 분리할 수 있는 하나의 계기가 되었을 것이다. 이념적 긴장의 대상을 영원한 원본으로서 끝없이 열등의식을 자각하게 하는 明이 아니라, 조선에 비해 훨씬 열등한 야만의 夷, 청(靑)으로 바뀐 것이다. 만약 명이 존재해서 이 두 가지가 동시에 조선인들에게 과제로 주어졌다면 상황은 달라졌을지 모른다. 이런 상황에서 송시열을 비롯한 조선 유학자들에게 중화란 정통성을 확보하기 위

3) 관념적 중화와 역사적 실체로서의 명을 구분하는 것은 관련 연구의 기본적인 전제다. 존주로 대표되는 관념적 중화에 대한 존숭과 역사적 실체로서 실존했던 명나라에 대한 절대적 지지는 서로 다른 문제이기 때문이다. 대부분의 연구자들이 조선 유학자들이 중화의 담지자로서 명을 추숭했거나 혹은 명이 중화의 모든 실질적 내용성을 확보한 완전한 세계라고 생각했다기보다는 종족과 지역이라는 중화의 다른 요소까지 확보한 강자라고 생각했을 것이라는 점에 동의할 것이다. 명이 존재했을 때도 멸망한 뒤에도 명에 대해서 객관화가 불가능할 정도로 비판적 거리를 두지 않고 맹목적으로 존숭하지 않았다는 점은 여러 증거들을 통해 충분히 규명할 수 있다.

한 토대이자 올바른 국가를 향한 유가적 이념의 표현형이었다. 그렇다면 이들에게 중화의 자임은 실질적으로 중국의 권위에 종속된 약자의 표현이 아니라 올바른 세계의 이념을 선취한 자의 새로운 권위 선언이었다고 보는 편이 설득력 있을 것이다.

중화라는 관념의 역사적 표출과 그에 따른 실천들 즉 대보단의 설치[4], 명사변무(明史辨誣)[5] 등의 구체적 과정은 중화라는 관념이 특정한 상황 논리 안에서 어떻게 표출되고 영향을 끼치는지를 보여주는 예들이다. 조선 조정이 이후 『송사(宋史)』까지 직접 편찬한 것은 조선이 얼마나 문명국가로서의 자긍심을 국가적 차원에서 실현하고자 했는지를 잘 보여준다. 청 왕조의 국가적 정보 체계에 국가 대 국가로서 개입하고 스스로 역사서를 편찬하는 일련의 과정은 조선이 주체적으로 중화 세계에 참여하고 그 속에서 자신의 위상을 조정하는 능동적 과정이었다고 할 수 있다.

지역과 종족에서 중화와 먼 조선이 문화적 이념만으로 중화를 표방하게 된 것은 일면 자연스러운 행보라고 할 수 있다. 어떤 면에서 조선에게 소중화의 표방이 생존의 조건이자 변화의 논리였던 것이다. 명의 몰락과 청의 대두라는 동아시아 지역 질서의 극적 사건이 없었다면 아마도 조선 후기에 중화주의가 국가적 정책이자 시대 이념으로 강력한 힘을 발

4) 선행 연구들은 창덕궁 후원에서 명 황제의 신위를 모시고 제사를 진행하는 대보단(大報壇)의 설치와 운영을 통해 중화주의의 강화를 확인한 바 있다. 정옥자, 『조선후기 조선중화사상 연구』, 일지사, 2010, 70~95쪽. 송시열(宋時烈, 1607~1689)은 조선과 명을 군신 관계로 파악해 조선이 명의 마지막 연호인 숭정(崇禎)을 연호로 사용해야 한다고 주장한 바 있고 실제로 영조는 대보단의 제사 의식을 강화하고 명 태조부터 마지막 황제인 의종까지 제사를 지냄으로써 조선을 멸망한 명의 계승자로 천명하고자 했다. 김문식, 『조선 후기 지식인의 대외 인식』 새문사 2009, 15~16쪽

5) 청 조정에 『명사(明史)』에 왜곡되어 있는 조선 역사를 수정할 것을 요구했던 명사변무(明史辨誣) 사건은 1676년 숙종 2년에서부터 1771년 영조 47년에 이르기까지 약 백여 년간 지속된 민감한 사안이었다. 김문식, 앞의 책, 53~60쪽.

휘하는 차원까지 확대 강화되지는 못했을지 모른다. 이들은 정통과 왕도 정치의 이념을 국가의 존립과 정치적 정당성 확보를 위한 토대로 두고 이를 하나의 이념 안에 담아 이념과 현실적 운용의 궤도를 맞추고자 했고, 이 통합적 이념이 바로 '중화'였던 것이다.

표현은 관념을 낳고 관념은 다양한 맥락 속에서 특정한 기능을 수행하거나 모종의 역학을 산출한다. 이는 결국 조선에서 '중화'가 닫혀 있으면서도 열려 있는 관념이자 실천이었음을 말해준다. 이 열려 있는 각도 사이에 다면적인 분기들이 발생한다. 이 논문은 '중화'라는 철회될 수 없는 정통의 이념을 재검토하고 이를 다시 조선 후기의 지적 상황을 읽는 스펙트럼으로 활용하기 위해 전통적 중화 관념에 대해 모종의 긴장을 가한 '서학(西學)'을 하나의 조망의 각도로 도입하고자 하는 것이다.

2. 중화주의와 문명의식, 그리고 서학

'중화'라는 표현이 만들어 낸 공간적, 문화적, 이념적, 도덕적 관념은 조선 사회에서 정치 세력 간의 갈등 상황의 분기점으로, 자타 인식의 기준점으로, 다른 사상적 분화를 허용하지 않는 학술적 정통의 축으로 기능해왔다. 그러나 상황은 단순하지 않다. 타자와의 관계에서 발생하는 관념인 만큼 중화의 의미망 자체가 단일하지 않았기 때문이다. 조선의 정치적, 지적 주체들은 명, 청과의 관계 변화나 국내적 정세, 당파간의 입장 차 등에 따라 각기 다른 상상을 했을 것이고 그 안에서 중화는 세부 맥락과 의미로 분화되거나 분기되었을 것이다. 대명의리론, 북벌론, 존주론 등이 그 각론에 해당한다. 그러나 중화의 이념이 각각 어떻게 분기되고 어떤 방식으로 표출되었는지에 관계없이 내부를 관통하는 중심축이 존재했다. 황경원 같은 대표적인 중화론자가 강변하듯 중화란 예의(禮義) 그 자체일 뿐이고, 그런 의미에서 한 사람 안에서도 중국일 때가 있고 이적일 때가 있을 수 있다.[6] 조선 지식인들에게 중화란 보편적 지향으로서의 인도(人道)이며 문화적 이념으로서의 예의(禮義)이며, 정치적 틀로서의 왕도(王道) 그 자체였던 것이다.

이 논문은 중화 관념 안에 작동하는 모종의 일관된 상상들을 하나의 기표로 바꾸어 보고자 한다. 그것은 문명의식이다. 다면적이고 다층적인 중화 관념의 내부에 모종의 토대적 이념을 설정할 수 있음을 전제하는 것이다. 여기서 문명의식이란 올바르고 이상적인 세계에 대한 공유가능한 이념을 의미하는 것이다. 동아시아에서 문명의식의 실체는 물론 유교다. 유교는 동아시아를 문화적으로 통합하는 초역사적 프레임이었다. 공자와 맹자가 패권을 바탕으로 한 폭압적 정치를 차단하기 위해 고안한 이념적 보호책 역할을 했다는 점은 주지의 사실이다. 유교는 전체를 추동하는 설득력과 동의를 확보하기 위해 '도덕성'을 전면화한 체계라고 할 수 있다. 이러한 체계를 하나의 구호이자 이념으로 선언한 것이 '인도(人道)'로서의 '문명(文明)'일 것이다.

그런 맥락에서 예의로서, 인도(人道)로서, 도덕적 표상으로서의 중화는 조선인들에게 결국 야만적이고 비정통적이며 비인간적인 세계로부터 인간적이며 도덕적인 세계로의 상승의 원망(願望)을 담은 역동적 기제라고 할 수 있다. 중화가 타자를 설정하고 외곽화하는 적극적 배제의 논리였다면 이 원망을 비정치적으로, 덜 배제적으로 담은 전통적 표현과 그 관

6) 夫所謂中國者何也 禮義而已矣. 禮義明則戎狄可以爲中國, 禮義不明則中國可以爲戎狄, 一人之身, 有時乎中國, 有時乎戎狄. 『江漢集』 권5 「與金元博」 茂澤 書 『한국문집총간』 224권 113a 이후 권호만 표기하기로 한다.

념은 '문명(文明)'일 것이다.

고경에 등장하는 문명(文明)은 '나타난 용이 밭에 있으니 온 천하가 빛나고 밝다(見龍在田, 天下文明(『역경』)에서처럼 문채나는 광명한 세계를 가리키기도 하고 '깊고 지혜스러우며, 빛나고 밝으시며, 온화하고 공손하며, 성실하고 독실하시다(濬哲文明, 溫恭允塞)'에서처럼 성인의 빛나는 문화적 위업을 가리키기도 한다. '문명지세(文明之世)'처럼 문덕이 창달한 세상, 교화가 밝게 이루어진 시대를 의미하는 경우도 있다. 결국 문명은 인도가 가장 밝은 상태, 도덕적 교화가 창달한 세계를 가리킨다고 할 수 있다. 중화의 이념과 실천을 다른 식으로 표현한다면 이는 '문명'의 담지자로서의 자긍과 실천의 과정이라고 할 수 있을 것이다. 그렇다면 '문명'은 '중화'와 같은 반열에 놓인 동의어라고 할 수 있다.

그러나 주지하듯 현재 우리가 사용하는 '문명'은 'civilization'의 번역어로 이해된다. civilization은 라틴어 civis(형용사형 civilis, 명사형 civilitas)에서 유래한 것으로 '시민 또는 시민의 자격이 있음'을 의미했다는 사실은 잘 알려져 있다. 고대 로마에서 문명은 로마 시민과 그 외의 이민족(a barbarian)을 구분하기 위한 개념이던 것이다. 18세기 이후 civilization은 유럽 사회에 "문명화된"의 의미로 정착했고 새롭게 등장한 시민 계급에 의해"예절 바른" "세련된"의 의미로 통용되었다는 점도 잘 알려져 있다. 당시 유럽에서 civilization은 귀족 계층의 생활 방식을 의미했던 것이다. 그러나 계몽사상을 통과하면서 civilization에는 진보의 의미가 포함되게 되었다.

진보의 이념을 담고 있는 '문명화'는 유럽의 목표였고 구체제의 극복이라는 단계를 통과할 때 비로소 획득가능한 인간 사회의 이상적 상태를 의미하게 되었다. 이후 최종적으로 승인된 문명 개념의 함의는 비민족적, 무차별적, 세계시민적 차원으로 격상되었고 결과적으로 서구 국가가 이룬 문화적 성취가 가장 진보된 것이라는 우월 의식을 담고 전세계적으로 유통되게 되었다. 특히 사회진화론과 함께 동아시아에 유입된 문명 개념은 단독적으로 작동하지 않고 언제나 이미 야만, 미개, 반개화 등의 등급화와 함께 유통되었음은 주지의 사실이다. 이 때문에 후쿠자와 유키치 이래[7] 동아시아에서 문명은 개화라는 방법론적 과정이면서 진보라는 방향성을 가지는 말로 이해되었다.

그러나 사실상 '문명'의 지적 소유권은 후쿠자와 유키치가 아니라 동아시아 고대 경전에 있다. civilization이 '문명'의 표층이 되기 이전에 동아시아인들은 온전한 세계, 바람직하고 이상적인 세계를 '문명(文明)'으로 이해해 왔다. 결과적으로 '문명'은 우리 언어 안에서 이중적으로 착종되었다. 문명을 모종의 인간적 진보 과정으로 이해하는 한편 변치 않는 정당성의 근거로서의 원형으로 이해하는 감각이 생긴 것이다. 근대적 번역어 '문명(civilization)'은 누구나 선취할 수 없고 특정한 지역의 특정한 종족, 특정한 문화적 자산을 보유한 이들만 소유한다는 중국적 문명(文明) 개념의 특수성을 넘어, 모든 공동체, 민족, 국가가 발전의 최종적 정점에서 도달해야 할 거시적 보편성으로 바꾸는 과정이었다.

진보와 야만을 하위 체계로 끌어온 서구 근대적 문명 개념과 달리 조선 후기 지식인들이 상상한 문명의 관념 안에는 진보에 대한 명확한 의식도, 야만상태의 극복이라는 과제도 없었다. 결국 유학자들에게 문명이란 진보를 향한 국가, 사회적 역주라기보다는 도덕 국가의 표상이자 이를 유지하기 위한 사회적 조건을 의미하는 것이었다. 조선 후기의 지적 변화 역시 이런 각도에서 조망하는 것이 가능할 것이다.

---

7) 문명의 번역에 관해서는 박양신 「근대 초기 일본의 문명개념 수용과 그 세속화」『개념과 소통』 vol.1, 2008., 이혜경, 「'중화'에서 'civilization'으로 - 동아시아 문명 패권의 이동」『인물과 사상』 Vol.132, 2009.

물론 조선인들이 사용하던 문명의 의미 역시 단일하지 않았다. 고대 경전에 나타난 문명 개념이 선왕의 밝은 교화와 그로 이루어진 인도의 세계를 의미한다면 후대에 사용되는 맥락에서는 일종의 문화적 수준을 의미하는 말로 쓰이기도 하는 것이다. 박제가처럼 문명을 당대의 문화적 성취 즉 물질적 조건을 포함한 사회적 수준으로 받아들이는 경우도 있다. 『북학의』에서 박제가는 삶이 생존과 유지라는 목적과 기능에 국한되지 않는 세계, 자기의 심지를 기르고 천기를 움직일 수 있는(資其心志, 動盪天機) 곳을 우아하고 세련된 문명의 세계(文明都雅之域)라고 부른다. 그리고 이미 박제가에게 당시 중국은 그런 수준에 이른 곳, 이미 문명의 숲(中國之爲文明之藪)이었다.[8] 물론 이 맥락에서의 문명은 정신적 풍요와 심미적 삶이 가능한 세계, 다시 말해 사회가 보유하고 있는 높은 문화적 수준을 의미한다. 그러나 보다 일반적인 문명의 의미를 보여주는 발상은 다산에게서 찾을 수 있다. 다산이 생각하는 문명 역시 높은 문화적 수준과 사회적 발전을 토대로 한 개념이다.

> 신이 생각건대, 천지가 개벽하여 인류가 처음 생겨났을 때 문물이 갖춰지지 않고 예의가 밝지 않아 미개하여 혼돈스러워 새나 짐승들과 함께 무리지어 살다가 성인(聖人)이 나온 연후에야 하늘의 밝은 명(命)을 받아 인류의 기강을 세움으로써 문과 질[文質]이 함께 숭상되고 예악(禮樂)이 비로소 일어나게 되었으니, 이는 자연의 형세입니다. 우리나라는 신라와 고려 이후로 날로 **문명**(文明)을 이루어오다가 아름답게도 성조(聖朝)에 이르러서는 문명이 한창 융성한 시기를 만났습니다. 땅은 광대하고 구역의 배치는 상세하니 모두 조종(祖宗)의 크나큰 모유(謨猷)요, 물산(物産)의 풍요로움과 밝은 풍속은 진실로

---

8) 『北學議』 「古董書畵」

중국 밖의 나라가 숭앙하는 바입니다.[9)]

다산은 '문명'을 시간축에서 이해한다. 문명은 성인에 의해 시작되어 모종의 순간에 개화하는 시간적 발현이다. 단번에 성취할 수 없는, 시간적 축적을 통해 현재에 발현되고 미래에 연장되는 모종의 성취라는 점에서 박제가 역시 문명을 시간적 연장과 확대로 이해한다. 이들에게 문명은 과거에 시작되어 축적되고 발전되어가는 시간적 축에 연결되어 있다. 중화가 공간적인 표상이라는 점과 비교하자면 문명은 공간적인 배제의 논리라기보다는 과거와 현재를 잇는 일종의 시간적 표상에 가깝다고 할 수 있다.

이 지점에서 우리는 다음과 같은 질문을 할 수 있다. 조선은 왜 '문명'이 아니라 '중화'를 꿈꾸었는가? 문명이 성인이 어느 시점에 '연' 것이고 시간적으로 이어져 발전시켜야 할 것이며, 동시에 현재를 넘어서 미래까지 성취해야할 모종의 단계라면 문명은 아마도 중화에 비해 덜 정치적이고 덜 공간적이며 그래서 덜 배제적인 관념이라고 할 수 있을 것이다. 조선이 문명이 아니라 중화로 자신을 상상하고 그에 따른 이념적 선언과 정치적 실천을 반복해 온 과정을 여기서 다 설명하기는 어려울 것이다. 그러나 중요한 것은 상상된 중화 관념과 동시에 병행적으로 문명의식이 작동하고 있다는 것이다.

조선 유학자들이 꿈꾼 '문명'을 단일한 한 장의 그림으로 완성할 수는 없을 것이다. 그러나 적어도 이들이 이 세계를 빛의 세계로 인도한 성인

9) 臣竊伏念天開地闢, 人類肇生, 則文章未備, 禮義未明, 鴻荒混沌, 鳥獸同羣. 有聖人者出, 然後受天明命, 肇立人紀, 文質互尙, 禮樂始興, 此自然之勢也. 我東羅麗以來, 日就文明, 猗歟聖朝, 實當盛會, 幅員之廣大, 制置之詳密, 皆祖宗之宏猷也. 物産之豐饒, 風氣之昭明, 寔外服之所宗也. 『여유당전서』『다산시문집』 권7 「地理策」

의 교화에 대한 광범위한 믿음이 있었고 그 교화의 양상과 결과, 표현형에 대한 상상이 서로 다르게 표출되었을 뿐이다. 그런 측면에서 이들은 모두 조선 사회에서의 '문명'의 유지와 실현을 기대하고 지향했고 이를 정치적·학문적·일상적 실천 속에 담고자 했다고 말할 수 있을 것이다.

이 논문은 조선 후기 사상 지형에서 중화의 핵심적 전제를 문명의식으로 읽고, 조선에 전래된 서학을 중화의 내포를 다면적으로 파악하게 해줄 매개 변수로 세워 그 함의를 살펴보고자 하는 것이다. 우리에게 '중화'가 어떤 의미였는지, 어떤 양태로 발현되었는지는 선행 연구들이 검토해온 바이다. 이 논문에서는 일종의 변수로서 '서학(西學)'을 수용하는 과정을 통해 중화 관념 안의 긴장성을 발생시키는 담헌 홍대용, 연암 박지원, 성호 이익 같은 학자들에 주목하고자 한다. 이들은 중국에서 유입된 서학서들을 능동적으로 검토하고 자신의 사상적 궤적 안에 창의적으로 결합함으로써 독특한 지적 변용을 이루어낸 조선 후기의 대표적인 서학 수용자들이다. 이들은 서학을 하나의 창으로 삼아 조선과 조선의 학풍을 객관화함으로써 새로운 인식에 도달한 개방적 사상가들로 평가받는다. 이들이 보여주는 지적 소통의 태도와 경향에서 중화 관념이 어떤 긴장과 변곡점을 거쳐 조선 유학자들의 지적 지향을 산출해내는지를 살펴보고자 하는 것이다.

중화가 명의 멸망과 청의 등장이라는 현실적 조건 안에서 조선이 자기를 지키고 타자에 대응하는 복합적 논리를 만들어온 중요한 관념이자, 담론이라는 사실은 분명하지만 역시 '중화'라는 틀에서 바라보는 한 중화라는 표현형의 이면을 맥락화해 바라볼 수 있는 각도가 좁아진다. 그런 문제 중 하나가 서학의 유입에 따른 조선 후기 지식인들의 지적 태도의 변화다. 물론 이 변화는 서학의 영향 관계를 추적하는 연구나 혹은 중화론의 전개를 검토하는 연구에서 하나의 세부 사항으로 다루어지는 바이다. 그러나 '중화'가 하나의 기표가 되는 한 '서학'이라는 타자의 그것도 선진적인 학문 유입에 따른 변화를 세밀히 검토하기 어려울 것이고, 반대로 '서학'을 표제어로 읽을 경우 영향 관계를 추적하는 차원에 머무르며 지적 경향 내부에 작동하는 논리나 이념을 파악하기 어려운 측면이 있다.

서학은 특히 하나의 외부적 재료로서 패권의 구도가 완전히 확정된 시기 조선 지식인들에게 상당한 자극을 주었다. 이는 기존의 연구를 통해 상당히 규명된 바이다. 여기서는 서학 유입에 따른 사상적 변화 자체를 추적하고자 하는 것이 아니라 서학을 하나의 창으로 삼아 조선 지식인들의 문명의식을 검토해보고자 한다. 기존 연구들은 조선 후기의 대외인식, 지적 풍토를 읽기 위해 중화의 관념 안에서 벌어진 다시 개별 현상들을 평가해왔다. 조선의 중화주의는 여러 각도에서 논구되었고 관련 연구의 양적 축적은 상당하다. 조선의 중화주의가 자기폐쇄적이며 유아적인 관념적 유희였음을 지적하는 연구자들이 있는 반면 이런 입장이 궁극적으로 서구적 근대화를 전제로 조선의 선택을 역산하는 것에 불과하다고 보고 나름의 가치와 의미를 인정하려는 연구 성과들도 존재한다.

정옥자, 계승범, 우경섭, 김문용, 허태용, 조성산[10] 등이 활발하게 중화관련 논의에 참여한 연구자들이다. 관련 연구의 토대적 관점을 제공한 정옥자가 조선 중화주의를 통해 자존의식과 문화적 자긍심을 이끌어냈다면[11] 계승범은 '정지된 시간'이라는 저서의 표현을 통해서 드러나듯 중화주의를 긍정적으로 평가하는 연구를 비판하며 이를 폐쇄적이고 정체된 관념적 이데올로기에 지나지 않는다고 평가한다.[12] 이러한 비판에 대

10) 조성산, 「제국의 주변과 중화의식의 성장—18세기 후반~19세기 전반 조선 지식인의 대청인식」, 『동아시아인의 근대, 그 중심과 주변』, 2013.

11) 정옥자, 『조선후기 조선중화사상 연구』, 일지사, 2010.

12) 계승범, 『정지된 시간—조선의 대보단과 근대의 문턱』, 서강대학교 출판부, 2011.

해 우경섭은 동의하지 않으며 존주와 존명을 구분함과 동시에 근대성의 관점에서 조선 중화주의를 읽는 방식에 대해 경계하고자 한다.[13] 한편 허태용은 명이 멸망한 뒤 명의 재건을 고대하는 방식의 중화회복의식과, 명의 회복을 기대할 수 없게 된 시기 조선이 스스로 중화를 자임하는 방식의 중화계승의식으로 나누어 설명하기도 한다.[14] 유봉학은 문화자존의식이라는 표현을 사용하기도 한다.[15] 김문식은 중화주의를 바탕으로 한 조선 후기 지식인의 대외 인식을 살펴본 바 있다.[16] 백민정은 '존주대명, 존왕양이를 통해 조선의 지식인이 주장한 중화주의는 왕도정치에 대한 그들의 일관된 정치적 지향을 드러낸 것이며 조선이 왕정의 계보에서 정통성을 확보[道統]했다는 확고한 신념을 나타낸 것'이라고 보며 중화주의를 왕도정치의 차원에서 이해하고자 한다.[17] 이처럼 조선 중화주의가 어떤 양상으로 어떤 구조로 발현되었는지에 대한 역사적 접근과 평가는 다양한 분기에서 이루어져 왔다.

한편 이 논문의 다른 축인 서학에 관련해서도 다양한 연구 성과가 존재한다.[18] 서학의 전래에 따른 조선 지식인의 대응 양상은 그간 상당한 연구 성과가 축적된 바이다. 단순히 서학의 수용이나 영향을 검토하는 선을 넘어서 이를 모종의 '세계관의 변화'로 파악하려는 연구도 있다. 예

---

13) 우경섭, 『조선중화주의의 성립과 동아시아』, 문예원, 2013.

14) 허태용, 『조선후기 중화론과 역사인식』, 아카넷, 2009.

15) 유봉학, 『18-9세기 연암일파 북학사상의 연구』 서울대 박사논문 1992, 50쪽

16) 김문식, 『조선후기 지식인의 대외인식』, 새문사, 2009.

17) 백민정 「조선 지식인의 왕정론과 정치적 공공성-기자조선 및 중화주의 문제와 관련하여」 『동방학지』 164호, 2013.

18) 대표적인 연구서들은 다음과 같다. 이원순, 『조선서학사연구』, 일지사, 1986., 최소자, 『동서문화교섭사 연구』, 삼영사, 1987., 강재언, 『조선의 서학사』, 민음사, 1990., 금장태, 『동서교섭과 근대 한국사상』, 성균관대학교 출판부, 1984., 최동희, 『서학에 대한 한국 실학의 반응』, 고려대학교 민족문화연구소, 1988., 차기진, 『조선 후기의 서학과 척사론 연구』, 한국교회사연구소, 2002. 등

를 들어 구만옥은 조선 지식인의 서양 이해와 그에 따른 세계관의 변화를 검토한다.[19] 이 논문은 조선 후기 사상계에 끼친 서학의 영향과 역사적 의미를 구체적 사실적으로 밝히는 작업을 통해 서양과의 접촉이 전통적인 대외 인식과 세계관에 어떤 영향을 미쳤는지 가늠하고자 한다는 것이다. 세계관이라는 표현으로 나타났지만 사실 이는 일종의 대외인식의 관점에서 서학의 영향을 검토하고자 하는 시도로서, 이 논문의 관점과 다르다.

잘 알려져 있듯 조선 후기 지식인들 가운데는 조선의 사명을 새로운 학술의 수용과 발전으로 보고 중국에 대한 이중적 태도를 벗어나 적극적으로 이를 활용하고자 한 이들이 있었다. 성호학파나 북학론자 등 이른바 실학자로 불리는 조선 후기 지식인들은 서적을 통한 지적 수용 과정을 거치면서 발전된 청나라의 문물과 특히 서양에서 유래한 학문과 이론들을 받아들이는데 주저하지 않았다. 이들이 지구설, 세계지도 등의 서학 이론을 교두보삼아 지리적 중심으로서의 중국을 벗어남으로써 전시대 인물들과는 다른 행보를 보여주기도 한다.

이들이 어떤 면에서 지리적 이(夷)이면서 문화적 화(華)라는 조선의 이중적 화이관을 벗어났다는 점은 분명하다. 그러나 적극적으로 청과 서양으로부터의 문물 수용을 주장한 이들 중 그 누구도 문화적 이념으로서의 중화주의에서 벗어나지 않았다. 이들에게 중화의식은 중국에 대한 이상화가 아니라 문명 의식 그 자체였고 이 문명 의식이 조선이라는 사회를 그 어떤 현실적 힘 앞에서도 주체적이며 능동적으로 만들었다고 할 수 있다. 이때 서학은 어떤 면에서 새로운 문명의식을 각인시키고 환기시키는 역할을 했다고 할 수 있다.

---

19) 구만옥 「16-17세기 조선 지식인의 서양 이해와 세계관의 변화」 『동방학지』 122권 2003.

3. 서학의 유입과 문명의 도전

1) 서학의 수용과 변용-시헌력과 서학중원설

> 서양의 글이 선조(宣祖) 말년부터 이미 우리나라에 들어와서 명경 석유(名卿碩儒)들이 보지 않은 사람이 없었으나, 제자(諸子)나 도가 또는 불가의 글 정도로 여겨서 서실(書室)의 구색으로 갖추었으며, 거기서 취택하는 것은 단지 상위(象緯)와 구고(句股)의 기술에 관한 것뿐이었다. 연래에 어떤 사인(士人)이 사행을 따라 연경에 갔다가 그에 관한 책을 얻어 가지고 왔는데, 계묘년과 갑진년에 재기있는 젊은이들이 천학(天學)에 관한 설을 제창하였다.[20]

안정복(安鼎福, 1712~1791)의 개탄은 서학서가 일반화된 조선 후기의 현실을 잘 보여준다. 조선 지식인들이 중국에서 간행된 서학서를 통해 서양 과학을 수용, 연구하여 나름의 독자적 성취에 이르렀다는 점은 여러 연구를 통해 알려진 바이다.[21] 김석문(金錫文, 1658~1735), 성호 이익(李瀷, 1681~1763), 담헌 홍대용(洪大容, 1731~1783) 등의 조선 지식인들이 단순히 서양 이론을 수용하고 이해한 수준에서 벗어나 역학, 기론 등 전통적 이론의 축에서 재구성하고 독자적 이해에 도달했다는 것이 연구의 일반적 결론이다.[22]

---

20) 西洋書, 自宣廟末年, 已來于東, 名卿碩儒, 無人不見. 視之如諸子道佛之屬, 以備書室之玩, 而所取者, 只象緯句股之術而已. 年來有士人隨使行赴燕京, 得其書而來, 自癸卯甲辰年間. 少輩之有才氣者, 倡爲天學之說, 『順菴先生文集』「天學考」

21) 이원순 『조선서학사연구』 일지사, 1986. ; 박성래 「한국근세의 서양과학 수용」 『동방학지』 20, 1978.

22) 다음의 연구를 참고할 수 있다. 민영규, 「17세기 조선학인의 지동설 -김석문의 역학

조선인들이 서양의 과학 기술을 처음으로 접한 것은 17세기 초반 명나라에 사신으로 갔던 정두원(鄭斗源, 1581~?)이 천리경, 자명종, 천문도 등의 기기와 천문 역사 지리에 관한 책을 가지고 들어오면서인 것으로 알려져 있다. 청나라에 볼모로 잡혀 있던 소현세자 역시 예수회 선교사 아담 샬과 직접 만나 다양한 서양 기기와 서적들을 얻었다.[23] 마테오 리치가 북경에 들어가 명나라 황실과 접촉하고 활발한 활동을 하기 시작한 것이 1600년대 초이고 이후 알레니, 아담 샬 등 마테오 리치의 후임자들이 중국 각지로 흩어져 적극적으로 활동한 것이 1620~30년 대임을 고려해 볼 때[24] 접촉 시기만으로는 중국과 큰 차이가 없다.

그러나 서양 과학에 대한 접근 방식에 있어서는 상당한 차이가 있다. 중국인들이 서양 선교사들과 직접 대면을 통해 서양 과학을 배웠고 상당수의 지식인들이 공동 작업에 참여하였으며 더 나아가 국가적으로 이들의 활동을 공인해 국가 기구에서 활동할 수 있게 보장했던 반면 조선에서는 오로지 사행을 통한 서적 입수, 작은 범위에서의 인적 교류를 통해서 서양을 접했기 때문이다.[25] 다시 말해 조선은 중국이라는 담이자 문을 통해서만 서양 학술에 접촉할 수 있었던 것이다.

가장 적극적으로 수용된 서양 과학의 예는 국가적 차원에서 적극적으로 도입하고자 한 시헌력(時憲曆)이다. 천문 역법이 왕조 차원에서 가장

이십사도해」 『동방학지』 16 1975, 이용범, 「김석문의 지전설과 그 사상적 배경」 『진단학보』 41 1976, 「이조실학계의 서양과학 수용과 그 한계-김석문과 이익의 경우」 『동방학지』 58 1988, 박성래, 「홍대용의 과학 사상」 『한국학보』 23 1981., 김문용, 「홍대용의 실학사상에 관한 연구」 고대 박사학위 논문, 1995

23) 강재언 『조선의 서학사』, 민음사, 1990

24) 자세한 내용은 다음을 참고할 수 있다. 김선희, 『마테오 리치와 주희, 그리고 정약용』, 심산, 2012.

25) 사행과 한역 서학서를 통한 서양 학술과 문물의 도입에 관해서는 다음의 연구를 참고할 수 있다. 이원순, 앞의 책.

중시된 국가적 과학이었음은 재론할 필요가 없다.[26] 역법을 재정하고 개정하는 일은 전통적인 유학의 정치관에서 가장 중요한 국가적 정책이었다. 그러나 조선의 왕들에게 천문 역법의 이정은 왕도 정치의 근본을 수행한다는 의미뿐 아니라 조선이 내치를 자주하는 자주국임을 스스로 확인하는 의미를 담고 있었다. 따라서 번방이 책력을 함부로 발간할 수 없음은 상식적인 일에 속했음에도 조선의 왕들은 나름의 역법을 갖기 위해 부단히 노력했던 것이다.[27] 조선 정부는 사행에 관상감 관원들을 수행시켰고 그들로 하여금 천주당을 직접 방문하여 서양 역법에 대한 정보를 얻어오는 일을 정식화한다.[28] 조선은 중국이 아닌 서양식 역법을 수입한다는 점에 있어서는 특별한 거부감이 없었다고 볼 수 있다. 이미 청조에서 공인한 방법이라면 서양의 역법이라는 사실이 문제될 이유는 없었을 것이다.

김육(金堉, 1580~1658)등이 시헌력에 관련된 문헌들을 검토하고 연구해 기초를 닦았고 후에 북경의 흠천감에서 역법을 배워와 공식적으로 시헌력을 채택한 것이 1653년이었다.[29] 잘 알려진 대로 비록 오랜 노력 끝에 비공식적인 접촉을 통한 유입이었지만 결과적으로 독자적인 연구와 노력으로 새로운 체계를 소화한 경험은 조선인들에게 의미가 있었을 것이다. 서양 역법의 도입과 운용은 조선의 정치적, 지적 주체들로 하여금 중국 과학 기술을 상대화할 수 있는 계기가 되었을 것이다. 물론 이 과정을 통해 조선이 중국에 대해 객관적 거리를 확보하게 되었다고 보기는

26) 천문 역법 분야에서의 교류와 수용에 관한 연구가 이루어져 왔다. 시헌력 도입 과정에 관한 연구는 다음을 참고할 수 있다. 강재언, 앞의 책, 이용범, 『중세서양 과학의 조선 전래』 동국대 출판부, 1988

27) 박성순, 『조선 유학과 서양과학의 만남』 고즈윈, 2005, 86-87쪽

28) 박성순, 앞의 책, 94-95쪽

29) 자세한 내용은 강재언, 앞의 책 참조

어렵다.

시헌력 도입을 통해 서양 과학에 대한 관심 등이 높아진 것은 사실이지만 그렇다고 해서 같은 분야의 중국적인 전통이나 이념이 무시되었던 것은 아니기 때문이다. 특히 조선인들은 서양인과 직접 대면을 통해 시헌력을 배운 것이 아니라 한문으로 저술되고 청나라의 국가 기구를 통해 공인된 지식에 접촉한 것이다. 비록 공식적인 루트는 아니었지만 중국으로부터 천문 역법에 관한 지식 체계를 들여왔다는 사실에는 변함이 없다. 다시 말해 시헌력은 서양의 기술 그 자체가 아니라 서양의 지식을 활용했지만 중국의 공인된 역법을 수입한 것과 다름없는 것이다. 그런 의미에서 조선은 여전히 중국과의 거리 두기에 한계가 있었다고 말할 수 있다. 그러나 시헌력의 도입은 조선에 다양한 영향을 가져왔다. 단순히 역법의 계산 뿐 아니라 우주구조에 관련된 지구설(地球說)이나 수학, 관측 도구에 이르기까지 광범위한 분야에서 서양 과학 기술에 대한 관심이 높아졌고 더 나아가 새로운 자연관이나 우주관을 받아들일 토대가 닦였다고 할 수 있다.

시헌력이 국가적으로 공인되는 과정은 조선의 지식인들은 여전히 중화주의의 이념에 따르면서도 어느 사이 서양 과학의 기술과 학술을 중요한 지적 축으로 삼아 실질적 중원의 지배자를 상대화시킬 수 있음을 보여주는 사례였다. 그러나 역법이라는 국가적 사업과 달리, 개인적으로 수용된 서학서의 이론들은 중국과 조선에서 복잡한 심리적 태도와 절충적인 수용 논리를 낳았다. 서양의 학술이 고대 중국에서 발원한 것이라는 '서학중원설(西學中原說)'이 그것이다.

서학중원설은 서양의 역법이 『주비산경』에 담긴 고대 중국의 천문 우주에 관한 지식이 서양으로 전해진 후 그 곳에서 독자적으로 발전하여 다시 중국으로 유입된 것이라는 주장에서 비롯된 것이다. 서학중원설을 주장하는 대표적인 인물은 중국에서 당대 최고의 지식인이었던 매문정(梅文鼎,1633~1721)이다.[30] 매문정은 서양 천문학적 지식의 원류가 중국에 있었다고 봄으로써 서학의 영향력을 깎아내리고 이를 중국 학술의 하위 구조에 두고자 했지만 그 실질적 효과는 반대로 나타났다. 결국 타자의 학문적 전통을 중국의 지적 전통에 연결함으로써 사실상 서학이 중국 내에서 유통될 수 있도록 그 정당성을 인정하는 효과가 나타났던 것이다.

서학중원설은 선교사들과 그들을 중용한 강희제의 선택을 승인해 주는 역할을 했으며 중국 고대 학문을 서양 천문학의 원류로 부각시킴으로써 중국 지식인들의 중화주의적 정서에도 부응할 수 있었다.[31] 서학중원설은 서양의 천문학적 지식의 소통을 사회적으로 정당화했던 것이다. 이런 입장은 이후 국가가 간행하는 공식 문헌에서 등장하게 되면서 공인되었고 청조와 지식인들 역시 광범위하게 이를 승인하기에 이르렀다.[32] 서학중원설은 문화적 자긍심과 지적 주도권을 유지한 상태에서 뛰어난 타자를 수용하기 위해 고안된 절충적 논리라고 할 수 있다.

조선 학계에서도 일부 지식인들이 서학중원설을 받아들였다. 서명응(徐命膺, 1716~1787), 이헌경(李獻慶, 1719~1791), 홍양호(洪良浩, 1724~1803) 서유본(徐有本, 1762~1822) 등이 대표적이다. 특히 서명응은 자신의 지적 자산을 모두 동원하여 천문학 지식들의 중국 기원설을 더욱 정교하게 발전시킨다. 서명응은 17세기에 전래된 서양 천문학 전체가 고대 중국으로부터 유래한다고 보아 두 지적 전통을 종합적으로 해설하고자 시도한다.[33] 서명응에 따르면 천문학적 지식은 복희가 창제한 것으로 본래 『주

30) 자세한 논의는 다음의 논문을 참고할 수 있다. 임종태 『17~18세기 서양 지리학에 대한 조선 중국 학인들의 해석』 서울대 박사논문, 114~135쪽

31) 임종태, 앞의 논문, 128쪽

32) 임종태, 앞의 논문, 133쪽

33) 박권수, 「서명응의 역학적 천문관」 『한국과학사학회지』 20 1998, 91~92쪽

례』와 『주비산경』에 담겨 있었으나 주나라의 몰락과 진시황의 분서갱유 등에 의해 일실되면서 복희가 밝혀놓은 천문과 역법의 정교한 지식들이 사라져버렸다는 것이다. 이 지식이 주나라 말기에 외국으로 피신했던 사람들에 의해 서양으로 전해졌고, 그들이 이를 발전시킨 뒤에 다시 중국에 들어와 이를 전파한 것이라는 것이다. 더 나아가 서명응은 후세의 사람들이 이러한 이치를 몰랐다면 그것은 경전 속의 단서를 올바르게 밝히지 못한 때문이라고 본다. 서명응은 중국 학자들이 지구설을 접하고 이러한 정밀한 이치는 성인도 알기 어려웠을 것이라고 말한 데에 반박하면서 이미 성인이 지구설을 밝혀놓았음에도 이를 무시하거나 이에 대해 무지했다고 평가한다.[34]

서학중원설 자체는 중국에서도 공인된 바이지만 서명응은 경전 자체의 권위만 인정하는 것이 아니라 실질적인 이론과 지식들을 전통적 체계 내에서 설명하고자 했다는 점에서 보다 구체적인 방식으로 이를 증명하고자 했다고 볼 수 있다. 중국 고대 문명과 그 문명의 성과를 유일한 정통과 가장 완전한 문명의 토대로 보는 발상을 바탕으로 서양의 천문학적 지식을 전통적 담론 안으로 끌어들이고자 했던 것이다.

그러나 이러한 태도가 조선 지식인들 사이에서 일반적이었다고 보기는 어렵다. 서학중원설을 강력하게 주장하는 인물들도 있었지만 서양 천문학의 독자성과 그 학술적 가치를 인정하는 이들도 적지 않았다.[35] 여

34) 박권수, 앞의 논문, 92~94쪽

35) 예를 들어 담헌은 다음과 같이 말한다. '오직 서양 어떤 지역은 지혜와 기술이 정밀하고 소상하여 측량에 있어서는 해박하고 자세하다. 땅을 지구(地球)라고 하는 설은 다시 의심할 여지도 없다.(惟西洋一域, 慧術精詳, 測量該悉, 地球之說, 更無餘疑.)' 『湛軒書』「毉山問答」 248권 092a. 성호 역시 다음과 같이 말한다. '무릇 이 (서학의) 여러 이론들은 지금 중국 역서(曆書)로 징험해 본다면 예전에는 없었던 것들이다. 그것들은 서국(西國)에 오래 전부터 내력이 있었으니 하루아침에 만들어진 것이 아니다. 내가 일찍이 그 책을 접하여 그 이치를 조사해 보았는데 하나하나 훌륭하여 믿지 않

기서 중요한 것은 서학중원설의 인정 여부와 관계없이 조선의 지식인들이 중국보다는 비교적 개방적으로 서양 천문학을 받아들였다는 것이다.[36] 그것은 일차적으로 조선 지식인들이 직접적으로 서양의 지식과 대면할 필요 없이 간접적으로 이들의 학술을 수용했기 때문일 것이다. 타자를 직접 대면하는 데서 발생하는 강한 이념적 긴장 대신 비교적 자유로운 분위기에서 개별적 학자 스스로 해답을 찾아 연구했기 때문일 것이다. 이들에게 서양 천문학의 지식은 서양의 것이자 중국 것이기도 했다.

을 수가 없었다. (凡此諸說, 今以中國曆書驗之, 則古所無也. 而其在西國, 遠有來歷, 蓋非一朝之所刱(創), 吾嘗卽其書而驗其理, 則一一良是不得不信.) 『둔와서학변』 「기문편」

36) 서양 우주론의 수용함으로서 독창적인 우주론으로 나아갔다는 김석문의 우주론처럼 일정한 수준에 이르는 경우도 있다. 구만옥, 『조선후기 과학사상사 연구』 혜안 2004, 223~225쪽 참조. 김석문의 『역학이십사도해(易學二十四圖解)』는 단순히 독창적 지전설만 주장하는 것이 아니라 천문학 지식을 역학과 관련해 논의해 온 조선 유학자들의 전통적인 사유체계를 보여주는 텍스트이며 더 나아가 서양 천문학 지식이 전통적인 사유 체계 내로 수용되는 과정에서 드러난 사상적 반응을 보여준다는 평가를 받는다. 김석문은 성리학의 도덕적 세계관 안에서 작동하는 소옹의 상수학이나 『태극도설』의 이론축 위에 서양의 우주론적 지식을 결합함으로써 상수학적 논의를 통해 고대 성인들이 『주역』 등에서 찾았던 천지 만물의 참된 이치를 현재에 보여줄 수 있다고 믿었다. 서양의 천문학은 김석문에서 체를 밝히는 용에 가까웠던 것이다. 김석문 보다 두 세대 아래인 서명응 역시 서양에서 전래된 구중천설(九重天說)과 지구설 등 다양한 서양의 천문학적 지식 전반을 전통적인 역학의 사고 틀 내에서 해석한다. 서명응도 선천학(先天學)과 서양 천문학을 체용의 관계로 설정하며 전통 상수학과 역학의 틀 안에서 서양 천문학을 수용하고자 한다. 서양 천문학은 선천학에 대한 용(用)이며 선천학은 서양 천문학의 체(體)라는 것이다. 중국 본래의 천문학 지식은 서양에 전래되었으나 중국에서는 사라져버렸기 때문에 중국 천문학은 일월의 교식(交食)과 오행석의 운동을 제대로 예측할 수 없었으며 서양 약시 선천을 알지 못했기 때문에 서양 천문학이 더 융성해질 수 없었다고 본다. 그는 선천학과 서양 천문학이 함께 구비되어야 체용을 겸비함으로써 성인의 유법(遺法)이 복구될 수 있다고 보았다. 서명응의 발상과 시도 역시 서학 중원설의 한 변종이라고 볼 수 있을 것이다. 박권수, 「서명응의 역학적천문관」, 『한국과학사학회지』 제20권 1호 1998, 97~98쪽

이들이 읽은 것은 서양 언어가 아니라 한문으로 이루어진, 그것도 전통적 개념어와 연동된 지식 체계였기 때문이다.

보다 중요한 것은 서학이 경학적 전통을 해석하는 하나의 중요한 외부 지표 역할을 했다는 점이다. 서학서를 접하고 적극적으로 연구한 중국과 조선의 지식인들은 자기 전통의 학술적 담론들과 비교하는 과정을 거쳤고 그 과정에서 전통적인 이론들은 서학의 이론들을 자연스럽게 수용하기 위한 심리적 지지이자 이론적 정당화의 배후였다고 보는 편이 좋을 것이다. 서학의 이론적 타당성을 수용한 뒤에 전통적 담론에서 유사한 발상을 찾아내어 서학 이론의 타당성을 승인하는 방식인 것이다.[37] 이런 수용 방식은 강력한 타자인 서양과 유일한 정통으로서의 중국을 모두 수용하는 조선의 독자적인 이해방식이었다고 보아도 될 것이다. 중국을 타자로 대상화하는 데에 이르지는 못했지만 상상되고 이념화된 고대 중국을 교두보삼아 외래의 지식을 수용하고 이를 연구 발전시키는 경험을 통해 지적인 축이 하나일 수 없음을 확인하는 계기가 되었을 것이다.

서학중원설은 기본적으로 외래의 학문인 서학을 중국의 지적 지형 내부로 끌어들여 전통의 사유와 연접함으로써 이 새로운 지식의 수용과 유통을 정당화하는 역할을 했다. 정통 밖의 이단의 학문이 아니라 자신들에게 뿌리가 있는 변용태로 받아들일 수 있었던 것이다. 중국과 조선의 지식인들은 서학이 중국에 기원을 두고 있다는 발상을 통해 유일한 문명으로서의 자긍과 우월의식을 유지하면서도 실용적이고 효율적인 새로운 지식을 수용할 수 있는 발판을 마련한 것이다. 夷로부터 온 학문을 華의

37) 담헌이나 성호가 대표적인 예가 될 것이다. 성호는 서양 천문학이나 뇌낭설, 삼혼설 등을 받아들인 후 전통적인 경전에서 그와 유사한 담론들을 발굴해내어 비교해 본다. 성호의 이러한 태도는 신후담이 스승인 성호와의 서학 관련 토론을 정리한 「기문편」에서 확인할 수 있다.

하위 체계 안에 연결함으로써 보편 문명의 분화 가능성, 분기 가능성을 인정한 셈이다.

중화가 사실상 배제의 장치이면서 동시에 승인의 장치 역할을 할 수 있는 것은 이 관념을 작동시키는 핵이 이상적 세계, 합리적 사회의 이상을 담은 '문명'의 감각이기 때문일 것이다. 서양 학문을 고대 중국의 지적 전통을 변용한 현재적 형식으로 이해한다는 것은 공간적으로 단절되어 있던 夷로서의 서양을 중화의 연장으로 파악한다는 의미 뿐 아니라 시간적으로 현재화한다는 의미를 담고 있다. 서학의 정당성은 시간성 안에서 확보된다. 이로부터 도움이 될 수 있다면 기원 여부와 관계없이 과거에 비해 더 발전된 현재의 기술을 수용할 수 있다는 발상이 가능하기 때문이다. 이는 중화 관념으로는 수용할 수 없는 타자라도 문명의 관념으로는 수용할 수 있음을 보여준다.

이런 경험의 축적은 결과적으로 18세기 말 서양 과학 기술을 적극적으로 도입하자고 주장하는 북학론의 등장으로 이어진다. 예를 들어 박제가는 서양 과학 기술을 들여오기 위해 서양 선교사를 초빙하자고 주장한 바 있다. 박제가가 서양 선교사로부터 배우고자 했던 것은 천체의 운동 법칙, 종률의기(鐘律儀器)의 도수, 농사와 의약, 한발과 홍수의 이치, 벽돌을 구워 성곽과 다리를 세우는 법, 화기를 제조하는 법, 관개법, 수레와 배를 만드는 법 등 광범위하고 실용적인 기술과 학술들이었다.[38)]

박제가가 언급하는 기술들은 본래 중국에도 있던 것들로, 새로운 것이 아니었다. 박제가는 새로운 세계관을 수용하고자 한 것이 아니었으며 탄력적으로 유용한 기술만을 수용하고자 했다. 이들에게 중요한 것은 실생활에 유용한 기술들이었지 그것이 어디서 비롯되었는가는 중요하지 않았던 것이다. 그러나 적어도 서양이라는 기술적으로 더 뛰어난 타자는

38) 박성래, 『한국사에도 과학이 있는가』 교보문고, 1998, 174~177쪽

조선이 더 이상 중국에 기술적으로 의존할 필요가 없음을 알려주는 의미 있는 존재였다. 세계관의 변화에 이르지는 못했지만 복수의 문명의 가능성을 경험함으로써 중심으로서의 중화를 상대화할 수 있는 계기를 확보한 것이다.

2) 평면에서 구체(球體)로-지구설과 화이론의 극복

> 곡정이 말했다. 우리 유가들 가운데 근세에 지구설을 믿는 이들이 많아졌다. 하늘과 땅이 각각 모나고 둥글며 움직이고 고요하다는 것이 우리 유가의 생각인데 서양인들이 어지럽혔다.[39]

박지원(朴趾源, 1737-1805)은 서양의 영향에 따른 지구설의 전파에 혼란을 느끼는 중국인 선비에게, 지구설이 당연하다는 자신의 입장을 밝히면서 '나는 비록 서양인의 책을 본 적이 없지만 일찍이 지구설에 대해서는 의심이 없다'(鄙人雖未見西人著說, 嘗謂地球無疑)고 선언한다.[40] 이에 덧붙여 조선에서도 이미 지구설에 대한 입장이 나타나고 있음을 소개한다.

> 우리 조선에서도 근래에 김석문이 해, 달, 지구가 공중에 떠 있다는 설을

---

39) 鵠汀曰, 吾儒近世頗信地球之說, 夫方圓動靜, 吾儒命脈, 而泰西人亂之.『熱河日記』「鵠汀筆談」252권 261b

40) 余曰, 天造無有方物, 雖蚊腿蚕尻雨點涕唾, 未嘗不圓. 今夫山河大地, 日月星宿, 皆天所造. 未見方宿楞星則可徵地球無疑, 鄙人雖未見西人著說, 嘗謂地球無疑. 大抵其形則圓, 其德則方, 事功則動, 性情則靜. 若使太空, 安厝此地, 不動不轉, 塊然懸空, 則乃腐水死土, 立見其朽爛潰散. 亦安能久久停住, 許多負載, 振河漢而不洩哉. 今此地球面面開界, 種種附足, 其頂天立地, 與我無不同也. 西人既定地爲球, 而獨不言球轉, 是知地之能圓而不知圓者之必轉也. 故鄙人妄意以爲地一轉爲一日, 月一匝地爲一朔, 日一匝地爲一歲,歲 歲星 一匝地爲一紀,星 恒星 一匝地爲一會,『熱河日記』「鵠汀筆談」252권 261b

> 주장하였고 나의 친구 홍대용도 지전설을 창안했다.[41]

이 구절은 연암과 담헌 모두 전통적인 천원지방설을 넘어 지구설에 도달했음을 보여준다. 이처럼 조선 후기에 수용된 서양 천문학 관련 서적에는 전통적인 우주론을 질적으로 변화시킬 수 있는 다양한 논리적 근거들이 내포되어 있었다. 그것이 17세기 중반을 거치면서 조선 사회에 도입됨으로써 주자학적 우주론에 획기적인 변화를 야기할 수 있는 외적 요인으로 작용하게 된 것이다.[42] 특히 이런 서적들은 역법이 지니고 있는 정치적 위상 때문에 조선 정부에 의해 주도적으로 수입되었다. 따라서 역법 산출과 직접 관련이 없는 개별적인 서양 이론들에 대한 연구는 결과적으로 개별적인 학자의 몫이 되었고 이에 따라 지식인들 사이에서 지구설, 지전설 등을 수용하거나 비판하는 경향이 나타나게 되었다.

전래 초기에 지구설은 혼천설을 전제로 우주의 구조를 이해하던 조선인들에게 쉽게 비판의 대상이 되었다. 그러나 김만중(金萬重, 1637~1692)처럼 이를 독자적으로 이해하여 이론적으로 승인하는 인물이 나오게 된다.

> 오직 서양의 지구설은 땅을 하늘에 표준하여 360도로 구획되었다. 경도는 남북극의 고하를 살피고 위도는 이를 일월식에 증험하여 그 이치가 확실하고 그 기술이 정확하다. 믿지 않아서도 안 될 뿐만 아니라 믿지 않을 수도 없다. 오늘날 학사 대부들은 혹은 지구가 둥글다면 둥근 고리에 붙어사는 것이라고 의심하지만 이것은 우물 안 개구리나 여름 벌레와 같은 견해다. 주문공(朱文公)은 말하기를 "지금 여기에 앉아서 단지 땅이 움직이지 않는다고 한다면,

41) 吾東近世先輩, 有金錫文, 爲三大丸浮空之說, 敝友洪大容, 又刱地轉之論. 『熱河日記』「鵠汀筆談」 252권 261b
42) 구만옥, 앞의 책, 181~182쪽

어찌 하늘이 바깥에서 운행하고 있으며, 땅이 거기에 따라 회전하지 않는다는 것을 알 수 있겠는가"라고 하였다. 위대한 지식과 통달한 견해가 어찌 이 같은 적이 있었는가?[43]

성호 역시 「天行健」에서 탕약망(아담 샬) 등을 언급하며 지전설을 검토한다. 그는 여전히 하늘이 돈다고 믿는 듯하지만 그럼에도 서학 이론에 따라 땅이 구체라는 사실을 인정한다.[44] 이러한 지구설의 수용이 학문 전체의 변화를 가져오거나 중국이나 서양에 대한 태도 변화로 연결되었다고 보기는 어렵다. 그러나 서양 천문학을 얼마나 이해하고 받아들였는가와 관계없이 이들이 받아들인 지구설은 다른 차원으로 연결될 가능성이 있다. 지구설을 받아들이는 한 중국을 세계의 중심으로 볼 이유가 없기 때문이다. 담헌은 서양의 지혜와 기술이 정밀하고 상세하고 측량이 해박하게 갖추어져 있으며 특히 지구설은 의심할 바가 없다고 봄으로써[45] 지구설을 자기 방식으로 수용한다.

대저 땅덩이는 하루 동안에 한 바퀴를 도는데, 땅의 둘레는 9만 리이고 하루는 12시(時)로, 9만 리 둘레의 넓이를 12시간에 달리는 것으로, 그 운행의 빠름은 번개나 포탄보다도 더하다. 땅은 이미 빨리 회전할 때 기(氣)와 격하게 부딪치면 허공에서 쌓이고 땅에서 모이게 되니, 이리하여 상하의 세력이 생긴

---

43) 惟西洋地球說, 以地準於天, 畵之爲三百六十度. 經度視南北極高下, 緯度驗之於日月蝕. 其理實, 其術核, 非但不可不信, 亦不容不信也. 今之學士大夫, 或以其地形球圓生齒環居爲疑. 此則井蛙夏忠之見也. 朱文公曰, 今座於此 但謂地不動, 安知天運於外. 而地不隨之以轉耶. 大知達觀, 何嘗如此. 『西浦漫筆』구만옥, 앞의 책, 193쪽 재인용

44) 『성호사설』 권3 『天地門』 「天行健」

45) 世惟西洋一域, 慧術精詳, 測量該悉, 地球之說, 更無餘疑. 『湛軒書』 內集 권4 「毉山問答」 248권 089b

다. 이것이 지면(地面)의 세력이다. 땅에서 멀다면 이런 세력이 없을 것이다.[46)]

담헌은 이로부터 구체의 이미지와 발상을 다른 곳에까지 적용할 수 있는 단서를 얻었을 것이다. 담헌은 '만물의 형체 가운데 둥근 것은 있지만 모난 것은 없으니, 하물며 땅에 있어서랴[47)]'라고 말하며 만물을 평면이나 네모난 것으로 이해하는 대신 원형적이고 구체적인 것으로 수용한다. 이러한 발상은 다음과 같이 확장된다.

> 지금 중국에서 배와 수레가 통하는 곳으로 북으로는 악라(러시아)가 있고 남으로는 진랍(캄보디아)가 있다. (중략) 악라의 사람은 악라로 정계(正界)를 삼고 진랍으로 횡계(橫界)를 삼는다. 또 중국과 서양은 경도차가 180도에 이른다. 중국은 중국으로 정계를 삼고 서양으로 도계(倒界)를 삼는다. 서양은 서양으로 정계를 삼고 중국으로 도계를 삼는다. 사실 하늘을 이고 땅을 밟고 계를 따름은 모두 이와 같다. 횡계도 없고 도계도 없으며 다 같이 정계일 뿐이다.[48)]

지구의 차원에서 본다면 모두가 중심이며 올바른 땅이나 뒤집어진 땅이 없이 모두가 정계일 뿐이다. 어떤 나라도 상대적인 자기중심성을 지

---

46) 夫地塊旋轉, 一日一周, 地周九萬里, 一日十二時, 以九萬之濶, 趍十二之限, 其行之疾, 亟於震電, 急於炮丸. 地旣疾轉, 虛氣激薄, 閡於空而湊於地, 於是有上下之勢, 此地面之勢也. 遠於地則無是勢也. 『湛軒書』 內集 권4 「醫山問答」 248권 091b

47) 萬物之成形, 有圓而無方, 況於地乎. 『湛軒書』 內集 권4 「醫山問答」 248권 089b

48) 今中國舟車之通, 北有鄂羅, 南有眞臘. 鄂羅之天頂.(중략) 是以鄂羅之人, 以鄂羅爲正界, 以眞臘爲橫界. 眞臘之人, 以眞臘爲正界, 以鄂羅爲橫界. 且中國之於西洋, 經度之差, 至于一百八十, 中國之人, 以中國爲正界, 以西洋爲倒界. 西洋之人, 以西洋爲正界, 以中國爲倒界, 其實戴天履地. 隨界皆然, 無橫無倒, 均是正界. 『湛軒書』 「醫山問答」 248권 92a

닐 뿐이다. 이런 바탕에서 담헌은 화이일야(華夷一也)의 논리에 도달한다.

지리적 중심으로서의 중국을 부정하는 입장은 서학을 접한 이들의 일반적인 인식이라고 볼 수 있을 것이다. 예를 들어 성호는 '지금 중국은 대지 가운데 한 조각의 땅에 지나지 않는다[49]'고 보는 한편 '서양은 중국에 속하지 않는다. 각기 황제와 왕이 있어 자기 영역을 다스린다.'[50]며 중심으로서의 중국 관념을 벗어나 중국을 상대화하게 된다. 다산 역시 중(中)과 동(東)은 단지 방위를 나타내는 말일 뿐 그 자체가 중심과 주변은 아니라고 주장한다. 모든 나라가 다 중국이 될 수 있으니 중국이란 없다는 것이다.[51] 또한 다산은 '중국과 이적의 구분은 그 도(道)와 정(政)에 있지 강역에 있지 않다'[52]고 말하기도 한다.

본래 화이론은 공간적으로 평면성을 전제로 하는 발상이다. 화는 中으로서 중심을 차지하고 있고 이로부터 멀어질수록 더 열등한 夷가 배정된다. 중심에서 외곽을 바라보는 평면적 사고라고 할 수 있다. 그러나 지구설 등 서양 천문학이 보여주는 구체(球體)의 이미지는 보다 입체적이면서도 원형적인 감각을 발생시킨다.

'땅과 바다는 본래 원형으로 합하여 하나의 구체가 된다(地與海本是圓形而合爲一球)'는 『坤輿全圖』의 문장은 이 지도와 지리 지식이 동아시아인들에게 단순히 중화 세계를 넘어선 다른 세계의 가능성 외에, 중심에서 출발하는 평면 공간의 사고를 넘어 중심을 찾을 수 없는 원형과 구체의 감각으로 세계를 이해해야 한다는 사실을 알려주는 강력한 지적 도전이었다. 구체는 하나의 유일한 중심을 찾을 수 없으며 어디든 중심이 될 수 있기 때문이다. 담헌의 주장에서 볼 수 있듯 서학을 통해 얻은 새로운

---

49) 今中國者, 不過大地中一片土 『성호사설』 『天地門』 「分野」

50) 夫西洋之於中土, 未之相屬, 各有皇王, 君主域內. 『성호선생전집』 권 55 「跋天問略」

51) 『여유당전서』 권13 「送韓校理致應使燕書」

52) 中國與夷狄, 在其道與政, 不在乎疆域也. 『여유당전서』 권12 「拓跋魏論」

공간적 관념은 중심으로서의 중국을 부정하고 객관적 거리에 설 수 있는 하나의 발판이 되었을 것이다.

중심이라는 공간적 발상을 동반하는 화이론을 넘어, 새로운 공간적 발상을 제공해준 통로가 있다. 명말에 제작되기 시작한 마테오 리치의 세계 지도다. 서양인들이 만든 지도와 함께 『직방외기』, 『곤여도설』과 같은 세계지리서를 접하게 된 조선인들은 중국이 세계의 유일한 중심이 아니라는 사실에 눈뜨게 되었다. 예를 들어 알레니가 판토하, 우르시스 등이 작성한 필사본을 바탕으로, 테렌즈가 제공한 서양의 지리 지식과 자신의 경험을 활용해 증보하여 만든 『직방외기』[53]의 경우 세계를 오대주로 선언하고 아프리카, 아메리카 등의 정보를 중국인들에게 제공하는 역할을 했다. 16세기 말에 루기에리, 마테오 리치 등 서양 선교사에 중국에 들어왔을 때 유럽에서는 이미 콜럼부스(Christopher Columbus, 1451~1506)가 대서양을 횡단해 아메리카 대륙을 발견(1492년)한 뒤였고, 인류 최초로 지구 일주 항해를 하며 마젤란 해협, 태평양 등을 명명한 마젤란(Ferdinand Magellan, 1480~1521)의 탐험 결과가 유럽 사회의 상식으로 통용되던 때였다.

당시 유럽에서도 세계가 오대주로 이루어졌다는 사실은 최신 정보라고 할 수 있다. 전통적으로 중국에서도 화이(華夷), 이하(夷夏)처럼 중국과 중국 밖의 지역을 구분하는 용어와 개념이 통용되어 왔지만 이는 중화의 입장에서 이적을 공간적으로 구분하고 분류하는 심상의 경계에 가까웠다. 이들에게 '천하'는 육합(六合) 전체였고 중국의 영향이 미치는 모든 주변 영역이었다. 명대에 이루어진 정화의 원정 이후 아프리카의 존재와

53) 총론격인 「오대주총도계도해(五大州總圖界度解)」를 비롯하여 총 5권에 걸쳐 아시아 총설[亞細亞總說], 유럽 총설[歐邏巴總說], 아프리카 총설[利未亞總說], 아메리카 총설[亞墨利加總說], 사해 총설(四海總說)이 수록되어 있다.

그에 대한 인식이 생겨났지만 원정이 끝나면서 자연히 절원(絶遠)의 지역에 대한 관심을 약해질 수밖에 없었다. 따라서 세계에 중국만큼이나 큰 다른 대륙들이 네 개나 더 있다는 사실은 상당한 충격과 호기심을 일으킬 수밖에 없었다.

더 이상 종전의 천원지방설(天圓地方說)로는 설명이 되지 않는 세계 지도를 접한 조선인들은 자연스럽게 중국이 유일한 세계, 오직 하나의 천하가 아님을 인식하게 되었다. 서양에서 들어 온 지도와 지리 지식은 조선의 지식인들에게 세계에 대한 시야, 더 나아가 새로운 기술과 학문을 갖춘 다른 문명에 대한 인식을 확장시켜 주었던 것이다. 이처럼 조선 지식인들은 서학의 이론들을 통해 중국이 유일한 보편 문명이 아니라는 사실 즉 유일한 華의 담지자가 아니라는 사실을 자각하기 시작하는 것이다.[54]

예를 들어 담헌은 중국에 가서 서양 사람을 소개받고자 했으나 만나지 못했고 천주당에 들러 짧은 시간이지만 예수회 선교사와 직접 만나기도 했다. 뿐만 아니라 이슬람 사람들을 만나 회교 사원을 구경했고 러시아 인들을 만나는 등 북경에서 다양한 외국인들을 만나 견문을 넓혔

54) 물론 모두 그렇게 생각한 것은 아니다. 성호의 제자이며 서학 비판서인 「서학변」을 지었던 신후담은 다음과 같이 말하며 여전히 중국을 세계의 중심으로 이해하고자 한다. '나는 오직 중국이 천하의 중심에 있으면서 풍속과 기후의 올바름을 얻었고, 예로부터 성현이 번갈아 흥기하여, 명교(名教)가 높았으며 그 풍속의 아름다움과 인물의 번성함이 진실로 다른 나라가 미칠 바가 못 된다고 여긴다. 그러나 저 유럽[歐羅巴]의 여러 나라들은 모두 바다 끝의 외딴 지역에 있어서 명교(名教)에 대해 들을 수 없었으니 스스로 중국[華夏]에 진출할 수 없었다. 이제 한갓 그 토지의 크고 작음에 있어서는 대략 서로 비슷하다 할지라도 문득 감히 중국과 같은 반열에 두고 뒤섞어 일컫는 것은 진실로 심히 도리를 모르는 것이다. (余惟國中居天下中, 得風氣之正, 自古聖賢迭興, 名教是尙, 其風俗之美, 人物之盛, 固非外國所可及. 而彼歐羅巴等諸國, 皆不過窮海之絶域, 裔夷之偏方, 其於名教無所與聞, 不能自進於華夏. 今乃徒以土地之大小略相彷彿, 而輒敢竝列而混稱之, 固已不倫之甚矣.)' 「서학변」

다.[55] 그는 중국을 통해 세계를 보았던 것이다.

북학론자들은 현실의 중국을 극복의 대상으로, 이념의 중화를 지향의 대상으로 나눈 뒤 여기에 다시 서양 학술을 변수로 이용하는 삼중의 전략을 펴고자 한다. 그런 의미에서 북학론자들 역시 문화적 중화 관념 내부에서 중국을 타자화하고 서양을 적극적으로 인식한 이들이라고 할 수 있다. 청나라에 대해서는 적극적으로 타자화하면서 거리를 두고 전략적으로 이용하자는 주장에 이르렀지만 공자와 춘주, 존주로 대표되는 문화적 중심으로부터는 벗어나지 않았다고 할 수 있다. 중국과 같은 언어와 개념을 사용하는 한 세계관 자체를 공유하고, 세계관을 공유하는 한 그들을 완전히 타자화하기에는 어려움이 있었을 것이다. 그럼에도 불구하고 이들은 모종의 월경에 성공한다. 지구설, 지도 등을 통해 지리적 심상에서 출발한 중의 관념을 해체했을 뿐 아니라 華의 방법과 지향에 대해 새롭게 고민하기 시작했던 것이다. 유일한 보편 문명으로서의 중화가 아니라 새로운 기술과 문물을 가진 이들이 새로운 華가 된다.

따라서 담헌에게 화이일야의 논리보다 더욱 중요한 것은 화이일야의 논리를 통해 새로운 지식과 문물을 익히는 것이었다. 담헌은 새로운 지식과 문물에 눈이 막힌 조선의 상황을 비판한다.

> 세상 사람들은 옛 습속에 안주하여 배우되 살피지 아니하고 이치가 목전에 있는데도 일찍이 탐구하지 않으며 종신토록 이 땅과 하늘을 밟고 이고 있음에도 그 실정을 알지 못한다.[56]

---

55) 『담헌서』 외집 권7 「劉鮑問答」

56) 世之人, 安於故常, 習而不察. 理在目前, 不嘗推索. 終身戴履, 昧其情狀. 『湛軒書』「毉山問答」 248권 92a

담헌은 이 문장 바로 뒤에서 서양의 기술과 지혜가 정밀하고 상세하며, 특히 지구가 둥글다는 설에 대해서는 의심할 여지가 없다고 밝힌다. (惟西洋一域, 慧術精詳, 測量該悉, 地球之說, 更無餘疑) 또한 담헌은 서양인들은 '산수(算數)를 가지고 전도(傳道)하기도 하고, 또 의기(儀器)를 전공하여 기후를 귀신처럼 측량하기도 하는데 역상(曆象)에 정묘(精妙)함은 한 · 당(漢唐) 이후 없던 것(有以算數傳道, 亦工於儀器, 其測候如神, 妙於曆象, 漢唐以來所未有也.)'이라고 보며, '지금 서양의 법은 수리를 근본으로 하고 의기를 참고하여 만 가지 형상을 측정하고 만 가지 상을 관찰하였는데 무릇 천하의 원근, 고심, 거세, 경중이 모두 눈앞에 모아 놓고 손바닥에 있는 것을 가리키는 듯하니 한당에 없던 것이라고 하는 것이 망령된 말이 아니다.'[57]라고 말한다. 담헌에게 서양인들의 기술 수준은 모종의 현재성을 가진 것이었다. 이는 기술은 시간에 따라 진보하는 것이며, 누구라도 더 훌륭하고 정밀한 이론을 가지고 있다면 이를 받아들여야 한다는 의미일 것이다. 담헌은 조선이 중국을 교두보로 활용해야 할 뿐 아니라 더 나아가 청나라건 서양이건 적극적으로 수용할 수 있다고 보았다. 담헌은 백성과 나라에 이로움을 준다는 전제 하에 화이론을 넘어서거나 변용해야 한다는 인식을 보여준다. 이런 발상은 박지원에게서도 나타난다.

> 천하를 위해 일하는 사람은 진실로 백성에게 이롭고 국가에 도움이 된다면 비록 그 법이 오랑캐에게서 나온 것이라 할지라도 이를 취하여 본받아야 한다.[58]

---

57) 今泰西之法, 本之以算數, 參之以儀器, 度萬形窺萬象, 凡天下之遠近高深巨細輕重, 擧集目前, 如指諸掌, 則謂漢唐所未有者非妄也. 『담헌서』 외집 권7 「劉鮑問答」 248권 247a

58) 爲天下者, 苟利於民而厚於國. 雖其法之或出於夷狄, 固將取而則之. 『熱河日記』 「馹汛隨筆」 252권 177a

박지원은 더 나아가 고립과 폐쇄를 피하기 위해서는 어떤 학문도 받아들일 준비가 되어야 한다는 개방적 정신을 강조한다.

학문의 길은 다른 길이 없다. 모르는 것이 있으면 길가는 사람이라도 붙들고 물어야 한다. 심지어 동복(僮僕)이라 하더라도 나보다 글자 하나라도 더 많이 안다면 우선 그에게 배워야 한다. 자기가 남만 같지 못하다고 부끄러이 여겨 자기보다 나은 사람에게 묻지 않는다면, 종신토록 고루하고 어쩔 방법이 없는 지경에 스스로 갇혀 지내게 된다.[59)]

조선인들은 화(華)이자 이(夷)로서의 청나라 학술과 문물에 대해서는 복잡한 태도를 보였지만 도리어 서양 학술 그것도 서양 과학에 대해서는 비교적 긍정적인 분위기에서 자유로운 연구 풍토가 형성되었던 것으로 보인다. 서학 수용자들은 정도나 이해 수준은 다르지만 박학의 차원에서 서양 학술에 접근했고, 그들의 입장에서 서학서의 연구는 천지 만물의 근원을 밝힌다는 전통적 학문의 목표와 배치되지 않았던 것이다. 조선 후기의 지적 풍토 중 하나는 유학 경전을 기반으로 해서 그 위에 다양한 학문을 쌓아올려 연결한 백과전서적 지식의 종합이었다.[60)] 그러나 이런 지적 풍토는 과학이나 기술이 아니라 오로지 유학적인 세계관과 방법론의 차원에서 작동하는 것이었다.[61)]

59) 學問之道無他, 有不識, 執塗之人而問之可也. 僮僕多識我一字姑學, 汝恥己之不若人而不問勝己. 則是終身自錮於固陋無術之地也. 『燕巖集』「北學議序」

60) 성호의 『성호사설(星湖僿說)』이나 이규경의 『오주연문장전산고(五洲衍文長箋散稿)』가 대표적인 예일 것이다.

61) 이들이 박학한 유학자로서 중국의 기술, 서양의 과학 등에 접근했다는 점은 외래의 문물과 학술을 받아들이는 데 있어 일정한 가능성이자 한계이기도 했을 것이다. 이들의 입장에서 보다 전문적이고 기술적인 정보를 이해할 수 없었고 또 그럴 필요가 없었기 때문이다.

이들이 천문학을 연구하고 역법에 관심을 가졌던 것도 순수한 과학적 관심이라기보다는 유학 또는 성리학과 연결되어 있는 상수학, 역학 등 기존 사상의 체계를 바탕으로 우주 만물의 근원을 추구하고자 하는 학문적 욕구에서 비롯된 것으로 보아야 한다. 박학을 추구했던 조선 후기의 지적 풍토에서는 주자학적 이론에 대한 도전만 아니라면[62] 비교적 자유로운 분위기에서 연구 분야를 정하고 자신의 주장을 내세울 수 있었던 것으로 보인다. 유학적 세계 인식을 토대로 박학의 학풍을 지향했기 때문에 경세치용, 실사구시 등 유학의 기본적인 목표를 향하는 한 다양한 자원을 활용해 조선의 華를 실현하고자 노력할 수 있었던 것이다. 서학은 이들에게 조선에서의 華의 실현을 위한 중요한 사상적 자원이었을 것이다.

4. 새로운 화華를 향하여-성호의 관점에서

마테오 리치 이후 예수회원들은 대부분 중국어를 배웠고 중국어로 된 서학서를 저술했다. 서학서들이 늘어나고 다양한 방식으로 중국의 지적 상황에 침투하기 시작하자 다양한 갈등이 표출되기 시작했다. 극단적인 벽사론부터 서학중원설에 이르기까지 중국 지식인들의 반응은 다양했다. 중국과 조선에서 벌어진 논쟁이 '벽사(辟邪)', 또는 '파사(破邪)', 즉 정통-

62) 물론 실학파로 분류되는 인물들 가운데 정약용처럼 주자학에 거리를 두거나 적극적으로 비판하는 학자들이 나오는 것도 사실이지만 이들의 논의가 여전히 유학의 틀 안에서 이루어졌다는 점에서 볼 때 결코 학계 밖의 활동이었다고 보기는 어려울 것이다.

이단의 구도였다는 점은 이들이 처한 상황을 명확하게 보여준다. 알레니처럼 서방에서 온 공자[西來孔子]라고 불릴 정도로 학식과 인품을 인정받은 예수회원이 등장한다 해도 여전히 이들은 이단, 즉 夷였던 것이다. 따라서 화와 이의 구분은 중국에 들어온 예수회의 입장에서도 돌파해야 할 벽이었다. 천주교를 받아들인 주종원(朱宗元)은 화이의 지리적 구분을 다음과 같이 부정한다.

> 천자가 사는 곳과 그 주변은 지리적[地] 화(華)이고 천만리 밖은 지리적[地] 이적[夷]이다. 천주를 믿고 수신(修身), 신행(愼行)하는 것은 마음[心]의 화(華)이고 근본을 잊고 방자하게 불의를 행하는 것은 마음의 이적이다. (화와 이의 구분을) 마음으로 하지 않고 지역으로 한다면 아마도 잘 분별한 것이라고 할 수는 없을 것이다.[63]

예수회의 입장을 대변했던 주종원은 진정한 이적은 땅의 문제가 아니라 오직 심사의 운용이라는 점을 강조한다. 그는 도덕적 실천과 자기 수양을 진정한 華의 조건으로 제안한다. 예수회원의 입장에서도 夷이면서 동시에 華일 수 있음을 보여주었어야 했던 것이다. 이런 상황은 조선의 지식인들도 마찬가지였다. 바뀔 수 없는 지리적 夷로서 조선은 夷이지만 동시에 華를 선취한 문명국가라는 점을 증명했어야 하는 것이다. 소중화의식은 이 이중성을 동시에 구현하기 위해 고안된 논리였다고 볼 수 있다. 이런 상황에서 조선의 지식인들은 뛰어난 학문적 수준과 인격의 진정성을 보여주는 서사(西士)를 책에서 만나게 된다. 과연 이들을 어떻게

63) 朱宗元, 『拯世略說』 輦轂畿甸, 地之華也. 千萬里外, 地之夷也. 克認眞主, 修身愼行, 心之華也. 迷失原本, 恣行不義, 心之夷也. 不以心辨, 而以地辨, 恐所謂好辨者, 不在是也. 안대옥, 「『주비산경』과 서학중원설」『한국실학연구』 18 707쪽 재인용. 번역은 수정하였다.

이해하고 수용해야 하는가. 기이한 학설로 세상을 어지럽히는 이단에 불과한 것인가 아니면 고대의 성인들이 그러했듯 기술과 제도로 세상을 밝혀줄, 문명의 새로운 인도자로 볼 수 있을까?

과연 서양 선비[西士]들은 문명의 담지자라고 할 수 있을까? 조선의 지식인들은 서학의 다양한 이론을 받아들이고 이를 통해 학문적 지평을 넓혀갔지만 그렇다고 해도 이 학문으로 인해 중국을 제외한 곳에 새롭거나 혹은 중국과 대체가능한 이상적 문명이 있다고 생각하지 않았음은 분명하다. 사실상 예수회원들에 대한 중국과 조선 지식인들의 평가와 수용 방식에는 예수회원들이 보여주는 모호한 위상과 역할의 몫이 있다.

예수회 선교사들은 중국에 진출했을 초기부터 다면적인 역할을 자임하며 중국 지식인 사회에 개입하고자 했다. 그들은 종교적 지도자로 중국에 진출하고자 했지만 그들이 취한 위상은 철학자이자 윤리학자였으며 동시에 수학자이자 천문학자였다. 특히 예수회원들은 초기부터 천문 관련 저술과 활동으로 중국 지식인들에게 호소할 수 있었다. 본래 동아시아 전통에서 천문 상수의 학은 군주의 학문으로서 지배 이데올로기와 연관되어 있었기 때문에 유학자—관료로서 이런 학문을 다루는 것은 낯선 일이 아니었다. 그러나 예수회원들은 중국 경전의 전통에 개입함으로써 스스로를 중국 경전에 담긴 오래된 지식의 수호자이면서 동시에 새로운 지식의 운반자로 정위하고자 했다.

이지조가 편찬한 『천학초함(天學初函)』의 구성은 이들의 활동이 처음부터 기(器)와 리(理) 즉 형이상과 형이하를 모두 포함하는 것이었음을 단적으로 보여준다. 그러나 이 두 가지 구분으로는 이들의 복합적인 위상을 파악하는 데 한계가 있다. 그들의 역할을 적어도 다음 세 가지의 측면을 모두 가지고 있었다.[64] 이들은 먼저 서양에서 온 유학자 즉 서유

64) 이 분류는 다음을 참고하였다. Erik Zurcher, "The Jesuit Mission in Fukien in Late

(西儒)로서 지식인 사회에 지적, 도덕적으로 접근했다. 그러나 동시에 이들은 일종의 기술적 전문가(technical experts)로서의 역할도 수행했다. 그들이 전파한 서양의 수학, 천문학 등은 실용적 지식에 관심이 많았던 명말청초의 중국 지식인들에게 호소할 만한 것들이었다. 관료 혹은 유학자들로 구성된 지식인 사회에 이 두 가지 측면으로 접근했다면 실제 입교자들에게 이들은 또한 일종의 종교적 전문가(religious professional)였다.

이 다면적인 역할들은 중국 지식인 사회에 진출하기 위한 예수회원들의 고심이 담긴 전략적 시도였지만 이 때문에 이들에 대한 중국인들의 입장과 평가 역시 다면적으로 분기되었다. 기술적 전문가로서 이들은 흠천감을 책임지는 등 국가에 의해 공인될 정도로 안정된 지위를 확보할 수 있었다. 사실상 일종의 과학적 세계관으로서의 격물(格物)'의 전통이 이미 자연스럽게 정착되어 있었던 중국의 지적 풍토에서 이들의 천문, 역법, 지도 등에 관한 이들의 전문적인 기술과 정보 수준은 유학자들에게 기대하기 낯선 모습이 아니었다. 주희 역시도 일종의 자연학자로서 천문 역법, 기상 현상 등 다양한 연구를 진행했다는 점이 이를 잘 보여준다. 경세치용(經世致用), 이용후생(利用厚生)의 이념을 실현해야 할 의무가 있는 유학자, 특히 명말 청초의 실학적 분위기 속에서 서학으로부터 시대의 한계를 벗어나게 해 줄 '실학적 가능성'을 발견했던 서광계, 이지조와 같은 유학자들에게 마테오 리치와 알레니 등이 보여주는 수준높은 과학적 지식들은 수용할 가치가 있는 문명의 산물들이었다.[65] 이 점은 성호에게도 마찬가지였다. 성호는 「발천문략」에서 다음과 같이 말한 바 있다.

Ming Times: Levels ofResponse", Development and decline of Fukien Province in the 17th and 18thcenturies, E. B. Vermeer ed., Leiden, Brill, 1990, p.422.

65) 이 내용은 『마테오 리치와 주희, 그리고 정약용』 심산 2012. 431-434쪽을 정리한 것이다.

서양이 중국과 지역이 서로 붙어 있지 않고 각자 황제와 군주의 영역을 지니고 있는데, 저들은 단지 세상을 구원하겠다는 뜻으로 멀고 험한 길을 찾아온 것이다. 그러므로 관직을 주어도 받지 않고 오직 대관의 봉급만 받고 있으니 바로 한낱 객경(客卿)의 지위일 뿐인데, 중국의 군신이 바야흐로 그 영향을 많이 받아 존경하기에 겨를이 없었다. 그런데 오히려 견문이 낮고 좁은 이가 감히 우물 안 개구리 같은 말을 하며 그들을 배신 아무개라고 하니, 어찌 식견이 통달한 자의 비웃음을 사지 않을 수 있겠는가.[66)]

이런 평가는 『천주실의』, 『직방외기』, 『영언여작』 등의 서문을 쓴 풍응경, 이지조, 양정균 등 마테오 리치와 그의 후임들에게 동조했던 중국 학자들의 일반적인 평가이기도 하다. 이들은 예수회 선교사들을 서방에서 온 현인[西賢]이라고 부르며 호의적 태도를 보였다. 서양 선비[西士]로써, 서방에서 온 현인[西賢]으로써, 심지어 서방에서 온 공자[西來孔子][67)]로써 사실 예수회원들은 일종의 華에 접근해 있었던 것이다. 문명의 꽃이자 열매[華]로서의 학술과 기술을 보유한 예수회원들은 조선처럼 夷이면서 華를 선취할 수 있음을 보여주는 존재였다.

흥미로운 것은 예수회원들과 관련하여 조선의 자존심을 스스로 깎는, 일종의 문명의 역전 현상이 나타나기 시작했다는 것이다. 담헌은 천주교

66) 夫西洋之於中土, 未之相屬, 各有皇王君主域內, 彼特以救世之意, 間關來賓, 故官之而不肯拜, 惟費大官之廩, 卽一客卿之位耳. 中土君臣, 方且沾其賸馥, 而尊奉之不暇, 然猶見聞局於卑狹, 敢爲井底語曰陪臣某, 豈不爲達識之所嗤也. 『성호선생전집』 권 55 「발천문략(跋天問略)」

67) 이탈리아 출신 예수회 선교사 줄리오 알레니(1582~1649)를 가리키는 말이다. 그는 예수회의 중국 전교의 2세대를 대표하는 인물로 활동의 주 무대였던 복건성에서 서양에서 온 공자[西來孔子]로 불렸다. 그는 유자의 옷을 입고 중국어를 익혔으며 20종이 넘는 한문저작을 남겼고 중국 유생들과의 토론에도 참가하는 등 기독교 토착화에 최선을 다했던 인물로 평가된다.

당을 방문하는 조선인들의 태도에 예수회원들이 어떻게 반응했는지 실태를 기록한 바 있다.

> 사신 간 사람들은 선물을 탐내고 희안한 풍경을 구경하기 좋아하여 해마다 늘상 찾아갔다. 오직 조선의 풍속이 교만하고 허세를 부려 그들(서양 선교사)을 대할 때 예로써 하지 않는 경우가 많았고 혹 선물을 받고도 답례를 하지 않았다. 또한 수행한 이들 가운데 무식한 자들이 왕왕 담배를 피고 당중에 가래를 뱉기도 하고 기물을 만져 더럽게 만들기도 했다. 근년 이래 서양인들이 이를 더욱 싫어하여 구경하기를 청해도 반드시 거절하고 구경을 시켜주어도 정의(情誼)로 대접하지 않았다.[68]

예수회원들의 눈에 조선은 華가 아니라 욕심많고 예의없으며 천박한 야만으로 보였던 것 같다. 이 대목에서 담헌은 일종의 문명의 역전을 경험한 것이다. 華는 스스로 정통으로 여기는 순간 그런 이들에게 곧바로 선취되는 초험적 전제가 아니라 모종의 실제를 바탕으로 미래적으로 성취되어야 할 결과다. 성호 역시 이런 상황을 이해했던 것으로 보인다.

성호는 안정복에게 보낸 편지에서 중국 바깥 지역에서 진정한 유자, 문명의 담지자가 나올 수 있음을, 이미 오직 청의 바깥 지역에서만 그런 일이 가능함을 강조한 바 있다. 여기서 성호는 일본 학자들의 수준을 높게 평가한다. 중국 밖에서 실지실천(眞知實踐)의 진정한 유학[眞儒] 즉 華의 담지자가 나올 수 있음을 분명히 한 것이다.[69]

---

68) 爲使者利其賄。 喜其異觀。 歲以爲常。 惟東俗驕傲尙夸詐。 待之多不以禮。 或受其饋而無以爲報。 又從行無識者。 往往吸烟唾涕於堂中。 摩弄器物。 以拂其潔性。 近年以來。 洋人益厭之。 求見必拒之。 見亦不以情接也。『담헌서』 외집 권7 「劉鮑問答」 248권 247a

69) 塞外之嗜學成俗, 此亦聞之. 亦安知不有眞儒傑出其中. 余每謂九州之內, 宜不復生聖人, 所待者惟九州之外. 近得倭人文字, 雖非該通, 猶是的實言語, 從此進進, 其終必至眞知實踐. (중략) 今

우리가 동방의 오랑캐가 된 것은 지계(地界) 때문이니 또한 반드시 꺼릴 필요가 있겠는가. 이적에서 나서 이적으로 행한다 하더라도 진실로 성인도 될 수 있고 현인도 될 수 있다. 진실로 중요한 것은 나에게 달린 것이니 무엇을 꺼리겠는가?[70)]

담헌은 이적으로 태어나 이적으로 행하면서도 성인의 수준을 성취하는 것이 가능하다는 것을(其中豈無素夷狄行夷狄者, 如聖人所指者耶) 믿어 의심치 않았던 것이다. 이런 발상에 따르면 夷로서의 위치와 관계없이 華로 존재하는 것이 가능하게 된다. 조선이 그렇다면 서양도 마찬가지일 것이다. 성호의 발언은 서학이 조선 사회에 어떻게, 어떤 차원까지 받아들여질 수 있는지를 보여준다. 성호는 서학에 대해 비판적인 제자 신후담의 질문에 다음과 같이 대답한다.

내가 물었다. "마테오 리치[西泰]는 과연 어떠한 사람입니까? 성호 선생이 말씀하셨다. "이 사람의 학문은 가볍게 보아서는 안 된다. 지금 그가 저술한 『천주실의(天主實義)』『천학정종(天學正宗)』 등의 여러 서적을 보면 비록 그 도가 우리 유학에 반드시 합치되는지는 알지 못하겠으나 그 도(道)에 나아가 도달한 바를 논한다면 역시 성인(聖人)이라 할 만하다.[71)]

長城以外, 其大不啻中國, 其中豈無素夷狄行夷狄者, 如聖人所指者耶. 若曰九州之外, 終宇宙無其人則抑恐不然矣. 『星湖先生全集』 권27 「答安百順」 己卯 198권 538a

70) 我東之爲夷, 地界然矣, 亦何必諱哉. 素夷狄行乎夷狄, 爲聖爲賢, 固大有事在, 吾何慊乎. 『湛軒書』『內集』 권3 「又答直齋書」 248권 067a

71) 余問曰, 西泰果何如人. 星湖曰, 此人之學, 不可歇者. 今以其所著文字, 如天主實義天學正宗等諸書觀之, 雖未知其道之必合於吾儒, 而就其道而論其所至, 則亦可謂聖人矣. 『둔와서학변』「기문편」

성호는 유학과는 다르지만 마테오 리치의 학문적 수준과 도덕성에 대한 깊은 이해를 바탕으로 그를 성인으로까지 부른다. 단순히 기이한 가르침이나 기술적으로만 발달된 전문가 집단이 아니라 문명의 발현자인 성인으로 부를 수 있을 정도의 수준이라고 인정하는 것이다. 물론 성호가 서학에 접근했던 것은 서학의 실용성 때문이었다. 성호는 서학에 '실용처(實用處)'가 있다고 강조한다. 이에 대해 신후담은 다음과 같이 질문한다.

> 내가 물었다. "만약 실용처가 있다면 그 말에 어떻게 백성을 다스리고 나라를 안정시키는 방법을 언급한 것이 있으며, 그 선조에 어떻게 요임금 순임금 우임금 탕임금과 같이 잘 다스린 자가 있었다는 것입니까?" 이 선생이 말씀하셨다. "그 글[文字]을 고찰해 보면 또한 치도(治道)를 논한 것이 있으며 또한 성스러운 군주[聖君]와 어진 임금[賢主]의 사적을 기록한 것도 있다. 그러나 내가 실용적이라고 한 것은 저 『천문략(天問畧)』[72) 『기하원본(幾何原本)』 등의 여러 서적 속에서 논한 천문(天文) · 수리[籌數]의 법을 취한 것으로 (그것들은) 이전 사람들이 발명하지 못한 바를 밝힌 것이니 세상에 크게 유익함이 있다."

세상에 크게 유익함이 있다는 것만으로 서학은 일종의 학문적 정당성을 획득한다. 이런 입장에서 성호는 서학에 대한 오해를 스스로 풀어주고자 한다.

---

72) 예수회 선교사 디아즈(Emmanuel Diaz, Junior., 중국명 陽瑪諾 1754-1659)가 쓴 책으로 1615년에 북경에서 출간되었다. 주로 천문학적인 주제에 대해 질문하고 그에 따라 대답을 하는 형식으로 기술되어 있다. 특히 프톨레마이오스의 우주론을 중국에 맞추어 소개한 십이중천설의 우주론을 기하학적 방법으로 설명하고 있다. 성호는 이 책으로부터 천문학적 지식을 흡수했으며 후에 「발천문략(跋天問略)」을 짓기도 했다.

> 생각건대 그들의 심중[胸次]은 광대하고 의사(意思)는 크고 깊어, 세속의 악착같고 비루하고 좁으며 외물과 나를 비교하고 견주는 사사로움을 깨뜨리기에 충분하다. 그러나 사람들이 간혹 '그들이 먼 곳에서 온 뜻은 실로 거짓된 가르침[僞敎]을 베풀어 온 세상을 함정에 빠뜨리고자 한 것이다.'라고 하니 내가 장차 여러 가지 말로 그들이 결코 그러하지 않다는 것을 증명하고자 한다.[73)]

성호가 서학의 대변자 역할을 하게 된 배경에는 성인이 세상을 위해 고안한 기술과 제도가 시간이 흐를수록 진보한다는 신념에서 비롯된 것이다. 성호는 세상을 구하려는 성인으로부터 시작된 온갖 기계와 수리의 법을 후세의 사람들이 더욱 발전시키고 진보시킬 수 있다고 믿었다.

> 모든 기계와 수리의 법은 후에 나온 자가 더 정교한 것이며, 비록 성인이라도 미진한 바가 있다. 후인들이 그것을 토대로 하여 더욱 증보하여 연구하면 오래되면 될수록 더욱 정교해지기 마련이다.[74)]

기계와 수리의 법은 결국 성인이 후세를 위해 베푼 것으로, 후인들은 이를 더욱 연구하여 정교하게 해야 한다. 만일 기계와 수리의 법을 연구하여 정교하게 만들어 백성의 삶을 풍요롭게 한다면 결국 이는 성인의 일을 돕는 것이 된다. 그렇다면 서학 역시 그런 역할을 한다는 점에서 이나 이단으로 몰아붙일 필요가 없는 것이다. 성호에게 서학은 시간적 변화에 따라 이를 수 있는 모종의 성취를 보여준다는 점에서 하나의 문

---

73) 想其胸次廣大, 意思之宏淵, 足以破世俗齷齪卑狹, 物我計較之私. 而人或謂其遠來之意, 實欲張僞教而陷一世, 則吾將以百口保其必不然也. 『둔와서학변』 「기문편」

74) 凡器數之法, 後出者工 雖聖之有所未盡 而後人因以增修 宜其愈久而愈精也)' 『성호사설』 권2 「천지문(天地門)」 「역상(曆象)」

명이었으며, 그들의 학문적 수준은 당시 시대가 요구하는 새로운 華의 발현이었던 것이다.

5. 나오며

조선의 학술이 조선 중화주의라는 문화적 자부심과 학문의 중심지가 아니라 변경이라는 열등의 이중적 변주 속에 진행되어 왔음은 주지의 사실이다. 조선인들은 물론 고려인들에게도 현실적 중국은 넘어서야 할 대상이었고 또한 전략적 이용의 대상이었지만 이념적 중국(중화)는 여전히 학문의 목표이자 국가와 사회, 개인이 지향해야 할 가장 보편적인 토대였다. 현실적 중국과 이념적 중국은 청나라의 등장으로 갈렸지만 여전히 이념적 중국이 현실적 중국을 압도해왔기 때문에 현실적 힘의 우열을 인정하면서도 사회적 명분으로서는 이념적 중국을 버리지 않았다.

조선 후기 북학론자들에 이르러서야 이념적 중국을 인정한 바탕에서 현실적 중국에 대해 전략적으로 대응하자는 논리에 나아가게 된다. 북학론자들은 이념과 현실, 고대와 현재, 명나라와 청나라, 청나라와 조선, 서양과 조선 등 다양한 인자들을 상황에 따라 분리하거나 또는 결합하는 방식으로 문제를 해결하고자 했다. 예를 들어 지리적 중심으로서의 중국을 부정하며, 현실적 힘으로서의 청나라를 인정하는 한편, 주나라와 명에 대한 의리와 문명으로서의 존숭은 그대로 유지하는 것이다. 이들은 고대의 문명 이념을 인정하는 한에서 수직적 관계를 통해 문명적 도덕국가로서의 조선의 지향을 분명히 한 후, 전략적으로 세계의 중심으로서의 중국 개념과 현실적 중국(淸)을 분리함으로써 화이 관념에서 벗어난다.

그리고 중심을 상대화시킴으로써 서양으로부터 실용적 차원의 기술과 학술을 받아들일만한 수평적 차원의 공간을 확보할 수 있었던 것이다.

'역외(域外)'를 주장했다 해서 담헌에게 일통(一統)으로서의 '춘추(春秋)' 관념이 사라지지 않았듯, 서학을 수용함으로써 화이관을 벗어났다고 해서 이들로부터 중화 관념을 완전히 배제할 수는 없을 것이다. 그러나 이들의 중화 관념은 정치적, 도덕적 정통의 차원을 넘어 모종의 문화의식으로, 문명의식으로 작동했고 이로부터 생겨난 자부심은 타자의 문물과 기술에 대해 자유롭고 주체적으로 접근할 수 있는 토대 역할을 했다고 볼 수 있기 때문이다. 그런 의미에서 이들에게 중화의 선언은 정치적, 도덕적 정통의 선언을 넘어서, 일종의 문명의 선언이자 구현이었을 것이며 서학은 그러한 문명의 새로운 자원으로 작동했던 것이다. 결과적으로 서학의 수용을 문명의식의 작동으로 이해할 경우 이들이 전통적 중화 관념을 완전히 벗어나지 않으면서도 지리적 화이관에 갇히지 않고 자유롭게 외래의 지적 자원에 접근할 수 있었던 이유를 이해할 수 있게 된다. 이들에게 서양은 중화 관념으로는 수용할 수 없는 타자지만 문명 관념으로는 얼마든지 제휴 가능하고 활용 가능한 문명의 담지자였던 것이다. 그렇다면 문명의 자원으로서의 서학은 정통과 권위로서의 중화 관념에 모종의 긴장과 균열을 가져올 가능성을 내포하고 있었다고 할 수 있다. 서양의 학술이 더욱 뛰어나다면 더 이상 중화만을 지적 체계의 축으로 바라볼 이유가 없기 때문이다.

서학을 접한 북학론자들이나 성호의 사유와 인식은 조선의 지적 풍토에서 어떻게 중과 화가 분리될 수 있는지를 보여준다. 지구설이나 지도의 도움으로 중심에서 확장되는 평면적 사고가 아니라 어디도 중심이 될 수 있는 구체(球體)의 발상을 하게 된 이들은 지리적 夷라는 사실을 그대로 인정하면서 동시에 중국을 중심으로 보는 사고에서 벗어난다. 이들은

夷이면서 나름의 華를 선취할 수 있음을 믿었지만 이 華는 전통적인 중화주의자들이 꿈꾸었던 바와 달리, 서학의 이론과 그 성과를 포괄하는 확장적인 것이었다. 夷이면서도 독자적인 華를 확보한 서양의 존재는 이들로 하여금 중국에 대한 종속적 태도를 버릴 수 있도록 도왔을 것이다. 의식적 차원에서는 서양이 새로운 華일 수 있음을 인정하지 않았지만 심층 심리에서는 이미 그들이 자신들의 세계 인식에 영향을 줄만한 華의 담지자들임을 인정한 것이라고 할 수 있다. 서학을 만난 이들은 중화 관념에 거리를 두게 됨으로써 문명의식은 확장되거나 세분화되었다고 할 수 있다. 이념적 예약 제도에 머물지 않고, 보다 적극적인 의지로 실용의 차원으로 향할 뿐 아니라 이를 위해 다양한 자원, 심지어 중화 세계 밖의 자원까지 활용할 수 있다고 보기 때문이다.

물론 서양의 발견, 서학의 수용이 곧 새로운 문명의 발견을 의미하는 것은 결코 아니다. 이들이 꿈꾼 것은 결코 새로운 문명이거나 중국을 완전히 대체하면서도 조선이 지향해야 할 또다른 모범이 아니었기 때문이다. 서학은 조선의 지식인들에게 조선이 지향하는 문명에 어떤 내용과 실천이 포함되어야 하는지에 대한 고민을 제안한 것이라고 할 수 있다. 이는 문명의 패러다임이 바뀌었다거나 문명을 보다 먼저 선취한 자가 누구인가, 누구를 따라야 하는가의 문제가 아니다. 이런 발상은 보편 문명이 외부에 별도로 존재하고 그것을 모범으로 따라가야 한다는 서구 근대적 관념에서 오는 것이다. 이와 달리 조선 지식인들에게 문명은 외부에 실현되어 이를 표준삼아 따라 가야하는 목표가 아니라 내부에서 이미 진행되고 있던 모종의 가치이자 태도였다. 그런 의미에서 서학의 수용은 이들에게 문명의 토대이자 문명의 축으로서의 유학이 어디까지 확장될 수 있는가의 실험이었다 해도 과언이 아닐 것이다.

참고문헌

1.원전류

李瀷, 『星湖全集』

安鼎福, 『順菴先生文集』

愼後聃, 『河濱先生全集』

洪大容, 『湛軒書』

2.연구서

강재언 『조선의 서학사』, 민음사, 1990

계승범, 『정지된 시간—조선의 대보단과 근대의 문턱』, 서강대학교 출판부, 2011.

구만옥, 『조선후기 과학사상사 연구』 혜안 2004,

김문식, 『조선 후기 지식인의 대외 인식』 새문사 2009

김선희, 『마테오 리치와 주희, 그리고 정약용』 심산, 2012.

신양선, 『조선후기 서지사 연구』 혜안, 1996,

박성래, 『한국사에도 과학이 있는가』 교보문고, 1998,

박성순, 『조선 유학과 서양과학의 만남』 고즈윈, 2005,

우경섭, 『조선중화주의의 성립과 동아시아』, 문예원, 2013.

이용범, 『중세서양 과학의 조선 전래』 동국대 출판부, 1988

이원순 『조선서학사연구』 일지사, 1986.

정옥자, 『조선후기 조선중화사상 연구』, 일지사, 2010.

허태용, 『조선후기 중화론과 역사인식』, 아카넷, 2009.

3.논문류

Erik Zurcher, "The Jesuit Mission in Fukien in Late Ming Times: Levels ofResponse", Development and decline of Fukien Province in the 17th and 18thcenturies, E. B. Vermeer ed., Leiden, Brill, 1990

구만옥 「16-17세기 조선 지식인의 서양 이해와 세계관의 변화」 『동방학지』 122권 2003.

김문식, 「연암이 파악한 18세 동아시아의 정세」 『한국실학연구』, 10호

김문용, 「홍대용의 실학사상에 관한 연구」 고대 박사학위 논문, 1995

민영규, 「17세기 조선학인의 지동설-김석문의 역학이십사도해」 『동방학지』16 1975,

박권수, 「서명응의 역학적 천문관」 『한국과학사학회지』 20 1998,

박성래, 「한국근세의 서양과학 수용」 『동방학지』 20, 1978.

박성래, 「홍대용의 과학 사상」『한국학보』23 1981.
박양신 「근대 초기 일본의 문명개념 수용과 그 세속화」『개념과 소통』 vol.1, 2008.
이혜경, 「'중화'에서 'civilization'으로 - 동아시아 문명 패권의 이동」『인물과 사상』 Vol.132, 2009.
백민정, 「조선 지식인의 왕정론과 정치적 공공성-기자조선 및 중화주의 문제와 관련하여」『동방학지』 164권 2013.
안대옥, 「『주비산경』과 서학중원설」『한국실학연구』 18
유봉학, 『18-9세기 연암일파 북학사상의 연구』 서울대 박사논문 1992.
이용범, 「김석문의 지전설과 그 사상적 배경」『진단학보』 41 1976,
이용범, 「이조실학계의 서양과학 수용과 그 한계-김석문과 이익의 경우」『동방학지』 58 1988,
임종태, 『17~18세기 서양 지리학에 대한 조선 중국 학인들의 해석』 서울대 박사논문,
조성산, 「제국의 주변과 중화의식의 성장—18세기 후반~19세기 전반 조선 지식인의 대청인식」, 『동아시아인의 근대, 그 중심과 주변』, 2013.

/ 제2부 동아시아 성서종교 담론 /

동아시아 지평에서 통합 생태 영성 살이

황 종 열(대구가톨릭대학교)

1. 시작하면서

지구는 하나다. 태양계도 하나고 우주도 하나다. 하나인 지구와 하나인 태양과 하나인 우주가 하나로 이어져 있다. 그렇기 때문에 동과 서는 고정되어 있거나 분리되어 있는 것이 아니다. 동과 서는 하나의 지구 위에서 서로 관계 있음을 말할 따름이다. 그러므로 "동아시아" 지평이라고 하는 것은 고착된 사고에서 자기를 그렇게 알고 쓰는 말이 아니라 그동안 관계되어 온 역사와 문화를 고려하여 방편으로 사용하는 표현이다.

지구에 사는 우리는 어떻게 생각할지 몰라도 지구 없이 태양계가, 태양계 없이 우주가 존재할 수 있다. 하지만 우주 없이는 태양도 지구도 존재 자체가 불가능하다. 자연 만물이 사람과 우리 사회 없이 존재할 수 있어도, 자연 생태 없이는 인간도 사회도 존재할 수 없는 것과 같다. 이런 전제 위에서 우리의 "집의 집"인 우주(宇宙)의 일부로서 지구를 "우리의 공동의 집"으로 인식하는 틀 위에서 동아시아의 한 국가 시민으로서 우리의 삶과 문화를 배경으로 "통합 생태 영성"을 말하고 이 영성을 살아갈 길에 대해서 살펴보고자 한다.

2. 있음과 받음

지구에서 존재하는 존재자들은 일반적으로 하나의 우주에서 하나로 이어진 땅을 딛고, 대기를 도는 물을 받으며, 대기를 도는 바람과 함께 바람을 통해서, 하나의 태양에서 전달되는 빛 안에서 빛과 함께 존재한다. 모든 존재는 가시적이든 비가시적이든 자기 존재의 바닥을 갖고 색을 갖고 소리를 갖는다. 동아시아에서는 만물의 기본 요소로 지수화풍(地水火風)을 이야기해 왔다. 이것들이 우리가 만나는 존재자들의 생성소멸 과정에 작용하고 있는데, 우리는 물을 수 있을 것이다. 우리가 있게 하고 우리가 우리로 살게 하는 것이 무엇인가?[1)]

이 물음에 우리는 가족, 일, 건강, 친구, 재화, 직업, 집, 음식, 차 등 수많은 것들을 떠올릴 수 있을 것이다. 어떤 사람들은 사랑, 은총, 기적, 보호, 자비, 신앙, 모임 같은 것들을 말하는 경우도 있을 것이다. 밥, 몸, 말, 생각, 숨 같은 것들을, 그리고 우리가 위에서 언급한 땅, 물, 빛, 바람 같은 자연물들도 거론할 수 있을 것이다. 또한 하늘과 해와 달과 별들, 강과 바다, 숲, 산, 들도 진술될 수 있을 것이다. 다니엘 시편에 등장하고 프란치스코 성인이 태양의 찬가에서 노래한 온갖 자연물들, 죽음까지도 언급할 수 있을 것이다.

우리는 이 물음에 대한 답을 통해서 먼저 사랑과 은총, 믿음과 가족, 집과 음식 등 우리가 잘 알고 있고 또 우리가 받기를 희망하는 것들을 받아서 살고 있다는 것을 알 수 있다. 다른 하나는 이 모든 것들 이전에 이것들을 받을 수 있게 해주는 기본적인 것들, 곧 흙과 물과 빛과 바람을 한순간도 예외없이 언제나 받고 있었다는 것을 알 수 있다.

흙 물 빛 바람. 한문으로 표현하자면 지수광풍地水光風이다. 우리는 그동안 이것들을 그토록 풍부하게 받았으면서도 이 사실을 일정하게 잊고 산 측면이 있다. 창세기 1장은 하느님이 그의 사랑으로 바람(영)과 빛과 물과 땅이 있게 하고, 그것들을 통해서 우리를 살게 한다고 말한다. 하느

---

1) 황종열, “하느님의 지수광풍과 통합 영성 살이,” 신학전망 202 (2018/ 가을), 209 이하 참조. 이 연구는 이 작품을 기초로 동아시아 지평을 좀 더 통합하면서 보완 확장한 것이다.

님은 지수광풍을 통해서 사랑으로 우리에게 전해 주고 싶은 것들을 전해 주고 우리는 그것들을 통해서 하느님이 우리에게 전해주는 것들을 받을 수 있게 된다. 이런 의미에서 지수광풍은 우리의 있음과 생명, 우리의 모든 은총과 일을 가능하게 하는 "은총의 은총" 혹은 "기본 은총"이라고 말할 수 있다.[2]

다산 정약용은 강진에서 유배살이를 끝내고 환갑을 맞아서 묘지명을 쓰면서 상제 하느님과 역사와 민중 앞에서 겪은 일을 돌아보며 "한 갑자 60년은 모두 죄와 뉘우침으로 지낸 세월"이었다고 말한다. 그리고는 환갑을 맞은 그가 이제부터라도 "정밀히 닦고 실천하며 하늘의 밝은 명을 돌아보면서 여생을 마치리라"고 말한다.[3] 하늘에 대한 이 같은 순명과 하늘과 역사와 민중에 대한 겸손은 그가 자기의 생애를 돌아보며 자기의 유배가 자기에게 무엇이었는지를 말한 대목에서 보인 "천총(天寵)" 인식을 바탕으로 할 때 보다 더 깊게 이해할 수 있다. 정약용은 묘지명 광중본에서 이렇게 노래한다.

> 하늘의 총애 입어(荷天之寵)
> 우충(愚衷)이 열리었네
> 육경을 정연(精硏)하여
> 미묘한 이치를 깨치고 통했도다
> 아첨하는 이들이 세력을 잡았으나(憸人旣張)
> 하늘이 너를 옥성(玉成)시켰네
> 거두어 간직하고
> 장차 훨훨 노니련다.[4]

---

2) "하느님의 지수광풍과 통합 영성 살이," 210 참조.
3) 정약용, 자찬묘지명, 집중본, 다산시문집 7, 145.

정약용은 자기의 유배 생활을 "천지총"으로 노래한다. 아첨하는 이들이 세력을 잡았으나 하늘이 그를 사회의 바닥 강진 유배지에 그를 숨겨서 선현들의 지혜를 만나서 선인들과 후인들을 이어 주는 일을 하도록 배려하셨다는 것이다.[5] 그는 그가 유배지에서 딛고 선 땅과 그가 유배지에서 먹는 밥과 그가 몸 누이는 집과 그가 산에서 끌어다가 마시는 물과 그가 받아 숨쉬는 바람과 그가 닭들과 함께 받은 빛을 받은 것으로 알고 그것들을 통해서 상제 하느님이 하시는 일이 무엇인가를 알았던 것 같다.

이렇게 받아서 사는 존재 체험을 예수를 유다 밖 전세계에 전한 바오로의 삶에서도 추적해 볼 수 있다. 그는 한 편지에서 자신이 하느님에게 받은 "계시들이 엄청난 것"이어서 사람들이 자기를 과대평가할 위험이 있다고 썼다. 그렇기 때문에 그가 "자만하지 않도록 하느님께서" "가시를 주셨다"고 말한다. 바오로는 주님께 자기를 찔러 대는 이 가시가 자기를 떠나게 해 달라고 세 번이나 청하였지만, 주님은 이렇게 말하면서 그 가시를 없애주지 않는다. "너는 내 은총을 넉넉히 받았다."[6]

바오로가 남긴 증언에 의하면, 그는 하느님의 계시들을 받았고 은총을 받았다. 앞에서 우리가 받은 것이 무엇인가를 바오로에게 적용해서 이렇게 물을 수 있겠다. 바오로가 하느님의 계시와 은총을 받을 수 있게 해 주는 것은 무엇인가? 많은 것들이 있을 것이지만, 단순하게 표현하자면 하느님의 은총이라고 말할 수 있다. 계시는 깨달음으로 오는데, 이 계시와 깨달음 자체가 은총이라고 할 수 있다.

그런데 바오로 사도가 그 모든 계시들과 은총들을 받기 위해서는 바

---

4) 정약용, 자찬묘지명, 광중본, 다산시문집 7, 100 참조.

5) 정약용이 1804년에 강진 유배지에서 쓴 "견우(遣憂)"에 진술된 다음 내용도 참조. "하늘은 그 아끼는 것을 완성하고자 삼년의 유배기를 내게 내리셨다": 김승혜, 유교의 시중과 그리스도교의 식별, 바오로딸, 2005, 326에서 인용.

6) 코린토 후서 12장 7-9절.

오로가 우리와 같이 몸을 갖고 있는 한 이것들을 받을 수 있게 해주는 것들이 필요하다. 하느님의 계시와 은총을 받을 수 있게 해주는 하느님의 이 사랑의 작용을 기본적으로 주어진 것(foundational given), 곧 "기본 은총(basic grace)" 혹은 "원은총(original grace)"이라고 말할 수 있다. 우리가 위에서 확인한 흙-땅, 물, 빛, 바람이 기본 은총인데, 이것들이 우리의 있음이 가능하게 하는 것은 물론이고 하느님의 계시와 다른 은총과 은사들을 받을 수 있게 하기 때문이다. 이 가장 기본적인 은총은 자격도 능력도 성별도 나이도 관계없이 하느님이 자신의 창조물들에게 사랑으로 값없이 거저 주시는 것들이다.[7)]

바오로의 회심 사건을 예로 들어서 지수광풍이 어떻게 작용하는지 구체적으로 살펴보자면, 그가 딛고 선, 그리고 그가 말을 타고 갈 때 떠받쳐 주었다가 말에서 떨어졌을 때 그를 받아 안은 땅-흙이 없이는 어떤 계시도 은총도 받을 수 없다. 그가 박해를 할 때든 회심을 한 때든 하느님께서 내려주셔서 그가 물을 마시지 않았다면, 그는 박해도 회심도 할 수 없었을 것이다. 빛은 그가 박해를 할 때도 받아 왔고 그가 주님을 만나서 눈이 멀어 볼 수 없을 때도 여전히 그에게 비추어졌다. 그가 박해를 할 때나 주님을 만나서 회심을 하던 때나 한결같이 바람을 보내셔서 그의 숨을 지켜 주셨다. 하느님께 받은 빛과 바람을 가지고 하느님이 바라시지 않은 죽이는 일을 했던 그였다. 그는 하느님의 바람을 받아서 하느님의 바람으로가 아니라 자기 바람으로 산 것이다. 그런데도 하느님의 바람은 그가 숨쉬게 해주었다. 그분의 빛은 그가 보게 해주었다. 하느님을 대적하는 것도 하느님의 은총과 계시를 받는 것도 바오로가 하는 일이었고 역할이었는데, 하느님의 지수광풍은 바오로 사도가 수행하는 이런 일과 역할보다 더 앞서는 은총의 은총으로 작용하고 있었다. 이 은총

7) 이하 "하느님의 지수광풍과 통합 영성 살이," 208-9 참조.

의 은총들이 바오로 사도와 우리 모두가 자신의 일과 역할을 수행할 수 있게 해주는, 곧 사람들이 존재할 수 있게 해주는 원천이다.[8]

바오로가 그런 것처럼 우리 역시 마찬가지다. 우리는 우리가 과오를 범하거나 다른 사람들에게 상처를 줄 때도, 우리가 하느님을 등질 때나 따를 때나 한결같이 하느님께서 지수광풍이라는 자연 생태에 당신의 사랑을 실어서 우리 한 사람 한 사람에게 보내주셨다는 것을 알고 있다. 그러므로 그리스도인들은 사람들이 하는 일이나 역할이 그것이 어떤 것이든 관계없이 하느님의 사랑을 앞설 수 없고 그분의 사랑이 사랑으로 작용하게 하는 자연 생태인 지수광풍보다 앞설 수 없다는 것을 믿음으로 고백해 왔다. 하느님의 지수광풍은 모든 존재를 있게 하고 살게 해주는 원천이고, 모든 은총의 원형으로서, 모든 은총과 계시들을 받을 수 있게 해주는 기본 요소다. 그리스도인들은 이런 맥락에서 우리는 자격으로 사는 것이 아니라 하느님의 은총으로, 하느님의 지수광풍으로 산다는 것을 고백하게 된다. 이런 관점에서 우리는 이렇게 노래할 수 있을 것이다.

> 하느님, 저는
> 당신의 땅을 딛고
> 당신이 땅에서 길러주신 것들로 지은
> 밥을 먹으며
> 당신의 빛 안에서
> 당신이 불어넣어주시는 숨으로 사는
> 당신의 살,
> 당신의 몸,

---

8) "하느님의 지수광풍과 통합 영성 살이," 212. 이하 같은 글, 212-3.

당신의 영입니다.

이 모든 것을 허락해 주시는 하느님

당신은 찬미받으소서.

당신의 사랑과 자비로,

당신의 은총과 사랑으로

찬미받으소서, 주님.

프란치스코 교황이 찬미받으소서 84항에서 하느님께서 창조하신 모든 "물질세계 전체는 하느님의 사랑, 곧 우리에 대한 무한한 자애를 나타냅니다" 하고 노래한 이유가 여기에 있을 것이다. 프란치스코 교황이 "흙과 물과 산, 이 모든 것으로 하느님께서 우리를 어루만지십니다"(찬미받으소서 84항: 이하 괄호 안의 숫자는 찬미받으소서의 항 번호) 하고 경이로움과 감사에 가득 차서 노래한 이유 역시 바로 여기에 있을 것이다.

3. 동근(同根) 일체(一體): 우주적 가족 우주적 형제애 우주적 친교로 이어진 만물

프란치스코 교황은 하느님이 존재하는 모든 창조물의 공동의 기원(96항)이시고 "공동의 도착점"이시라고 말한다(83항).[9] 이 모든 창조물에는 하느님이 우리가 눈으로 볼 수 있는 모든 자연물과 멀리 떨어져서 보이지 않는 모든 별들과 너무 작아서 볼 수 없는 모든 원자와 전자까지도

9) 이 부분은 "하느님의 지수광풍과 통합 영성 살이," 213 이하 참조.

포함된다. 교황은 찬미받으소서 마지막에서 제시한 두 기도 중에 "우리의 지구를 위한 기도"에서 하느님은 "온 세계에 계시며 가장 작은 피조물 안에 계시나이다" 하고 기도한다. 그리하여 하느님께서 온 생명의 원천인 "아버지로서" 당신이 창조하신 모든 창조물과 관계를 맺어주시고(96항), 그러므로 우리는 온 창조물과 "우주적 가족"(89항)이 되고, "우주적 형제애"(92항)와 "우주적 친교"(76, 92, 220항)를 나누게 된다.

교황은 먼 세계와 가시 세계와 미시 세계에 존재하는 이 모든 것이 하느님의 사랑 안에서 하나로 이어져 있는 것을 "끈"이라는 이미지를 사용해서 이렇게 표현한다. "한 하느님 아버지께서 창조하신 모든 피조물이 서로 보이지 않는 끈으로 연결되어 있"다(찬미받으소서 89항). 그렇기 때문에 그는 "토양의 사막화를 마치 우리 몸이 병든 것처럼 느끼고 동식물의 멸종을 우리 몸이 떨어져 나가는 것처럼 고통스럽게 느낀다"고 하였다(찬미받으소서 89항).

그러므로 교황은 하느님의 아드님인 예수는 사람만이 아니고 하느님이 창조하신 모든 것까지 구원하였다고 분명하게 말한다. 인간 중심 구원관을 명시적으로 넘어서고 있는 것인데, 그리스도는 그의 육화와 부활을 통하여 사람은 물론 우주 만물도 하느님의 창조의 목적에 부합하게 변화시키셔서, 온 창조물이 특히 "그리스도의 부활을 통하여" "하느님의 충만"(83항)에 이르고, 그리스도의 "빛나는 현존"으로 가득 차게 해주었다는 것이다(100항). 우리가 산에 가서 경외와 충만, 기쁨, 감사, 아름다움, 신비감 같은 것을 느끼는 것은 산의 모습이, 산에 사는 모든 존재와 생명들이 하느님의 자취를 담고 있고 하느님의 솜씨를 증거하며 그리스도의 "빛나는 현존"으로 충만하기 때문이다(234, 84항 등 참조).[10)]

---

10) 프란치스코 교황은 이같은 생태적 감수성으로 십자가의 요한 성인이 산과 계곡에서 하느님의 자취를 읽어 낸 것을 소개한다. 찬미받으소서 234항.

우리는 하느님의 한 집에서 하느님이 마련해 주신 같은 땅에서 그분께서 보내주시는 같은 물을 마시고 같은 햇빛을 받으며 같은 바람을 통해서 산소를 공급받으면서 산다. 우리가 땅과 물과 빛과 바람과는 물론 사람들 서로도 하나로 이어져 있는 이것을 인도와 동아시아 영성 전통에서는 "불이(不二)"로 표현해 왔다. 하느님의 온 창조물들은 이렇게 한 분 하느님을 생명의 기원이자 생명의 궁극 도착점으로 공유하면서 함께 이어져 있다.

무위당 장일순은 유교 전통을 배경으로 태어나서 12세 소년 때 가톨릭 신앙에 귀의한 후 유교와 불교와 노장 사상과 동학 전통을 그리스도 영성과 통합해서 살았던 인물이다. 그는 가톨릭 신앙을 따라 세례자 요한이라는 교명으로 세례를 받아 가톨릭인으로 살면서도 동아시아 영성 전통에 따라서 "천지여아동근(天地與我同根)" "만물여아일체(萬物與我一體)"를 노래하였다.[11] 그는 1970년대부터 이 같은 우주 인간 동체 한가족 영성을 토대로 그의 동료들과 함께 농민과 도시민들의 생명 연대를 추구하는 한살림 운동을 전개하였다. 장일순이 동아시아인으로서 자기 삶에서 증거한 이 같은 우주적 가족과 우주적 친교 인식은 위에서 언급한 프란치스코 교황의 하느님 세계 인간 이해와 그대로 상통한다.

프란치스코 교황은 찬미받으소서 216항에서 영의 생명은 "인간의 몸이나 자연, 또는 세상 현실에서 분리되지 않고, 오히려 그 안에서 우리를 둘러싼 모든 것과 일치를 이루며 더불어 살아가는 것"이라고 명시적으로 말한다. 우리가 하느님을 한 뿌리로 하여 하느님에게 창조된 만물과 이어진 존재들이라는 깨달음은 하느님의 모상으로 창조되고 하느님의 숨

---

11) "생태학적 관점에서 본 예수 탄생," 〈나락 한알 속의 우주-무위당 장일순의 이야기 모음〉, 녹색평론사, 2001(1997), 17. 프란치스코 성인의 "동근" 인식에 관해서는 보나벤투라, 프란치스코 대전기, 권숙애역, 분도출판사, 1995, 91 참조.

으로 살아가는 하느님의 자녀이며 하느님의 살림의 동반자로서 푸르고 복되게 이 세상을 살아가는 데 필요한 "영적 자본(spiritual capital)"[12)]이 되어 주리라 믿는다. 인간과 인간, 인간과 자연 만물이 생명을 주시는 하느님의 영 안에서 서로 하나로 이어져 있다.

하느님의 사랑으로 창조된 보이는 모든 것과 너무 멀어서 잘 보이지 않거나 아예 보이지 않는 것들, 그리고 너무 작아서 보이지 않는 것들 모두 하느님의 가족으로서 하느님의 하나의 집에서 서로 보이지 않는 끈으로 이어져서 산다. 프란치스코 교황이 온 우주(universe)를 하나의 가족으로 보고, universe는 원래 "하나"를 뜻하는 라틴어 unus에서 온 uni와 "돌아가다"를 뜻하는 라틴어 vertere의 과거분사 versus가 결합된 말이다, 지구를 "우리의 공동의 집(our common home)"이라고 표현한 이유가 여기에 있을 것이다(찬미받으소서 1, 3, 13, 17, 53, 61, 155, 164 참조).

우리가 알고 우리가 사는 집에는 규모가 있다.[13)] 우리가 각자 혹은 가족과 함께 사는 집이 있고, 마을 혹은 도시 혹은 나라라는 집이 있다. 동아시아 선조들은 나라를 "국가國家"라고 표현하였으니 나라를 하나의 "집"으로 보았고, 온 세상을 집 "우宇"에 집 "주宙"를 써서 "우주(宇宙)"라 하였으니, 우주 역시 하나의 집으로 보았다고 하겠다. 집의 경계나 마을과 도시의 경계, 혹은 나라의 경계는 사람이 만든 것이다. 오징어에게는 국경이 없고 두루미에게도 제비에게도 국경이 없다. 우주인들은 하나같이 지구 밖에서 지구를 보면 국경도 이념도 인종도 종교도 어느 것도 보

---

12) "영적 자본(spiritual capital)" 개념에 관해서는 Christopher Baker/ Greg Smith, "Spiritual, religious and social capital – exploring their dimensions and their relationship with faith-based motivation and participation in UK civil society" 참조: http://williamtemplefoundation.org.uk/wp-content/uploads/2014/03/Spiritual-Religious-Social-Capital-Baker-Smith.pdf.

13) 이하 "하느님의 지수광풍과 통합 영성 살이," 215-7 참조.

이지 않고, 오직 하나 "푸르고 아름다운" 둥근 행성이 보일 뿐이라고 증언하였다.

"생태(生態)"라고 번역해서 쓰는 영어는 ecology이다. 이 말은 eco와 logy가 결합된 말이다. eco는 oikos라는 그리스어에서 왔다. 이 말은 "집" "거처"라는 의미이므로, ecology는 "집eco"에 관한 "logy"="logos"=말=이야기, 곧 "집eco에 관한 이야기logy"라는 뜻을 갖는다. 그러므로 "생태"란 단순히 자연에 관한 혹은 환경에 관한 것이 아니다. 이것은 근원적으로 "집"에 관한, 그리고 그 집에 사는 사람이나 생물은 물론 존재하는 모든 것에 관한 이해와 행동이 통합된 것이라 할 수 있다. 우리가 "경제"라고 번역하는 영어 economy에 있는 eco 역시 oikos라는 말에서 온 것인데, 서구에서는 우리가 말하는 "생태ecology"와 "경제economy"가 분리되거나 대립된 것이 아니라 모두 동일하게 "하나의 집에 관한 인간의 응답", 혹은 "하나의 집안 살림"을 가리킨다. 서구 신학과 영성과 사목의 선구자들은 "하느님의 구원 경륜"을 "economia Dei" = "economy of God"이라고 표현하였는데, 이것은 말 그대로 "하느님의 집안 살림"을 뜻한다. 이것은 서구 문명에서 "ecology"와 "economy"와 "하느님의 구원으로서 economia Dei"가 서로 분리할 수 없을 만큼 하나로 이어져 있다는 것을 드러낸다. 이런 기초 위에서 사람 중심주의에 머물지 않고 환경과 자연을 통합하고 사람과 사회를 비롯해서 존재하는 모든 것을 통합해서 이것을 하느님의 집안 살림을 중심으로 연결하여 "통합 생태(integral ecology)"를 좀 더 건강하게 이해할 수 있을 것이다.

프란치스코 교황이 캐나다 주교들이 발표한 사목교서를 인용하여 말한 것처럼(찬미받으소서 85항), 하느님에게서 온 것은, 그것 자체로 하느님은 아니지만 하느님의 흔적을 담고 있고 하느님을 계시한다. 하느님은 자신이 창조하신 "모든 것을 통하여" "우리에게 주고자 하는 가르침"을 전달하는데, 자연을 통해서 “메시지를 듣고, 역설적인 무언의 말을 듣는 것”이 가능하게 하는 하느님이 “작렬하는 태양”은 물론 “드리워진 어둠 안에서” 역시 “계시하시는 것이 있다”(85항). 영적이라는 것은 하느님께 닿아 있다는 것을 말하고 그래서 거룩한 차원을 띠고 있다는 것을 뜻한다. 하느님이 창조하고 자신의 살림 안에서 돌보는 모든 것들은 그것들 나름대로 하느님에게 닿은 존재로서 한 분 하느님을 동근으로 공유하면서 하느님의 존재와 거룩함에 참여하므로 하느님의 영적인 측면을 띠고 있고 또 그것을 살고 있다고 말할 수 있다.

하지만 이것들은 하느님에게서 왔지 그것 자체로 하느님은 아니다. 그렇기 때문에 이것들은 하느님의 뜻에 따라 선으로 작용할 수도 하느님의 뜻에 대립된 형태로 작용할 수도 있다. 이것은 하느님에게서 오는 영성에도 불구하고, 그 영성을 사는 존재의 조건에 따라서 “영성 살이”가 하느님의 살림을 따르는 형태로도 그 살림을 거스르는 형태로도 나타날 수 있다는 것을 뜻한다.

하느님에게서 창조된 것들이, 그러므로 사람 역시, 갖는 이 영적 측면을 알아보고 이것들을 하느님의 뜻에 따라 돌보며 살면, 그 존재는 하느님의 살림에 깊게 참여하면서 그만큼 건강한 영성을 살게 된다.[14] 땅 위에서 흙에서 난 것들을 먹고 흙으로서 살고 물 받아 마시고 빛 안에서 바람 받아 숨 쉬며 살면서 이것들이 하느님에 닿은 것임을 알고 이것들을 소중하게 지켜 가는 존재들은 하느님의 영에 그만큼 가깝다. 이들은 하느님께 거저 받았으니 거저 줄 줄 알면서 하느님의 영에 그만큼 가깝게 살게 된다. 하느님의 영에 닿은 것들을 알아보고 자신이 이것들과 하느님의 하나의 생명의 끈으로 이어져 있다는 것을 아는 사람들은 그만큼 하느님과 가깝게 있게 된다.

---

14) 이하 “하느님의 지수광풍과 통합 영성 살이,” 223 참조.

앞에서 무위당 장일순의 동근 영성을 언급하였는데, 김준호 레오[15]는 전라남도의 개신교 전통에서 이세종-이현필의 계보를 이으면서 동아시아 전통을 그리스도 신앙과 통합한 영성을 체득한 인물 가운데 한 사람이다. 장일순과 김준호는 한국 가톨릭 역사와 신앙과 영성 전통에서 매우 독특한 위치에 놓여 있는데, 이들은 21세기에 프란치스코 교황이 2015년에 발표한 회칙 〈찬미받으소서〉에 나타나는 통합 생태 비전을 이미 1970년대에 자신들의 삶의 자리에 육화시켜 가면서 살았다. 김준호의 불이(不二) 영성은 장일순의 "동근" "한뿌리" 영성과 상통하면서 위에서 본 프란치스코 교황의 우주적 가족 우주적 형제애 우주적 친교 비전과 조화를 이룬다. 그는 자신의 글 "신토불이"에서 이렇게 진술한다.

"주님 저는 몸과 흙이 둘이 아님을 생각해 봅니다. 님의 성스러운 사랑이 저 흙 속에 숨어서 저도 모르는 사이에 제 살 속으로 들어와 감쪽같이 살고 있었나이다. 그 얼마나 신비한 일입니까? 그 어느 때, 그 언제 그 누가 그렇게 하였더란 말입니까? 그것은 임께서 친히 베풀어 주신 천상적인 대접이었나이다. 흙은 제가 날마다 먹는 밥과 채소 속에 숨어서 제 살이 되고 피가 되었고 제 모세혈관을 돌아서 제 심장 깊이 들어와 돌고 있었사오니 그 누가 그렇게 나도 모르게 그렇게 하시었더란 말입니까?(요한 14, 17 참조) 오! 그는 친히 베풀어 주신 주님의 생명의 사랑이었나이다. 저 흙과 제 몸이 둘이 아니라 하나였다니! 오! 제 자매인 흙이여! 오! 어머니 가슴에서 흐르는 젖과도 같은 사랑이여!"[16]

---

15) 2016년 12월 18일 광주대교구 주보 빛고을(1929호)에 소개한 김준호 레오의 삶에 관한 짧은 성찰, "프란치스코 교황의 회칙 〈찬미받으소서〉와 함께 열어 가는 생태영성 이야기 12 무등의 영성" 참조.

16) 김준호, "신토불이(身土不二)", 하느님의 섭리와 은총 하, 158-9 참조.

김준호는 신토불이를 바람에 적용하여 "신풍불이(身風不二)"라는 말을 만들어서 이렇게 노래한다.

> "주님, 저는 몸과 바람이 둘이 아님을 생각해 봅니다. 성스러운 임의 사랑이 저 바람 속에 숨어서 제가 숨 쉴 때마다 산소를 싣고, 제 몸 속으로 들어와 제 피를 깨끗하게 해주고, 이산화탄소를 싣고 나가 저 하늘로 날려보내고 있었나이다. 제 몸 속으로 들어온 산소를 폐에서 심장으로 심장에서 마디마디 전신의 모세혈관으로 돌고돌아 공급하고는, 또 이산화탄소를 싣고 나가 숨을 내쉴 때마다 그 푸른 하늘로 돌리고 있었나이다. 그 얼마나 신비한 생명의 사랑인가요!"[17]

김준호는 신토불이에서 신풍불이를 보고 이어서 빛과 물이 자신의 존재 안에서 작용하는 신비를 포착하여 "신광불이"와 "신수불이"를 언어화하여 광수토풍이 자신과 이루는 불이의 신비에 경탄하며 이렇게 노래한다.

> "저 불은 신광불이(身光不二)요, 저 물은 신수불이(身水不二)요, 저 흙은 신토불이(身土不二)요, 저 바람은 신풍불이(身風不二)입니다."[18]

김준호는 하느님이 이루시는 이 사랑의 신비에 취해서 이렇게 외친다.

> "오! 생명의 신비여! 오! 사랑의 은총이여!"[19]

---

17) "신풍불이(身風不二)", 같은 책, 160-1.
18) "신풍불이", 같은 책, 163.
19) 같은 곳.

그리고는 이것을 그가 주님으로 고백하는 하느님과 예수 그리스도의 사랑의 돌봄과 잇는다.

"그 누가! 그 언제부터? 그 어디에서? 그렇게 해주고 있는 분이 계시었단 말입니까? 그는 성스런 임께서 베푸신 생명과 사랑이었나이다. 저 무심히 이처럼 산야를 푸르게 단장한 나무와 풀들이 제가 버린 이산화탄소를 마시고 산소를 만들어 주고 있었나이다. 오! 그렇게 성스러운 사랑을 그 언제부터, 그 어디에서, 그 누가, 천지 창조 때부터 그렇게 하라고 시켰단 말입니까? 그는 임께서 친히 하신 살아 계신 자비의 사랑이었나이다. 오! 크고 신비한 우주 법칙이 하느님의 본질이요 본성이었나이다. 그리스도의 본성이었나이다."[20]

김준호는 1975년에 세례를 받을 때 세례명을 레오로 택하였는데, 그가 택한 주보성인은 레오 1세 교황이 아니고 프란치스코 성인의 제자 레오였다. 그는 프란치스코 성인을 스승으로 따르며 그의 가난과 작음의 영성을 소화 데레사의 작은 꽃 영성과 통합해서 살고자 하였는데, 프란치스코 성인의 이름을 받지 않고 그의 제자 레오의 이름을 받을 만큼 프란치스코 성인을 존경하였다. 그런 그가 이러한 "불이" 영성을 프란치스코 성인의 우주적 형제 인식과 연결하여 이렇게 진술한다.

"제가 이 몸을 가지고 일분일초인들 산소 없이는 살 수 없는 몸이옵니다. 그 산소가 이 몸의 어머니가 되고 누나가 되어 저를 살리고 있었던 생명의 은인이었다니 그 같은 사실을 제가 어찌 알기나 했겠습니까?"[21] "그래서 성 프란치스코께서 만물을 보고 '형제'와 '자매'라 부르셨나이까? 오! 제 어머니

20) "신풍불이", 같은 책, 161.
21) "신풍불이", 같은 책, 162.

같은 나무요! 오! 제 누나 같은 풀들이여!"[22] "성 프란치스코께서 그리스도의 자비의 본성이 만물 속에 숨어 있음을 견성(見性)하시고 형제라 자매라 불렀나이다."[23] "오! 천(天) · 지(地) · 인(人)은 불이(不二)입니다. 옳습니다. 천지는 동근(同根)이요, 만물은 동체(同體)입니다."[24]

4. 동근 살이의 두 유형과 지구 상태

동근 살이의 두 유형

우리는 앞에서 하느님께서 모든 창조물의 존재의 뿌리 곧 "공동 기원" 이자 "공동 도착점"이라는 것을 보았다. 장일순과 김준호는 이것을 동아시아 영성 전통에 따라 인식하여 하느님을 동근으로 하여 만물이 한 몸을 이룬다고 노래하였다. 모든 창조물이 하느님과 불이(不二) 상태에 있고, 창조물들 서로는 물론 사람과도 불이체로서 한 몸을 이룬다. 참으로 우리가 볼 수 있는 모든 것들과 볼 수 없는 모든 것들, 너무 멀어서, 혹은 너무 커서 볼 수 없는 것들과 너무 작아서 볼 수 없는 것들 모두 하느님이 있게 하신 하나의 빛 안에서 하느님을 한 기원으로 존재한다. 그러므로 이것들은 모두 한 빛 안에서 서로 하나로 이어져 있다. 프란치스코 교황이 말하는 것처럼 참으로 이 세계에 무관한 것은 없다(찬미받으소서 3-6항 절 제목).

---

22) "신토불이", 같은 책, 159.
23) "신풍불이", 같은 책, 162.
24) "신풍불이", 같은 책, 163.

우리는 위에서 불이를 말했는데, 이것은 불이 상태에 있는 두 존재가 같다는 것을 의미하지 않는다. 이것은 그 두 실체가 서로 이어져 있다는 것을 뜻한다. 우리가 하느님께서 자연적으로 존재하는 모든 것을 창조하셨다고 고백할 때, 이것은 신학적 실재고 양자적 실재다. 하느님 안에서 모든 것은 하느님 한 뿌리에 닿아 있으면서 서로 이어져 있다. 우리는 바로 위에서 하느님과 닿아 있는 한 모든 것은 서로 분리되어 있지 않다는 것을 보았다.

흙은 우리의 삶의 생성 모태이고 삶의 터이고, 우리의 살이고, 우리의 몸이고 우리의 똥이다. 살과 몸이 합쳐져서 숨을 이어 가는 것이 우리의 삶이다. 이것을 지탱시켜 주는 것이 흙에서 난 밥이다. 흙이 우리의 살이고 몸이며 밥이며 똥이다. 우리가 밥을 나누며 사는 이 자리가 흙덩이, 땅덩이, 지구, 우주다. 이것이 우리의 집이다. 우리는 하느님이 내려주시는 물과 빛을 통해서 그리고 무엇보다도 그분의 바람을 통해서 하느님이 당신 사랑으로 지으신 우주-지구-집에서 이 집에서 나는 것들을 밥으로 먹으면서 사는 하느님의 살들, 하느님의 몸들이다. 그러므로 우리는 하느님이 우리에게 집을 만들어 주시고 양식이 되어 주시는 것처럼, 하느님께 그분의 집이 되어 드리고 그분의 양식이 되어서, 그분의 빛이 되고 바람이 되고 물이 되어서 그분이 사랑하시는 존재들에게 우리를 내어주도록 불렸다. 이 부름을 자기의 삶 안에서 형성하는 관계 속에 육화시키는 존재들은 하느님의 정의와 생명 살림에 협력하는 것이다.

그런데 불이를 분리로 전도시키고 분열로 만드는 사람들이 있다. 이들은 차이를 존중하기보다 자신들의 조건을 기준으로 차이를 차등의 이유로 변질시키고 이것을 기준으로 다시 차별을 정당화하려고 한다. 불이와 차이를 왜곡해서 독점과 지배를 꾀하는 세력이 있는 것이다. 불이를 분열로 차이를 차별로 전도시키는 사람들은 자신들이 만들지 않은, 곧 하느님께서 창조하셔서 함께 공유하도록 하신 흙 물 빛 바람을 독점하는 데 관심을 기울인다. 이들은 흙-땅을 오염시켜서 부를 축적해 갑니다. 이렇게 땅을 지배하고 독점하면 할수록, 물과 빛과 바람을 오염시키고 독점하려고 하면 할수록 이 사람들은 자유와 경쟁을 앞세운다. 경쟁과 자유는 함께 살 범위 안에서 용인되는 행위다. 인간이 무한 사랑이 아니기 때문에 무한 경쟁과 무한 자유란 허용되지 않는다.

하지만 함께 사는 공동체가 신음하게 하는 독점과 지배는 땅과 물과 빛과 바람이 갖는 공동성을, 프란치스코 교황은 이것을 "공공재"라는 관점에서 설명하였는데(23항과 95항 참조), 파괴하는 것이다. 어떤 존재도 자기가 지수광풍을 만들지 않았고, 자기만이 아니라 함께 존재하는 모든 존재에게 주어진 것으로서 땅에서 나는 것을 빛과 물과 바람과 협력하여 그리고 그들이 지배하는 사람들이 협력하여 공유하도록 땅이 내주었기 때문이다. 그리스도 신앙 전통은 이것을 하느님 아버지 집에서 함께 사는 가족으로서 사랑으로 서로 돌보라고 권유하고 가르치고 요청하였다.[25] 그런데 하느님과 하느님의 온 창조물과 우리 인간 사이에 틈이 벌어지게 만들고 서로 단절되어 대립하게 만드는 현상들이 있다. 우리가 우리의 삶의 과정에서 확인할 수 있는 것처럼 땅은 한편으로는 우리를 살리면서도 화학 비료와 농약과 비닐 등으로 오염되고 있다. 물은 생활 폐수와 산업 폐수로, 그리고 폐비닐과 플라스틱 등으로 썩어 가고 있다. 빛과 바람은 대기 오염과 미세먼지로 위협받고 있다.

하느님께 받은 것들, 흙과 물과 빛과 바람을 독점하면서 하느님께서 이것들을 통해서 이루고자 하시는 살림을 파괴하는 사람들은 자신이 하느님께 받은 영적인 능력을 건강하지 못한 형태로 곧 폭력적으로 작용하

25) 구티에레즈가 그의 책, 생명이신 하느님(황종열역, 분도출판사, 1993)에서 제시한 "하느님의 고엘" 인식 참조.

게 만든다.[26] 그리하여 하느님께서 창조하신 자연 만물과 사람들이 갖는 영적인 측면을 무시하고 신음하게 만든다. 이런 사람들은 끊임없이 자연과 사람, 지수광풍과 사회, 하느님과 사람, 사람과 사람을 갈라놓으려고 한다. 끊임없이 부분을 전체로 알게 만들려고 하고 통합을 깨트린다. 대화를 회피하거나 형식적으로 하고 투명성과 신뢰를 높이는 것을 외면하거나 거부한다.

하느님을 맞서려는 사람이나 하느님을 맞선다고 자처하는 사람은 많지 않을 수 있다. 그런데 사람들의 생명에 맞서고 사람들의 생명을 파괴하는 사람들은 있다. 사람들에게 폭력을 가하는 사람들은 그 사람들을 사랑하시고 돌보시는 하느님에게 맞서는 것과 같다. 그 사람들을 찾아가서 그들과 함께 있어 주시는 하느님을 볼 줄 모르고 그들에게 폭력을 가할 때, 이것은 곧 그들의 아버지 되어 주시는 하느님께 폭력을 가하는 것과 같다(마태오 복음 25장 최후의 심판 비유 참조).

이런 사람들은 창조계의 만물이 말을 하지 못하고 감정이 없다고 여기면서 하느님이 창조하신 자연 만물에 훨씬 더 폭력적인 모습을 보이고는 한다. 이들은 하느님께서 자신들에게 그리고 사람들에게 그리고 제 종류대로 창조하셔서 제 꼴대로 있게 하신 생명들에게 흙으로 물로 빛으로 바람으로 찾아가셔서 당신의 사랑을 전해 주시고 대화하시며 함께 생명의 길을 걸어 주시는 하느님을 볼 줄 모르거나 보려고 하지 않는다. 이들은 하느님이 창조한 육(caro)의 세계 안에(in) 육화(incarnatio)하는 것이 아니라, 자기의 육(자기 caro, 곧 E = mc2에서 질량 m)에 갇힌 채 영눈(靈眼)이 아니라 살눈(肉眼)으로 지수광풍의 선물성을 보지 못한다. 이들은 하느님께서 지수광풍으로 이들을 사랑하시고 이것들을 통해서 당신의 영의 섭리 안에 있게 하시며 돌보시는 자비를 외면하거나 거부하는

26) 이하 "하느님의 지수광풍과 통합 영성 살이," 223 이하 참조.

데서 그치지 않는다. 이들은 하느님의 바람으로가 아니라 자기 육의 바람으로 살면서, 자신들이 부여받은 지수광풍은 물론 이것들을 통해서 받은 힘과 능력과 영적 에너지를 다른 존재들을 자기 육, 자기 질량에 가두고 억압하고 지배하는 데 사용한다.

우리는 하느님의 뜻을 존중하고 그분의 뜻에 따라 살고자 노력할 수 있다. 하지만 그렇다고 하더라도 산업화와 개발을 최고의 가치로 여기도록 교육받고 편리한 생활 문화에 익숙해진 상태에서는 자신들도 모르는 사이에 하느님의 생태 살림을 파괴하는 생활 방식에 젖어 있을 수 있다. 이것은 우리가 끊임없이 깨어서 시대의 표지를 읽고 자신들이 선택해서 사는 생활 방식을 하느님과 그리스도의 살림에 비추어서 새롭게 식별할 필요가 있다는 것을 일깨워 준다.

우리의 공동의 집 지구의 상태

프란치스코 교황은 찬미받으소서 1장에서 우리가 산업 문명에 젖어 살면서 그동안 자연 생태를 파괴하면서 "우리의 공동의 집"에 무슨 일이 벌어지게 해 왔는지 질문하고 땅과 물과 대기가 황폐화되고 있는 현장을 구체적으로 볼 수 있게 한다. 3장에서는 우리 사회가 이렇게 자연 생태를 아프게 하면서도 새로워지지 못하는 원인을 인간의 기술 문명과 지배주의적 태도와 연결하여 확인해 간다.

프란치스코 교황은 흙-땅-밥-집의 오염과 관련해서 우리가 "현재와 미래 세대들을 위하여 자원을 보존할 수 있는 순환 방식을 여전히 채택하지 못하고" 있는 현실을 직시한다(22항). 우리 사회는 가정과 기업 현장에서 나오는 일반 쓰레기들은 물론, "대부분 생물학적으로 분해가 되지 않고 맹독성이며 방사능이 있는" 산업 폐기물들과 전자 폐기물, 의료 폐기물을 발생시켜 왔다(21항). 우리는 이렇게 "쓰고버리는 문화"의 결과로 "우리의 집인 지구가 점점 더 엄청난 쓰레기 더미"로 전도되는 것을 목격하고 있다(21항).

또한 물의 경우 "특정한 광업, 농업, 산업 활동으로 배출되는 오염 물질들"과 "세계 많은 곳에서 사용하고 있는 세제와 화학제품들," 그리고 플라스틱과 비닐 제품들에 의해서 하천과 강과 호수와 바다가 심각하게 오염되고 있다. 이런 상황에서 특히 가난한 사람들의 몸에 이같은 독성 물질들이 축적되고 있다(29항과 21항).

우리의 숨과 직결되어 있는 대기 오염물질들에 대해서도 교황은 구체적으로 주의를 환기시킨다. 교통과 공장에서 발생하는 매연과 독성 물질은 물론 생활에서도 요리와 난방을 위해서 연료를 사용할 때 발생하는 오염물질들도 있다. 교황은 한국 사회가 지구 세계 공동체와 함께 2018년에 폭염에 직면하여 수많은 사람들이 죽어 가는 것을 예견하기라도 한 듯이 "대기 오염 물질에 대한 노출은 특히 가장 가난한 이들의 건강에 커다란 영향을 미쳐서 수많은 사람들이 일찍 사망하게 된다"고 말한다(20항).

인류 사회가 18세기 영국을 중심으로 시작된 산업화를 계기로 전지구적으로 생활의 편리를 추구하면서 자연 생태를 통제하면 할수록 과학화되고 문명화된 것으로 아는 문명주의 패러다임에 젖어 살게 되었다. 이것은 프란치스코 교황이 공감한 것처럼 "세계적인 에너지 체계의 중심인 화석 연료의 엄청난 사용을 기반으로 하는 개발 방식"과 밀접하게 연계되어 있다(23항). 이들은 기술을 자연을 대상화해서 "사물에서 최대한 모든 것을 뽑아내는 것에만 관심"을 기울이는 모습을 보인다(106항). 우리 사회는 "기술관료적 패러다임"에 지배당한 채, "무한 성장 또는 제약 없는 성장이라는 개념을 쉽사리 받아들이게 되었"고, "지구를 그 한계를 넘어서 최대한 '쥐어짜는' 데에 이르게 되"었다(106항).

이들은 자연과 사람을 통으로 보지 않고 부분화해서 부분적으로 알고 있는 것들을 전체화하거나 통합적인 존재를 부분적인 측면으로 환원시켜서 다른 창조물들과 사람들을 자신들의 경제적 이윤에 종속시키고는 한다(찬미받으소서 107-8항). 이들은 경제적 이익을 신격화하면서 다른 존재와 사람들이 갖는 가치를 그들의 이익을 기준으로 상대화하여(찬미받으소서 56, 190, 195항; 109항과 187항 참조), 그 존재들이 갖는 고유한 가치들을 인정하지 않는다. 그 결과 우리 사회에서 주도권을 갖고 있는 경제 정치 세력들은 그동안 일정하게 인간 중심의 발전과 개발을 추구하면서 전지구적으로 이산화탄소 배출을 크게 증가시켜서 지구 온난화 현상을 발생시켜 왔다.

교황은 우리의 공동의 집인 지구가 지구적으로 겪고 있는 생태적 파괴와 이런 파괴를 발생시켜 온 인간의 탐욕과 지배욕에 근거한 기술주의와 개발주의를 직시하도록 초대하면서, 현대의 과학자들의 연구 결과를 바탕으로 이렇게 말한다. "최근 수십 년간의 지구 온난화가, 대부분 인간 활동의 결과로 배출되는 온실가스, 곧 이산화탄소, 메탄, 산화질소와 같은 화학 물질들의 농도가 매우 짙어졌기 때문에 주로 발생하게 되었다는 사실을 보여줍니다." "이러한 기체들은 대기 중에 집중되어서 지표면에 반사된 햇살의 열이 우주로 흩어지지 못하게" 만들어서(23항) 오늘 우리가 겪는 것과 같은 전지구촌의 폭염 현상, 지구 단위의 열섬 현상이 나타나고 있다.

우리나라의 경우 전세계에서도 가장 빠르게 산업화를 이루어 온 나라에 속한다. 이것은 우리나라에서 기업과 시민 사회 주체들이 자신들의 경제활동과 시민생활에서 그만큼 많은 이산화탄소를 배출해 왔다는 것을 뜻한다. 실제로 우리나라 기상청은 1999년부터 2017년까지 월별로 이산화탄소 농도가 어떻게 변화해 갔는가를 보여주는 자료를 발표하였는데, 그것을 소개하면 다음과 같다.

이산화탄소 (CO2, ppm) 1999-2017년 월별 변화[27)]

연/월	1월	2월	3월	4월	5월	6월	7월	8월	9월	10월	11월	12월
1999	373.1	374	374.9	375.1	374	370.8	366.6	363.8	365.3	370	372.8	373.8
2000	375.3	376.3	377.1	377.6	375.8	372.1	368.1	365.7	367.5	372	375.2	376.7
2001	377.8	378.8	379.5	379.8	378.8	375.2	370.2	367.8	369.7	374.2	377.6	378.3
2002	379.4	380.5	380.6	381	380.3	376.9	372.7	369.9	371.8	376.9	380	380.9
2003	381.9	382.9	384.1	384.7	383.2	379.4	374.7	372.1	374	378.6	381.4	382.3
2004	384.1	385.6	385.9	386.2	384.9	381.4	376.9	374.1	376.1	380.8	383.7	385.4
2005	386.6	387.5	388.2	387.9	387	384	378.9	376.3	378.3	382.7	386.3	387.5
2006	388.3	389.1	390	391	389.9	386.4	381.8	378.6	380.6	385.2	387.9	389.5
2007	390.5	391	392.2	393	391.7	388.1	383.3	381	383	387.1	390.2	391.6
2008	392.5	393.5	394.6	395.2	393.9	390.5	385.7	382.8	384.8	389.2	392.3	393.7
2009	394.4	395.2	396.4	397	395.4	391.6	387.3	384.9	386.8	391.6	394.9	396
2010	397.1	397.9	398	398.3	397.8	394.8	390.3	387.8	389.5	393.6	396.6	397.6
2011	398.6	399.4	399.8	400.5	400	396.9	392.1	388.8	390.9	395.9	398.6	399.9
2012	401.3	402.2	403.4	404.3	403.2	399.6	394.9	392.2	393.9	398.9	402.3	403.1
2013	404.2	405.3	406	406.8	405.5	401.9	397.9	394.8	396.3	400.8	403.9	405.6
2014	406.6	407.7	409.2	409.1	407.5	404.3	399.3	396.9	398.9	402.6	405.8	407.8
2015	409.2	410.2	410.6	411.1	410	406.3	402	399.2	400.8	405.5	409	410.4
2016	411.4	412.4	413.7	414.2	412.8	409.1	404.5	402.1	404.3	408.8	411.8	413.2
2017	413.5	414.5	415.8	416.3	415.2	412.1	408	405.1	406.1	410.3	414.1	415.7

이산화탄소 (ppm) 1999-2017년 연평균[28)]

1999	2000	2001	2002	2003	2004	2005	2006	2007	2008
371.2	373.3	375.6	377.6	379.9	382.1	384.3	386.5	388.6	390.7
2009	2010	2011	2012	2013	2014	2015	2016	2017	
392.6	394.9	396.8	399.9	402.4	404.6	407.0	409.9	412.2	

27) http://www.climate.go.kr/home/09_monitoring/index.php/search (최종 검색일: 2018.8.16). http://www.climate.go.kr/home/09_monitoring/index.php/CarbonDioxide2/compareTrend(최종 검색일: 2018.12.18) 참조.

28) http://www.index.go.kr/potal/main/EachDtlPageDetail.do?idx_cd=1399(최종검색일: 2018.12.18.).

기상청이 발표한 위의 통계 자료에서 이산화탄소 농도가 1999년에 371.2 ppm이던 것이 2017년에 412.2 ppm에 이르기까지 지속적으로 높아졌다는 것을 알 수 있다. 우리나라는 2017년을 기준으로 이산화탄소를 배출하는 양이 총배출 규모로는 세계 12위, 연료연소에 의한 배출 기준으로는 전세계에서 7위를 차지할 만큼 이산화탄소를 대규모로 배출하고 있다. 1990년을 기준으로 이산화탄소배출량 증가율에서 현재 전세계에서 1위나 2위를 기록할 만큼 이산화탄소 배출량이 많다.[29] 우리나라는 산업화에 매진함으로써 한편으로는 경제적 생활수준의 향상과 생활의 편리를 이루면서, 다른 한편으로는 이렇게 세계의 지구 온난화를 발생시키는데 적지 않은 영향을 미쳐 온 것이다.

앞에서 본 것처럼 온난화는 단순히 기온이 오르는 것으로 그치지 않고 지역과 지구 단위의 자연 생태에 영향을 미치고 그것이 다시 인간 생태와 사회 생태에 영향을 미치는 통합적 악순환을 발생시킨다. 찬미받으소서에서 프란치스코 교황이 말한 것을 인용해서 진술하자면, "온난화된 지역의 물과 에너지와 농산물과 같은 필수적인 자원의 이용에 영향을 미치고 지구의 생물다양성에 손실을 가져옵니다. 극지방과 고지대의 빙하가 녹아내려 매우 위험한 메탄가스가 배출되고 냉동되었던 유기물이 분해되면 이산화탄소 배출이 더욱 증가될 수 있습니다." 또한 "이산화탄소로 야기되는 오염으로 해양이 빠르게 산성화되어서 해양 생태계의 먹이사슬이 위태로워지고 있습니다. 현재의 추세가 지속된다면, 21세기는 예사롭지 않은 기후 변화와 전례 없는 생태계 파괴로 우리 모두에게 심각한 결과가 초래되는 것을 목격하게 될 것입니다. 예를 들어, 세계 인구의 4분의 1이 해안이나 그 근접 지역에 살고 있고, 대부분의 거대 도시가

29) 한국 국무총리실산하 온실가스종합정보센터편, 2017년-국가-온실가스-인벤토리-보고서 45-6 참조.

해안 지역에 있다는 것을 고려할 때, 해수면의 상승은 매우 심각한 상황을 초래할 수 있습니다"(24항).

우리의 경우 2018년 봄에 미세먼지로 큰 고통을 겪었다. 차이나 산업시설 배출물들과 우리나라 수도권의 대기오염, 그리고 우리나라 서부 지역 화력발전소의 배출물질과 각 지역의 산업과 농업과 축산업, 문화와 교통과 생활 시설 등의 영향으로 거의 전국이 미세먼지로 뒤덮여서 호흡기 질환으로 고통받는 사람들이 크게 늘어났다. 이어서 여름 내내 이어진 기록적인 폭염으로 전세계 모든 사람들과 함께 특히 노인과 어린이들, 병을 앓고 있는 사람들이 온열질병으로 고통을 겪었다. 우리는 지금 전지구적으로, 하느님께서 창조하시고 "보시니 참 좋았다" 하신 자연 생태를 파괴하여 고통받고 있는 지구가 신음하면서 발산하는 열에 그대로 노출되어서 어쩔 줄을 몰라 하고 있다.

5. 생태적 치유를 향하여

생태적 회심 요청

요한 바오로 2세 교황부터 베네딕토 16세 교황과 프란치스코 교황은 이미 우리의 공동의 집이자 어머니인 지구가 신음할 때 우리가 그 거주자요 자녀로서 필연적으로 함께 겪을 이런 일들을 내다보고 우리 교회와 사회에 "생태적 회심"을 요청하였다. 우리는 앞에서 하느님과 하느님의 온 창조물이 서로 이어져 있다는 것을 보았다. 프란치스코 교황은 이런 신학적 실재에 기초하여 찬미받으소서에서 "자연 세계에 저지른 죄는 우리 자신과 하느님을 거슬러 저지른 죄"임을 명확하게 보도록 초대한다. "인간이 하느님 피조물의 생물다양성을 파괴하고 기후 변화를 일으켜 지구의 본디 모습에 손상을 입히고, 자연 삼림과 습지를 파괴하며, 지구의 물, 흙, 공기, 생명을 오염시키는 것은 모두 죄가 된다"는 것이다(찬미받으소서 8항).

강우일 주교가 2018년 "피조물 보호를 위한 기도의 날 담화"에서 밝힌 것처럼, 우리 그리스도인들은 그동안 죄를 나와 하느님, 나와 이웃 사이의 관계에 초점을 맞추어서 성찰하고 응답해 온 측면이 있다. 그런데 프란치스코 교황은 하느님의 온 창조물과 우리가 맺는 관계를 포용하는 형태로 죄에 대한 인식의 지평을 하느님의 살림 중심으로 회복시켜 주고 있다. 그리하여 하느님과 하느님의 온 창조물과 하느님의 창조물인 인간이 하나의 생명 관계 안에서 우리의 행위와 존재를 새롭게 설정해 갈 수 있도록 길을 연다. 강우일 주교 역시 한국천주교회 생태환경위원회 위원장 주교로서 이번 담화에서 교황의 이같은 초대에 적극적으로 응답해서, "인간의 이기심과 탐욕으로 자연을 파괴하고 돌보지 않은 것도 죄라는 인식이 필요하다"고 명시적으로 밝히고 있다.[30]

프란치스코 교황은 오늘과 같은 시대에 생태적 회심은 "예수님과의 만남의 결실이 그들을 둘러싼 세상과의 관계에서 온전히 드러나도록 하는 것을 의미하"고, 이것은 "하느님 작품을 지키는 이들로서 우리의 소명을 실천하는 것"과 이어져 있으며, 이것은 그대로 우리 그리스도인의 "성덕의 삶에 핵심이 된다"고 선언한다. 그러므로 생태적 회심과 이 같은 회심을 통한 하느님의 창조물들을 지키는 사명의 실천은 "그리스도인 체험에

---

30) 강우일 주교가 2018년 9월 1일에 발표한 "피조물 보호를 위한 기도의 날" 담화: "우리에게는 생태적 회개와 절제의 덕이 필요합니다": http://www.cbck.or.kr/bbs/bbs_read.asp?board_id=k1200&bid=13013465.

서 선택적이거나 부차적인 측면이 아니"라는 것을 천명한다(찬미받으소서 217항).

요한 바오로 2세 교황은 1990년 세계 평화의 날 메시지를 끝맺으면서 이 사명이 모든 하느님의 자녀로서 그리스도 신앙을 사는 우리에게 필수불가결한 본질적 요소임을 선언하면서 이렇게 진술한다. "창조주 하느님을 믿는 남녀들은, 그래서 세계 안에는 명확한 질서와 조화가 있다는 신념을 가진 사람들은 생태계의 문제를 해결하도록 부름 받고 있다는 사실을 절감하여야 합니다. 그리스도인들은 특히 피조물 안에서 자기 책임은 물론 자연과 하느님께 대한 자신의 의무가 신앙의 본질적인 부분이라는 것을 깨닫고 있습니다"(15항).

베네딕토 16세와 프란치스코 교황은 이를 극복하기 위해서 사회 정의와 생태 정의를 통합하여 "세대간 정의"와 "세대간 연대"를 호소한다(베네딕토 16세의 2010년 세계 평화의 날 메시지 8항과 찬미받으소서 159-62항 참조). 이것은 세대와 세대를 잇는 "시간적 연대"이다. 요한 바오로 2세 교황은 앞에서 본 메시지(1990년 세계 평화의 날 메시지)에서 이미 명확하게 우리의 공동의 집인 지구의 말에 귀를 기울이며 하나인 우주 안에서 하나인 지구를 미래 세대와 함께 공유하면서 이 미래 세대들과 이들을 살게 할 지구 생명 공동체와 더불어 하느님을 찬양할 과제와 축복을 일깨운다. "생태계의 위기를 평화의 추구라는 한층 더 폭넓은 맥락에서 볼 때에, 우리는 지구와 그 환경이 우리에게 말해 주는 바에 기울여야 할 관심의 중요성을 더 잘 이해할 수 있습니다. 이 지구가 우리에게 하는 말은, 곧 우주에는 마땅히 존중하여야 할 질서가 있으며 자유로운 선택의 역량을 부여받은 인간은 미래 세대의 행복을 위하여 이 질서를 보전하여야 할 막중한 책임을 지고 있다는 것입니다"(15항).

"세대간 정의"와 "세대간 연대"는 우리가 지금 산업화를 어떤 방식으로

하고 생활을 어떻게 할 것인가를 결정하는 것이 지금 우리에게는 물론 후세대들의 생활 형태와 삶의 질에 직접 영향을 미친다는 선언이자 고백이다. 세대간 정의와 연대가 이루어져도 지구 상태 변화로 인해서 우리가 감당할 수 없는 기후 현상들이 발생할 가능성은 있다.[31] 하지만 오늘 이곳에서 함께 사는 사람들이 선세대가 살면서 이어 살게 해준 지구 상태에서 살고 온 것처럼, 우리의 후세대는 오늘 우리가 살면서 자연 생태에 영향을 준 상태를 기본 조건으로 살게 될 것이다. 우리는 요즘의 우리가 겪고 있는 것과 같은 미세먼지와 폭염을 더욱 악화시키는 생활과 문명 상태를 택해서 기후변화학자들이 예고한 것과 같은 지구온난화를 발생시켜서 동물과 식물들이 적응하기 어렵고 인간이 살기 어려운 지구 상태를 초래할 수 있다. 그럴 경우 세대간 정의와 연대는 물론 같은 세대 내의 사회 정의와 사회적 연대를 이야기할 가능성 자체가 약화되거나 사라지게 될 것이다. 참으로 세대간 연대는 생태 정의와 사회 정의를 통합하여 살 것을 요청한다. 사회 정의는 관계 정의이고, 생태 정의는 인류 사회에서 기본 정의이다. 사회 정의가 무너지면 인간의 생존이 위협받고 자연 생태의 황폐화가 가속될 것이다. 그런데 자연 생태가 모든 존재의 '존재의 바닥'이어서 생태 정의 없이 사회 정의는 결국에는 말할 사람조차 없게 될 것이다. 생태 정의가 살 때 비로소 사회 정의를 말할 가능성이 보존될 텐데, 사람 없이는 다른 자연 생태물들이 존재할 수 있어도 자연 생태 없이는 인간도 사회도 존립 자체가 불가능한 것이다.

31) 예를 들면, 프란치스코 교황은 찬미받으소서 23항에서 지구 온난화가 "화산 활동, 지구 궤도와 축의 변화, 태양의 활동 주기와 같은 다른 요소들"에 의해서도 나타날 수 있다는 것을 진술한다.

생태적 회심에서 생태적 행동으로

생태적 회심은 생태적 화해와 생태적 결단과 생태적 행동을 통한 생태적 치유를 향해 나아가게 된다. 생태적 회심에서 생태적 치유에 이르는 데는 어떤 과정이 있다. 무엇보다도 먼저 "만나는" 단계가 필요하다.[32] 실제로 생태적 회심은 만남 없이 불가능하다. 자연 생태를 만나고 이웃을 만나고 자기를 만나고 이 모든 것들을 창조하시고 있게 하시는 하느님을 만나서 있는 대로 볼 수 있을 때, 회심이 시작된다.

현대인들이 생태적 감수성이 약한 가장 큰 이유 중의 하나는 멈추어서 함께 있을 줄 모르는 데 있는 듯싶다. 자기 일을 하는 데 몰두하는 것은 중요한 역량이고 가치있는 일일 수 있다. 하지만 일에 몰입하면서 자기와 함께 존재를 공유하는 사람과 자연과 하느님과 머물 줄 모를 때, 자기 주변의 동료와 이웃과 사회와 자연과 하느님을 깊이 만나기가 쉽지 않다. 이런 상황에서는 필연적으로 생태적 회심은 발생하기 어렵고, 그러면 그럴수록 생태적 화해나 생태적 행동을, 이론으로나 말로는 알고 표현하더라도, 실천에 옮길 가능성은 약해진다. 여기에서 생태적 행동을 위한 첫 번째 원리 "생태적 만남과 대화ecological Meeting with the heart of Jesus"의 원리가 나타난다.

우리가 생태적 만남과 대화를 지켜 가면서 생태적 행동을 향해 나아갈 때 지켜야 할 원칙이 있다. 그것은 함께 만나서 함께 밥을 먹고 함께 숨쉬며 함께 대화하는 기회를 갖지 않고는, 아무리 훌륭한 사람이라고 하더라도 그 사람에게서 누군가나 어떤 사건에 대해 들은 것 가지고는 그 사람이 전해 주는 사람이나 사건을 다 판단하지 않는다는, 특히 비판하지 않는다는 만남과 현장의 원칙이 그것이다. 공동체와 공동체의 사명

32) 이하 "하느님의 지수광풍과 통합 영성 살이," 227-30 참조.

이 깨지게 만드는 한 결정적인 원인이 서로 만나지 않고 현장을 모르는, 혹은 무시하거나 존중하지 않는 데 있다. 구체적인 현장에서 살아 숨 쉬는 존재들을 만나서 예수님의 눈길로 바라보며 함께 대화할 때, 그만큼 영성적으로 성숙하게 생태적 행동을 하게 될 것이고, 이 과정 자체가 이미 하느님이 바라시는 거룩한 생태적 행동이 될 것이다.

생태적 회심에서 생태적 행동으로 나아가는 두 번째 과정은 "식별" 과정이다. 생태적 회심은 저절로 생태적 행동으로 귀결되지 않는다. 그러기에는 생태적 회심 이전 과정에서 형성된 옛 생활 방식의 힘이 너무도 강력하다. 사람과 사건, 혹은 일과 관련해서 판단하고 관계를 형성해 가기 위해서는 성찰을 충실하게 하면 할수록 하느님의 사랑을 육화시킬 가능성이 커진다. 이 식별 과정이 없이는 할 수 있는 한 판단과 행동을 절제하는 것이 필요하다.

이 과정은 기도로, 곧 하느님과 사건과 상황과 사람들에 대한 관상으로 시작되고, 대안을 찾아내는 단계를 거쳐서, 이것을 구체적으로 실행할 설계로 마무리될 것이다. 이것은 "기도와 식별의 원리Discerning through the mind of Jesus"라고 할 수 있다. 기도와 식별을 수행할 때 요청되는 것은 그리스도인들에게는 물론 지구 생명 공동체에게 길이 되어준 예수라면 어떻게 할까 하는 태도로 상황과 사람과 사건을 식별하는 것이 도움이 된다. 이 과정에서 역시 현장성과 1차적으로 영향을 받는 자연과 인간과 사회 구성원들의 참여와 그들에 대한 존중이 핵심 요소 가운데 하나로 작용하게 된다. 이와 동시에 식별할 상황과 관련해서 그동안 역량을 갖추어 온 전문가들의 참여와 협력이 필요하다.

셋째로 생태적 회심을 실현하기 위한 만남과 식별, 만남과 대화, 그리고 기도와 식별은 구체적인 결단과 행동을 지향한다. 여기에 이르러서 비로소 생태적 회심이 완결되고 생태적 화해가 결실을 거두어 생태적 치유를 이루어 가게 되는데, 행동 없는 만남과 식별은 공허해지고, 우리의 생태적 노력을 무기력하게 만든다. 만나서 대화한 내용을 기초로 사건과 상황을 식별하여 복음적으로 설계한 것을 실천하는 과정을 통해서 우리의 생태적 사랑과 열정이 하느님의 살림에 참여하고 협력하는 형태로 승화되어 갈 것이다. 이것은 "행동의 원리Acting as the disciples of Jesus"라고 할 수 있다.

생태적 회심에서 행동에 이르는 과정은 이 과정에 들어서기 전까지 짧거나 긴 시간 속에서 다양한 형태로 형성된 사고 방식과 생활 관습, 그리고 행동 형태와 관계 구조 등에 영향을 받으면서 사람마다 조직마다 다른 양상을 보이게 된다. 이 과정에서 특히 유의할 점은 행동 없이 성급하게 좌절하거나 비판하지 않는 성숙이 필요하다는 것이다. 실패하더라도 이것을 큰 흐름 속에서 평가하면서 도리어 새로운 시작과 지속의 계기로 삼을 수 있는 영성적 성숙이 요청된다. 이 실천 과정을 통해서 우리는 마침내 하느님의 자녀로서 우리에게 길이 되어 주었던 예수의 손과 발이 되어서 하느님의 생태 살림에 협력하는 기쁨과 충만을 체험하게 될 것이다. 이러한 행동 과정에는 행동과 행동에 대한 평가와 행동의 결실을 함께 나누며 감사드리는 경축이 함께 포함될 것이다.

우리의 생태적 만남과 대화, 기도와 식별, 그리고 행동과 경축은 모두 하느님의 생태적 치유와 살리심을 지향하면서 이를테면 "하느님의 잔치"를 향하고 있다. 만남은 온유하게, 식별은 지혜롭게, 행동은 절제하면서 정의롭고 담대하게 지켜 갈 수 있을 때, 하느님의 살리심에 대한 감사와 경축이 우리 가운데서 그만큼 충만하게 작용하게 되리라 믿는다. 참으로 만남 없이는 판단도 식별도 자제하고, 식별 없이는 행동하지 않으며, 행동 없이는 쉽게 판단하지 않는 것이 필요하다.

생태적 회심에서 생태적 치유에 이르는 이 과정을 통해서 성경이 우리를 통해서 증언하게 하면서 성경 말씀의 증거를 통해서 우리가 양육될 수 있기를 희망한다. 이를 통해서 한편으로는 교회가 우리를 통해서 행동한다는 것을 깨달으면서 이와 동시에 우리 자신이 교회를 통해서 성숙한다는 것을 깊게 체험할 수 있으리라 믿는다. 이 과정을 통해서 지구가 우리를 통해서 살아가고 우리는 지구를 통해서 생존하는 상호성을 깊게 체득해 가면서 프란치스코 교황이 찬미받으소서 6장에서 말씀하시는 것과 같은 생태적 화해와 치유가 육화된 "새로운 생활 양식"(202-8항)을 형성해 갈 수 있게 될 것이다.

프란치스코 교황은 하느님의 집안 살림에 참여하는 통합 생태적 회심과 행동을 지속시켜 가기 위해서 생태 교육과 영성의 내면화를 요청한다. 신앙 공동체가 교구와 본당과 수도회와 모든 신앙 단체들과 학교와 가정에서 생태적 감수성을 일깨우고 생태적 충만과 기쁨, 생태적 책임과 사명을 함께 나누어 갈 기회들을 생활 속에서 자연스럽게 그러면서도 지속적으로 열어 가는 것이 필요하다. 교황은 이를 통해서 "생태 시민 의식"이 사회 구성원들과 신앙 공동체 모든 이들 가운데서 뿌리내리고 성장할 수 있기를 바라는데(211항), 이것은 오늘 우리 사회에서 새로운 대안으로 작용하게 될 것이다.

교황은 "작은 일상적 행동으로 피조물 보호의 임무를 수행하는 것은 참으로 고결한 일"이라면서, 모든 사람이 생태적 감수성을 회복하기만 하면 실천할 수 있는 일들을 이렇게 구체적으로 제시한다. "경제적 여유가 있어서 더 많이 소비하고 지출할 수 있어도 난방을 하는 대신에 습관적으로 옷을 더 껴입는 사람은 환경 보호를 위한 신념과 태도를 보여 주는 것입니다. … 플라스틱이나 종이의 사용을 삼가고, 물 사용을 줄이고, 쓰레기 분리수거를 하고, 적당히 먹을 만큼만 요리하고, 생명체를 사랑으로 돌보며, 대중교통을 이용하거나 승용차 함께 타기를 실천하고, 나무를 심고, 불필요한 전등을 끄는 것입니다"(211항).

생태적 치유를 향한 이같은 여정은 "인간 최상의 면모를 보여주는 관대하고 품위있는 창의력에 속하는 것"으로서, "우리 자신의 존엄을 표현하는 사랑의 행위"이다(211항). 그러므로 교황은 "이러한 노력으로는 세상을 바꿀 수는 없다고 생각하지 말아야 한다"면서 우리에게 항구할 것을 요청한다. "그러한 행동의 실천으로 우리는 자존감을 회복할 수 있게 되고" "우리 삶의 깊이를 더하고 이 세상이 살 만한 곳이라는 사실을 체험하게 해준다"는 것이다(212항).

우리는 생태적 회심에서 통합 생태적 치유에 이르는 이 과정이 얼마나 지난한 과제인가를 알고 있다. 우리 사회 구성원들, 곧 편리주의와 무한 개발 무한 경쟁 구조 속에서 기업과 정부 기관들과 일반 시민들이 생태적 회심에 이르는 것 자체가 얼마나 어려운가를 잘 알고 있다. 우리 사회의 "개인은 도구적 이성의 논리를 극복할 수 있는 능력과 자유를 상실하여 결국 윤리, 그리고 사회와 환경에 대한 의식 없이 소비주의에 빠지"기 쉽다(219항). 이런 현상은 부유하고 기존 사회에서 지배력을 행사하는 위치에 있는 사람들이 학교 교육과 대중 매체들을 통해서 의식을 지배하고 왜곡하는 행동들에 의해서 더욱 악화된다. 실제로 이런 사람들은 "즉각적인 결과에 초점을 맞추는 정치적 계획"을 선호하면서, "소비를 추구하는 사람들의 지지를 바탕으로 단기적 성장만을 추구"하는 경향을 보인다(찬미받으소서 178항).

우리는 사회 생태의 관계를 좀 더 실질적으로 식별할 필요가 있다. 예를 들면, "많은 전문가, 여론 선도자, 통신 매체, 권력의 핵심들이 부유한 도시 지역에 위치하여 … 높은 수준의 발전에 따른 편안한 위치에서 세상의 대부분 사람들이 범접하지 못하는 삶의 질을 누리며 생활하고 생각"하는 현상들을 직시해야 한다. 이들은 자연 생태와 관련해서 "말로는

'환경'을 옹호하면서도", 실제로는 언론과 교육을 앞세워서 "양심을 무디게 하고 현실에 있는 것을 무시하는 편향된 분석"을 마치 옳은 것처럼 포장하고는 한다(49항). 이런 사람들은 "법률이 제정되지만 이는 흔히 사문화"시키면서, "국가 행정과 다양한 차원의 시민 사회, 또는 개인들의 관계에서도 불법 행위"를 정상인 것처럼 행하고, 그 결과는 "부패가 만연하고 삶이 파괴되며 결국 환경이 파괴되는 데에 이르게 된다"(142항).

프란치스코 교황은 "이러한 문제들을 제기"할 때, 지수광풍에 열려 있지 않고 함께 사는 사람들과 하느님의 사랑과 살림에 열려 있지 않은 사람들은 "진보와 인류 발전을 비이성적으로 저지하려 한다"고 비판한다고 말한 적이 있다(191항). 이런 현상은 그리스도인들 가운데서도 나타난다. 그렇기 때문에 "교리만 가지고 이 위대한 일에 투신하기는 불가능할 것"이라는 점과 "우리 그리스도인들이 하느님께서 교회에 주신 보화를 언제나 받아들여 증진시켜 온 것은 아니라는 사실을 인정해야 한다"(216항). 그러므로 생태 위기 상황에서 "깊은 내적 회심"이 요청되지만, "신심이 깊고 기도하는 그리스도인들 가운데 일부는 현실주의와 실용주의를 내세워 환경에 대한 관심을 우습게 여기고 있"는 현상이 나타나는 것 역시 "인정해야 한다." 뿐만 아니라 "일부는 수동적이어서 자신의 습관을 바꾸려는 결심을 하지 않고 일관성도 없는" 것이 사실이다(217항). 교황은 이들을 포함해서 모든 그리스도 공동체 구성원들에게 앞에서 말한 것과 같은 "생태적 회심"의 필요성을 역설하면서 이것이 "선택적이거나 부차적인" 어떤 것이 아니라 신앙의 본질적 요소임을 드러낸다. 오늘 우리 시대의 그리스도인들과 시민들은 통합적 생태 비전에 따라서 참으로 하느님의 생태 살림과 지구 살림에 참여할 사명과 부름 앞에 놓여 있다.

프란치스코 교황은 그리스도인이든 아니든 관계없이 경제적 정치적 독점과 지배욕을 충족시키기 위해 생태적 자각을 무력화시키고 생태 파괴를 정상적인 혹은 불가피한 선택인 것처럼 알게 만드는 세력에 직면하여 시민적 정치적 사회적 행동을 요청한다. 교황은 이런 불의에 길들여진 "소수 특권층 집단의 터무니없는 소비 수준을 분석하고 더욱 효과적으로 부패에 맞서" 사회 정의와 생태 정의를 실현해 가야 한다는 것을 강조한다(172항). 이런 정치인들과 사역자들은 스스로 정화의 길을 걷기가 어렵다. 실제로 이들이 지배하는 사회에서는 "부패로 법 집행이 제대로 이루어지지 않으므로 정치적 결정에는 국민들의 압력이 필요"하다(179항; 182항도 참조). 또한 "비정부 기구와 중간 집단들을 통해 사회는 정부에 압력을 가하여 더욱 엄격한 정책과 절차와 통제 방식을 만들어 내도록 해야" 한다(179항). "시민들이 국가와 지역과 지자체의 정치적 권력을 통제하지 않으면," "단기적 성장"을 추구하는 "근시안적 정권" 아래서 지수광풍의 공유와 이를 통해서 특히 가난한 사람들이 누릴 행복한 삶의 악화를 막기 어렵기 때문이다(178항과 179항).

우리가 그동안 우리의 정치 현실에서 정부와 지방자치단체들 역시 시민들과 특히 가난한 사람들의 편에서 경제와 정치를 펼치지 않는 경우를 경험해 왔다. 프란치스코 교황은 이 정치 기구들이 실제로 기업인들의 편에 서기가 쉽다는 것을 직시하면서 이렇게 말한 적이 있다. "국민과 시민 단체의 압력이 없다면 당국은 언제나 개입을 꺼릴 것입니다"(181항). 참으로, 시민들이 정치인들로 하여금 움직이게 하지 않으면, 시민들은 그 대가를 치르게 될 것이다. 프란치스코 교황은 하느님의 살림에 참여하는 데는 생태적 행동이 필요하다는 것을 명확하게 알려 주는데, 우리 시민들이 그동안 체험해 온 것처럼, 부패한 정치인들과 불의한 정부가 시민들을 올라타서 서로 대립시키고 싸우게 만들면서 이권을 챙기는 동안 시민들 자신은 개인적으로 사회적으로 신음하며 고통을 당하게 될 것이다. 그렇기 때문에 우리가 앞에서 본 것처럼 그리스도인이자 시민으로서 선의의 시민들과 함께 이를 극복하고 기업과 정부 기관들이 생태적으로 통합된 인식을 갖추어 가고 이를 바탕으로 세대간 정의와 연대를 구현할 행동을 선택하게 할 수 있는 대안들을 갖추는 것이 필요하다.

사람을 살리고 자연을 살리는 일과 관련된 정책이 바람직한 결과를 얻어내는 데는 많은 시간이 걸리고 많은 비용이 필요하다. 그렇기 때문에 많은 기업인들과 정치인들이 단기간에 이윤을 극대화하기 위해서 이를 외면해 왔다. "정치가가 이러한 책임과 함께 그에 따르는 비용을 감내하는 일은 오늘날 경제와 정치를 지배하는 효율과 단기적 성과의 논리와 충돌하게" 된다. 이런 상황에서 정치인들이 장기적인 안목에서 자연 생태와 사회 생태와 인간 생태를 함께 지켜 갈 최선의 대안을 선택할 수 있도록 시민들이 그들과 연대하면서 그들과 함께 하느님이 우리에게 부여한 "인간 존엄을 증언"할 수 있어야 할 것이다.

앞에서 본 것처럼, "경제"는 원래 서구어 economia=economy가 어원적으로 말하는 것처럼 근원적으로 "하느님의 집안eco 살림nomia"을 뜻하는, "사랑의 일" "사랑의 살림" "사랑의 경제"다. 또한 "정치"는 원래 서구어 polis=politics가 어원적으로 말하는 것처럼 근원적으로 하느님의 빛 안에서 그분의 흙과 물과 바람을 받아서 사는 생명의 주체들의 "도시polis"에서 이루는 "하느님의 나라 살림" "하느님의 다스림" "하느님의 사랑의 공동체"를 뜻한다. 프란치스코 교황이 요청하는 시민 행동과 건강한 정치 행동은 하느님의 생명 살림을 우리가 하느님의 하나의 가족으로서 살아가는 이 사회에 복음적으로 육화시키는 길이 될 것이다. 또한 이것은 그대로 하느님의 우주 살림과 지구 살림과 사람 살림과 사회와 문명 살림을 토착화시키는 통합 생태 살이요 사랑의 문명화가 될 것이다.

끝으로 생태적 감수성을 회복하고 생태적 회심과 치유를 실현해 가기 위해서 우리 공동체는 자연 자체를 그리스도인의 언어로 말하자면 "하느님의 메시지"로 읽을 수 있는 영성적 지평 확장이 필요하다. 이를 위해서 자연을 하느님의 존재장이자 하느님의 현존 자리로 인식하고 자연을 통해서 하느님께서 이루어 가시는 교육과 프로그램들을 성숙하게 준비할 역량을 갖추어 가야 할 것이다. 그리하여 구체적으로 자연 생태를 통합한 관상과 자연과 함께 하는 렉시오 디비나, 자연과 함께 열어 가는 영적 동반 프로그램들을 신앙 공동체 구성원들에게 제공할 수 있어야 할 것이다. 이를 위해서 그리스도교 2000년의 역사 속에서 하느님의 살림을 통합 생태적으로 증거한 선구자들을 우리의 사회와 문화와 정신과 정서에 부합한 형태로 토착화하여 모델들을 제시하는 것이 필요하다. 또한 우리 교회 200여 년의 역사 속에서 장일순과 김준호가 한 것처럼 동아시아 문화와 선비들의 수행과 증거 전통을 그리스도 신앙과 통합해서 자신들의 삶에 육화시킨 선구자들을 찾아서 21세기에 맞는 형태로 그들의 신앙 증거와 육화를 공유하는 것이 요청되기도 한다.

6. 맺으면서 - 생명의 살림에 사랑으로 공명하는 공동체를 그리며

치유란 하느님의 파장에 공명하여 사랑의 관계를 회복하는 것이다. 기도는 추상이 아니라 실재다. 기도는 숨을 가라앉게 하고 파장이 늘어나게 한다. 기도 중에 하느님 앞에서 선명하게 깨어 있으면 파장이 길어진다. 그렇지 않으면 말로는 기도한다고 하면서도 실제로는 하느님이 아니라 자기 속에서 자기 작업을 하고 있다는 것을 뜻한다.

모든 사물은 파장을 갖고 있고, 이 파장은 사물의 질량과 속도에 반비

례한다. 질량이 작을수록 파장이 길어지고 속도가 느릴수록 파장이 길어진다. 우리 역시 파장을 갖고 있는데, 우리가 하느님 앞에서 멈추면 파장이 길어진다. 자기를 비우면 비울수록, 곧 질량을 내려놓으면 내려놓을수록 파장이 길어진다. 하느님과 가까울수록 필요한 것들이 줄어들고, 그러면 그럴수록 파장은 길어진다. 기도자의 파장이 하느님의 파장과 만날 때 그만큼 깊은 기도 상태에 들어서게 된다. 예수의 데레사 수녀가 하느님과 합일 상태에 들어갈 때 하느님께서 주시는 것 이외에 필요한 것을 최소화한 상태에서 숨조차 거의 비운 채 그분의 파장과 공명을 이루는 상태에 있게 된다.

하느님께서 주시는 것을 알면 알수록 치유가 깊어진다. 예수님은 "저절로 자라는 씨앗" 비유에서 농부가 씨를 뿌려도 그것들이 자고 일어나는 사이에 싹이 터서 자라는데 농부는 어떻게 그리 되는지 모른다고 하였다(마르 4, 27). 이것은 곡식을 자라게 하는 주체가 농부가 아니라 땅과 함께 물과 함께 빛과 함께 바람과 함께 일하시는 하느님이시라는 것을 뜻한다.

이런 관점에서 곡식과 밥을 알면 알수록 하느님의 살림과 하느님의 존재에 가까워질 것이다. 그런데 밥을 아는 길에는 밥을 잘 먹어서, 곧 잘 받아 모셔서 아는 길과 밥을 끊고 몸을 비워서 밥의 선물성을 체득하는 길이 있다. 밥을 몸에 비해 많이 취하면 모두 독이 된다. 필요한 만큼 먹는 것이 필요하다. 우리가 먹는 밥의 양이 어느 정도가 적절한지 식별하는 것이 중요한데, 우리가 먹는 밥 양을 다른 생물들과 비교해 보고 자기에게 맞는 길을 찾을 줄 아는 지혜가 필요하다. 그런 가운데 밥을 먹는 것을 멈추는 단식을 성경 읽기와 통합해서 하는 체험은 밥이 무엇인지, 창세기 1장에서 하느님께서 마련해 주신 양식이 무엇인지, 예수님이 당신 몸과 피로 음식을 복음화하셔서 우리에게 내주시는 "그리스도의 몸"이 무엇인지 깊게 깨달을 수 있도록 도와줄 것이다. 이런 체험 방식으로, 곧 물과 빛과 바람을 우리가 모시는 길과 비우는 길을 통해서 우리는 물과 빛과 바람도 깊게 체험해 갈 수 있을 것이다.

가장 작은 것이 가장 큰 것을 만든다. 원자 없이 어떤 생명체도 없다. 큰 것 중심 사고에서 작은 것을 품고 작은 것을 기초로 큰 것을 통합하는 사고로 전환하는 것이 하느님의 살림과 예수의 복음에 잘 맞는다. 이런 관점에서 일상과 정치의 관계를 새롭게 정립하고 시민살이와 가정살이와 나라살이의 관계를 건강하게 복음화할 필요가 있다. 참으로 일상이 정치를 지키고 정화한다. 시민살이를 가정살이로 쇄신하고 가정이 국회를 이끄는 시대를 복음적으로 열어가는 것이 필요하다. "합리적 소비"는 이 시대에 시민적 사랑의 다른 표현이고, 투표가 사랑이라는 것을 아는 정치참여는 정치의 복음화를 이루는 데 기여할 것이다. 믿음과 신뢰가 사회적 자본이고 보이지 않는 세계에 대한 감수성이 영적 자본을 구성한다.

치유는 하느님이 맨 처음부터 지금까지 당신의 자유와 사랑으로 우주의 진화 속에서 있게 하신 것들, 특히 우리가 앞에서 본 지수광풍에 대한 깊은 감수성에서 시작하여 이 감수성으로 서로가 서로에게 하느님의 살림 안에서 "너를 너로 살게 하는" "사랑의 공명"에 다름 아니다. 하느님께서 우리에게 주시는 "원 은총"이자 "기본 은총"인 흙 물 빛 바람에 대한 따뜻한 식별과 감사와 내면화와 이를 통한 생활 속의 육화야말로, 그리스도인의 언어로 표현하자면, 건강한 자기 복음화와 사회 복음화의 기초가 되어 줄 것이다. 우리의 이런 노력들이 하느님의 섭리 안에서 예수가 요청한 복된 사명, 세상 모든 곳에 있는 모든 창조물들에게 하느님의 복음과 생명을 전하고 증거하며 육화시키면서 온 존재와 함께 하느님을 찬양하는 복된 사명을 실현해 가는 가운데, 서로 생명의 충만을 매개하는 기쁨을 공유할 수 있기를 희망한다.

/ 제2부 동아시아 성서종교 담론 /

동아시아 공동체 형성을 위한 종교적 상상력

최 영 균(한국학중앙연구원)

1. 들어가는 말

민주주의 진영과 공산주의 진영의 이원대립적 이념으로 각인된 국민국가 체계는 냉전의 종식과 함께 새로운 변화를 맞이해야만 했다. 정치 · 경제의 자유주의는 국민국가 간 체제에 있어서 새로운 이데올로기로 대체되었다. 그러나 자유주의 역시 인류 사회를 향해 부정적 그림자를 드러내고 있다. 냉전 이후 고삐 풀린 자유주의는 지구촌 곳곳에 새로운 갈등과 폭력을 재생산하고 있다. 즉 자유주의는 세계화를 촉진하였고, 중심부 국가와 주변부 국가의 종속적이고 불평등한 관계는 심화되었다. 뿐만 아니라 지역 내에서는 국가간 불평등뿐만 아니라 다양한 이슈들이 지역의 평화와 발전을 저해하고 있다. 세계화와 지역화, 보편과 특수의 이원대항적 관계는 과거 냉전의 이념적 대립 못지않게 새로운 국제정치의 지역학적 프레임으로 간주되고 있다. 세계화의 진전은 지역 간의 경쟁과 우위 확보 그리고 지역 내의 갈등과 문제를 해결하기 위한 지역 연대를 야기했다. 유럽의 EU와 북미의 NAFTA, 아시아의 ASEAN[1]과 같은 지역주의를 강화하는 국가 간 기구들이 이러한 배경에서 출현했다. 금융, 에너지, 안보, 환경 등 역내에서 발생하는 공동의 이슈를 잘 다루어

1) 동남아 10개국으로 구성된 아세안의 지역에 한중일이 합쳐져 소위 아세안 +3의 공간이 존재하며, 여기에 인도, 호주, 뉴질랜드 등이 합쳐져 동아시아 정상회의의 구성원이 된다. 그러나 실제로 이 글이 말하는 동아시아 연대와 공동체 구상의 주요 대상국은 중국, 한국, 북한, 일본이고, 베트남, 몽골 그리고 미국과 같은 역외 국가들 역시 중요한 행위자로 간주할 수 있다. 사실 동아시아의 자연지리적 개념과 범위를 어떻게 한정해야 할지에 대한 고민이 들지만, 여기서 동아시아 개념은 자연지리를 넘어서 국제정치와 역사적 단위로 확정한다. 동아시아 국제체제 단위설정에 대한 문제의식과 논의는 다음을 참조. 손열 엮음, 『동아시아와 지역주의: 지역의 인식 · 구상 · 전략』, 지식마당, 2006.

나갈 때 지역 내 국가들의 발전과 역외 경쟁 체제에서 유리한 고지를 확보할 수 있다. 그러나 지역연대 내지 공동체 형성을 위한 역내 국가 간 관계와 상황은 그리 긍정적이지만은 않다. 과거의 역사적 갈등과 인종, 경제 이익, 안보와 환경문제는 지역의 협력과 대화에 걸림돌로 작용하기도 한다. 그럼에도 국가 간의 지역연대는 오늘날 새로운 정치적 유행이 되었다. 지역연대가 잘 이루어질 때 국민국가 단위의 정치공동체에도 이익으로 돌아가기 때문이다.

이러한 유행의 선상에서, 한국의 학계에서는 '동아시아 공동체' 담론이 활발하게 생산되고 있다.[2] 동아시아(East Asia)는 동북아시아(Northeast Asia)의 또 다른 이름이 아니라 동북아시아와 동남아시아(Southeast Asia)를 포괄하는 지역주의적 집합의식을 포괄하는 지리적 개념이다. 냉전의 종식과 공산주의의 약화로 인해 인종과 유교문화의 동질성, 그리고 지리적 근린성을 공통분모로 하는 동아시아 공동체에 대해 학계와 정치권은 크게 주목하고 있다. 그러나 동아시아 국가들의 세력균형에 의해 추동된 긴장은 지역주의 없는 지역화의 현실만 드러내고 있다. 한(북한) · 중 · 일의 정치적 차원의 불안전성과 경제적 차원의 지역적 통합성이라는 이중적 현상이 동아시아 지역연대가 가지고 있는 가장 큰 현안이다. 즉 동아시아 연대가 추구하는 영역을 크게 안보와 경제로 나눌 수 있다.

그러나 오늘날 활발히 논의되고 있는 동아시아 공동체론은 최근의 현상이 아니다. 동아시아 지역협력의 역사는 동아시아의 근대적 상황으로부터 지역질서의 변환이 시작되었다는 관점에서 이 글은 19세기 말을 그 출발점으로 잡는 것을 타당하게 본다. 동아시아 연대에 대한 생각은 이

2) 자연지리적으로 동아시아가 성립되는 것 같지만 이것은 사실 정치지리적 영역으로 확장되고 해석된 결과다. 문화, 인종, 역사와 정치관계적 이해관계 등이 총체적으로 결절(結節)된 지점이 바로 '동아시아'라는 지역단위로 이해할 필요가 있다.

미 19세기 말부터 일본에서 시작하여 중국과 한국으로 전파되어 왔으며, 동아시아의 질서를 확정하기 위한 학술적 정치적 담론으로서 기능하였다. 그것은 19세기 말 서구 열강에 대한 대항 담론으로서의 아시아 연대, 일본 제국주의 지배의 기제로 작동한 1930년대의 동아협동체, 1940년대의 대동아 공영권으로 이어졌다가 2차 세계대전의 종식과 함께 잊혔다. 그러던 것이 냉전 이후 신자유주의 경쟁 체제에서의 우위 확보와 다양한 역내 문제를 해결하고 동북아시아 3국의 발전과 평화를 위해 '동아시아 공동체'라는 이름으로 다시 부활한 것이다. 그러나 20여 년 간 이어져 온 동아시아 공동체에 대한 논의는 다양한 수준에서 전개됐지만, 여전히 추상적이고 정체된 듯한 인상을 주고 있다. 한상일은 여기에 대해 이해할 만한 설명을 한다.[3] 중국은 화이사상에 기반을 둔 패권주의를 주장하고, 한국은 사상에 치우쳐 분석함으로써 담론이 관념적으로 흐르는 경향이 있으며, 일본은 과거사를 정리하지 않고 회피함으로써 동아시아 삼국 연대의 필요성만 인지할 뿐 그것이 실천으로 연결되기가 대단히 어렵다는 것이다. 한국은 주변 4강 사이에서 한편으로는 생존과 번영을 도모해야 하고, 또 다른 한편으로는 치열한 세력경쟁의 국제정치를 다자협력적 국제정치로 변환해야 하는 입장이다.[4] 지역 문제를 해결하고 평화와 번영을 안착시키기 위한 노력은 강대국과 역내 국민국가 간의 이익과 갈등으

---

3) 한상일, "동아시아 공동체론: 실체인가, 환상인가?", 『한국동양정치사상사연구』, 2005(3), 7-34.

4) 이러한 노력의 필요성은 최근의 북핵 문제에서 극명하게 드러난다. 2018년 2월 평창 동계 올림픽에서 시작된 남북대화는 6월 12일 북미정상회담으로 결실을 맺었다. 남·북·미 협의의 골자는 완전한 비핵화, 북의 평화체제 보장, 한국전쟁 전사자 유해송환, 북미관계 정상화 등이다. 그럼에도 CVID(완전하고 검증 가능하며 불가역적인 비핵화) 논란, 게다가 영토와 무역을 둘러싼 중국, 미국, 일본의 주도권 경쟁으로 인한 군비증가, 민족적 역사문제 속에서 동아시아의 평화는 여전히 미궁을 헤매고 있다.

로 인해 중층적이고 복잡한 교착 상황에 직면해 있다.

현대의 동아시아 공동체는 1997년 IMF 구제금융 위기 시절에 역내의 경제문제를 공동으로 해결해나가야 할 당위성을 발견하면서 촉진되었지만, 오늘날 경제뿐만 아니라 다양한 사회적 이슈들이 지역의 공통된 현안으로 떠오르고 있다. 연대의 대상을 놓고 어떤 연대와 공동체를 구성할 것인가에 대해서는 학자들마다 의견이 다양하다. 초기에는 경제적 이익 공동체에 초점을 맞추어야 한다는 주장도 있고, 환경, 빈곤, 식량, 교육 전염병 같은 이슈들을 최우선적으로 추구해야 한다는 주장도 있다.[5] 동아시아의 경우 지구화에 따른 경쟁력 제고를 위한 경제 블록의 형성은 물론이거니와 남북한 분단과 안보, 북핵과 아시아 지역의 평화, 센카쿠 열도와 다이위닝을 둘러싼 일본과 중국 그리고 한국의 영토분쟁 문제, 일본의 위안부를 포함한 전쟁폭력에 대한 중국과 한국과의 지속되는 갈등, 미국과 중국의 헤게모니를 둘러싼 문제는 베트남, 필리핀, 대만까지 논의의 당사자로 확대시키고 있다. 역내외 국가들의 이익이 걸린 첨예한 이슈들로 인해 국민국가 정부 수준에서 동아시아 공동체를 기획한다는 것은 현실적 한계를 가지고 있다. 따라서 민간 시민사회라는 행위주체의 수준에서 교류와 연대실천에 대한 필요성이 제기되고 있다. 동아시아 공동체를 위해 국민국가 밖에서 이뤄지는 다양한 통합 프로그램과 시민사회의 교류가 쌍방향으로 추동될 때 연대의 실질적 효과가 가능해질 것이다. 이는 정부 중심의 횡적연계와 더불어 시민사회 등 비국가 행위자 중심의 네트워크가 탄생되고 있음을 의미한다.[6] 시민사회와 민간 차원에서 이루어지고 있는 동아시아 연대 노력의 실천은 지역내 국가 단위의 정치

---

5) 유현석, "동아시아 공동체 논의와 한국의 전략," 『한국정치외교사논총』 32(2), 2011, 157-187.

6) 전재성, "동아시아 지역주의론"(비교서평), 『국제정치논총』 48(4), 2008, 385.

적 행위가 회의론에 봉착한 오늘날 의미 있는 돌파구가 될 수 있다. 그러나 시민사회 수준의 연대 역시 일정부분 한계를 가지고 있다. 시민적 교류와 연대를 위한 재정 및 인적 자원이 국가나 특정 이익집단에 의해 매개될 때 가치 지향적 공동체 창출을 위한 시민사회 운동의 순정성이 훼절될 수 있는 가능성 역시 가지고 있다. 이러한 관점에서 시민사회의 빅 브라더인 종교조직 수준에서의 연대노력은 오늘날 동아시아 연대의 중층적 네트워크 형성의 좋은 모범을 보여줄 수 있다. 국제적인 네트워크를 가지고 있는 종교조직은 가치의 공동체를 위해 국가나 자본에 포섭될 가능성이 낮다. 물론 여기에는 종교성이 많은 부분 드러나지 않아야 한다는 전제가 놓여있다. 동아시아 공동체를 위한 역내 집합의식 혹은 동아시아 시민주의는 특수한 사회적 맥락에서 창출되지만 보편적 성격을 담지해야 하기 때문이다.

이 글은 동아시아 공동체에 대한 논의가 어떤 역사적 계보를 거쳐 오늘에 이르렀는가를 조망하면서 오늘날 지역의 발전과 평화를 위한 공동체 형성 및 지역연대의 한 단면을 가톨릭교회라는 개별 종단의 사례를 통해 모색해 보려고 한다. 가톨릭교회는 단일한 체계와 규범 그리고 네트워크를 가지고 있고, 상대적으로 종교성을 많이 드러내지 않으며 지역의 평화와 인본적 가치를 높이기 위한 다양한 사회적 연대행위를 하고 있다. 지역 내 같은 가톨릭교회뿐만 아니라 타종교 및 비종교 시민단체와의 활발한 연대 활동을 보여주고 있다. 이러한 가톨릭교회에서 하고 있는 동아시아 지역 내의 다양한 사회적 이슈에 대한 관심과 연대 행위는 종교적 교세확장을 넘어 하나의 책임있는 시민사회의 조직으로 하나의 모델이 될 수 있다. 따라서 동아시아의 평화와 발전을 위한 공동체의 모델 발굴의 대상이 될 수 있으며, 지역 내 집합의식으로서의 동아시아 시민주의의 이념적 방향 설정에 기여할 수 있다고 생각한다.

백지윤과 이남주는 탈중심적, 탈제국적 그리고 다중심적 동아시아 연대가 창출되었을 때 다시금 진일보한 지역질서 형성이 가능하다고 보며[7], 이러한 관점에서 필자는 가톨릭교회의 연대 활동은 시민사회와의 중층적 네트워크 속에서 전개되는 동아시아 연대의 한 단면을 잘 보여주고 있다고 본다. 동아시아 공동체의 이상과 목표인 지속적인 발전과 평화라는 점에서 가톨릭교회의 동아시아 연대를 위한 실천은 많은 부분 친화적 관계를 갖는다. 교회의 존재이유와 선교의 목표는 인간사회의 자유, 진보, 평화, 형제애의 가치를 세상에 전파하는 데 있기 때문이다.[8]

이러한 문제의식에서 이 글은 지역연대의 형상을 세 부분으로 나누어 살펴본다. 첫째, 19세기 근대 이행기의 중국·일본·한국의 지역연대, 둘째, 국가중심의 20세기 중후반의 연대와 지역성, 셋째, 시민사회 수준에서 바라본 동아시아 공동체 방안과 종교조직으로서의 가톨릭교회의 기여와 전망에 대해 살펴본다.

2. 동아시아 공동체의 역사적 계보

동아시아 집합의식 내지 연대에 대한 사상은 19세기 중후반 서구열강 제국주의의 위협에서 기인한다. 동아시아 연대 내지 공동체의 발인 자체는 내재적이고 자발적인 요구가 아니라 외재적인 맥락에 의해 출현한 동아시아 국가의 자구적인 방책이었다. 일본의 아시아주의(아시아연대)가

---

7) 백영서 외, 『동아시아의 지역질서: 제국을 넘어 공동체로』, 창비, 2005, 제 4부 백지윤과 이남주의 글 참조.

8) 제 2차 바티칸 공의회, 『선교교령』, 8항.

이러한 생각의 시초인데, 동아시아인들이 독립을 보전하고 동양의 평화와 질서를 유지하기 위해서는 이웃 국가들, 즉 한·중·일이 서로 연대하여 공영 생활권을 구축하고 운영해야 한다는 것이다. 아시아를 하나의 동질적 지역 정체성으로 묶을 수 있는 근거로는 지리적 근린성, 인종의 유사성, 문화적 동질성을 꼽을 수 있다.[9)]

그러나 서구 제국주의의 침략에 대한 대응으로 태동한 동아시아 연대(아시아주의)의 모델은 아이러니하게도 서구국가에서 왔다. 일본의 동아시아 연대 아이디어는 일차적으로 부국강병과 자주독립을 꾀하는 것이지만, 궁극적으로는 서구 제국주의 문명의 수용을 통한 서구 사회와의 동일화를 추구하는 것이었다. 19세기말 20세기 초의 동아시아 공동체나 연대에 대한 개념과 생각은 그 기원과 명칭에서부터 개념의 인플레이션이 솟구쳤다. 최근의 연구들은 이러한 연대가 보다 주체적이고 적극적인 측면에서 해석되고 있는 경향이 있지만 기본적으로 이러한 아시아 연대의 초창기 아이디어는 모두 일본의 규정성 속에 위치한다는 사실이 종종 망각되고 있다.[10)]

일본, 한국, 중국의 동아시아 연대는 각기 다른 사정을 가지고 있다. 동아시아 연대의 기본 개념은 서구 열강의 침략으로부터 안녕을 보장하기 위한 전략적 성격에서 출발했지만, 공동체의 결사 방식과 스타일은 이후 각 국가마다 자국 민족주의와 연결되면서 각기 다른 수용과정을 거치며 고유한 흐름을 갖게 된다.[11)] 동아시아 연대 개념이 발생한 원류인

---

9) 지리적인 측면에서, 전통적인 중국중심의 일국적 천하관 아래에 조선과 일본의 지리적 세계관은 고정 돼 있다가, 18세기부터 서구를 통해 본격적으로 지리적 세계관이 확장되었다. 김경일, 『제국의 시대와 동아시아 연대』, 창비 2011, 29-35.

10) 김경일은 이러한 아시아연대에 대한 능동적 수용과정과 실천양상이 갖는 맹점을 지적하고 있다. 김경일, 앞의 책, 38.

11) 김경일, 같은 책, 44-46.

일본과 이후 한국 및 중국에서 어떤 과정을 통해 수용되고 변용되었는지 살펴본다.

1) 일본: 지역의 새로운 중심

일본의 아시아 연대에 대한 구상을 살펴볼 때 근대 이전 토요토미 히데요시까지 거슬러 올라가야 한다고 보는 입장도 존재하지만[12], 근대적 의미의 아시아 연대 개념은 19세기 말에 태동하여 타이쇼오(大正)를 거쳐 일본이 패망할 때까지 다양한 형태로 변형되어 온 것으로 본다. 김경일은 연대에 대한 일본의 생각을 세 단계로 개념화하고 있다. 즉 19세기 말의 아시아주의(아시아연대), 1920-30년대의 동아협동체론, 대동아공영권이다. 일본의 아시아주의(아시아연대)는 근대세계 체제의 성장과 팽창에 대한 대항의 이념으로서 출현하게 되었지만, 근대화에 성공한 이후에는 차츰 서구 제국주의의 침략정책을 정당화하는 담론으로 변형되었다.[13] 중국과 한국에서는 이러한 일본의 침략적 정책에 대한 비판으로부터 아시아주의 내지 연대의 개념이 출현하게 된다.

1853년 미국 페리호의 통상요구나 1860년 난징(南京) 함락 등, 서구열강의 아시아 침략에 대한 의도가 가시적으로 명백해지자, 요시다 쇼인과 그의 제자들(메이지 엘리트 그룹)은 아시아 연대에 대한 구상을 내놓기 시작했다.[14] 막부 말기에는 이러한 생각의 배경을 '순치보거-순망치한'(脣

---

12) 伊東昭雄, 『アジアと近代日本』, 事會評論社 1990, 7.

13) 일본은 섬나라라는 이점 때문에 중국중심의 중화체계로부터 상대적으로 자유로울 수 있었다. 근대문물의 유입(서양충격)에 대한 반응에 있어서, 일본은 예외적이고 독자적 자의식으로 말미암아 보다 유연하게 바꾸후체제를 무너뜨리고 천황을 중심으로 하는 새로운 근대체제의 틀을 세울 수 있었다. 김경일, 앞의 책, 47-48.

14) 일본에서 이러한 연대 구상은 한편으로는 제국주의적 팽창의 흐름이 있었고 또 다

齒輔車-脣亡齒寒) 이라는 비유로 설명하였다. 입술이 없으면 이가 시리듯 동아시아 3국 중 한 나라가 망하면 다른 나라의 독립도 위태로워지기에 서로 의지하고 연대해야 한다는 것이다.[15] 그러나 서양에 대항하기 위한 이 논리 뒤에는, 일본의 맹주의식이 깔려 있었다. 일본이 서구제국주의와 같이 되어 아시아 국가를 지배해야만 스스로의 독립과 번영을 유지할 수 있다고 믿었던 것이다. 1890년대 청일전쟁에서 일본이 승리하여 독립국가 존립에 대한 위기의식이 해소되고 비서구국가로는 유일하게 타이완을 식민지로 병합하면서부터 이러한 믿음은 더욱 강화되었다. 나아가 중국중심의 중화주의가 일본으로 전이되었다는 새로운 패권주의가 형성된다. 동아시아 질서체계는 이전의 중화주의적 사고에서 청일전쟁 이후에는 일본이 주창한 아시아주의(연대)로 전이되었다. 캉유웨이, 량치자오, 쑨원 등은 아시아주의가 중국의 통일과 개혁을 가능하게 해주는 방안이라고 여겼으며, 조선의 19세기 개화파 지식인인 김옥균, 유길준도 일본과의 연대를 통한 개혁을 시도했다.[16] 그러나 일본의 아시아주의는 이웃 국가들을 침략하고 식민지화함으로써, 그것이 대륙진출을 위한 이데올로기였음이 드러나게 된다.

20세기 초반의 아시아주의는 연대와 침략의 두 측면 중 후자의 면모가 더욱 강화되었다.[17] 결국 일본에서의 아시아주의는 제국주의적 폭력

른 한편으로는 민주적이고 평등한 연대의 흐름이 있었다. 전자의 경우는 정한론(征韓論)을 주장한 요사다 쇼인(吉田松陰), 사이고 다카모리(西鄕隆盛) 등이 있고, 후자의 경우는 자유민권을 바탕으로 하는 만국공의정부설(萬國共議政府設)을 주장한 우에끼 에모리(植木枝盛), 이따가끼 다이스께(板垣退助)등을 들 수 있다. 趙軍, 『大アジア主義と中國』, 亞紀書房 1997, 28-30.

15) 한상일, "동아시아 공동체론: 실체인가, 환상인가?", 10.

16) 이러한 생각은 동북아시아를 넘어 인도의 스브하스 찬드라 보스, 필리핀의 에밀리오 아귀날도 등과 같은 혁명가들에게까지 확장되었다.

17) 제1차 세계대전의 종결은 국제정치에서 유럽중심의 자명성이 상실되고 식민지에서

성이 정당화되는 우익과 프롤레타리아 연대(공산주의)를 중시하는 소수의 좌익으로 양분되는 형세를 보이게 되었다. 독일과 프랑스, 러시아에 의한 랴오뚱반도의 반환(삼국간섭에 의한 영토 할양), 1897년 독일의 자오저우만(膠州灣) 점령과 조차조약에 의한 합법화, 1907년 미국에서의 일본인 이민 제한법과 같은 일련의 사건들은 일본의 자존심을 손상시켰고, 일본의 아시아주의를 더욱 강화하는 요인으로 작용하였다.[18] 일본은 서구열강의 일본견제를 아시아의 위협으로 호도하며 한국과 중국에 대한 무력의 사용을 정당화했다. 사실 서구의 관점에서 일본의 다이쇼(大正) 시기는 의회 민주주의와 제 1차 세계대전을 계기로 경제성장을 이룩한 성공적 역사의 국면이었고, 이것은 서양세계와의 분리 및 대결구도로 이어지게 된다. 그 결과 제 1차 세계대전 이후 일본은 강대국의 압력에 의해 산동반도를 중국에 반환해야 했고, 시베리아 원정은 실패로 끝난다(1922). 미국은 서태평양에서 일본의 해군력 축소를 요구했고, 차별적 이민정책을 실시했다. 영국 또한 미국과 공동보조를 취하면서 세 번이나 연장했던 영일동맹의 갱신을 거부했다(1921). 게다가 중국대륙에서 들불처럼 번져간 반제 민족주의는 일본이 중국에서 점유하였던 전력 우위를 위협했다.[19] 이러한 위기상황에서 일본이 내놓은 해법이 바로 동아협동체론이다. 특히 1938년 중일전쟁이 본격화되면서 일본 지식인들은 동아협동체론을 일본이 선택해야 할 길로 간주했다. 이 이론은 맑스주의자인 미키 기요시(三木清)가 그 근거를 마련하였다. 미키의 역사관에 따르면

의 민족운동이 고양되기 시작했다. 1920년 국제연맹이 창설되고 1922년 중국의 주권존중, 문호개방, 기회균등을 내용으로 하는 "중국에 관한 9개조약"(워싱턴조약)은 민족운동 사조를 타고 서구국가들이 중국(만주)에 대한 일본의 제국주의적 진출을 막기 위한 서구 국가들의 의도로 해석할 수 있다. 김경일, 앞의 책, 52.

18) 김경일, 앞의 책, 51.

19) 한상일, 앞의 글, 13.

동양은 서양과 달리 종교와 정치의 통일성이 없고, 내면적 연대의식이 없기 때문에 구체적 정치 행동에 따른 통일을 이룰 필요가 있다는 것이다. 그리고 그 첫 걸음이 바로 중일전쟁이라는 것이다. 즉 동양의 통일을 위해 필요한 것이 동아협동체를 구축하는 것인데, 이것이 일본 민족에게 부여된 세계사적 과제라는 생각이 그 기본 아이디어인 것이다.[20] 그러나 시간이 지나면서 아시아를 하나의 공동체로 묶어내려는 일본의 제국적 의도는 점차 좌절되어갔다. 1930년대로 접어들면서 아시아주의는 더욱 협애화되며 공격적인 성격이 짙어졌다. 일본은 1931년 만주사변을 일으켰고 33년 국제연맹을 탈퇴하며 새로운 국제관계를 모색했는데, 그 노력은 대동아공영권으로 수렴되는 제국주의적 침략국의 노골적인 표출로 치달았다. 그러나 패전 후 일본에게 동아시아는 상실된 지역 개념으로 변환되어, 1997년 아시아 금융위기까지 '동아시아'라는 개념은 일본에게 터부시되며 국가적 판단이 정지된 채 현대에 이르게 되었다.

2) 중국: 중화적 세계관의 회복

전통적인 사대자소(事大字小)의 질서는 작은 나라가 큰 나라를 섬기고, 큰 나라는 작은 나라를 사랑(仁)으로 보호해준다는 논리이다. 여기서 큰 나라의 중심은 중국이고 작은 나라는 변방의 오랑캐를 의미하였다. 사대자소 내지 사대교린의 질서는 중국 왕조가 주변 국가를 무력으로 포섭하는 과정이 아니라 정치적 책봉, 군사적 집단안보, 문화의 전파와 같은 다중적 네트워크를 통해 유지된 질서였다. 서구열강에 대한 대응으로서의 아시아 연대에 대한 생각은 중국에서도 역시 적극적으로 전파되었고 그

---

20) 三木清, "支那事變の世界史的意味", 『現代思想』 vol. 25-10, 32-37. 이 글은 미키가 1938년 7월 7일 昭和硏究會에서 비공개로 발표한 것이다. 한상일, 앞의 글, 13-14 재인용.

에 대한 찬반이론의 사상적 분화가 복잡했다. 리 따자오(李大釗)는 지역 연대의 매개변수로서 지역과 인종을 중시했다. 그는 "같은 아시아, 같은 황인종의 우의를 생각하여 상부상조하고 세계의 진정한 도의를 지키며 세계의 확실한 평화를 보장"해야 한다고 말했다.[21] 그러나 일본이 주장하는 연대에는 중국에 대한 제국주의적 야욕이 그 속내에 있다는 사실을 간파하였다. "이 대아시아주의는 평화주의가 아니라 침략주의이며, 민족자결주의가 아니라 약소민족을 병탄하는 제국주의이며, 아시아의 민족주의가 아니라 일본의 군국주의이며, 세계 조직에 적응하는 조직이 아니라 세계조직을 파괴하는 하나의 씨앗일 따름이다"[22]

리 따자오는 일본의 대아시아주의 대신 아시아 약소민족의 해방과 자결에 기반을 둔 연대를 제안한다. 그가 제안한 연대를 신아시아주의라고 부르는데 아시아의 각 국가를 연방으로 하는 세계주의적 구상이었다. 아시아주의의 본질을 일본의 제국주의적 침략과 폭력으로 규정한다는 점에서 신채호와 비슷한 생각을 가졌지만, 신채호에서 더 나아가 약소민족의 해방과 민족자결을 목적으로 한 연방주의적 공동체를 창안해 냈다는 점에서 그의 동아시아 공동체론은 일정부분 사상사적 의의가 있다.[23]

그러나 리 따자오의 개념에도 그 연대의 중심에는 중국이 있었고, 이는 중국이 가지고 있었던 중화주의의 근대적 변형으로 볼 수 있다.[24] 리 따자오 이외에 아시아 연대를 주창한 또 다른 주요 인물로 쑨원(孫文)을 들 수 있다. 그의 대아시아주의 역시 일본으로부터 영향을 받았다. 쑨원

---

21) 리 따자오, "신아시아주의", 최원식 · 백영서, 『동아시아인의 '동양'인식: 19~20세기』 문학과 지성사, 1997, 161-162.

22) 리 따자오, 앞의 글, 163-164.

23) 김경일, 앞의 책, 41-42.

24) 그 대표적인 예는 "중국이 없으면 아시아가 있을 수 없다(…). 마땅히 (면적이 광활하고 인구가 많아 아시아의 문명을 대표하는) 중화국가의 재건과 중화민족의 부활을 절대적인 관건으로 삼아야"한다는 그의 발언을 들 수 있다. 리 따자오, 앞의 글, 161.

의 초기 입장은 인종주의적 동질성에 의거한 지역연대로서 전형적 아시아주의의 형태를 띠고 있다. 그러나 쑨원이 인종변수에 의해서만 지역연대를 주창한 것은 아니었다. 그는 '아시아의 고통받는 민중', '모든 민중의 평화적 해방'을 말했지만 여기에는 또 다른 정치적 의도가 있었다. 일본의 비약적 성장과 중국의 상대적인 쇠퇴의 상황에서 그는 중국과 일본이 아시아를 공동으로 이끌어야 한다는 중·일 공동영도론을 주장하였다. 일본을 비판하면서 한편으로는 일본에 의존하고자 하는 그의 이중적 태도는 대아시아주의에 대한 그의 이상이 자기모순적이고 실현되기 어렵다는 것을 보여준다.[25] 백영서는 쑨원이 한국과 같은 약소민족을 중시했다고 하지만 중국 국내상황에서 열세에 처하자 일본의 지지를 얻기 위한 정략적 의도에서 아시아주의를 주장했다고 본다.[26] 비록 그가 아시아의 고통받는 소수민족을 언급했지만 중국중심의 영토관념과 약소민족에 대한 종속적 이해는 오늘날에도 일정한 형태로 이어져 중국의 아시아 의식은 중화주의적 패권주의로 나아갈 위험성이 항시 잠재해 있다.

3) 한국: 중화적 세계관과의 결별

한국에서 동아시아를 하나의 지역 단위로 인식하게 된 것은 청일전쟁 이후였다. 중화질서라는 큰 틀이 깨지고 서구 열강이 제국주의에 대항하는 상황에서 국내의 제반 상황을 개혁하고 근대국가로 나가는 것이 당시 한국의 시대적 과제였다. 이 격동의 시기에 서양 열강의 침략에 대항하고 지역 공생과 번영을 위해 청과 일본 그리고 조선이 연대할 필요성이 제기되었다. 그런데 이 연대의 방식에 대해서는 국내의 그룹들에 따라

---

25) 김경일, 앞의 책, 43.
26) 백영서, 『동아시아의 귀환: 중국의 근대성을 묻는다』, 창비, 2000, 57-58.

차이가 있었다. 내정개혁의 모델을 청나라로 설정하고 점진적 개혁을 해야 한다는 온건 개화파는 조선에서 청의 주도권을 인정하자는 그룹으로서 청의 주도 하에 미국과 일본과의 제휴를 하는 '조선책략'(朝鮮策略)을 주장했다. 반면 청을 배제하고 일본의 부국강병을 추구하자는 급진개화파도 한 그룹을 형성하고 있었다. 청을 하나의 국민국가로 상대화시키고 일본을 새롭게 인식한 것이 이들 개화파의 생각이었고, 이러한 발상에서 제휴론이 태동한 것이다. 일본과의 적극적 연대구상은 갑신정변 실패 후 변화를 맞이하며, 김옥균은 새로운 국제질서를 모색했다. 즉 대청독립론의 폐기와 일본에 대한 불신으로 인해 한·중·일 삼국이 대등하게 제휴를 맺는 '삼화주의'(三和主意)를 주창했는데, '공존'(共存)과 '화맹'(和盟)을 통해 서구열강에 대응하자는 것이다. 이것은 삼국이 연대하여 러시아를 견제하고 조선을 중립국화 해야 한다는 주장이었다.[27] 이 삼화는 일제 강점기 말 대동아공영권이 제창되던 시기에 명칭은 다르지만 같은 의미로서 동양주의와 대아시아주의의 대표적 개념어로 간주되었다.[28] 러일전쟁에서 일본이 승리한 후 일본은 사회진화론과 인종주의적 대결론(황인종-백인종)에 기반을 둔 일본 주도의 연대이념을 발전시켰다. 그리고 이러한 생각은 삼국동맹 내지 아시아주의가 갖는 반제국주의적 정신을 버리고 조선의 보호국화를 추진한다는 명분으로 작용하였다. 그러면서 신채호, 안중근 등 조선의 지식인들 사이에서는 아시아 연대에 대한 회의

---

27) 정문상, "18세기말~19세기초 '개화지식인'의 동아시아 지역 연대론", 『아시아문화연구』, 제8호, 2004, 46.

28) 조재곤은 삼화주의가 일본을 맹주로하여 서구 제국주의에 대응하자는 후쿠자와 유키치의 생각을 그대로 수용한 것이 아니라, 삼국이 강력한 동맹체제를 유지하여 러시아를 비롯한 서구국가들로부터 자주 중립국을 보존하려고 하는 적극적인 평가를 시도하기도 한다. 조재곤, "한말 조선 지식인의 동아시아 삼국제휴 인식과 논리", 『역사와 현실』 제37호, 2000, 158-161.

론적 의견이 대두되었고 지역연대보다는 국가와 민족의 안보와 발전을 추구하는 새로운 대안적 이데올로기가 필요하다는 의견이 대두되었다.

한편 비제도적이고 개인적인 차원에서 부상한 안중근 토마의 동아시아론은 가톨릭교회의 영역 안에서 발생한 최초의 동아시아 공동체 구상이었다. 지리적 근린성, 인종과 (유교)문명의 동질성이 매개되어 가능하다고 생각했던 세기말과 초의 동아시아 연대 구상은 그 정당성의 명분을 점차 상실해갔다. 이러한 상황에서 안중근은 동아시아의 발전과 평화를 성취하기 위한 방편으로 서구사회의 문화적 규범으로 간주되는 가톨릭교회를 연대의 중계자로 삼는 인식을 보인다. 이또를 저격한 이후 안중근은 히라시아오와의 면담에서 동양 평화를 보증하는 의식을 갖기를 주장한다. 즉 아시아의 지도자들이 교황 앞에서 동양 평화를 위한 연대를 맹세하며 권위를 인정받도록 하자는 것이다. "일본이 앞서 말한 것 같은 패권(평화적인 의미의)을 위해 일 · 청 · 한 세 나라의 황제가 로마 교황을 만나 서로 맹세하고 관을 쓴다면 세계는 이 소식에 놀랄 것이다. 오늘날 존재하는 종교 가운데 3분의 2는 천주교이다. 로마 교황을 통해 세계 3분의 2의 민중으로부터 신용을 얻게 된다면 그것은 대단한 힘이 된다. 만일 이에 반대하면 여하히 일본이 강한 나라라고 해도 어찌할 수 없게 된다."[29] 안중근은 교회와 교황의 권위를 상당히 높이 평가하며 한 · 중 · 일 동아시아 연대의 주도권이 일본에 있음을 인정하면서도, 그 주도권이 교회가 매개되어 올바르게 행사되어야 함을 주장한다. 안중근에게 일본, 청, 한국은 하느님(神)을 부모로 하는 한 집안인 것이다. 일본의 식민지 지배의 야욕에 철저히 저항하면서도 일본을 역사의 동반자이자 형제로 보고 있다. 안중근은 한국과 일본을 비롯하여 아시아 나라들이 형제의

---

29) 국가보훈처, "청취서: 안중근 의사 日관동도독부 고등법원장 면담 내용", 『21세기와 동양평화론』, 국가보훈처, 1996, 56-57.

의리로 단결하여 서구의 침략에 맞설 것을 주장한다. "이 세 집이 형제라는 것은 분명하므로 마음을 합쳐 다른 집에 대항하면 세 집을 안전하게 유지할 수 있는 것으로 현금 동양 각국이 모두 손을 잡고 힘을 합치면 인구가 5억이 있으니 어떤 나라도 막을 수 있다."[30] 그는 일본이 청국과 한국과 함께 뤼순 지역에서 동양평화회의를 조직할 것과 삼국 가운데 '머리'의 위치에서 한국과 청국을 이끌어줄 것을 권고하였다. 그리하여 상공업의 발전을 도모하고 인도, 태국, 베트남 등 아시아 나라들에 그 선익을 확장시키고자 하였다. 그렇게 되면 일본은 싸움 없이도 동양의 주인공이 되고 동양의 평화는 물론 세계평화를 위해서도 기여하게 되리라는 것이다.[31] 동양평화론은 단순히 국가 간 평화 논의를 넘어 동아시아인들이 신에 의해 창조된 한 집안의 형제자매라는 인식을 기본 개념으로 한 논리이다. 천명과 천도에 근거한 형제관계의 설정은 종교적이고 도덕적인 '에토스'로 재해석된 것이다.[32] 이상주의적이고 도덕주의적인 안중근의 공동체관은 스펜서식 근대국가의 경쟁적 현실과는 너무나 그 격차가 컸다.

이 시대 동아사아 공동체에 대한 생각의 핵심을 정리해보자. 유럽으로부터 기인한 근대의 세계관은 전통적 중화주의 세계관을 파괴한 듯 보이지만 동아시아의 새로운 근대 질서는 과거 중화제국의 모습을 답습한 혼종적(근대와 전근대 질서) 과정으로 점철되었다. 19세기 중심을 잃은 동아시아에서 일본은 중국을 대체해 지역의 중심이 되고자 하는 목표로 근대화의 경로를 밟았고, 한국은 열강의 틈바구니에서 중화제국의 논리

30) 안중근의사기념사업회, "미조부치의 안응칠 제 6회 신문조서", 『러시아 관헌 취조문서』, 신운용 편역, 안중근 자료집 2, 채륜 2010, 107.

31) 청취서, 55-57.

32) 황종렬, "안중근의 동양평화론과 가톨릭 신앙", 『신학전망』 제 178호, 2012, 114-169.

대로 문명과 오랑캐로 나누어 독립을 위해 '종족민족주의'(ethnic nationalism)를 우상화했다. 이렇듯 근대 국민국가의 탄생과 정착은 중국의 제국성을 답습하는 과정으로 점철되어 왔다.[33] 동아시아 근대국가 초창기의 동아시아 연대와 공동체는 제국주의적 폭력으로 그 빛이 바래면서 냉전의 시대를 맞이하게 된다.

3. 탈식민지 시대와 동아시아의 귀환

제2차 세계대전에서 일본이 패배하며 동아시아에 평화가 도래한 듯한 인상을 주었지만, 동아시아 국가들은 이제껏 대등한 입장에서 서로의 정치공동체를 인정한 적이 없었다. 1955년 인도네시아 반둥에서 개최된 반둥회의는 오랜 관행을 청산하고 아시아의 각 국가들이 평등하며 호혜적인 관계로 나아가야 한다는 취지의 첫 번째 사례가 되었다. 냉전이라는 제약 속에서 반둥회의는 '평화 10원칙'을 제시하며 아시아국가들의 연대를 주창하였다. 반둥회의의 계기는 한국전쟁이었다. 인도의 네루 수상은 한국전쟁에 다수의 신생 약소국이 개입되는 것을 보면서, 인도는 물론 신생국들이 미·소 두 강국의 진영에 종속되지 않도록 1954년 비동맹중립주의 노선을 만들었다. 이 반둥회의는 동남아시아 국가들이 주축이 되었지만, 네루 수상은 중국과 일본 같은 역내 강대국의 참가를 강력히 요구했다. 이들을 중립주의 노선으로 끌어들임으로써 각각 소련과 미국의 영향권에서 벗어나기를 바랐던 것이다. 네루는 인도, 일본, 중국이 연대

---

33) 백영서 외, 『동아시아 지역질서: 제국을 넘어 공동체로』, 창비 2005.

하여 중립적 아시아 공동체를 일구기를 희망하였다.[34] 반둥회의에서는 '유엔헌장'과 '평화 5원칙'을 통합한 '세계평화와 국제 협력증진에 관한 선언'(반둥 10원칙)이 안출되었고, 이것이 중립주의 반둥정신의 골자가 되었다. 선언의 요지는 다음과 같다. 첫째, 기본적 인권과 국제연합헌장을 존중한다. 둘째, 모든 국가의 평등한 주권과 영토보전을 존중하며 타국의 내정에 간섭하지 않는다. 셋째, 국제연합헌장에 의한 단독 또는 집단적인 자국 방위권을 존중하고 대국의 이익을 위한 군사동맹과 행동에 가담하지 않는다. 넷째, 타국의 영토를 침략 혹은 위협함으로써 타국의 정치적 독립을 침해하지 않는다. 다섯째, 국제분쟁은 평화적 수단으로 해결하고 상호 이익, 협력 그리고 의무에 진력한다.[35]

반둥정신은 냉전과 강대국들의 지배력 확대의 상황에서 아시아 국가들이 평등, 상호호혜, 평화번영이라는 이상적 가치를 실현하기 위한 연대의 필요성을 제기한 것이다. 반둥회의는 동아시아 국가들이 근대 국민국가체제로 변환하면서 동아시아의 전통적 중화주의 사상에 의한 불평등 관계를 재조정하는 시험대가 되었다.[36] 그러나 냉전의 가속화와 대국

34) 유용태·박진우·박태균, 『동아시아 근대현대사』 2, 창비, 2011, 364-365.

35) 유용태·박진우·박태균, 같은 책, 365-366.

36) 중화사상에서는 세상을 천하라는 하나의 단위로 파악했다. 천하의 통치자는 천자 한사람뿐이고 흩어져 있는 나라는 천자의 신하여야만 했다. 따라서 국가 사이의 평등이 존재했던 적이 없었다. 이러한 사고방식에서 독립국가라는 개념이 있을 리 없고, 천하는 조공-책봉 체제로 유지되는 질서였다. 결국 동아시아에서는 국제관계의 개념 자체가 없었다. 근대 들어 한국과 일본의 역사에 존재했던 중화사상은 자민족의 성격에 맞게 변형되었고 이것이 민족주의로 포장되었다. 즉 중화사상은 근대에 중국민족주의로 둔갑했고, 일본의 고유 종교인 신도도 천황을 제 일의 존엄으로 받드는 국수주의로 발전했다. 한국은 일제 강점기, 민족개념이 독립을 위한 집합의식으로, 해방 이후에는 발전의 집합의식으로 변형되었다. 이러한 사회의 마음은 동아시아 국가들 사이에 서로를 평등한 관계로 보는 것을 방해하였다. 이희진, 『중화사상과 동아시아』, 책세상, 2007, 12-47.

경쟁의 추세 속에서 반둥정신은 그저 정치적 구호로만 빛을 바래갔다.

한편 1990년대가 되면서 동아시아 지역의 경제적 연대에 대한 생각들이 일본, 호주, 말레이시아 제 국가들 사이에서 발생했다. 1990년대는 세계사적 측면에서 중대한 변화의 시대였다. 한 세기에 걸쳐 실험되었던 사회주의는 실패로 끝났고, 냉전은 종식되었지만, 지역 내의 경제, 안보, 환경, 종족, 종교와 같은 지점에서 발생하는 갈등과 문제는 자유주의 시대의 또 다른 도전이 되었다. 이러한 도전에 대해 지역 국가들이 적극적으로 협력하여 지속가능한 발전과 평화를 구축하자는 움직임이 활성화되었다. 특히 EU와 NAFTA 등 지역의 경제 공동체가 형성되며 동아시아 지역에서도 새로운 경제 생태환경에 맞추어 경제적 공동체를 만들어야 한다는 필요성이 제기되었다.

1992년 말레이시아의 마하티르 총리는 세계경제의 블록화추세를 따라 동아시아 역시 연대해야 한다고 주장했다.[37] 동아시아 공동체 담론과 그 제도화에 대한 논의의 중심에는 ASEAN이 있다. 원래 ASEAN은 강대국인 중국과 일본이 아닌 동남아시아 중소국가들의 연합체적 성격이 강하며 중국과 일본의 패권경쟁이 치열할수록 ASEAN의 역할공간은 커진다는 점에서 이 지역연합구성체는 아시아 지역연대의 중추적 역할을 수행하고 있다.[38] 냉전 이후 아시아 국가들 간의 무역량과 경제적 의존도는 상당히 증가했다. 게다가 1997년 외환위기는 동아시아 공동체의 중요성이 아시아 여러 국가에서 공유될 수 있었던 결정적인 계기가 되었다. 태국 바트화의 폭락으로 시작된 외환위기 당시 일본은 아시아 국가들에 대해 금융지원에 나섰고 아시아 국가의 금융회복을 위해 미국을 위시한 서구사

37) 그래서 나온 것이 바로 '동아시아경제협의체'(East Asia Economic Caucus, EAEC)다.

38) 변창구, 동아시아공동체 담론의 제도화:ASEAN의 인식과 전략", 정치정보연구 13(2) 2010, 100.

회에 통화안정기금을 부탁했으나, 미국의 영향 아래 있던 국제통화기구(IMF)는 일본의 제안에 반대하며 긴축과 금융체제의 개혁을 요구하였다.[39] 이러한 일련의 사건은 후에 '아시아통화기금'(AMF)과 같은 경제적 연대의 실천을 촉발하였다.[40] 게다가 금융위기 당시(1997) 하시모토 류타로(橋本龍太郎) 총리가 싱가포르에서 개최된 아세안국가 정상회의에서 경제, 테러, 환경문제에 대한 공동대처 및 역외 국가이지만 미국의 중요성을 강조하면서 동아시아 담론은 발전하기 시작했다.[41] 실제로 1997년 아시아 금융위기 당시 일본은 이 위기를 극복하기 위해 다양한 연대와 지원을 아끼지 않았다. 동아시아 공동체의 현대적 논의를 위해 ASEAN이 중요한 역할을 할 것을 제안하였으나, ASEAN 회의와 별도로 한·중·일 정상회의가 정례적으로 이루어지게 되었다. 1997년 12월 쿠알라룸푸르에서 개최된 ASEAN 창립 30주년 기념 특별정상회의에서 동북아 3국, 즉 한·중·일을 초청함으로써 공식출범하게 된 것이 'ASEAN +3(APT)' 였다. '+3'은 동아시아 연대에서 한·중·일이 지리적, 인종적, 문화적으로 깊은 역사적 관계를 가지고 있기에 특별한 클러스터로서의 필요성이 재인식된 산물이었다.

한편 동북아 3국은 ASEAN 10개 회원국보다 국력이 강하며 특히 중국과 일본의 지역패권에 대한 야욕은 동아시아 공동체가 특정 세력의 지배

---

39) 大橋英夫, "域外大國と日本: 経済危機志願問題を中心に", 『國際問題』, 1997年 7月, 17-30.

40) 아시아 금융위기에서 일본이 독자적인 지원책을 제시했다가 역외국가로부터 거부되었지만, 국가위기 시에 기댈 수 있는 것은 가까이에 있는, 즉 블록 내 국가들이라는 인식이 아시아 국가들 사이에 퍼졌고, 경제적 상호의존의 강화와 단기 외화를 역내에서 서로 융통해주자는 합의(첸마이 이니셔티브)가 현실화 되었다. 佐藤考一,"東アジア共同體 構想と日本", 『アジア研究』 52, 2006, 4.

41) Policy Speech by Prime Minister Ryutaro Hashimoto "Reforms for the New Era of Japan and ASEAN. http://www.mofa.go.jp/region/asia-paci/asean/pmv9701/policy.html(검색일: 2016년 5월 14일).

하에 들어갈 수 있다는 생각을 야기한다. 'ASEAN +3'국은 긴장구도로 파악할 수도 있는데, 한·중·일 3국은 역사적이고 정치적인 갈등이 있음에도 불구하고 동질적 지역 정체성을 공유하는 이중적 관계성을 갖는다. 2003년 ASEAN 특별수뇌회의의 동경선언이나 이듬해 7월에 있었던 외교장관회의에서도 동아시아 국가(한·중·일을 넘어선 13개국)의 커뮤니티 형성에 대해 심도 있는 논의가 있었다. 여기서 커뮤니티를 만들기 위해 어떻게 협력을 추진하고, 역외에서는 누가 참여하며, 분야와 방식의 구체성에 대한 논의가 있었지만 그 실행을 위한 구체적인 방안의 마련은 끊임없이 다음 회기로 넘겨져야만 했다.[42]

동아시아 국가가 직면한 여러 문제를 극복하고 새로운 문명을 창출하기 위해 국민국가를 넘어서는 대안적 공동체로서의 동아시아공동체는 필수불가결하다.[43] 지역의 평화발전이 가능하고 그 긍정적 결과가 국민국가에게 돌아오기 때문이다. 그렇다면 동아시아 공동체에 대한 각 국가들의 입장은 어떨까? 동아시아 공동체 구상이 EU와 같은 포괄적 사회공동체로 갈 것인가, 경제적 상호이익에 기반을 둔 경제공동체로 갈 것인가, 그것도 아니면 공통의 가치를 지향하는 가치공동체가 될 것인가를 생각해볼 필요가 있다. 하토야마 총리는 금융과 무역, 환경, 안보를 포괄하지만, 궁극적으로는 경제공동체로서 동아시아 연대를 상상했다.[44] 반면 호주의 러드 수상은 아시아 태평양 공동체가 이 지역의 정치적 안보적 안정과 평화를 유지하는 정치안보협력체로서의 연대를 구상했다. 핵확산, 테러, 식량, 에너지, 영토분쟁과 같은 안보와 관련된 문제를 해결하기 위한 지역차원의 협력메커니즘을 만들어야한다는 것이다. 일본이 아

---

42) 佐藤考一, 앞의 글, 1-2.

43) 백영서, 『동아시아의 귀환』, 창작과비평사, 2000, 13-47.

44) 유현석, 앞의 글, 170.

시아 국가공동체 구상을 통해 국제정치에서 자국의 영향력을 확대하려고 한다면, 호주는 미국과 중국을 포함한 아시아 태평양 지역강대국들의 협조체제를 구축하여 지역의 질서와 평화를 도모하려고 한다. 이러한 맥락에서 미국은 하토야마에 대해 반대한다. 일본의 구상은 미국이 배제된 동아시아 안에서 일본과 중국의 독자성을 추구하기 때문이다.[45]

중국은 일본의 동아시아 공동체 구상에 반대하지 않는다. 2009년 10월 21일 중국의 외무차관 후쟁위에는 동아시아 공동체에 대해 긍정적이고 열린 입장을 가지고 있다고 밝혔다. 그러나 호주, 뉴질랜드를 포함하여 미국을 참여시키는 안에 대해서는 회의적이고 유보적인 태도를 견지한다.[46] 중국은 1997년부터 한·중·일 수뇌회의의 틀을 정립하고 본회의와는 별도로 삼국만의 배타적 회합이 마련한 'ASEAN+3'의 틀이 동아시아 공동체의 기본 틀이 되어야 한다고 본다.[47] 그리고 이러한 기본 입장은 시진핑 정부에 들어서도 변함이 없다. 다만 동아시아 공동체론은 일대일로의 정책과 맞물리면서 전통적인 동북아 유교문화권에서 확장되고 제국성을 띠게 되었다. 한반도는 여전히 핵문제로 냉전 상태의 긴장이 고조되어 있고, 중국의 성장에 따른 패권적 행보와 주변 강대국들의 견제, 영토분쟁 등을 해묵은 난제로 보고 있다. 중국은 몰락했던 19세기와 20세기 전반기와는 달리 세계의 중심국가로 도약하면서 경제발전과 군사력 증강에 힘쓰고 있으며, 이에 한때 중국을 침략했던 일본은 우려와 견제를 보이며 동아시아의 평화를 위협하는 분위기가 조성되고 있다.[48]

---

45) 물론 최근 중국의 대국적 부상으로 동아시아에서 일본의 입지는 점차 위축되었고, 일본은 전략적으로 미국의 개입을 지지하고 있다.

46) Amitav. Acharya, "Competing Asian Communities: What the Australian and Japan Idea means for Asia's Regional Architecture." *Pacific Forum CSIS. Honolulu, Hawaii. October.*

47) 『東南アジア月報』 1997年 1月号, 173.

48) 한상일, "동아시아 공동체론: 실체인가, 환상인가?", 17.

이러한 맥락에서 주젠룽(朱建榮)은 중국입장에서의 동아시아 공동체 구상은 세 가지 차원에서 고려되어야 한다고 말하고 있다. 첫째, 경제적인 분야의 교류를 확대함으로써, 둘째, 동아시아 지역현실이 갖는 다양한 사회적 현안에 대해 중층적으로 접근하며, 셋째, 중국의 패권적 리더십을 주장하지 않고 미국과 같은 역외국가들에 대해 개방적인 자세를 취해야 한다는 것이다.[49] 그러나 주젠룽이 말하는 평화란 결국 중국의 지속적인 경제발전을 위한 주변지역의 안정을 의미한다. 따라서 이러한 평화는 민주주의와 평등을 기반으로 하지 않기에 상황에 따라 주변국가들은 지속적으로 중국을 위협적으로 받아들일 가능성을 갖게 된다.

한국은 노무현 정부의 지역구상에 주목할 필요가 있다. 그는 중국이나 일본처럼 경제에서 출발하여 '번영의 공동체'를 거쳐 '평화의 공동체'라는 가치론적 공동체 비전을 제시한다.[50] 이것은 경제 중심의 제한된 발상에서 벗어나 평화와 번영이라는 가치가 다시금 경제적 안정과 발전을 가져올 수 있다는 이상적 선순환 구조를 위한 아이디어다. 그리고 이러한 생각은 이명박 정부 때 약화되었다가, 문재인 정부 들어 평화라는 가치가 다시 주목 받으며 동아시아 공동체에 대한 낙관적 비전을 생산하고 있다. 그는 2018년 8월 15일 광복절 경축사에서 한반도의 완전한 비핵화와 함께 종전선언과 평화협정으로 가기 위한 담대한 발걸음을 내딛을 것이라고 밝히며, 이러한 노정에서 남한 · 북한 · 일본 · 중국 · 러시아 · 몽골 등 동북아 6개국과 미국이 함께 하는 동아시아철도공동체를 설립하여 이를 '동북아 다자평화안보체제'로 이어갈 것을 제안하였다.[51] 문재인 정부의 입장은 평화의 현 상태(status quo)가 지속가능하기 위해 지역연대가 필

49) 朱建榮, "中國はどのいうな '東アシア共同體' を目指すか",『世界』 2006년 1월.

50) 박명림, "노무현의 '동북아구상' 연구",『역사비평』, 2006년 가을.

51) https://www.huffingtonpost.kr/entry/story_kr_5b7385b9e4b0182d49ae8346(검색일: 2018년 11월 20일).

요하고, 이러한 연대는 지역의 번영과 평화의 현 상태를 유지한다는 순환적 논리를 담지한다.

정치체로서의 동아시아 공동체 발전경로와 사회적 형상에 관한 다나카 히또시(田中均)의 이론에 주목할 필요가 있다. 그는 금융, 무역과 같은 경제 그리고 지역갈등, 환경과 같은 안보 보장을 위한 기능주의적 연대를 기조로 하는 가치공동체를 주장하기도 했다.[52] 이 공동체의 성원은 대체로 동남아시아, 중국, 일본, 남북한, 대만을 포괄하는 동북아시아 근린국가들로 구성된다. 공동체 성원권의 근거는 모두가 한자 유교문화권에 속하며, 역사적으로 지리적으로 상당히 깊이 있는 상호관계성을 갖고 있다는 데 있다. EU의 발전과정을 모델로 하는 동아시아 공동체는 경제공동체-정치공동체-동아시아 연합국으로의 발전 경로를 제시하는 안(案)과, 한반도를 중립화하여 동아시아 평화체제를 만든 후, 경제, 문화 영역을 통합하고 정치와 안보가 보장되는 연합체로의 로드맵으로의 발전 경로를 제시하는 안(案)이 있다.[53] 기본적으로 안보와 경제가 중요한 지역 현안이고 공동체 연대의 명분이 될 수 있지만 현실적으로 여러 가지 장애가 있다. 경제적인 측면에서는 공동통화권 형성에 대한 중국과 일본의 이견이 존속하고, 안보적 관점에서 핵, 북한, 영토분쟁, 강대국들의 헤게모니 갈등과 같은 국가이기주의로 인해 동아시아 공동체 만들기는 교착상태에 빠져 있다. 국가가 주도하고 학문공동체가 뒷받침하는 동아시아 공동체에 대한 비전은 결국 국민국가 간의 자국 이기주의와 실천 없는 담론의 추상성으로 인해 그 현실성이 의문에 처해있다.

---

52) 田中均, "동아시아의 미래를 향하여", 한림대일본학연구소, 한일국교정상화 40주년 기념국제심포지엄(서울: 2005년 11월 5일) 발표문, 백영서, 앞의 글, 108 재인용.

53) 한상일, 앞의 글, 18.

4. 동아시아 시민주의와 종교적 상상력

앞에서 논의한 공동체론은 국민국가의 정부 수준에서 논의된 지역연대에 대한 것이다. 그리고 국민국가가 가지고 있는 국가 이기주의적인 속성은 결국 연대를 공허한 구호로 전락시킬 수밖에 없다. 동아시아 공동체의 가장 큰 걸림돌은 공통의 집합의식이 부재하고 국민국가 단위의 민족주의 의식이 강하다는 데 있다. 지난 20세기의 역사를 돌이켜볼 때, 근대화의 주요한 동원 이데올로기는 민족주의 신화 혹은 국민국가에 대한 우상화였다. 특히 법적 형식적 동질성을 공유하는 집단으로서의 국민(주로 서구국가들)과 혈통과 문화적 동질성을 공유하는 민족(주로 아시아의 신생국가나 동북아시아 3국)은 근대화에 대열에 들어선 20세기 후발산업국가로서의 발전을 위한 연대의 기제로 작동하였다. 국민국가의 민족주의(nationalism)는 민족과 국가를 우상시함으로써 개인을 억압하는 기제로 작동하였다.[54]

특히 동아시아에서 근대화와 발전을 명분으로 대단히 패쇄적이고, 자기중심적으로 전개되어왔다. 신채호가 말한 것처럼 역사는 '아와 피아의 투쟁'인 것이다. 동아시아 각 국가는 민족 대 민족의 대립과 투쟁으로 점철되어왔다. 냉전의 종식과 사회주의의 몰락 이후 신자유주의적 경쟁 체제에서 국민국가는 경쟁력을 높이고 효율성을 극대화하기 위해 지역연대를 선택했다. 그러나 동아시아 공동체라는 지역연대의 구상이 공허한 담론으로 그치는 것은 동아시아 시민들을 묶어주는 정체성이나 집합의식이 없기 때문이다. 동아시아 삼국을 비롯한 주변 국가들은 급변하는

54) 니시카와 나가오(윤대석 역), 『국민이라는 괴물』, 소명출판, 2002.

근대화가 일어난 100여 년의 기간 동안 폐쇄적인 민족주의의 환경에서 성장해왔다. 근대성은 진보와 발전이라는 기치 아래 성장을 위한 집합의식으로써 민족주의 또는 국가주의가 훌륭한 도구로 기능해왔다. 그러나 이것이 오늘날 동아시아 연대에 걸림돌이 되고 있다. 여기서 민족개념이 가지고 있는 두 가지 중요한 사실을 염두에 둘 필요가 있다. 첫째, 앤더슨(B. Anderson)과 바바(H. Bhabha)가 지적하듯이 민족이란 자연적으로 생성된 것이 아니라, 인위적으로 만들어지고 상상된 공동체라는 것이다.[55] 즉 민족주의는 근대국가의 창출을 위한 발명품과 같은 것인데, 이것이 상상의 산물이기는 하지만 근대국가 체제의 수립을 위해 필수불가결 했던 것이다. 그러나 이것은 탈식민지 시대에 새로운 포괄적 정치 공동체를 창출하기 위해 성원들을 연대하도록 하는 정체성으로는 기능할 수 없다. 둘째, 민족주의가 지배계급의 억압과 통제의 기제로서 전유되는 측면이 있다. 민족주의는 국내에서는 연대와 통합의 묘약이었지만, 민족의 바깥 범주 집단에 대해서는 예외적 폭력을 허용하며 개인에 대한 억압과 배제의 도구로 쓰이는 절대적 권력으로 군림하기도 한다. 예컨대 해방 이후 남과 북의 대치 상황에서 양쪽 모두 민족주의를 내세우며 서로를 부정하고 나와 타인을 나누어 자기 쪽에 속하지 않는 사람을 구별하여 배제하고 억압해왔다. 또한 민족주의는 전체를 위한 개인의 희생을 정당화하는 명분이 되기도 했다. 이러한 관점에서 국민국가·정부 수준에서 지역연대를 주도할 때 국가주의 또는 민족주의라는 틀을 벗어날 수 없다면 전체 지역을 포괄하는 연대는 형성되기가 어려워진다.

그렇다면 민족주의를 넘어서는 보편적 지역 정체성은 어떻게 가능할까? 동아시아의 민중(시민)이 자본과 권력의 논리에 포섭되지 않고, 자신

---

55) B. Anderson, *Imagined Community: Reflections on the Origin and Spread of Nationalism*, N.Y: Verso, 1983; H. Bhabha, *Nation and Narration*, N.Y: Routledge, 1990.

들 삶의 질 향상을 위한 보편적 세계화를 고려한 지역화를 추진해야 한다.[56] 시민사회나 민간기구 중심의 협력과 연대가 국가를 경계로 하는 차이와 갈등의 요소를 좁힐 수 있다는 점을 주목해야 한다. 비정부기구의 연대를 강화함으로써 개인이 국가의 성원으로서 갖는 민족적 배타성의 한계를 극복할 수 있다. 국민국가의 정부가 아닌 시민사회가 매개가 된 연대는 종족과 국민을 포괄하는 인간에 대한 보편적 사유를 통해 가능해질 수 있다. 따라서 국민(민족)을 넘어서는 보다 보편적인 정체성과 집합의식이 필요하다.

이러한 관점에서 전홍석의 동아시아 시민주의 개념에 주목할 필요가 있다. 동아시아 시민주의는 국가와 시장의 실패에 대한 대안으로서 국가시민과 세계시민의 중간지점에 위치하는 개념이다. 동아시아 시민이란 기본적으로 국가나 민족, 지역의 경계를 넘어 자발적으로 국제사회의 흐름에 참여하는 사람들이다. 이러한 사고는 포용적인 문명 기제를 통한 보편적 인권과 연대의 감각을 담지한 공동체를 창출할 수 있다. 이 보편적 인권과 연대의 감각은 연결된 자와 단절된 자, 포함된 자와 배제된 자 사이의 격차를 줄이기 위한 공감능력을 주요 본질로 삼는다.[57] 전홍석은 보편적 성인의 '문덕'(文德)과 '도'(道)와 연결되는 문명생명주의로서의 '중화'를 동아시아인의 집합적 정체성으로 규명한다. 그리고 이를 근대 국가주의(민족주의)의 대안으로서 '동아시아 시민주의'의 정체성으로 격상시킬 것을 제안하며 '중화'를 문명공동체적 의미로 재개념화, 복원해야 한다고 본다.[58] 이것은 서구와 일본 제국주의가 폭력적으로 근대화에 개입함으로써 파괴된 중화 세계시스템을 현재화하는 작업과도 무관하지

56) 임지현, "한반도 민주주의와 권력 담론", 『당대비평』 2000(봄), 205-206.
57) 전홍석, 『초기 근대 서구지식인의 동아시아사상과 지식체계』, 동과서, 2018, 10-11.
58) 전홍석, 같은 책, 12-13.

않다. 근대 국가주의 틀에서 자유롭게 되면 중화적 가치는 동아시아인 모두가 함께 공유할 수 있는 공유적 자산이어서 이것을 통해 동아시아의 정체성과 연대감을 추동하고 강화하는 역내 공통적인 문명의 소인이 된다는 것이다. 동아시아 공동체를 위해 그 정체성과 동질적 집합의식을 갖기 위한 동아시아 시민주의의 필요성 제기는 정당하다. 다만 그가 주장하는 동아시아 시민주의는 두 가지 비판적 논점을 가지고 있다. 첫째, 동아시아의 공통 정체성으로서 중화주의는 배타적이고 폭력적인 동아시아 근대 민족주의의 사상적 기원이 된다. 중화주의가 보편을 이야기하지만, 그것은 철저히 배제와 포섭(조공-책봉 정책)의 정치적 동학이 배태된 이념이다. 둘째, 동아시아 시민주의가 지향하는 것은 예술 · 생태 · 영성 · 공감에 기초한 항구적인 '동아시아 평화공동체'인데, 그것이 이루어지도록 하는 주체와 방법에 대한 사례가 밝혀질 필요가 있다. 그렇지 않을 때 동아시아 시민주의는 현실의 가능태로 제시되는 것이 아니라 공허한 이론적 구호로만 머물 수밖에 없다. 보다 민주적, 평등적, 주체적 수준에서 국가와 시민이 연대할 수 있는 사례를 발굴하고, 여기에 의미를 부여하는 것이 동아시아 공동체의 정체성을 색출하기 위해 선행되어야 할 과제이다.

이러한 비판에 입각하여 동아시아 공동체의 사회적 확장과 정체성을 발견할 수 있는 다양한 가치지향적 시민사회 연대 행위를 제시해보고자 한다. 와다 하루키(和田春樹)의 '동북아 공동의 집'[59] 구상은 동아시아 공동체를 위한 시민사회의 역할에 영감을 준다. 동아시아 공동체가 정치, 경제, 안보 공동체를 지향하나 동아시아의 평화와 화해를 실현하려는 이상주의적이고 가치론적 연대가 가장 기초적으로 선행될 때 실제적인 동아시아 지역연대가 가능하다는 것이다. 국가 주도의 경제와 안보공동체

59) 和田春樹, 『東アジア共同體:經制統合のゆくえと日本』, 平凡社, 2003.

가 좌절되는 현실에서 동북아 공동의 집은 동아시아의 시민세력이 평화와 화해라는 보편적 가치를 공유하고 다양한 이슈와 층위에서 연대할 때, 점진적으로 연대의 외연이 넓어져 결국 경제와 안보에도 긍정적 영향을 미칠 수 있다. 즉 동아시아 공동체를 형성하는 과정의 방법론으로 시민사회가 가치의 공동체를 이루고 그 가치에 부합하는 기능적 협력들을 추진해나갈 수 있는 것이다. 이러한 시민사회의 협력은 상호간의 신뢰와 연대를 증가시키고, 국민과 민족의 특수성을 넘어서는 보편적인 집합의식을 생산해 낼 수 있다. 이러한 관점에서 필자는 정서의 공동체(민족)에서 가치의 공동체로 나갈 것을 촉구한다. 평화와 화해라는 보편적 가치를 실현하는 시민연대의 행위를 통해 새로운 지역정체성과 연대의식을 형성할 수 있게 되고 점차 세계화되는 과정으로 확장되어갈 수 있다. 그렇다면 시민사회 수준에서 이러한 가치 지향적 연대활동에 열정과 영감을 주는 사례를 어디에서 찾을 수 있을까? 이러한 사례들이 발굴되고 현실참여의 연결망이 확산될 때 동아시아 공동체의 이념은 보다 현실적인 실재가 될 것이다. 이러한 맥락에서 필자는 종교를 시민사회로 상정할 때 종교조직의 수준에서 펼쳐지는 연대활동이 앞에서 언급한 가치론적 지역 공동체 운동의 형상을 잘 드러낸다고 생각한다. 계급과 종족이 아닌 인간의 본성과 인류애에 바탕을 둔 종교조직의 노력은 동아시아 공동체 사유에 있어 긍정적이고 적극적인 역할조정을 기대할 수 있다. 게다가 종교는 세속의 정치·경제적 이해관계에서 상대적으로 자유로울 수 있으며, 자체적으로 인적, 물적 자원을 동원할 수 있는 조건을 가지고 있다. 세속화 사회에서 종교조직이 중심이 된 시민연대는 비정부기구로서 동아시아 연대 구상의 적극적인 매파로 해석하고 규정할 필요가 있다. 다원주의적 사회에서 종교는 인본주의적 가치, 즉 평화, 인권, 평등, 사회적 돌봄과 같은 가치 영역에서 종교성을 드러내지 않고 정부, 시민사회, 다른 종파와 연대하여 활동하고 있다.[60] 그리고 이러한 활동은 비단 국내에서만 이루어지는 것이 아니라 동아시아 근린지역의 여러 시민사회와의 협력 속에서 이루어지고 있다. 예컨대 미국 듀크대학교 신학대학원 부설 '화해센터'(Center for Reconciliation)와 '평화의 교회'라 불리는 메노나이트 중앙위원회(Mennonite Central Committee)가 공동 주최하는 '동북아 화해포럼'(Christian Forum for Reconciliation in Northeast Asia)은 국가와 교파를 초월한 종교인들(주로 그리스도인들)이 동북아시아의 오랜 반목과 갈등의 역사를 극복하고 화해로 나아가는 길을 모색하는 자리다. 이 포럼에서는 상호 문화에 대한 이해를 높이고 지역 이슈를 보편적이고 인본주의적인 관점에서 논의하며 종교조직의 차원에서 실제의 집합적인 운동까지 연결시키고 있다. 불교나 개신교의 경우에도 최근 사회적 공헌 활동이 증가하고, 다른 시민사회와의 연대 역시 활발해지고 있다. 그러나 국경을 넘어서는 연대행위는 큰 결실을 거두기가 쉽지 않아 보인다. 그 이유는 종파와 종단이 국제적이라 할지라도 통일된 조직체계와 보편적인 규범체계가 약하고, 개별단위의 조직적 성격이 강하기 때문이다. 따라서 필자는 동아시아 공동체의 종교 시민적 영역에서의 레퍼런스 그룹으로 가톨릭교회의 지역 연대활동에 주목하고자 한다. 가톨릭교회는 사회적 통일적인 조직과 규범 체계, 그리고 광대역의 네트워크를 지닌 장점이 있기 때문이다. 이러한 점은 지역 내의 다양한 시민사회를 연결시킬 수 있는 노드로서의 역할 수행을 가능하게 한다. 각 국민국가 내의 시민사회가 가지고 있는 전문성과 가톨릭교회의 국제적인 네트워크가 결합하여 지역이 처한 다양한 이슈들, 역사갈등, 환경문제, 외국인 이주자와 난민문제 등에 실제적으로 영향력을 행사한 사례는 대단히 많다.[61]

60) 寺沢重典, "宗教活動は社會貢献活動か: 宗教団体の社會的な活動に関する アンケート調査 分析、『宗教と事會貢献』 1(1), 2011, 79-101.

특히 가톨릭교회의 FABC(Federation of Asian Bishop's Conference)는 아시아 교회를 포괄하는 주교들의 협의체 기구이다. FABC의 과제는 아시아의 가난한 자, 문화, 타 종교와의 대화를 추진하는 것이다. FABC는 다양한 문화적, 정치적 상황에서 지역 교회가 직면한 문제를 함께 고민하고 연대하는 것을 지향한다.[62] FABC는 제2차 바티칸 공의회의 대화정신을 바탕으로 아시아적 상황의 창조적 재해석을 추구한다. 특히 아시아는 빈곤층이 두텁고 종교와 종족 간의 인정투쟁(struggle of recognition)이 폭력적으로 벌어지는 각축장이다.[63] 이러한 맥락에서 가톨릭교회는 지역연대를 통해 공존과 평화, 공동선 증진을 위한 활동을 수행하고 있다. 성직자, 수도자, 평신도 수준에서 한 · 중 · 일을 중심으로 베트남과 몽골을 포괄하면서 다양한 사회적 이슈에 대해 연대하고 있다. 몇 가지 사회적 사실을 열거하면 다음과 같다. 1996년부터 한일 주교들은 한일 역사갈등을 비롯한 양국의 교회와 사회 문제를 해결하기 위해 매년 교류를 가지고 있다. 매년 양국을 번갈아 가며 개최되는 '한 · 일 주교교류모임'은 순수한 종교적 현안보다 지역의 평화 및 인본적 가치와 관련된 이슈를 발굴하고, 이것을 해결하기 위해 시민사회와 연대하여 정부를 향해 압박하기도 한다. 이 교류 모임에서 다루었던 주요 안건은 한일 역사 교과서 문제, 핵무기 감축과 탈원전, 경제적 불평등, 사형과 인권, 이주자와 난민 문제 등 지역 이슈에 대한 것이었다. 이 교류모임의 성원들은 가톨릭교회의 최고 통수권자들로서 종교성 보다는 보편적 평화와 인륜의 가치를 명분

61) 실제적인 사례에 대해서는 최영균, "동아시아 연대와 가톨릭교회", 『神學展望』 제196호, 2017, 74-113; 최영균, "한 · 일 주교교류에서 실현되는 연대의 동학", 『가톨릭신학』 제31호, 2017, 221-264; 林尙志, 石が叫福音, 岩波書店, 2011.

62) Georg Evers, "Federation of Asian Bishop's Conferences", *Lexikon für Theologie und Kirche III*, Hg. W. Kasper, et al., Freiburg: Herder, 1995, 1203.

63) 최영균, "동아시아 연대와 가톨릭교회", 88.

으로 사회적 계몽활동과 국민국가의 정책결정에 영향을 주고 있다. 그 밖에 수도자들과 평신도들의 수준에서도 역시 '한일 여자수도회 장상 모임'(C-2), '예수회 아시아 태평양 지역구'(Jesuit Conference of Asia Pacific, JCAP) 내의 '사회사도직 네트워크'는 지역의 다양한 이슈에 대해 시민사회와 연대하여 자원활동을 수행하고 있다. 또한 '가톨릭 노동청년회'(JOC)를 비롯한 가톨릭 사회연대는 각 국가의 주교회의 산하 '정의평화위원회'의 지침에 따라 인권, 노동, 평화, 환경과 같은 신사회 운동의 영역에서 시민사회를 연결하는 역할을 맡고 있다.

가톨릭교회의 동아시아 네트워크는 주로 한국, 일본, 필리핀, 홍콩, 대만, 몽골, 베트남과 밀접한 연결망을 형성하고 있다. 중국은 동아시아 네트워크에서 매우 중요한 공동체의 파트너이지만 공산당의 통제로 인해 시민사회의 영역이 성장하는 것은 쉽지 않고, 외부와의 연대 역시 어렵다. 특히 사회나 제도의 변화를 촉구하는 운동론적 성향의 시민운동은 중국 내에서 늘 배제와 경계의 대상이 되고 있다. 그럼에도 비정치적인 지역사회 자원활동, 예컨대 일본의 보란티아 운동은 중국의 시민사회 연대를 위해 시사하는 바가 크다. 그것은 마을 공동체의 교육, 어려운 이웃에 대한 돌봄, 지역환경 개선사업, 재난재해에 대한 구호와 자원활동 등 포괄적인 공동체 만들기를 위한 시민들의 주체적이고 자발적인 참여를 촉구한다. 보란티아 활동은 행위 그 자체보다 교류에 의한 지역사회 만들기를 추구한다. 여기서 교류란 '후레아이'(ふれあい)로서 마음과 마음이 통하는 것을 의미한다.[64] 정치적인 이슈나 공산당의 권위와 대결할 수 있는 영역을 피하면서, 동아시아 지역의 시민사회와의 연대는 충분히 가능하다. 중국에서 동아시아 국가의 가톨릭교회의 인사들은 종교성을 드러내지 않고 의료활동, 공부방, 포괄적인 돌봄 활동, 교육 영역에서 기여

64) 한영애, "'보란티아' 운동과 시민참가의 의미", 『경제와사회』, 제28호, 1995, 71.

하고 있다. 이러한 활동의 목표는 그들을 신자로 만들기 위한 예비작업이 아니다. 그 행위 자체가 종교적인 정체성과 부합하고 연대야말로 가장 종교적인 가치이기 때문이다. 한국과 일본의 가톨릭교회는 이러한 사회운동에 대해 풍부한 경험적 자원을 축적하고 있어 이것을 중국을 비롯한 동아시아 사회주의 국가들과 공유할 수 있다. 그리고 이러한 교류를 통해 중국의 풀뿌리 민중이, 타인에 대한 돌봄, 평등, 다원주의적 가치에 대한 인정, 공동선에 대한 추구 등 보편적인 가치들에 대한 의식이 함양될 때 국가를 초월한 보편적이고 지역적인 정체성의 성장을 기대해 볼 수 있을 것이다. 이러한 연결망은 지역 가톨릭교회 간의 횡적 결합인 것 같지만, 동시에 비교회적 시민사회와 복합적으로 연계될 수 있다. 가톨릭교회는 이러한 동아시아 지역의 중층적이고 복합적인 네트워크를 이어주는 중요한 이니셔티브를 쥐고 있다. 동아시아 역내의 평화, 인권, 평등의 에토스를 사회적으로 실천하기 위한 초국가적 네트워크는 정부가 아니라 풀뿌리 시민사회 영역에서 주도할 필요가 있다. 특히 가톨릭과 같은 종교조직이 자신의 종교성을 내세우지 않고 보편적 가치를 내세우며 다양한 세력들과 연대할 때, 국민국가의 특수성은 동아시아의 평화와 공동선을 위한 보편적 정체성으로 그 지평을 확대해 나갈 것이다.

5. 나가는 말

동아시아 공동체 혹은 연대에 대한 구상은 19세기 말 제국주의 열강의 야욕에 맞서 한·중·일을 중심으로 한 동아시아 근린국가들의 지식사회에서 제기되었다. 중국의 중화주의라는 세계관과 정체성은 동아시아 개별국가들 내에서 민족주의로 변형되었고, 연대는 불평등하고 보편성을 상실하게 되었다. 연대의 구상에 모두 자기 민족중심성이 배태되어 있기 때문이었다. 특히 일본의 패권적 성장과 맞물려 연대는 제국의 폭력을 정당화하는 이데올로기로 전락하고 만다. 동아시아가 탈식민지의 시대를 맞이하였으나 여전히 아시아의 약소국들은 강대국의 힘에 포섭될 처지에 놓였고, 반둥회의를 통해 아시아 국가들의 정치적 중립에 기반을 둔 평등과 협력의 가치가 안출되었으나 냉전시기를 거치며 잊혔다. 탈냉전과 함께 도래한 신자유주의 사회체제는 경제와 정치적 이익을 둘러싼 국민국가 간의 지역연대를 촉발시켰다. 경제와 안보를 둘러싼 이슈에 대해 역내외의 다양한 국민국가 간의 갈등과 자국중심주의는 동아시아에서의 실제적 지역공동체 형성을 좌절시키고 말았다. 이러한 맥락에서 이 글은 다음과 같은 두 가지 사항을 제안한다. 첫째, 동아시아 연대 또는 공동체 계획은 경제와 안보 분야로 한정할 수 있는데, 두 분야 모두 삶의 총체적 가치와 질을 고려하기보다 물질적 자본과 권력의 영역에 한정되어 있다. 이러한 지점에서 임지현은 민중(시민)이 자본과 권력의 논리에 포섭되지 않고 자신들 삶의 질 향상을 위한 보편적 세계화를 염두에 둔 지역화를 추진해야 한다고 주장한다.[65] 경제와 안보 중심의 협력은 효율적이고 기능적 공동체의 속성을 가지며 이러한 공동체는 서로의 이익과 배치되는 상황에 직면할 때 결사의 고리가 약화되거나 붕괴될 위험을 갖는다. 따라서 동아시아 연대는 자유와 평등 인류애와 같은 보편적 이념을 중시하는 가치의 공동체를 지향해야 할 것이다.[66] 둘째, 연대의 주요 행

---

65) 임지현, "한반도 민주주의와 권력 담론", 『당대비평』 2000(봄), 205-206.

66) 타나까 히또시(田中均)는 금융, 무역과 같은 경제 그리고 지역갈등과 환경과 같은 안보를 보장하기 위한 기능주의적 연대를 기조로하는 동아시아 공동체 방안 이외에 가치공동체를 주장하기도 했다. 田中均, "동아시아의 미래를 향하여", 한림대일본학연구소, 한일국교정상화 40주년 기념국제심포지엄(서울: 2005년 11월 5일) 발표문, 백영

위자가 정부가 아닌 시민사회나 민간기구가 되면 협력과 연대에 있어 국가 간 차이와 갈등의 요소를 좁힐 수 있고 연대를 위한 네트워크가도 강화될 수 있다. 또한, 비정부기구의 연대강화로 인해 개인이 국가의 성원으로서 배타적으로 규정되는 한계를 극복할 수 있다. 다양한 분야의 복합적 네트워크가 가능하다면, 정치와 안보 분야에서 보이는 저발전적 교착상태도 완화시킬 수 있을 것이다. 동아시아 공동체와 연대를 위해 국민국가 밖에서 이뤄지는 다양한 통합프로그램과 시민사회의 교류가 쌍방향으로 추동될 수 있다면 가능한 일이다. 국민국가의 정부가 아닌 시민사회가 매개된 연대는 민족과 국민을 포괄하는 인간에 대한 보편적 사유를 통해 가능해진다. 이러한 맥락에서 인간의 본성과 인류애에 바탕을 둔 종교의 노력은 동아시아 연대를 위한 긍정적이고 적극적인 역할 수행자로서 기대될 수 있을 것이다. 동아시아 시민사회의 역할이 국가 중심의 지역전략을 견제하고 규율할 수 있는 가능성까지 모색되어야 한다는 요청 속에서 종교 조직의 지역연대에 대해 주목할 필요가 있다. 특히 통일된 조직체계와 광대역 네트워크를 가진 가톨릭교회의 지역연대의 노력은 자본과 권력이 아닌 가치를 지향하는 행위로서, 비정부, 혹은 시민사회 조직의 수준에서 실행되는 연대의 적극적인 매파로 해석하고 규정할 수 있다. 이러한 목적에서 이 글은 동아시아 연대의 기원과 배경에 대해 역사적인 고찰을 하였고, 1990년대 이후 다시 부활한 동아시아 연대가 경제와 안보공동체로서 어떻게 구상되고 실천되었는지를 살펴보았다. 그리고 이러한 국가중심의 구상과 실천이 갖는 한계와 실패의 대안으로서 시민사회, 특히 종교조직의 연대활동이 갖는 의의와 방향성을 가톨릭교회를 중심으로 논의하였다.

한국, 일본, 중국 그리고 인접 국가들은 다원주의 사회이다. 특히 사람

서, 같은 글, 108 재인용.

들의 가치라는 측면에서 죠치대학(上智大學)의 카지야마 요시오 신부는 '多초점 사회'라는 표현을 쓰고 있다. 동아시아에서는 그리스도교, 불교, 도교 신도와 같은 종교적 영향력이 크지만, 오늘날 종교는 문화적 영향력에 가깝다. 물질주의와 소비주의 문화도 큰 힘을 갖고 있고 여전히 사회주의 사상도 일정 비중을 차지한다. 이런 여러 초점은 항상 긴장관계를 유발한다. 유일한 초점이 되기 위해 노력하는 것이 종교의 정신이 아니다. 카지야마 요시오는 오히려 종교가 예언자적 소명을 다하기 위해 주류(majority)가 되지 않는 편이 좋다고 본다. 모든 사람이 다 교회에 가야만 하는 시대는 끝났다.[67] 그리스도교가 지배계급의 종교, 주류가 되면 가난한 사람, 억압받는 사람들의 목소리를 통해 神의 소리를 듣는 예언자들의 활동은 제한되고 만다. 유일한 초점, 다수가 되기 위해서가 아니라 종교의 예언자적 소명에 더 충실하기 위해 사회의 다양한 세력들과 연대하여 공동체를 위한 공헌에 무게를 실어야 한다. 이러한 종교의 연대활동은 비종교 시민조직 나아가 국가정부에로 점층적 영향을 줄 수 있다. 따라서 종교 차원의 연대운동이 분산되고 파절되는 것이 아니라 경험을 축적하고 공유할 필요가 있다. 정부 차원의 국제적인 협력과 시민사회 차원의 초국가적 연대의 두 방향성은 민주적인 책임을 매개로 하여 두 흐름이 긴장과 협력의 관계를 유지해야 한다. 종교적 평화의 상상력을 매개로 한 교류와 실천의 일상적 지배가 현실화된다면 동아시아공동체의 아이덴티티는 분열과 갈등으로 표출되는 동아시아 지역의 통합과 평화를 위해 시민사회와 정부수준에서의 조직에 긍정적인 비전과 영감을 줄 것이다.

---

67) 정다빈, "아시아 복음화, 미래교회의 희망: 일본교회의 삼중대화 노력", 『가톨릭신문』 2018년 11월 9일, 11면.

참고문헌

『제2차 바티칸 공의회 문헌』, 개정판, 한국천주교중앙협의회, 2012.

김경일, 『제국의 시대와 동아시아 연대』, 창비 2011.

국가보훈처, "청취서: 안중근 의사 日관동도독부 고등법원장 면담 내용", 『21세기와 동양평화론』, 국가보훈처, 1996.

니시카와 나가오, 윤대석 역, 『국민이라는 괴물』, 소명출판, 2002.

박명림, "노무현의 '동북아구상' 연구", 『역사비평』, 2006년 가을.

변창구, "동아시아공동체 담론의 제도화:ASEAN의 인식과 전략", 『정치정보연구』 13(2), 2010.

백영서 외, 『동아시아의 지역질서: 제국을 넘어 공동체로』, 창비, 2005.

백영서, 『동아시아의 귀환: 중국의 근대성을 묻는다』, 창비, 2000.

손열 엮음, 『동아시아와 지역주의: 지역의 인식·구상·전략』, 지식마당, 2006.

안중근의사기념사업회, "미조부치의 안응칠 제6회 신문조서", 『러시아 관헌 취조문서』, 신운용 편역, 안중근 자료집 2, 채륜 2010.

유현석, "동아시아 공동체 논의와 한국의 전략," 『한국정치외교사논총』 32(2), 2011, 157-187.

유용태·박진우·박태균, 『동아시아 근대현대사』 2, 창비, 2011.

이희진, 『중화사상과 동아시아』, 책세상, 2007.

임지현, "한반도 민주주의와 권력 담론", 『당대비평』 2000(봄), 205-206.

전재성, "동아시아 지역주의론"(비교서평), 『국제정치논총』 48(4), 2008, 381-391.

전홍석, 『초기 근대 서구지식인의 동아시아사상과 지식체계』, 동과서, 2018.

정다빈, "아시아 복음화, 미래교회의 희망: 일본교회의 삼중대화 노력", 『가톨릭신문』 2018년 11월 9일, 11면.

정문상, "18세기말~19세기초 '개화지식인'의 동아시아 지역 연대론", 『아시아문화연구』, 제8호, 2004, 41-60.

조재곤, "한말 조선 지식인의 동아시아 삼국제휴 인식과 논리", 『역사와 현실』 제37호, 2000, 149-174.

최원식·백영서, 『동아시아인의 '동양'인식: 19~20세기』 문학과 지성사, 1997.

최영균, "동아시아 연대와 가톨릭교회", 『神學展望』 제 196호, 2017, 74-113.

최영균, "한·일 주교교류에서 실현되는 연대의 동학", 『가톨릭신학』 제31호, 2017, 221-264.

한상일, "동아시아 공동체론: 실체인가, 환상인가?", 『한국동양정치사상사연구』, 2005(3), 7-34.

한영애, "'보란티아' 운동과 시민참가의 의미", 『경제와사회』, 제28호, 1995
황종렬, "안중근의 동양평화론과 가톨릭 신앙", 『신학전망』 제 178호, 2012, 114- 169.

伊東昭雄, 『アジアと近代日本』, 事會評論社 1990.
趙軍, 『大アジア主義と中國』, 亞紀書房 1997.
三木清, "支那事變の世界史的意味", 『現代思想』 vol. 25-10, 32-37.
大橋英夫, "域外大國と日本: 経済危機志願問題を中心に", 『國際問題』, 1997年 7月, 17-30.
佐藤考一,"東アジア共同體 構想と日本", 『アジア研究』 52, 2006, 1-16.
『東南アジア月報』 1997年 1月号, 173.
朱建榮, "中國はどのいうな '東アシア共同體' を目指すか" 『世界』 2006 年 1 月.
和田春樹, 『東アジア共同體:經制統合のゆくえと日本』, 平凡社, 2003.
寺沢重典, "宗教活動は社會貢獻活動か: 宗教団体の社會的な活動に関する アンケート調査 分析 "『宗教と事會貢獻』 1(1), 2011, 79-101.
林尙志, 『石が叫福音』, 岩波書店, 2011.

Anderson. B, *Imagined Community: Reflections on the Origin and Spread of Nationalism*, N.Y: Verso, 1983.
Bhabha. H, *Nation and Narration*, N.Y: Routledge, 1990.
Evers. Georg, "Federation of Asian Bishop's Conferences", *Lexikon für Theologie und Kirche III*, Hg. W. Kasper, et al., Freiburg: Herder, 1995, 1203.
Policy Speech by Prime Minister Ryutaro Hashimoto "Reforms for the New Era of Japan and ASEAN. http://www.mofa.go.jp/region/asia-paci/asean/pmv9701/policy.html(검색일: 2016년 5월 14일).
Acharya. Amitav, "Competing Asian Communities: What the Australian and Japan Idea means for Asia's Regional Architecture." *Pacific Forum CSIS. Honolulu, Hawaii. October.*

/ 제2부 동아시아 성서종교 담론 /

러시아 문학에 나타난 러시아 정교의 원리:

자먀찐 소설 『우리들』 속의 숫자 3의 상징과 삼위일치

문 준 일(한국외국어대)

I

예브게니 자먀찐(Евгений Замятин, 1884-1937)의 소설 『우리들』은 변화와 모색의 1920년대 시기 러시아 문학의 특징적인 현상이다. 놀랍도록 다면적이고 풍부한 의미구조를 내포하고 있는 이 문학 텍스트는 하지만 안티유토피아나 정치적 팜플렛이라는 근시안적 시각의 독법에서 비켜설 때에만 자신의 내면을 고스란히 드러내준다. 왜냐하면 이 소설은 혁명전 산문에 의해 이루어졌던 창작기법의 혁신 속에서 쓰여진 작품이기 때문이다.[1)]

자먀찐이 『우리들』에서 이룬 창작 기법의 혁신들 중에서 우선 우리의 시선을 끄는 것은 "신신화주의(Неомифологизм)"[2)]과 독특한 모티프 구조이다. 이 소설의 파불라 구조는 성경적 은유와 문학적 신화 위에서 건축되었다. 이런 구조로 인해 텍스트는 놀라운 표현력을 가질 수 있었다. 그리고 파불라 구조를 이루는 각각의 신화적 테마들은 모티프 구조에 의해 매우 세밀하게 구축되어있다. 이 모티프들은 "텍스트를 관통하면서 그들이 발생하는 과정에서 숨겨진 독자적인 시스템을 형성한다. 이 시스템은 슈제트의 외부적인 움직임을 뒷받침해주고, 슈제트와 더불어 의미관계에 들어가고, 그래서 슈제트에 상징적인 심연과 다층성, 다의성을

---

1) Скороспелова Е. Б. Русская проза XX века: от А, Белого (《Петербург》) до Б. Пастернака (《Доктор Живаго》). М.: ТЕИС, 2003. С. 7.

2) 신신화주의에 대해서는 다음을 참조하시오. Минц З. Г. О некоторых «неомифологических» текстах в творчестве русских символистов // Ученые записки Тартуского Университета. Вып. 459. Тарту, 1979. С. 76-120; Максимов Д. Е. О мифопоэтическом начале в лирике Блока // Ученые записки Тартуского Университета. Вып. 459. Тарту, 1979. С. 3-33.

제공하게 된다."[3] 그래서 이 소설에서 모티프 구조는 서사구조에서뿐만 아니라 의미구조에서도 매우 중요한 역할을 수행하게 된다. 이 맥락에서 『우리들』은 '비고전적' 소설(Неклассическая проза)에 속한다고 할 수 있다.

『우리들』은 바실렙스키(Василевский)가 정확히 지적한 바와 같이 "조선기사의 경험이 느껴지는" 작품이다.[4] 작은 부품 하나하나가 정확하게 계획되어진 자리에 위치해서 마치 유기체와도 같은 거대한 선박을 이루는 것처럼, 그의 작품에서는 우연히 반복되는 단어나 장면, 그리고 일회성의 이미지는 존재하지 않는다. 따라서 그의 서사구조에서는 반복되는 모티프들에서 상징의 심연에 있는 의미의 울림을 찾아낼 수가 있다. 반복되는 모티프의 이러한 울림은 이면의 실체를 드러내주는 역할을 하고, 그래서 자먀찐의 작품에서 이러한 '모티프들의 독자적 시스템'은 외면적 사건전개의 심층에 존재하는 의미로 이어주는 '아리아드네의 실'과도 같은 것이다.

반복된 모티프에 의해 생성된 심연과 다의성은 작품에 깊이와 심층의 의미를 만들어주고, 그 다의성은 연구자들에게 다양한 해석의 가능성을 제공한다. 하지만 다면적, 다층적 의미구조로서의 문학텍스트인 『우리들』을 따라가다 보면 자칫 다층성이 만들어낸 풍부한 의미의 '미궁'에 빠져버릴 위험도 일면 존재한다. 길을 잃지 않으려면, 실체에 다가가려면 작가가 던져준 '실'을 성실히 따라서 가야 한다.

본 논문은 유토피아, 안티유토피아로 대변되는 기존의 이념적, 도식적인 작품 해석에서 벗어나, 스타일적인 측면, 즉 신신화주의에 기반한 파

---

3) Силард Л. К вопросу об иерархии семантических структур в романе XX века. 《Петербург》 Андрея Белого и 《Улисс》 Джеймса Джойса // Hungaro-Slavica. Budapest, 1983. C. 297.

4) Василевский А. Открывая Замятина // Октябрь. 1987. № 3. C. 203.

불라 전개구조와 그것을 뒷받침하는 모티프 구조를 통해 『우리들』이 가진 철학적 심층의 한 단면을 밝히려는 시도이다.

II

신신화주의와 모티프 구조의 관점에서 보면 숫자 3과 그와 관련된 도형상징인 삼각형은 『우리들』의 철학적 층위 해석에 핵심적 단서를 제공해 준다. 이 소설에서 3과 관련된 상징이 제일 먼저 발견되는 곳은 주인공들 간의 관계에서이다. 최초의 삼각형은 단일제국의 가족관계를 나타내는 표식으로 등장한다. 단일제국의 주요 속성인 평등의 범위가 '성 법전'(Lex sexualis)의 제정으로 성생활에까지 미친 '새로운 낙원'에서 주인공 Д-503, R-13, O-90은 서로 '등록'되어 있는 관계이다.[5] 그들이 만드는 관계의 삼각형 구조는 전통적인 가족관계가 붕괴된 단일제국내에서 새로운 가족관계를 나타내는 도식으로 등장한다: 《Но все-таки я, он и О – мы треугольник, пусть даже и неравнобедренный, а все-таки треугольник. Мы, если говорить языком наших предков (быть может, вам, инопланетные мои читатели, этот язык – понятней), мы – семья 그러나 어찌되었든지 간에 나와 그, 그리고 O, 우리는 삼각

5) 단일제국에서는 개인의 성생활도 국가에 의해 통제된다. '성법전'(Lex Sexualis)에 의해 모든 번호에게는 다른 어떤 번호라도 성적 산물로 이용할 권리가 있다. 서로 이용하고 싶은 번호는 등록을 하고 '성규제국'(Сексуальное бюро)이 번호들의 혈액속의 성호르몬 내용을 검사해서 각자에게 맞는 섹스일정표를 만들어준다. 그리고 각 번호는 이용하고 싶은 번호를 등록하고 정해진 날에 장미빛 티켓을 받으면 된다.

형이다. 이등변삼각형은 아니더라도, 어쨌든 삼각형이다. 우리는, 우리 조상들의 언어로 이야기하자면(아마도 여러분, 다른 혹성에 사는 나의 독자들은 이 언어가 더 이해가 잘 될는지도 모르겠다), 우리는 가족이다》 (8:141).[6)]

Д-503과 O-90은 새로운 '지상낙원'인 단일제국에서 아담과 이브로 등장한다. 이것은 그들 삼각형의 한 축을 이루는 R-13에 의해서 강조된다. 그는 그의 친구 Д-503을 아담으로 부르고, O-90을 이브로 암시한다: 《- Ах вы… Адам! Да, кстати, насчет Евы… 아, 자네가… 아담이군! 그리고, 참, 이브에 관해선 데 말이야…》 (11:153). 그리고 삼각형으로 형상화되는 그들의 가족 관계는 3년 전에 형성되었다: 《Недаром же три года назад мы с ним вместе выбрали эту милую, розовую О. Это связало нас как-то еще крепче, чем школьные годы 공연히 3년 전 내가 그와 함께 이 사랑스런, 장미빛 O를 선택한 것이 아니었다. 이것은 우리를 학교시절보다 더 굳건하게 결속시켜주었다》 (8:139). Д-503, R-13, O-90이 이루는 관계의 삼각형의 형성시기도 또한 3이라는 수에 의해 다시 한 번 강조된다.

하지만 이 삼각형은 I-330의 등장으로 위협에 처한다. 그녀가 그들의 삼각형에 틈입하는 것이다. 그리고 사건이 전개되고, 시간이 지나면서 I-330은 O-90이 맡았던 이브의 역할을 대체하게 된다. 사실 그녀가 지닌 여성으로의 매력과 흡인력은 너무 커서 '아동성'(Детскость)으로 대표되는 O-90으로서는 비교의 대상조차 될 수 없어 보인다. I-330의 등장 이후 Д-503의 시선은 다분히 그녀의 성적 매력에 고정되어 있다. 아담을 유혹

---

6) Замятин Евгений. Сочинения. Том 3. Мюнхен: A. Neimanis, Buchvertrieb und Verlag, 1986. 괄호 속의 수는 기록의 번호와 페이지 수이다. 러시아어 인용문 뒤에 붙인 번역은 필자의 것임.

하여 그로 하여금 금기를 위반하게 하고 타락시키는 이브의 역할은 이제 I-330이 떠맡게 되는 것이다. 이런 I-330의 '이브성'은 반복되는 늑골 모티프로 확인된다. I-330이 Д-503에게 등록되었다는 공식통보를 받은 후, 장미빛 감찰을 가지고 그녀의 집을 처음 찾아갈 때, 그의 늑골은 심하게 죄여져 온다: 《Странное ощущение: я чувствовал ребра – это какие-то железные прутья и мешают – положительно мешают сердцу, тесно, не хватает места 이상한 느낌이다. 나는 늑골이 마치 철선처럼 느껴졌고, 그건 또 심장을 압박했다. 꽉 조였다. 공간이 부족했다》 (10:146); 《Я молча смотрел на нее. Ребра – железные прутья, тесно… 나는 말없이 그녀를 보았다. 늑골이 철선들 같았고, 조여 왔다》 (10:146).

늑골 모티프는 I-330이 Д-503의 이브임을 분명히 암시해 주고 있다. 평화스럽던 Д-503과 O-90의 관계에 갑작스럽게 등장한 I-330은 이후 주인공 Д-503의 변환에 매우 중요한 역할을 하게 된다. 그녀는 아담을 유혹하고 규범을 위반하게 하는 이브의 역을 스스로 떠맡는다. 그러면서 이후 소설의 사랑 테마는 아담과 이브의 타락이라는 성경의 은유 위에서 전개된다. 결국 그녀의 출현으로 Д-503과 O-90, R-13이 이루던 최초의 삼각형은 붕괴되고, 주인공을 사이에 두고 반항적인 I-330과 순종적인 O-90이라는 두 여성성이 투쟁하는 형국이 전개된다. 외면적으로 I-330이 좀 더 강하고, O-90이 약하고 온순한 성격을 지닌 듯 보이지만, 두 여인 모두 Д-503의 '전락'을 불러일으키고, 단일제국의 규율을 위반하는 '범죄행위'의 원인을 제공한다는 점에 주의를 기울여야 한다. I-330과는 금지된 알코올을 마시고, 메피 그룹의 반란에 동참하게 되고, 단일제국의 기준상 출산이 금지된 O-90에게는 그녀의 뜻에 따라 비합법적 임신을 시킨다. Д-503의 전락과 타락은 두 여인으로 비롯된 두 가지 유혹이 원인이 되는 셈이다. 알코올로 상징되는 금기의 위반과 그것에 대한 징벌로서 이브가 지게 되는 임신을 두 여주인공 I-330과 O-90이 각자 감당하는 것이다. 아담인 Д-503을 사이에 두고, 두 명의 여주인공은 두 명의 이브가 되고, 그들의 관계는 이제 새로운 상징적인 삼각형(O-90 - Д-503 - I-330)을 형성하게 된다.

I-330의 등장으로 두 명이 된 이브를 해석하는 열쇠는 I-330과 O-90의 반복되는 위치에서 찾을 수 있다. 소설 전체를 통해서 I-330은 예외 없이 Д-503의 오른쪽에, O-90은 Д-503의 왼쪽에 항상 위치한다. Д-503이 I-330, O-90과 다함께 등장하는 2번째 기록의 장면은 매우 상징적이다: 《Направо от меня – она, тонкая, резкая, упрямо-гибкая, как хлыст, I-330 (вижу теперь ее нумер); налево – О, совсем другая, вся из окружностей, с детской складочкой на руке 나의 오른쪽에는 가늘고, 날카롭고 채찍처럼 고집스럽게 유연한, I-330 (이제야 그녀의 번호를 보았다). 왼쪽에는 전혀 다른 O, 온몸이 원형이고, 손에 어린애들 같은 주름이 있는》 (2:117).

이후 소설 텍스트에서 O-90은 '왼쪽'과 두 번 더 연결된다. 7번째 기록에서 O-90이 자유 시간에 Д-503을 찾아왔을 때와 19번째 기록에서 강의실에서 Д-503이 O-90을 볼 때이다: 《O-90 сидела над тетрадкой, нагнув голову к левому плечу и от старания подпирая изнутри языком левую щеку. Это было так по-детски, так очаровательно O-90은 공책을 놓고 앉아있었다. 머리를 왼쪽 어깨 쪽으로 기울이고, 골몰한 나머지 입안에서 혀로 왼쪽 뺨에 받치고. 이것은 너무도 어린애스럽고, 너무도 매력적이었다》 (7:137); 《Она села чуть-чуть сзади меня и слева 그녀는 내 뒤쪽 조금 뒤, 왼편에 앉았다》 (19:184)

I-330은 Д-503과의 위치에서 항상 그의 오른편에 있다: 《Но я еще и

сейчас чувствую: непонятная сладкая боль в правом плече – прижавшись к правому плечу, I – рядом со мной в тумане 하지만 나에겐 아직 지금도 느껴진다. 오른쪽 어깨에 이해되지 않는 달콤한 통증 - 내 오른쪽 어깨에 바짝 기대서, I는 안개 속에서 나의 곁에 있었다》 (15:164). 하지만 I-330의 우측성은 단순히 Д-503과의 위치에만 한정되지 않는다. 그녀의 모든 것은 오른쪽과 연관되어 있다. 만장일치의 날에 은혜로운 분에게 반대를 계획한 메피 그룹은 보안요원들에 의해 무력으로 강제 진압된다. I-330도 부상을 입고 '오른쪽' 어깨에 피를 흘린다: 《Правое плечо и ниже – начало чудесной невычислимой кривизны – открыты; тончайшая красная змейка крови 오른쪽 어깨와 그 아래 - 환상적인 계산할 수 없는 곡선의 출발점 - 는 노출된 채이다. 가느다란 붉은 뱀처럼 흐르는 피 》 (25:207).

이와 함께 17번째 기록의 한 장면은 I-330의 '우측성'(Правонаправленность)에 새로운 함의를 가져다준다. I-330에 대한 애타는 그리움을 참을 수 없어 그들이 만남을 가졌던 고대관을 다시 찾아갔던 Д-503은 우연히 고대 아파트의 옷장 속에 숨겨진 비밀 통로를 따라 하강하게 된다. 그 통로는 녹색의 벽 너머의 세계와 연결되는 지하복도로 이어진다. 지하에 도착한 주인공은 복도를 따라 한참을 걷다가 '오른쪽으로 돌아서자', 그를 자연의 세계로 이어주는 '육중하고 불투명한 문'과 만나게 된다: 《Шел, полагаю, минут двадцать. Свернул направо, коридор шире, лампочки ярче. Какой-то смутный гул. Может быть, машины, может быть, голоса - не знаю, но только я - возле тяжелой непрозрачной двери: гул оттуда 20분 정도 걸었던 것 같다. 오른쪽으로 돌아섰다. 복도가 넓어졌고, 전등은 더 밝아졌다. 어떤 둔중한 소음. 기계인 것 같기도 하고, 사람 목소리인 것도 같다. 잘 모르겠다. 하지만 내가 육중하고 불투명한 문 근처로 가자, 소음이 문 뒤쪽에서 나고 있다는 걸 알 수 있었다》 (17:175).

이렇게 I-330과 함께 반복되는 '우측성'은 소설의 의미구조에 매우 특별한 의미를 새롭게 창조한다. 반복되는 '우측성'은 성경의 오른쪽의 의미와 함께 I-330에게 예수의 형상을 부여하게 된다. 이렇게 해서 삼각형으로 형상화되는 주인공들의 관계사는 이제 더 복잡한 양상을 띠게 된다. I-330의 형상은 이제 유혹자 이브에서 벗어나서 전혀 새롭게 재부각되고, 이것은 소설 속에 새로운 의미구조를 형성하는 계기가 된다. 그녀가 예수 그리스도의 모습을 획득하기 시작하면서, 이와 연관된 새로운 주제들과 새로운 라이트모티프들이 모티프 구조위로 제 모습을 드러내기 시작한다.

예수의 형상과 관련해서 I-330의 얼굴에서 처음 보이는 징표는 X이다: 《Какой-то странный раздражающий икс 이상하고 신경을 거슬리게 하는 것 같은 엑스》 (1:117). 그녀는 작품의 초반에 투명한 유리낙원에서는 논리적으로 이해할 수 없고, 설명할 수 없는 불투명한 존재로, 물에 떨어진 잉크 한 방울처럼 단일제국의 절대적 속성인 투명성을 흩트리는 힘으로 등장하다. 하지만 그녀 얼굴의 X는 단순히 '불가해성'으로만 의미작용을 끝내지 않는다. 그녀의 X는 암호로, 숨겨진 상징으로 작용한다. 이 암호해석의 열쇠는 10번째 기록에서 I-330의 얼굴에 나타나는 X와 관계된 복잡한 조합에서 찾을 수 있다.

Странное сочетание: высоко вздернутые у висков темные брови – насмешливый острый треугольник, обращенный вершиною вверх – две глубокие морщинки, от носа к углам рта. И эти два треугольника как-то противоречили один другому, клали на все лицо этот не приятный, раздражающий X – как крест: перечеркнутое крестом лицо. (10:146).

이상한 조합: 관자놀이까지 높이 치켜 올라간 검은 눈썹 – 조소하는 듯한 날카로운 삼각형, 그리고 윗변이 올라간 다른 삼각형 - 코에서 입언저리로 뻗은 두 개의 깊은 주름. 이 두 삼각형은 마치 서로가 서로를 반대하고 있는 것 같았고, 온 얼굴에 이 불쾌하고 신경을 거슬리게 하는 X를 십자가처럼 만들어놓았다. 십자가로 덮여버린 얼굴.

그녀 얼굴의 비밀스런 X는 '두 개의 삼각형'으로 만들어지고, 또한 '십자가처럼' 주인공의 얼굴에 그어져 있다. 여기서 X는 "기울어진 십자가(Косовй крест), 즉 성 안드레아 십자가(Андреевский крест)가 되고, 동시에 그리스도(Христос)의 첫 번째 글자를 의미한다."[7] 이 맥락에서 I-330의 이름 I는 그녀의 얼굴에 나타나는 십자가 X와 더불어 예수 그리스도(Иисус Христос)의 모노그램(I + X)을 만들게 된다.[8]

그녀의 얼굴에 나타나는 십자가의 형상은 사건이 진행됨(만장일치 날의 반대, 인테그랄호의 탈취시도)에 따라 점점 더 분명해 진다: 《Я увидел: тысячи рук взмахнули вверх – "против" – упали. Я увидел бледное, перечеркнутое крестом лицо I, ее поднятую руку. В глазах потемнело 난 보았다. 수천 개의 손이 반대의 표지로 위로 올라갔다가 내려갔다. 나는 창백하고, 십자가가 뚜렷이 그어진 그녀의 얼굴과

7) Федоров Ю. Образ креста. История и символика православных нагрудных крестов. СПб., 2000. С. 9.

8) 예수가 십자가 처형을 당한 후, 십자가는 형틀의 의미가 강했기 때문에 곧장 기독교의 상징으로 쓰여지지 않았다. 그리스도의 첫 글자 X와 예수 그리스도의 첫글자를 딴 모노그램(I+X)이 기독교의 상징으로 쓰여지다, 후에 콘스탄티누스 대제에 이르러 새로운 모노그램(P+X)이 만들어져 지금까지 쓰이고 있다. Там же. С. 9-10.

그녀의 올라간 팔을 보았다. 눈앞이 캄캄해졌다》 (25:205); 《Я молча смотрю на ее лицо: на нем сейчас особенно явственно – темный крест 나는 말없이 그녀의 얼굴을 바라보았다. 그 얼굴엔 지금 유난히도 뚜렷하게 검은 십자가가 있다》 (28:217).

사건의 진행과 더불어 그녀의 얼굴에 나타나는 십자가의 형상이 점점 더 분명해지는 것과 함께, 그녀의 십자가의 의미도 이제 명확해진다. I-330은 단일제국에 반대하는 '행복의 적'들인 메피 그룹을 이끄는 지도자임이 드러난다. 그녀가 스스로 짊어 맨 십자가는 반란의 십자가이다. 그녀 얼굴에서 십자가 X를 만드는 삼각형도 중요한 상징작용을 하고 있다. 삼각형은 I-330의 중요한 속성 중의 하나이다. I-330이 말하거나 웃을 때, 그녀의 얼굴에서는 삼각형이 항상 발견되고 종국엔 그녀의 환유로 작용한다.

도형상징으로 보면 홀수와 그 대응되는 도형들(삼각형, 오각형)은 역동성을 나타내고, 짝수와 그 도형들(사각형, 육각형)은 안정과 견고성을 나타낸다. 그래서 3의 상징이 역동성과 활동성, 아니면 순수한 영혼을 표현하는 경향이 있다면, 4의 상징은 물질 또는 순수한 이성을 우선 의미한다.[9] 여기서 I-330이 가진 많은 얼굴들 중 하나가 드러난다. 그녀는 엔트로피의 정점인 단일제국에서 에너지의 원리를 상징한다.

이 맥락에서 보게 되면 22번째 기록에서 경호대가 죄수들을 호송하는 장면은 매우 중요한 상징적 의미를 가지게 된다: 《В конце проспекта – там, где грозно гудела аккумулирующая башня – навстречу нам четырехугольник: по бокам, впереди, сзади – стража; в середине трое, на юнифах этих людей – уже нет золотых Нумеров – и все до жути ясно 대로의 끝. 충전탑이 으르렁거리며 윙윙대는 그곳에

---

9) Керлот Х. Э. Словарь символов. М.: 《REFL-book》, 1994. С. 239.

사각형이 우리 맞은편에서 나타났다. 양옆, 앞쪽과 뒤쪽에 경호대들. 그 가운데에 세 명이 있었다. 그들의 제복에는 황금빛 번호판이 이미 없었다. 전율스러울 정도로 모든 게 명확했다» (22:193).

“청회색의 대열이 이루는 사각의 조화 (Квадратная гармония серо-голубых шеренг)”라는 표현이 잘 말해주듯이, 사각형은 단일제국의 상징이다. 그것은 특별함, 즉 개성의 출현을 용서하지 않는 절대적인 통합성과 일반성의 원리이자 안정성의 원리이며, 작품 속에서는 엔트로피의 상징물이 된다. 그에 반해 삼각형은 에너지의 원리이고 역동성의 원리이다. 단일제국에 반역한 죄수의 무리가 삼각형이고, 그들을 호위하는 경호대의 대열이 사각형을 이루는 것은 그들의 반역이 엔트로피에 대항한 에너지의 반란이라는 것을 의미해주고 있다.

하지만 삼각형 역시 I-330의 환유로만, 에너지의 원칙을 나타내는 도형 상징으로만 의미작용이 국한되지 않는다. 23번째 기록에서 삼각형과 관련된 향후의 주제 발전과정에서 결정적인 의미를 제공해 주는 장면과 만나게 된다.

I подняла голову, оперлась на локоть. По углам губ – две длинные. резкие линии – и темный угол поднятых бровей: крест.

– Может быть, в этот день··· – остановилась, и брови еще темнее. Взяла мою руку, крепко сжала ее. – Скажи, ты меня не забудешь, ты всегда будешь обо мне помнить?

– Почему ты так? О чем ты? I, милая?

I молчала, и ее глаза уже – мимо меня, сквозь меня, далекие. Я вдруг услышал, как ветер хлопает о стекло огромными крыльями (разумеется, это было и все время, но услышал я только сейчас), и почему-то вспомнились пронзительные птицы над вершиной Зеле ной Стены (23:198)

I는 고개를 들었고, 팔꿈치를 괬다. 양 입술 언저리를 따라 두 개의 길고 날카로운 선들과 치켜뜬 눈썹의 어두운 모서리: 십자가.

- 아마, 그날 …. 그녀는 멈추어 섰다, 그리고 눈썹은 더욱 짙어졌다. 나의 손을 잡고는 꽉 쥐었다. - 말해줘, 넌 나를 잊지 않겠지, 넌 항상 나를 기억할 거지?

- 왜 이래? 무슨 말이야, I?

I는 침묵했다, 그리고 그녀의 눈은 이미 나를 지나, 나를 통과하여, 멀리 있었다. 난 문득 바람이 거대한 날개로 유리를 부딪치는 소리를 들었다 (물론, 이건 항상 그랬지만, 난 지금이야 비로소 들었다), 그리고 무슨 일인지 녹색의 벽 위에서 찢어지게 울어대던 새들이 생각났다.

이제 I-330은 직접적으로 예수의 형상과 연결된다. 이 장면에서는 베드로의 부인에 대한 성경의 우화가 명백히 암시되고 있다: 《Скажи, ты меня не забудешь, ты всегда будешь обо мне помнить? 말해줘, 넌 나를 잊지 않겠지, 넌 항상 나를 기억할거지?》. I-330은 25번째 기록에서 있게 될 만장일치의 날에 최초의 반역을 시도하려 한다. 자신의 반란의 십자가를 지게 될 I-330은 이제 본격적으로 예수의 형상을 띠어가고, 베드로가 예수를 세 번 부인했듯이, Д-503이 자신을 배신할 것을 예단하는 듯하다. "넌 나를 잊지 않겠지?"라는 이 질문에 대한 대답은 작품의 맨 마지막인 40번째 기록에서 나타난다. 반란은 실패로 돌아가고 체포된 I-330은 '종' 밑으로 넣어져 고문당한다. 이렇게 '세 번'을 반복했으나 그녀는 한마디도 하지 않는다.

여기서 가장 홍미로운 대목은 I-330이 베드로의 부인을 암시하는 말을 하고 나자, Д-503은 그때까지 들리지 않던 바람소리를 듣게 되고, 바람은 또 왠지 모르게 주인공에게 새떼를 연상시킨다는 것이다. 새떼의 출현은 사건이 진행됨에 따라 I-330의 얼굴에서 명백해지는 십자가 표식과 더불어 삼각형의 의미구조를 한층 더 복잡하게 만든다.

작품 속에서 새떼가 처음 등장하는 곳은 21번째 기록에서이다: 《Там над Стеной – острые, черные треугольники каких-то птиц: с кар канием бросаются на приступ – грудью о прочную ограду из эл ектрических волн – и назад, и снова над Стеною 벽 위에 새들이 이루는 날카로운 검은 삼각형. 까옥까옥 울음소리와 함께 맹렬히 몰려와선, 견고한 전기 담장을 가슴으로 부딪쳤다. 그리고 뒤로 물러나서 다시 벽 위로 갔다 》 (21:189).

I-330이 이끄는 메피 그룹에 의한 반란의 조짐이 점점 구체화되자 언젠가부터 한 무리의 새들이 날아와 녹색의 벽 위에 모여 있다. 녹색의 벽 위에 모여 있는 새떼도 또한 하나의 징표처럼 삼각형의 형태를 이루고 있다. 이는 그들이 에너지의 세계에서 왔음을 의미한다. 새떼는 여기서 벽 너머 세계의 어떤 힘, 즉 벽을 무너뜨리는 힘, 곧 자연력을 상징한다. 여기서 매우 흥미롭고 또 매우 중요한 것은 새떼가 작품 속에 등장할 때마다 항상 바람과 함께 결합되어 나타난다는 것이다. 바람은 이 작품의 의미구조에서 '행복의 적들'의 임박한 반란의 전조로서 기능한다. 바람과 새라는 자연현상이 인공의 힘을 향해 돌진하는 에너지의 힘을 상징하는 것이다.

작품 속에서 반란이 가시화되면서 바람은 거세지고 또 잦아진다. 동시에 새떼들의 출현도 빈번해진다. 예수의 역할을 하는 I-330은 바람과 새의 등장과 함께 작품 속에 새로운 삼각형 구조를 창조한다. 이것은 삼위일체의 구조이다. “예전부터 삼각형은 트리아드 시스템을 형상화하기 위해서 쓰이곤 했는데, 이 형상은 삼위일체의 성상화 상징들 중의 하나이기도 하다.”[10] 작품 속에서 바람과 새떼의 결합된 모티프를 해석할 수 있는 열쇠는 ‘성령’(Дух Святой)의 어원론적 해석에서 찾을 수 있다. “성령은 히브리어어로 ‘루아흐(rūāh-ha-qōdeš)’이다. 히브리어 ‘루아흐’는 바람을 뜻한다. 그리고 기독교 전통에서 성령의 가시적 형상은 비둘기이다.”[11] 작품 속에서 바람과 항상 같이 등장하는 새떼는 성령을 상징한다. 단일제국의 행복에 대해 반란의 십자가를 든 I-330이 예수의 형상을 가지면서 성자의 위격을 감당하고, 새떼는 성령의 위격을 담당하게 된다. 그리고 성부의 위격은 Д-503이 담당하게 되는데, 이것은 작품 초반에 I-330의 말을 통해 예시된다: 《 – Простите, – сказала она, – но вы так вдохновенно все озирали, как некий мифический бог в седьмой день творения. Мне кажется, вы уверены, что и меня сотворили вы, а не кто иной. Мне очень лестно… 실례합니다 - 그녀는 말했다 - 하지만 당신은 마치 창조의 칠 일째에 있는 어떤 신화속의 신처럼 영감에 차서 모든 걸 둘러보시는군요. 제게는 저도 다름 아닌 당신이 창조하셨다고 확신하시는 것처럼 보이는군요. 제겐 매우 영광스러운 일입니다…》 (2:116). 이렇게 해서 Д-503, I-330, 새떼는 삼위일체의 삼각형을 형성하게 되고, 삼각형을 이루는 세 축은 삼위일체의 세 위격이 된다.

이 맥락에서 단일제국의 ‘은혜로운 분’(Благодетель)은 허위신(‘대제사장’, ‘아에로를 탄 새로운 여호와’)으로 등장한다. 그는 인류가 그토록 원

---

10) Степанов А. И. Число и культура. М.: Языки славянской культуры, 2004. С. 208.

11) Аверинцев С. С. София – Логос. Словарь. Киев: Дух i Літера, 2001. С. 71-72.

했던 지상에 실현된 새로운 낙원의 새로운 신이다. 하지만 그 낙원은 대심문관의 전설에서 예수가 악마의 세 가지 유혹을 이겨내고 인간에게 준 자유를 희생하고 건설된 엔트로피에 기반을 둔 행복의 낙원이다. 그래서 I-330은 반란그룹 '행복의 적들'의 지도자로서 잃어버린 자유를 되찾기 위해 그의 반란의 십자가를 지게 된다. '은혜로운 분'이 진정성을 가지지 못함은 그가 작품 속에서 삼위일체의 구조에 전혀 관련되지 못하는 것으로도 확인된다.

I-330이 반란의 지도자로서, 허위신인 은혜로운 분에게 대항하는 예수의 역할을 함에 따라 이브의 또 다른 임무인 임신과 출산은 이제 O-90이 감당하게 된다. 이런 의미에서 O-90이 I-330의 티켓으로 임신을 했다는 것은 상징적이다. 그러면서 O-90도 Д-503과 함께 트리아드를 창조하게 된다. '아동양육'(Детоводство)에 관한 강의가 진행되던 강의실에서 Д-503이 O-90을 보았을 때, 그 두 사람은 살아있는 표본으로 강의실에 데려온 아기와 함께 삼각점을 형성한다: 《Она села чуть-чуть сзади меня и слева. Я оглянулся; она послушно отвела глаза от стола с ребенком, глазами в меня, во мне, и опять: она, я и стол на эстраде – три точки, и через эти точки – прочерчены линии, проекции каких-то неминуемых, еще не видимых событий그녀는 내 뒤쪽 조금 뒤, 왼편에 앉았다. 나는 뒤를 돌아보았다. 그녀는 어린아이가 있는 탁자로부터 공손히 눈을 떼어 나에게 시선을 주었다. 내안에서 다시 그녀, 나, 그리고 무대 위의 탁자가 세 점을 만들었다. 그리고 이 세 점을 이어주는 선들이 그어졌다. 피할 수 없으나 아직 보이지는 않는 어떤 사건들의 투영 같았다》 (19:184)

그들의 삼각점은 Д-503, O-90, 아기로 이루어지는 새로운 삼각형을 만들게 되고, 그 결과 O-90도 또한 자신의 십자가를 지고 있음이 밝혀지게

된다: 《И как на экране – где-то далеко внизу на секунду перед о мной – побелевшие губы О; прижатая к стене в проходе, она стояла, загораживая свой живот сложенными накрест руками 그리고 마치 화면에서처럼, 순간 내 앞에 어딘가 멀리 아래서, 하얗게 된 O의 입술이 나타났다. 그녀는 통로 벽에 딱 붙어서 십자로 포갠 손으로 자신의 배를 가리면서 서있었다》 (25:205). O-90은 임신한 자신의 배를 '십자로' 가린다. 그녀의 십자가가 미세한 암시에 의해 드러나는 순간이다.

O-90의 십자가는 임신의 십자가였다. 단일제국에서는 출산과 육아의 영역까지 국가가 통제하며 개인이 아이를 직접 키울 수 없다. 아이도 공장에서 물건을 생산하듯이, 생산되어지고 길러진다. 작품 초반에 Д-503은 양계(Куроводство)와 양어(Рыбоводство)를 알고 있었던 그들의 선조들이 '논리의 사닥다리의 맨 마지막 계단'인 '아동양육'(Детоводство)까지 다다르지 못한 것이 이해되지 않는다. 이런 단일제국에서 O-90은 자신의 아기를 출산하고, 자신의 손으로 키움으로써 전통적인 가족 시스템을 복원할 것이다. 그래서 이브가 가지는 이름의 의미가 "생명"이라면, 그녀는 그 의미로서의 이브가 되는 것이다.[12] 그녀가 가지는 모성의 이미지는 작품에서 여러 차례 언급되고, 그녀의 손목에 있는 어린아이들에게서 흔히 발견되는 '동그랗고 포동포동한 작은 주름'은 '아동성'을 강조한다. 그리고 작품 전체에서 O-90은 봄과 대지와 연결된다.

2번째 기록에서 Д-503은 비자유의 미에 대한 자신의 사상에 스스로 매혹되어 있다. O-90에게 자랑스럽게 이것을 들려주지만, 그녀의 반응과

12) 이브는 아담이 자신의 아내에게 준 이름이다. 이 이름은 히브리어로 생명을 뜻하는 하와에서 발생하였다. 그래서 그녀는 지상에 모든 살아있는 것들의 원어머니(Прародительница)가 되어야만 하였다. Библейская энциклопедия. Л.: Свято-Троице-Сергиева Лавра, 1990. С. 207.

대답은 전혀 기대하지 않았던 것이다: 《 – Чудесно. Не правда ли? – спросил я. / – Да, чудесно. Весна, – розово улыбнулась мне О-90 - 놀랍지 않아요? - 내가 물었다 / - 예, 놀라워요. 봄이에요 - O-90은 나에게 장미빛으로 미소 지었다》 (2:115). 그녀는 봄을 이야기 할 뿐이다. 그리고 7번째 기록에서 그녀는 Д-503을 위해 '식물원'에서 은방울꽃을 가져오지만, 그는 꽃에서 어떤 아름다움도 보지 못하고, 그 가치를 이해하지 못한다. 그에게 아름다움이란 오직 이성적이고 유용한 것일 뿐이다. 하지만 O-90은 자연의 아름다움을 느끼는 능력이 아직 남아있는 것이다. 마침내 O-90은 대지와 연결된다: 《я забыл о земле, я забыл о милой, розовой О 나는 대지를 잊고 있었다. 나는 사랑스러운, 장미빛 O를 잊고 있었다》 (18:179). 그리고 임신한 O의 몸의 모습은 원형이미지가 극대화되고, 새싹이 돋아나오는 대지에 비유된다.

자신의 아이를 가지는 것은 O-90의 간절한 꿈이지만, 그녀는 '모성기준'에서 10cm 모자란다. 단일제국이 정한 표준에 미치지 못하는 O-90은 임신과 출산이 금지되어 있다. O-90의 십자가, 즉 그녀의 사명은 단일제국의 규범에 벗어난, 자연의 법칙에 따른 임신이다. 이렇게 해서 O-90도 작품에 다시 한 번 금기의 위반 테마를 가져온다. 그녀는 자연의 법칙으로 임신하고, 아이를 자유 속에서 기를 것이기 때문이다. 이렇게 그녀는 생명의 어머니가 되고, 전통적 의미에서의 가족을 복원할 것이고, 녹색의 벽 너머 자연에서 '번호'가 아닌 '인간'으로서 삶을 이어나갈 것이다.

이와 같이 Д-503은 두 여인 I-330, O-90과 함께 두 개의 새로운 삼각형, 트리아드의 구조를 형성한다. 이 세 주인공들이 만드는 도형상징인 삼각형이 삼위일체의 구조로까지 발전하면서, 삼각형은 이제 역동성과 에너지의 상징 이외에도 충만함과 완전성이라는 새로운 의미를 획득하게 된다. 삼위일체는 완전성이라는 신적 존재 원리의 표현이기 때문이다. 이런 맥락에서 본다면 두 여주인공의 행동들, 즉 반란과 비합법적 임신은 존재의 완전성과 충만성을 이루려는 추구라고 볼 수 있다. 이들 주인공들은 무엇인가를 추구하고 있는 인물들이다. 단일제국의 행복만으로는 채워지지 않는 존재의 어떤 부족함을 느끼는 것이다. 행복에의 반란은 잃어버린 자유를 되찾아 존재의 완전성을 이루려는 노력이며, 비합법적 임신은 잃어버린 생명의 원리를 복구하여 살아있는 존재의 충만을 완성하려는 시도이다. 그래서 그들의 시도는 모두 삼각형의 구조로, 즉 트리아드의 구조로 나타나는 것이다.

여기서 O-90과 Д-503이 경험하는 심리적 충만(Полнота)의 모티프가 중요한 의미를 가지게 된다. 임신은 O-90을 행복하게 만들고, 영혼을 가득 채워준다: 《- Я так счастлива - так счастлива… Я полна - понимаете: вровень с краями. И вот - ходу и ничего не слышу, что кругом, а все слушаю внутри, в себе… 나는 너무 행복해요. 난 충만해요, 이해하시겠어요. 끝까지 가득 말이에요. 이렇게 길을 가도 주위의 어떤 소리도 못 들어요. 내부의 소리만 들어요, 제 몸 속의… 》 (29:222).

O-90이 임신을 경험하면서 충만감을 느꼈다면, Д-503은 I-330과의 '비합법적' 결합[13]이후에 희열과 함께 충만함을 느낀다: 《…Как я полон! Если бы вы знали: как я полон! 내가 얼마나 충만한지! 내가 얼마나 충만한지 여러분들이 알 수 있다면!》 (13:161). 이 모티프는 『우리들』의 철학적 문제들 중 하나를 의미구조의 수면 위로 떠오르게 해주는 장치로 작용한다. '유리 낙원'으로 상징되는 '수학적으로 오류가 없는 행복'한 세계의 시민들은 충만한 존재, 즉 완전한 존재들이 아니다. 녹색의 벽은 물

13) Д-503은 단일제국이 지정한 날에 티켓을 발급받고 관계를 가질 수 있는 규정을 어기고 고대관에서 자유롭게 자신의 본능적인 충동에 의해 I-330과 관계를 맺는다.

리적 공간만 분리하는 것이 아니라, 세상을 이루는 두 원칙들, 이성과 비이성, 인공과 자연, 행복과 자유를 가르는 벽으로 작용한다. 그래서 단일제국의 행복한 시민들은 벽 너머의 세계에 '잃어버린 반쪽'(Половина, которую мы потеряли)이 있고, 충만한 인간의 가장 중요한 속성인 개성이 없다. 심리적 충만을 느끼는 모티프는 '완전한 인간'이 되려면 벽을 제거하고 두 원리의 결합을 이루어야 한다는 것을 말해주고 있다.

이 맥락에서 보면 Д-503이 I-330과의 관계에서 느끼는 존재의 충일감과 격렬한 기쁨은 새로운 의미로 해석될 수 있다. "자먀찐의 안티유토피아 작품에서 여성은 대지이자 우주이며, 남성은 여성과 합해져 그 속에 용해된다는 생각은 지속되고 있다. 오직 여성의 위격을 통해서만이 전일성에 이를 수 있는 것이다."[14] Д-503이 I-330과 고대관에서 처음으로 허가받지 않은 관계를 가질 때, 그는 우주가 된다.

Были только нежно-острые, стиснутые зубы, были широко распахнутые мне золотые глаза - и через них я медленно входил внутрь, все глубже. И тишина - только в углу - за тысячи миль - капают капли в умывальнике, и я - вселенная, и от капли до капли - эры, эпохи… (13:160)

존재하는 것은 오직 부드러우면서도 예리한, 악다문 이빨과 나를 향해 활짝 펼쳐진 황금빛 눈밖에 없었다. 그 눈을 통해 나는 천천히 안으로 들어갔다. 점점 더 깊게. 그리고 정적. 단지 방 한쪽 구석에서, 마치 수천마일 저쪽

14) Попова И. М. Женственное в творчестве Е. И. Замятина и Ф. М. Достоевского // Вестник Тамбовского университета. Сер.: Гуманит. науки. Тамбов, 1997. Вып. 1. С. 59.

같은 구석에 있는 세면대에서 물방울이 똑똑 떨어지고 있었다. 나는 우주이다. 그리고 물방울과 물방울 사이는 수세기, 수시대 이다.

Д-503에게 I-330은 전혀 낯선 에너지의 세계의 대표자이면서 자연력의 화신이다. Д-503에게 그녀와의 만남 과정은 곧 그가 알 수 없는 어떤 것, 즉 비이성적 원리와의 만남 과정이다. 그래서 그와 그녀의 결합은 두 원리의 결합이라는 상징적 의미를 획득하게 되고, 존재의 완전성으로 그를 이끄는 것이다. 이 맥락에서 Д-503과 I-330의 결합은 '성혼'(Священный брак, Hieros gamos)[15]의 성격을 가진다. 그래서 그들의 결합은 Д-503에게 그토록 강렬한 기쁨을 주는 것이다. 그리고 두 원리의 결합으로 이룩된 존재의 전일성은 그를 완전한 한 인간, 즉 그 자체로서 완전한 소우주로서의 존재 - "나는 우주이다" - 로 이끈다.

작품에서 세 여자 주인공 O-90과 I-330 그리고 Ю는 모두 암시적이든, 명시적이든 달의 형상과 연결된다. Ю는 직접적으로 달이라고 불린다: 《пожилая луна улыбнется чернильно – как та, за столиком нынче утром 늙은 달이 잉크얼룩처럼 미소 지었다. 오늘 아침 책상에 앉아 있던 그 여성처럼》 (10:146). I-330은 조금 더 섬세하고 암시적 형태로 달과 연결된다. 13번째 기록에서 I-330과 관계를 가진 이후 Д-503은 더 이상 그녀를 만날 수가 없다. Д-503의 고통스럽고도 오랜 기다림 끝에 23번째 기록에서 I-330이 드디어 티켓을 가지고 그를 방문한다. Д-503은 건물의 수위로 일하는 Ю에게 등록시키기 위해 티켓을 가지고 내려간다.

---

15) 성혼은 하늘과 땅의 결혼이다. 또는 태양과 달의 결합으로도 해석되어진다. Керлот Х. Э. Указ. соч. С. 297. 즉 대립되는 두 원리의 결합으로 해석할 수 있다. 엔트로피 세계의 신봉자인 Д-503이 에너지 세계의 대표자인 I-330과 결합하는 것은 이런 의미에서 상징적이다.

기쁨에 가득 차서 그는 Ю에게 말한다.

> Ю берет у меня розовый талон, а над головой у ней – сквозь стекло стены – свешивается с невиданной ветки луна, голубая, пахучая. Я с торжеством показываю пальцем и говорю: / – Луна – понимаете? / Ю взглядывает на меня, потом на нумер талона (23:196)

> Ю는 나에게서 장미색 티켓을 가져갔다. 그녀의 머리 위에, 유리벽을 통해서 푸르고 향기 나는 달이 신비로운 가지로부터 드리워져 있다. 나는 기쁨에 차서 손가락으로 가리키면서 말했다. 달이에요, 이해하시겠어요? Ю는 나를 보고는 티켓의 번호를 보았다.

이렇게 I-330과 달 사이에는 아주 섬세한 연결고리가 만들어진다. I-330이나 Ю와는 달리 O-90은 소설 텍스트에서 직접적으로 달(Луна)에 비유되지는 않는다. 하지만 그녀의 입은 텍스트 전체에서 지속적으로 장미빛 초승달(Розовыйполумесяц)로 묘사되고, '손목의 주름'과 더불어 초승달은 O-90의 환유로 기능한다: 《Во мне печатается: розовый – рожками книзу – полумесяц рта, налитые до краев синие блюдечки - глаза. Это – O 내 마음속에 아로새겨졌다. 양모서리가 아래로 처진 장미빛 초승달 같은 입, 물이 찰랑찰랑한 푸른 접시 같은 눈. 그것은 O였다》 (19:184).

앞서 언급한대로 O-90은 '위대한 어머니', 즉 지상의 모든 생물의 '원어머니'(Прародительница)로서의 이브의 역할을 스스로 감당한다. 이것 이외에도 O-90의 임신은 그녀의 환유인 초승달과 결합되어 또 하나의 매우 중요한 성서적 은유인 '수태고지'(Благовещение)를 작품의 의미구조에 들어오게 한다. 이 성서적 은유는 O-90의 임신에 새로운 의미를 부각시켜 주고, 작품의 세 주인공들의 관계사에서 가장 흥미로운 질문 "왜 세 주인공들, Д-503, I-330, O-90 중에서 그녀만이 자신의 십자가를 완수 하는 가"에 대한 대답의 실마리를 제공한다.

O-90은 그녀의 임신을 통해 체현되는 자신의 십자가를 지고 있다. 그리고 그 십자가는 그녀의 환유인 초승달과 결합된다. "십자가와 초승달의 결합은 그 기원에 따르면 우주론적이고 이교적인 상징성에 속한다. 십자가와 초승달은 태양과 달을 상징하는 것이다. 하지만 이와 동시에 두 상징은 다른 기독교적 의미를 가지는데, 십자가는 그리스도의 상징으로 등장하고, 달은 기독교 전통에서 성모를 상징하게 된다."[16)]

"교회전통에서 보면 타락하여 구원을 기다리는 인류를 위해 마리아가 보인 순종의 행위는 아담과 이브의 타락의 핵심을 이루는 불순종의 행위와 대비된다. 성모 마리아는 '새로운 이브'로서 '첫 번째 이브'의 죄를 속죄하고, 신과의 합일 속에서 잃어버린 생명으로 돌아가는 길을 시작한다."[17)] 이렇게 아담과 이브의 타락은 수태고지를 통해서 극복된다.

모티프 구조로 재구성해보면 『우리들』에서 주인공들의 사랑의 주제는 처음에는 아담과 이브의 타락으로 전개되고, 삼각형 이미지, 즉 삼위일체 테마를 통해서 발전되다, 결말에는 수태고지의 테마로 종결된다. 아담을 유혹하여 타락시키는 이브의 역할을 수행하는 I-330과는 달리 O-90은 아담과 '첫 번째 이브', 즉 Д-503과 I-330의 타락에 대한 벌을 자신의 임신으로 짊어지는 '다른 이브', 성모가 된다.

---

16) Успенский Б. А. Крест и круг: Из истории христианской символики. М.: Языки славянских культур, 2006. С. 231-232.

17) Аверинцев С. С. Указ. соч. С. 44.

문자 형태로 보면 O-90은 라틴 문자와 끼릴 문자 간의 갈등과 간극을 제거한다. O는 두 알파벳 체계에 공통적으로 존재하기 때문이다. O의 원형 이미지는 임신의 상태를 나타내고, 종국에는 대지와 비교되면서 생명의 상징이 된다. 그래서 그녀의 이름에서 숫자 9는 임신의 기간을 나타낸다. 3이 전통적으로 신성을 나타낸다는 것을 고려하면, 9는 Д-503과 I-330에 있는 3의 합이다. 그래서 그녀의 아기는 Д-503과 I-330의 결실이라고 생각할 수 있는 것이다.[18]

이름 O는 여기서 그녀의 신체적 특징에 의해 원의 상징이 되면서 새로운 함의를 획득한다. 원형은 소설에서 O-90의 신체적 라이트모티프로 작용한다: 《она похожа на свое имя; и оттого вся кругло обточенная и розовое О – рот – раскрыт навстречу каждому моему слову; круглая, пухлая складочка на запястье руки 그녀는 자신의 이름을 닮았다. 왜냐하면 그녀는 몸 전체가 온통 동그랬고, 장미빛 둥근 입은 내 말 한마디 한마디에 벌려진다. 손목에는 동그랗고 포동포동한 작은 주름들》 (2:115). 그녀의 사명을 상징하는 십자가와 연결되어, 원은 전통 기독교 상징에 따라 《사후의 영원한 삶》 을 의미한다.[19] 이렇게 해서 그녀의 이름은 결정적으로 상징적 층위로 전이된다.

Д-503과 두 여인(I-330과 O-90)의 상호관계사에 틈입한 세 번째 여주인공 Ю는 흥미로운 역할을 하게 된다. 초기 자먀찐 연구자인 알렉스 쉐인이 Ю가 Д-503의 두 여인의 장난스러운 조합, 즉 I + O 라고 한 것은 매우 흥미롭고도 적절해 보인다.[20] Ю는 연인의 자격에서, 달리 말하자면,

---

18) Barker M. G. "Onomastics and Zamiatin's "We"." *Canadian-American Slavic Studies*. 1977. № 4. p. 556.

19) Объяснение богослужения Православной церкви. Дмитров: СПАС, 1997. С. 6.

20) Shane A. M. *The Life and Works of Evgenij Zamjatin*. Berkeley and Los Angeles: Univ. of California Press, 1968. p. 161.

이브의 자격에서 I-330과 경쟁한다. 그녀는 단일제국의 규범을 따라 Д-503에게 등록하고 싶어 한다. 하지만 Д-503과 그녀의 관계는 모자간의 관계와도 흡사하다: 《и буду с вами, потому что ведь вы, дорогой, вы – тоже дитя, и вам нужно… 당신과 함께 있겠어요. 왜냐하면 당신은, 사랑스러운 당신도 역시 어린아이에요. 그래서 당신에게 필요한 건… 》 (21:192). Ю가 Д-503을 보호한답시고 I-330의 방문을 막을 때, 그리고 보안요원들의 가택수색에서 Д-503을 지켜줄 때, 그녀의 모성 보호 본능은 충분히 발현된다. 게다가 그녀는 '아동양육공장'(Детско-воспитательный Завод)에서 일하고 있다.

모성의 측면에서는 Ю는 O-90과 흥미로운 대비관계를 이룬다. 앉을 때 제복의 주름살을 바로잡는 그녀의 일상적 행위는 라이트모티프처럼 반복된다.

> 《Она села, целомудренно оправила запавшую между колен складку юнифы, быстро обклеила всего меня улыбками 그녀는 앉았고, 무릎 사이에 접혀진 제복의 주름을 깔끔하게 폈다. 그리고 미소로 나 전체를 덮어버렸다》 (21:191); 《Ю взглядывает на меня, потом на нумерталона – и я вижу это ее знакомое, такое очаровательно целомудренное движение: поправляет складки юнифы между углами колен Ю는 나를 보고는 티켓의 번호를 보았다. 나는 그녀의 익숙하고도 매혹적인 깔끔한 동작을 본다. 무릎사이의 제복 구김을 펴는 동작 말이다》 (23:196); 《Оправила между колен серо-голубую ткань, молча, быстро – обклеила всего меня улыбкой, ушла 무릎 사이의 청회색 천을 말없이 폈다. 나 전체를 미소로 빠르게 덮어버리고는, 그녀는 떠났다》 (31:231); 《Она села, распр

авил а на коленях юнифу. Розово-коричневые жабры трепыхались 그녀는 앉았다. 무릎 사이의 제복을 바로 잡았다. 분홍빛 갈색 아가미가 떨렸다》 (35:248).

만일 '주름'이 '아동성'을 상징하는 О-90의 환유적인 특징이라는 것을 기억한다면, '주름을 바로잡는', 즉 주름을 펴버리는 그녀의 습관적 행동은 아동성의 파괴를 상징한다고 말할 수 있다. 이 모티프는 Ю가 자신이 일하는 아동양육공장의 아동들을 가축처럼 수술실로 끌고 갔다는 이야기와 사랑은 정말로 무자비하게 해야 한다는 그녀의 말로 더욱 확실해진다.

О-90과 Ю, 두 여주인공이 각자 행복하다고 느끼는 순간들을 비교해보면 더욱 흥미로운 대비가 발견된다. 자신의 임신으로 매우 행복해하는 О-90과 달리, Ю는 Д-503이 수술을 하게 되는 것, 즉 환상을 제거하고 기계와 비슷한 존재로 되는 것에 행복을 느낀다: 《– Я ждала… я только на минуту… я только хотела сказать: как я счастлива, как я рада за вас! Вы понимаете: завтра-послезавтра – вы совершенно здоровы, вы заново – родились… 기다리고 있었어요… 잠깐이면 되요… 이것만 말씀 드리려고요. 내가 얼마나 행복한지, 당신 때문에 얼마나 기쁜지! 아시겠어요. 내일이나 내일모레면 당신은 완전히 건강해질 거예요. 새로 태어날 거예요》 (31:230).

"О-90이 영원한 어머니로서 승리한다면, Ю는 어머니 형상의 왜곡된 형태이다."[21] "Ю는 안전하지만 자유롭지 못한 어린아이의 상태로 회귀하려는 퇴행적 욕망으로부터 자신을 해방시키기 위해 신화의 주인공이 반드시 제거해야만 하는 모성의 괴물이다. 그녀의 역할과 형상은 숨 막

21) Barker M. G. Op. cit. p. 557.

히게 하는 폭압의 어머니이다."[22]

Ю는 가짜 어머니(Лжемать)의 역할을 하고, 이 맥락에서 고대관의 노파와 대립된다. 이 두 여인, Ю와 고대관의 노파는 모두 수위라는 공통점이 있다. 고대관의 노파는 고대관을 지키고 있고, Ю는 Д-503이 살고 있는 집의 수위이다. Ю는 단일제국의 수위로서 Д-503을 비이성의 세계, 즉 자연의 세계와 분리시키고 지키는 것을 자신의 임무로 여긴다. 그래서 Д-503을 수술하려 했을 때 그녀는 그렇게 행복했던 것이다. 마침내 Ю는 메피의 음모를 밀고한다. 부분적으로나마 Ю는 단일제국의 강제적 행복을 의인화하고 있다. 그녀에게 가장 힘들고 고귀한 사랑은 '잔혹한 사랑'이다.

하지만 노파는 고대관에서 I-330와 관계된 일들을 비밀로 유지한다. 거기다 메피의 음모를 보호한다. 작품 속에서 그녀가 메피의 일에 연관되어 있다는 직접적인 언급은 전혀 없다. 하지만 I-330을 지도자로 한 그들이 무슨 일을 준비하는지는 알고 있었으리라고 충분히 짐작할 수 있다. 단일제국의 관점에서 보면 '홍수 이전'의 야만적인 생활풍속을 간직하고 있는 고대관에서 그녀가 수위로 일하고 있다는 것은 이런 맥락에서 시사적이다.

강제적 행복을 상징하는 Ю와는 다르게 노파는 신화속의 '위대한 어머니'처럼 좀 더 고귀한 모성의 형태를 제시한다. '무조건적인 사랑'(просто-так-любовь)은 Д-503이 철저히 고립되었을 때 그렇게 원하던 것이었다.[23] 삶을 지탱시켜주는 그녀의 무조건적인 사랑은 순수한 논리성에 기초한 단일제국의 '논리적 사랑'(потому-что-любовь)과 대립된다.

---

22) Collins C. "Zamyatin's "We" as Myth." Kern G. (ed.) *Zamyatin's "We": A Collection of Critical Essay.* Ann Arbor: Ardis, 1998. p. 73.

23) Ibid. p. 73.

이 소설의 가장 중심이 되는 Д-503 역시 자신의 십자가를 진다. 하지만 사명의 상징으로서 그의 십자가는 I-330과는 다르게 텍스트의 모티프 구조 심층에 숨어 있다. 그의 십자가는 11번째 기록에서 처음으로 암시적으로 나타난다. Д-503은 10번째 기록에서 I-330의 집을 처음으로 방문해서 그녀와 함께 '매혹적인 독'(Очаровательный яд)[24]인 초록색 알콜을 마시게 된다. 그리고 알콜의 작용으로 처음으로 자신의 몸속에 숨어 있는 또 다른 나, 털북숭이의 나를 인식하게 된다. 그 다음날 혼란에 빠져 거울 앞에 서있는 그의 얼굴에 어렴풋이 십자가가 나타난다.

Я – перед зеркалом. И первый раз в жизни – именно так: первый раз в жизни – вижу себя ясно, отчетливо, сознательно – с изумление м вижу себя, как кого-то 《его》, Вот я – он: **черные, прочерченные по прямой брови; и между ними – как шрам – вертикальная морщин а** (не знаю: была ли она раньше). (11:151)

나는 거울 앞에 있다. 일생에서 처음으로, 그렇다, 생전 처음으로 나를 명확하게, 분명하고 의식적으로 보고 있다. 놀라움으로 나를 마치 다른 사람처럼 보고 있다. 여기 내가 있고, 나는 동시에 그이다. **일자로 그려진 검은 눈썹, 그리고 그 눈썹사이에 상처처럼 나있는 수직의 주름**(그것이 전에도 있었는지 모르겠다). (강조는 필자의 것임)

---

24) '매혹적인 독'은 아담과 이브 신화의 선악과를 상징한다. I-330과 초록색 알콜을 마시게 되는 것은 이브의 유혹의 첫 단계를 의미하며, 이제 그는 긴 타락의 길로 들어선다. 그리고 그에게 타락의 과정은 또한 눈뜸의 과정, 인식의 변화과정이기도 하다. 그래서 타락은 그를 성장으로 이끈다.

I-330의 얼굴에서처럼 분명하진 않아도, Д-503의 얼굴에도 이처럼 십자의 도식이 나타난다. 새로운 나가 일깨워지는 순간에 그의 미래의 사명을 의미하는 십자가가 그에게 보였다는 것은 상징적이다. 이제 그도 I-330이나 O-90과 마찬가지로 '십자가를 지는 사람'이 되었다.

이후 그의 사명은 '나무로 만든 잔'(чаша из дерева)으로 상징된다: 《В руках у ней чаша, по-видимому, из дерева. Она отпивает красными губами и подает мне, и я жадно, закрывши глаза, пью, чтоб залить огонь, - пью сладкие, колючие, холодные искры 그녀의 손에는 잔이 있었다. 보기에 나무로 만든 것 같았다. 그녀는 붉은 입술로 조금 마신 후에 나에게 건넸다. 나는 불을 끄기 위해서 눈을 감고서 탐욕스럽게 마셨다. 달콤하고, 찌르는 듯한 차가운 불꽃을 마셨다》(27:214). 잔(Чаша)은 그리스도의 대속과 희생을 상징한다.[25] 작품 속에서 잔이 상징하는 Д-503의 사명은 메피 그룹과 함께 자신이 건조 중인 인테그랄 호를 탈취하여 I-330과 함께 단일제국에 반란을 일으키는 것이다. 반란의 십자가를 지고 강제적인 '오류가 없는 행복'에 반란을 일으켜 '미개한 자유의 상태'를 회복하려는 반역의 예수 I-330과 함께 하는 것이다. 그래서 그도 예수의 희생과 사명을 의미하는 '잔'을 마시는 것이다. 이 계획이 실패로 돌아간 후, 그의 십자가는 작품의 끝 무렵에 한 번 더 나타난다.

---

25) Шедевры Государственной Третьяковской галереи. М., 2003. С. 25. 잔이 사명을 뜻함은 다음의 성경귀절에서 잘 알 수 있다. (Марк 14:36) "и говорил: Авва Отче! все возможно Тебе; пронеси чашу сию мимо Меня; но не чего Я хочу а чего Ты" ; (마가복음 14:36) "아바 아버지여 아버지께는 모든 것이 가능하오니 이 잔을 내게서 옮기시옵소서. 그러나 나의 원대로 마옵시고 아버지의 원대로 하옵소서."

И я понял: если даже все погибнет, мой долг (перед вами, мои неведомые, любимые) – оставить свои записки в законченном виде. / Я попросил у него бумагу – и здесь я записал эти последние строк и··· / Я хотел уже поставить точку – так, как древние ставили **крест** над ямами, куда они сваливали мертвых, но вдруг карандаш затрясс я и выпал у меня из пальцев··· (39:261)

그리고 나는 이해했다. 모든 것이 파멸한 다해도 나의 의무는(나의 미지의 사랑하는 독자들에 대한) 나의 수기를 완성된 형태로 남기는 것임을. 나는 그에게 종이를 달라고 한 다음, 여기서 이 마지막 행들을 썼다. 나는 고대인들이 시체를 묻은 구덩이위에 **십자가**를 세우듯이 내 글에 마침표를 찍으려고 했다. 그러나 갑자기 연필이 떨리며 손가락에서 떨어져버렸다. (강조는 필자의 것임)

Д-503에게 남겨진 십자가, 그의 사명은 그가 쓰고 있는 수기의 완성에 있었던 것이다. 하지만 손에서 흘러내린 연필은 Д-503이 그것마저 완수하지 못하였음을 암시한다.

인테그랄 탈취 계획의 실패는 '물이 든 컵'(Стакан с водой)의 대위법적 사용으로 패러디된다. 27번째 기록에서 I-330과 함께 녹색의 벽을 넘어서 '벽 너머의 세계'로 온 Д-503은 에너지의 상징인 술을 '나무잔'에 마시고, 단일제국의 벽을 무너뜨리기 위해서 모두가 '되도록 빨리' 미쳐야 한다고 연설을 한다. 단일제국에서 양육된 차가운 이성을 잠재우고 그는 몸속에 따스한 피가 흐르는 인간으로 한 발자국 나아간 것이다. 하지만 정신적 혼란을 뚫고 단일제국의 부속품인 충실한 번호의 의무를 기억해

낸 그는 차가운 이성을 다시 일깨우는 물을 게걸스럽게 마시고, '되도록 빨리' 보안국으로 달려간다. 나무로 만든 잔이 인류를 위한 대속과 희생을 의미한다면, 물이 든 컵은 충실한 번호의 의무인 밀고를 가리킨다.

보안국으로 가는 길에서 Д-503은 R-13의 시체를 보게 된다. R-13의 시체는 시인으로서의 Д-503의 죽음을 상징한다.[26] 이제 Д-503에게는 더 이상 창조력이나 영감이 있지 않을 것이며 기록을 계속 써 나갈 능력도 없을 것이다. 여기서 Д-503과 O-90의 위치는 서로 대조적이다. 첫 번째 기록에서 Д-503의 수기는 어린아이에 비유되고, 집필 과정은 임신의 기간, 태반에서 아이가 성장하는 것으로 은유된다.[27] 하지만 O-90이 녹색의 벽을 넘어 가서 살게 되고, 출산을 하고 아이를 기를 것과는 반대로 Д-503은 어떤 사명도 완수하지 못한 채, 수술을 받고 기계와 흡사한 존재로 변한다.

이렇게 해서 주인공들이 만드는 관계사는 관계의 삼각형을 형성하면서 여러 모습으로 발전하고, 새로운 삼각형들이 창조될 때마다 소설의

---

26) 주인공 Д-503의 수학자에서 시인으로의 변환은 이 작품의 중요한 주제이다. I-330과의 만남 이후 주인공은 단일제국의 수학자에서 이면의 세계를 인식하는 시인으로 변해간다. 여기서 R-13은 Д-503의 시인으로의 자아를 나타내는 분신(Alter ego)역할을 한다. 39번째 기록에서 주인공이 메피 그룹을 밀고 하러 보안국으로 가는 길에서 본 R-13의 시체는 이제 시인으로서의 자아가 죽었음을 상징한다. 주인공의 수학자에서 시인으로의 변환에 따른 자세한 분석은 다음의 논문을 참조하시오. Rosenshield G. The Imagination and the "I" in Zamyatin's *We* // Slavic and East European Journal. 1979. Vol. 23. No. 1. pp. 51-62.

27) 첫 번째 기록에서 단일제국을 찬양하는 서사시를 쓰기로 결심한 Д-503은 감격에 차서 다음과 같이 말한다. "이 글을 쓰면서 나는 나의 뺨이 달아오르는 것을 느낀다. 이것은 아마도 여자가 자신의 내부에서 새로운, 아직 조그마한 눈먼 인간의 맥박을 최초로 들을 때 경험하는 것과 흡사하리라. 이것은 나이며 동시에 내가 아니다. 그리고 오랜 세월 자신의 체액과 피로 양육해야 할 것이다. 그 다음엔 그것을 자신으로부터 고통스럽게 떼어내어 단일제국의 발아래 바쳐야 할 것이다"

구조에 새로운 의미들을 가져오게 된다. 그래서 『우리들』은 더욱 더 다면적이고 다층적인 소설로 변화하는 것이다.

III

자먀찐은 용감한 인간이자 예술가였다. 한 인간으로서 그는 가장 극심한 반대의 길을 가는 것을 두려워하지 않았고, 예술가로서는 예술 시스템의 용기 있는 개혁자였다. 유토피아적 환상소설을 쓰는 것을 두려워하지 않았고, 또 그것으로 당시 이념들과의 논쟁을 벌였다. 자먀찐은 그의 대표작이 될 『우리들』을 '나의 가장 재미있고, 가장 진지한 작품'(Самая моя шуточная и самая серьезная вещь)이라고 했다. 장르 형식상 그는 "모험소설, 웰스 풍의 과학소설, 풍자적 유토피아의 요소들"[28)]이 여러 장르들(심리, 사랑, 이념소설 등)과 섞여있는 복합장르의 소설을 써냈다.

하지만 『우리들』은 또한 신신화주의 텍스트이기도 하다. 자먀찐은 자신의 텍스트를 신화소와 모티프들로 코드화시켜 놓았다. 그 코드화된 신화소와 모티프들은 텍스트를 원래의 파불라 구조 이외의 이차적 의미로 충만하게 한다. "신화는 20세기의 작가들에게 협소하고, 지엽적인 역사주의를 극복하고, 거시 역사적, 초역사적 규모로 이동하는 도구였고," "신화는 초역사적 진리를 수반한다."[29)] 그래서 소설의 신화 시학적 구조는 우

---

28) Струве Г. Новые варианты Шигалевщины: о романах Замятина, Хаксли и Орвелла. // Новый журнал. 1952. No. 30. С. 153.

29) Максимов Д. Е. О мифопоэтическом начале в лирике Блока //Ученые записки Тартуского Университета. Вып. 459. Тарту, 1979. С. 8.

리에게 현상 이면의 본질을 볼 수 있는 기회를 가지게 된다. 대중소설의 틀을 수용한 이 작품은 외적으로 가볍고 재미있어 보이지만, 내적으로는 철학적이고 존재론적 질문들과 대결하고 있는 것이다.

위에서 살펴본 3의 상징과 그것의 발전과정은 이 소설을 이해하는 데 가장 기본적이고 가장 중요한 질문, 즉 무엇이 진정한 삶이고 생명력인가라는 질문에 대답할 수 있는 근거를 마련해준다. 주인공들은 서로의 관계에서 삼각형 구조를 형성한다. 맨 처음 Д-503은 O-90, R-13과 형성하는 '가족의 삼각형'을 보여준다. R-13이 Д-503의 분신임을 생각한다면 이 삼각형은 유리낙원인 단일제국에서 살아가는 천진난만한 아담(Д-503)과 이브(O-90)를 보여준다. 하지만 이들의 평화스런 가족의 삼각형은 I-330의 등장으로 붕괴된다. O-90이 맡고 있던 이브의 역할을 I-330이 나누어 가지게 되자, 전혀 다른 여성성의 두 명의 이브가 Д-503을 가운데에 두고 좌우에 등장하는 '두 이브의 삼각형' 구조가 만들어 진다.

두 명이 된 이브를 해석할 수 있는 열쇠는 I-330과 O-90이 가지는 '위치성'이 제공해 준다. I-330은 예외 없이 오른쪽과 연결되고, O-90은 항상 왼쪽과 관련되는 것이다. I-330의 묘사에서 반복되는 우측성은 그녀에게 예수의 형상을 부여한다. 그녀는 단일제국의 수학적으로 완벽한 행복에 자유의 이름으로 반란의 십자가를 든 예수이다. 반란의 시기가 다가오자, 그녀의 얼굴에 있는 십자가의 도식이 점차 분명해지고, 어디선가 나타난 한 무리의 새떼가 삼각형으로 무리를 이루어 녹색의 벽에 앉아있다. 이 새떼는 성령을 상징한다. 성자의 위격을 예수의 형상을 띠는 I-330이 감당하고 성부의 위격을 Д-503이 점하면서 전혀 새로운 삼각형 구조인 '삼위일체의 삼각형'이 창조된다.

Д-503은 O-90과도 트리아드 구조를 만든다. 이 삼각형의 한 축은 아이가 맡게 된다. 그래서 이 삼각형은 '임신의 삼각형'이다. 이 과정에서

I-330과 O-90은 각자 자신들의 사명을 상징하는 십자가를 가지고 있음이 밝혀진다. I-330의 십자가는 행복에 대항하는 반란의 십자가이며, O-90의 십자가는 임신의 십자기이다. 두 여주인공들은 무엇인가를 추구하는 인물들이다. 그 추구의 모습이 삼각형의 구조로 나타나는 것은 상징적이다. 삼위일체는 완전성이라는 신적 존재 원리의 표현이다. 존재의 충만을 이루려는 추구, 즉 완전에의 추구가 그들의 추구의 실체이며 그들 삼각형의 의미이다.

'반란의 삼각형'과 '임신의 삼각형'으로 나타나는 존재의 충만을 이루기 위한 그들의 시도가 완수되기 위해서는 넘어야 할 '벽'이 있다. '녹색의 벽'은 물리적 공간의 경계만을 의미하지 않는다. 녹색의 벽은 두 대립되는 원리들(이성과 비이성, 행복과 자유, 인공과 자연)을 가르는 벽으로도 작용한다. 녹색의 벽에 의해 절연된 단일제국은 순수한 이성의 제국이다. 하지만 자연으로 상징되는 비이성의 원리는 그들의 '잃어버린 반쪽'으로 벽 너머 세계에 존재하고 있다. 그래서 단일제국은 자연과의 원초적 합일이 깨어진 폐쇄된 세계이다. 잃어버린 원초적 합일을 되찾고, 현실의 왜곡된 존재양식을 극복하기 위해서 주인공들은 삼각형의 구조를 만들어 낸다. 그것은 결국 벽을 넘는 과정이었다.

참고문헌

Аверинцев С. С. *София - Логос. Словарь.* Киев: Дух i Лiтера, 2001.

Библейская энциклопедия. Л.: Свято-Троице-Сергиева Лавра, 1990.

Василевский А. "Открывая Замятина." *Октябрь.* 1987. № 3.

Замятин Е. *Сочинения. Том 3.* Мюнхен: A. Neimanis, Buchvertrieb und Verlag, 1986.

Керлот Х. Э. Словарь символов. М.: 《REFL-book》, 1994.

Максимов Д. Е. "О мифопоэтическом начале в лирике Блока." *Ученые записки Тартуского Университета. Вып. 459.* Тарту, 1979.

Объяснение богослужения Православной церкви. Дмитров: СПАС, 1997.

Попова И. М. "Женственное в творчестве Е. И. Замятина и Ф. М. Достоевского" *Вестник Тамбовского университета. Сер.: Гуманит. науки.* Тамбов, 1997. Вып. 1.

Силард Л. "К вопросу об иерархии семантических структур в романе XX века. 《Петербург》 Андрея Белого и 《Улисс》 Джеймса Джойса." *Hungaro-Slavica.* Budapest, 1983.

Скороспелова Е. Б. Русская проза XX века: от А, Белого (《Петербург》) до Б. Пастернака (《Доктор Живаго》). М.: ТЕИС, 2003.

Степанов А. И. *Число и культура.* М.: Языки славянской культуры, 2004.

Струве Г. "Новые варианты Шигалевщины: о романах Замятина, Хаксли и Орвелла." *Новый журнал.* 1952. No. 30.

Успенский Б. А. *Крест и круг: Из истории христианской символики.* М.: Языки славянских культур, 2006.

Федоров Ю. *Образ креста. История и символика православных нагрудных крестов.* СПб., 2000.

Щедевры Государственной Третьяковской галереи. М., 2003.

Barker M. G. "Onomastics and Zamiatin's "We"." *Canadian-American Slavic Studies.* 1977. № 4.

Collins C. "Zamyatin's "We" as Myth." Kern G. (ed.) *Zamyatin's "We": A Collection of Critical Essay.* Ann Arbor: Ardis, 1998.

Shane A. M. *The Life and Works of Evgenij Zamjatin.* Berkeley and Los Angeles: Univ. of California Press, 1968.

/ 제3부 지역창생학, 다문화사회와 문화예술 /

다문화사회와 한국종교문화의 관용과 조화주의*

최 주 열(선문대학교)

* 이 발표문은 2017년 4월 인격교육 제11권 제1호에 게재된 논문을 일부 발췌하여 수정 보완하였음.

1. 서론

현대 세계는 다양한 문화와 종교적 배경을 가진 사람들이 한데 어울려 사는 다문화사회가 되었다. 국제 이주는 해마다 증가하여 1965년 7,500만 명 정도에서 2,000년에는 1억 5,500만 명 정도로 이민의 수가 증가했으며(Stalker, 2003; 엄한진, 2007:43) 1980년대부터 본격화된 이 경향은 현재 이민의 대국인 독일, 캐나다, 미국, 일본 등지에서 1992-1993에 절정을 이루었다. 그 주된 배경은 1990년대 초반 동유럽지역이 자본주의 세계에 문을 열면서 동유럽과 중심부 국가 간 인구와 경제적 측면의 커다란 격차가 대량이민을 초래한 것이다(Bemard, 2002:21-22, 엄한진, 2007:43).

최근 한국에도 200만 명 이상의 이주민들이 함께 생활하는 다문화사회가 되었다. 한국에서 다문화사회가 형성되는 배경에는 한국의 급속한 경제성장으로 인한 외국인 근로자들의 고용 확대와 농어촌 청년들의 결혼문제를 해결하려는 방편에서 결혼이주여성들이 급격하게 늘어났다. 최근까지 확장되고 있는 한류의 영향은 많은 외국인 관광객들이 한국을 찾아오게 되면서 한국사회에 새로운 다문화사회의 현상을 낳고 있다.

한국정부에서는 이러한 새로운 사회적 변화에 대한 제도적 개선과 정책을 준비하며 다문화시대를 새롭게 준비해야 할 과제를 안고 있다. 한국의 다문화주의는 국가가 주도할 뿐만 아니라 공급자 중심이며 한국사회의 외국인에 대한 태도는 표면적으로는 관용적이나 그들을 국민으로 인정하는 데에는 소극적이라는 지적도 있다(오경석, 2009:14-15). 다문화시대에 가장 중요한 과제는 기존 전통문화와 새로 유입되어 온 다양한 이질 문화와의 차이에서 오는 문화적 충돌의 극복이다. 일상생활 속에 전통적으로 관습화 된 문화적 행동양식은 쉽사리 바뀌지 않는다. 한 인간의 관습화 된 행동양식은 자신의 삶의 의미를 판가름하는 가치관에도 직결된다. 이주민에게 있어서 새로운 문화와의 충돌은 많은 갈등을 겪게 된다. 특히 종교적 행동양식의 차이에서 오는 문화적 충돌은 심중히 다루어야 할 과제이다.

현대의 다문화사회는 다양한 문화를 가진 이주민들이 모여 사는 단순한 사회현상으로만 보아서는 안 된다. 미래 세계는 결국 온 인류가 지구촌공동체로서 서로 다른 문화를 교류하며 공유하는 삶이 된다. 지구촌시대 다문화사회에서 세계시민이 공통적으로 갖추어야 할 가치관은 무엇일 것인가? 다양한 문화가 공존하는 다원주의 사회에서는 무엇보다 상호 포용하고 존중할 수 있는 관용과 조화롭게 사는 자세가 필요하다. 한국은 무교, 불교, 유교, 기독교 등 다양한 종교를 국민 대다수가 믿으면서도 큰 갈등 없이 일상생활 속에서 조화를 이루며 살고 있다. 이 연구에서는 한국 종교문화의 특성과 가치관에서 다문화사회에서 요구되어지는 가치관을 찾아보고자 한다.

2. 종교문화의 이해

종교를 일종의 문화적 현상으로 보는 것은 종교가 다음과 같은 일반적 현상을 갖기 때문이다. 즉, 종교는 인간이 만든 것이며 문화 또한 인간이 만든다. 종교는 집단문화의 중요한 자산이며 사회적으로 전달된다. 종교는 끊임없이 변화되며 축적적이다. 이와 같이 종교는 인간에 의해 창출되는 하나의 문화적 현상으로 인간의 삶의 가치관에 지대한 영향을 미친다(Vernon, 1962:22-26; 이원규, 2007:131).

한 개인의 종교적 의식과 사고방식은 한 개인의 삶의 내용은 물론 소속하는 집단 나아가 사회생활 전반에 큰 영향을 미치게 된다. 반면 역사 과정을 거치면서 끊임없이 문화 창조에 영향을 미쳐 온 인간의 가치관은 당대의 종교적 의식에서 깊은 영향을 받게 된다. 폴 틸리히는 문화와 종교의 관계를 문화는 종교의 형식이고 종교는 문화의 내용이라고 했다(P. Tillich, 1989:60; 김광식: 1989:130). 즉, 종교와 문화는 뗄 수 없는 관계임을 알게 된다.

일반적으로 문화의 개념이 인간 정신작용의 총체적 산물(최주열, 2008:205)이라고 볼 때 각 시대의 문화적 특성은 각 시대를 살아 온 인간의 의식 수준이나 행동양식에서 비롯된다. 한편 역사 이래 저급 종교이든 고급종교이든 종교적 믿음이나 종교적 의식은 인간의 신념이나 가치관에 영향을 미쳐 왔다. 또한 종교적 의식은 넓게는 각 국가의 사회제도 전반이나 전통적 관습에 직간접적으로 나타나고 있으며 좁게는 집단사회나 개인의 사소한 행동양식에도 잘 나타난다. 한 지역의 문화 역시 그 지역의 민족들 사이에 믿고 있는 종교적 사고와 신념, 의식 등의 영향을 받으며 자연스럽게 그 지역의 전통적인 문화로 자리 잡게 된다. 한 국가의 유적지나 유물도 그 시대를 대변하는 문화유산으로 그 국가의 역사적 혼을 담고 있으며 그 시대의 종교적 상징성이나 이념이 깊숙이 담겨있다. 세계적으로 유명한 신전이나 사원 등은 종교의 대표적인 상징물이다. 또한 고전적 가치를 지닌 건축양식이나 음악, 미술, 조각 등 일반 예술문화 전반에도 종교적 이념과 가치가 담겨있는 경우가 많다. 한국의 유적지나 유물에서는 대부분 유교나 불교의 영향을 확인할 수 있다.

세계 종교 문화권 국가들의 사회제도나 전통적 관습에서도 그 지역 종교 문화의 특징이 잘 나타고 있음을 볼 수 있다. 기독교 문화의 대표적인 미국에서는 대통령이 취임식에서 성경에 손을 얹고 선서를 한다. 이슬람문화권의 중동이나 동남아 지역의 사람들은 메카를 향한 기도, 라마단 단식, 할랄 음식을 먹거나 여성들이 히잡을 쓰고 다니는 것이 사회적 통념으로 되어 있다. 인도 힌두교 문화권의 카스트 제도는 현대사회에서 이해하기 어려운 계급문화가 정당화 되고 있다. 불교나 유교문화는 아시아 지역에서 사회제도나 일반 시민들의 윤리적 행동양식에 커다란 영향을 미치고 있다. 특히 한국은 시대별로 사회제도에 종교적 영향을 크게 받아 왔는데 고려시대에는 불교의 영향을 받았다. 조선시대에는 유교의 영향을 많이 받아 사회제도나 국민들의 생활양식이 유교적 의식이나 윤리 규범으로 제정되었다. 특히 일생의 대사인 관혼상제의식은 인간생활의 모든 전반에 큰 영향을 미쳐왔다. 이렇게 세계 각 국가에서는 대부분 종교의식의 특징에 따라 커다란 문화권을 형성하고 있으며 삶의 가치관을 달리하고 있다.

대중문화가 인간의 현실과 욕망과 가치관을 반영하면서도 종교적 성향을 통한 현실적 지각을 일깨울 수 있다는 면에서 종교문화와 대중문화의 긴밀성이 강조되기도 한다. 즉, 종교는 넓은 의미에서 제도화된 기성종교, 성스럽고 가장 높은 가치를 부여하는 것에 대한 사회적 움직임이나 경향, 그리고 개인들이 갖고 있는 고유한 종교적 믿음과 수행 모두를 포함하기 때문이다(Julia M. Corbett, 1997:7; 전명수, 2007:360-361). 일반 대중문화와 종교문화의 관계에 대해서 포브스는 종교와 대중문화와의 관계를 대중문화 속의 종교, 종교 속의 대중문화, 종교로서의 대중문화, 종교와 대중문화의 교섭이라는 네 가지 유형으로 분류하고 있다(Bruce D. Forbes, 2000:9-17; 전명수, 2007:363). 즉, 대중문화와 종교는 상호 영향을 미치는 공통된 요소들을 발견할 수 있다는 것이다. 이러한 관점은 인간의 종교적인 의식이 삶 속에 녹아나 인간 생활의 전반에 포괄적으로 나타나고 있다는 의미가 된다..

종교는 문화와 밀접한 관계를 가지면서도 일반 문화에 대한 경계를 늦추지 않는다. 종교의 궁극적 목표는 신성성이 요구되고 윤리적 도덕적 삶의 질에 관심을 많이 갖고 있기 때문이다. 종교는 일반 세속 문화 영역과 구별되기를 바라며 세속적인 문화를 치유하는 근본적인 대책을 제시하기도 한다. 종교의 고유성은 세속 밖의 것과 비물질적 실재에 관심을 갖는다. 종교는 사회문화적인 산물로서 인간의 삶과 방향에 큰 의미를 준다. 즉, 종교는 문화의 중심에 있다(R. Laurence Moore, 1994:8-9; 전명수, 2007:361).

종교가 하나의 기능을 할 때 일정한 형식과 규범을 주장하게 되지만 본질적으로는 삶 전체와 관련되어 있다. 그러므로 종교는 인간의 삶과 관련된 문화의 전 영역과 그 깊이에서 연관을 갖는다. 종교와 연관이 되지 않은 문화는 뿌리를 상실한 나무같이 그 본연의 생명력을 잃게 된다. 세계 각 국가 혹은 지역문화의 특성은 그 국가의 전통적인 종교나 그 지역 토속신앙의 영향을 받아왔다.

3. 한국 종교문화의 특성

1) 일반적 특성

한국의 종교는 오랜 역사를 거치면서 무교를 기반으로 불교, 유교가 번성하였고, 이들 종교는 한국인의 정서와 생활양식에 많은 영향을 미쳐왔다. 유교의 윤리는 오늘날까지 한국인의 개인윤리에서부터 사회윤리의 기반이 되고 있다. 한국은 다양한 종교가 활성화되고 있지만 커다란 갈등이 없는 특성을 갖고 있다. 성탄절이나 석가탄신일은 공휴일로 지정되어 비신자들도 모두 함께 즐기고 있다. 설이나 추석 명절에는 대부분의 사람들이 조상에게 차례를 지내고 고향의 부모님을 찾아 대이동을 한다. 한국은 한 가족의 구성원들이 서로 다른 종교를 믿으면서도 큰 충돌 없이 가족공동체로서 조화를 이루고 있는 종교문화를 형성하고 있다.

한국은 다양한 종교가 함께 공존하고 있다. 한국은 불교, 유교, 기독교, 원불교, 천도교, 증산교 등 근래에는 이슬람교까지 여러 종교들이 크게 번성하고 있으며 이들 종교에서 분파된 교파가 393개나 된다(이원규, 1990: 173). 1995년 종교 인구에 대한 조사에서 나타난 전국 종교인구 수는 4,450만 명이 넘는다(류성민, 2001: 62). 종교를 믿는 이유에 대해서는 '마음의 평안을 위해'가 64.7%로 가장 많았고, 그 다음이 '나 자신과 가족, 친지들이 잘 되었으면 해서' 16.7%, '삶의 의미를 찾기 위해' 7.8%, '죽은 다음의 삶을 위해' 7.1%의 순으로 나타났다(한국갤럽, 1998: 110-113). 여기에서 한국인이 종교를 믿는 이유를 살펴보면 '현세에서 자기 및 자기 가족의 안일과 행복한 삶을 위한 것'으로 무교의 가장 큰 특징인 기복신앙을 잘 보여준다. 한국인의 종교관에서 고등 종교에서 강조하는 삶의 의미나 사후의 세계에 대한 관심이 가장 적게 나타난 것도 한국의 토속신앙인 무교의 영향과 무관하지 않다.

한국 종교문화의 기반은 무교이다. 한국문화사는 무교와 함께 흘러왔으며 무교는 한국 문화의 대지였다. 무교의 기반 위에 외래종교인 불교와 유교가 들어와 한국 문화를 생산 했으며 오늘날의 기독교를 받아들인 기반이 되었다(유동식, 1970:112). 무교는 고대 원시사회부터 한국인의 생활 속에 민간신앙으로 깊숙이 뿌리박으며 다양한 종교를 수용하고 한국 생활문화의 터전이 되었다. 무교의 공리주의적 기복문화는 한국인들의 현세주의적 사고에 많은 영향을 미쳤으며 한국의 대부분의 종교에 공통적으로 영향을 주어왔다.

한국은 종교 다원주의 사회이다. 종교 다원주의 상황에서는 대다수의 국민들이 자유롭게 종교를 선택할 수 있고 종교적 가치나 신념체계를 갖출 수 있어 사회적으로 긍정적 기능을 하게 된다. 반면 가치관의 차이나 경제적 혹은 정치적 이해관계로 인해 종교간 그리고 교파간의 갈등이 날로 심화되어가고 있는 상황이다. 그럼에도 한국은 유교 전통이 한국인의 가치관, 인생관, 세계관에 큰 영향을 미치고 있다. 유교 전통이 한국인의 심성과 생활습관에 뿌리 깊게 자리하고 있어 종교 다원사회에 통합적인 힘으로 다종교 간 갈등에 완충 작용을 하고 있다(길희성, 2002:24). 한국종교문화에서 '조화 속의 다양성'이야말로 한국종교사에 면면히 흐르는 참모습이라고 한다(윤이흠, 1987:34).

한국 종교문화는 한국인들의 정서와 가치관에 큰 영향을 미쳤다. 한국인들은 무교, 불교, 유교, 기독교 등의 종교로부터 종교적 정서와 가치관의 영향을 받아 왔다. 시대적으로 신라와 고려시대는 불교문화의 영향을 많이 받았다. 고려시대는 불심으로 외세의 침략을 막으려고 하였으며 몽골의 침입을 막으려고 팔만대장경을 제작한 것은 대표적인 사례이다. 조선시대는 유교문화가 한국인의 의식구조에 큰 영향을 미쳤다. 오늘날 예절이 강조되는 유교의 윤리관은 한국인의 생활 관습에 깊이 뿌리박고 있다. 근래에는 서양의 기독교 문화와 함께 개인주의와 자본주의 문화가 한국인의 의식구조에 큰 영향을 미치고 있다.

한국에서는 한 가족 안에서도 세대 간, 개인 간 각각 다른 종교를 믿는 가정도 많다. 한국인들이 쉽게 종교를 받아들이고 열정적으로 활동하는 배경에는 한국 종교문화의 기저에 무교의 뿌리 깊은 영향이 있기도 하지만 한국인의 정서가 논리적이라기보다는 감정적인 특성에 기인하기도 한다(최준식, 1997:287). 한국인들은 흔히 새해 인사말로 '새해 복 많이 받으세요.' 등 상대의 복을 기원하거나 건강을 기원하는 기복적인 인사말이 일반적이다. 한국인의 종교 문화의 정서는 한국인의 일반적 정서를 특징지어주고 있는 독특한 현상이다.

2) 가치 지향적 특성

한국 종교문화의 가치 지향적 특성에 대해 이원규는 포용적 관용주의, 열정적 감성주의, 현세적 공리주의, 조화적 혼합주의, 무교적 기복주의를 들고 있다. 포용적 관용주의는 한국의 지정학적 환경의 특수성에서 오는 한국 고유의 문화적 정서로 수용적이고 관용적이라는 것이다. 열정적 감성주의는 한국인은 종교를 매우 적극적으로 받아들이고 적극적으로 믿으며 실천하는 특성을 가지고 있다고 본다. 이러한 한국인들의 성향은 이성적이라기보다는 감성적인 심성의 바탕에서 기인한다고 볼 수 있는데 한마디로 한국 종교문화의 특성은 감성과 열정이 강조되는 디오니소스형[1] 종교문화라는 것이다. 현세적 공리주의에서 한국인의 현세 중심적

---

1) 베네딕트(Benedict, Ruth 1934)는 문화를 아폴로(Apollo)형과 디오니소스(Dionysos)형으로 구분했다. 희랍신화에 나오는 이 두 신의 이름을 빌어 문화를 처음 비교한 것은 니체(Friedrich Nietzsche:1924)였지만 베네딕트는 그 개념을 문화 유형을 비교하는데 적용했다. 즉, 아폴로형 문화는 이성과 질서, 자제와 균형을 중시하고, 디오니소스형 문화는 감성과 박력, 정열과 감정이 강조되었다. Roberts(Roberts, Keith A, 1984:251-252)와 Greeley(Greeley, Andrew M, 1972:21-24)는 종교문화의 경우도 아폴로형과 디오니소스형 문화로 구분할 수 있다고 보았다. 즉, 아폴로형 종교문화에서는 논리와 이성이 중요하게 취급되어 종교에 대한 논리적 이해가 강조되며 종교의례도 지성적이고 엄숙하게 진행된다. 디오니소스형 종교문화에서는 감정과 열정이 중요하게 생각되어 합리성 이상의 것이 강조되어 비합리적이고 황홀한 경험이 종교의 본질로 이해된다(이원규, 2007:132-142).

사고와 삶의 태도는 자연히 공리적인 성격을 띠게 되며 이것은 한국의 종교문화에 그대로 반영되고 있다는 것이다. 조화적 혼합주의에서 한국인들은 인간과 자연의 조화를 강조해 왔으며 너와 나 그리고 이웃이 하나의 공동체로 어우러지는 우리문화를 중요시 해 왔다. 한국의 혼합적인 종교성에 가장 큰 영향을 미친 것이 무교이며 한국 종교문화의 특성이 무교적이라는 것이다(이원규. 2007:137-162).

동양 종교의 특징으로서 가치 덕목인 관용은 한국 종교문화에서 가장 두드러지게 나타나고 있다. 관용은 화해와 용서가 자연스럽게 녹아나는 한국인들의 가족공동체문화, 마을공동체문화에서 가장 중시되는 덕목이기도 하였다.

서양에서의 관용은 자유주의와 민주주의를 바탕으로 한 근대 시민사회를 가능하게 만든 도덕적, 정치적 덕목이었다(김용환, 1997:108). 다문화사회에서 소통의 키워드는 관용으로 알려지고 있으며 현대 관용의 어원은 라틴어 tolerantia로 어원적으로 개인적 용기와 관계된 인내, 참을성을 의미한다(A. Rauscher, 2011; 외; 신창석, 2015:129-130:). 관용은 사전적 일반 용어로 '남의 잘못을 너그럽게 받아들이거나 용서'하는 의미이지만 종교적 관용으로부터 시작된 관용의 의미를 사회적 요청에 따라 확대한 의미이다(김항제, 2009:208). 관용에 대한 의미를 보다 폭넓게 이해하기 위해서는 1995년 유네스코에서 '세계관용의 해'를 맞이해 '관용의 원칙에 관한 선언'[2])에서 보면 좀 더 확실해 진다.

---

2) 1995년 11월 16일 제 28차 유네스코총회에서 채택한 관용의 원칙에 관한 선언에서 제1조 관용의 의미를 보면 다음과 같다.

① 관용이란 우리 세계의 문화와 우리의 표현 형태, 인간 존재의 방식 등의 풍부한 다양성에 대한 존중이며, 수용이며, 이해이다. 그것은 지식, 개방성, 커뮤니케이션, 사상과 양심과 신념의 자유에 의해 증진된다. 관용은 차이 속의 조화이다. 그것은 도덕적 의무일 뿐만 아니라 정치적, 법적 필요조건이다. 평화를 가능하게 하는 덕목

윤태림은 한국 종교문화의 한 특징인 관용이 한국의 지리적 환경의 영향에서 온 것으로 본다. 한국은 풍토적으로 온대몬순지역으로 사람들의 태도가 수용적, 굴종적이라는 것이다(윤태림. 1964; 이원규, 2007: 137). 한국인의 태도는 전통적으로 농경사회를 이루고 살아왔기 때문에 하늘을 경외하고 자연의 순리에 순종하는 심성이 발달되었다. 원시농경사회에서는 농사의 풍작여부는 인간의 노력보다는 기후 변화에 의존할 수밖에 없다. 따라서 가뭄을 극복하기 위한 기우제나 기타 풍작을 기원하는 다양한 제례가 성행했다. 농사를 경작하는 과정에서는 이웃 간에 상호협조하며 인화가 중요시 되었다. 이러한 사회문화적 배경도 한국인이 다양한 문화나 종교를 수용할 수 있는 바탕이 되었다. 한국의 고전문화를 수용하면서 한국종교사에는 두 가지 흐름이 이어진다. 하나는 고전문화의 이상을 추구하는 순수정통주의로 엘리트의식을 반영하고, 다른 하나는 포용적 관용주의로 대중의 의식을 반영하는데 한국인의 정서는 후자가 그 주류를 이룬다는 것이다(윤이흠, 1999:92).

인 관용은 전쟁의 문화를 평화의 문화로 바꾸는 데 이바지한다.

② 관용은 양보나 겸손이나 은혜가 아니다. 관용은 무엇보다도 다른 이의 보편적 인권과 기본적 자유를 인정하는 적극적 태도이다. 관용은 어떠한 상황에서도 이러한 기본적 가치를 침해하는 것을 정당화하는 데 이용될 수 없다. 관용은 개인, 집단, 국가에 의해 행사되어야 한다.

③ 관용은 인권, 다원주의 (문화적 다원주의를 포함), 민주주의, 법의 지배를 지지하는 책임감이다. 그것은 독단주의와 절대주의에 대한 거부를 뜻하며 각종 국제적 인권문서들이 정해 놓은 기준을 확인하는 것이다.

④ 인권의 존중과 일치하는 관용의 실천은 사회의 불의를 용인한다든지 자기의 확신을 포기 또는 약화시키는 것을 뜻하는 것이 아니다. 그것은 한 사람이 자유로이 자기 자신의 확신을 고수하고 다른 사람이 그들의 확신을 고수하는 것을 인정하는 것을 뜻한다. 그것은 원래 용모, 상황, 언사, 행위, 가치 등에서 다양한 인류가 평화롭게 지금 그대로 살아갈 권리를 지니고 있다는 사실을 받아들임을 뜻한다. 그것은 또한 한 사람의 견해가 다른 사람에게 강요되어서는 안 된다는 것을 뜻한다.

한국 종교문화에서 조화주의는 신과 인간과 자연이 대립적인 관계가 아니라 합일적인 관계로 보는 중요한 덕목이 된다. 존재 세계에서는 홀로 존재하는 것이 없듯이 자연계나 인간세계나 모든 생명체는 서로 상대적 관계를 맺으며 살아간다. 한국 종교문화의 특징 중의 하나는 종교 의식이나 체계에서 화합과 조화를 통한 상생의 가치가 중시 된다. 이러한 조화 정신은 인간과 자연의 관계뿐 만 아니라 개인 및 가족 간, 집단 간, 종교 간, 국가 간 등의 관계로 확장된다.

한국 종교문화의 조화사상은 민족정신의 뿌리가 되는 단군신화에서부터 드러난다(이어령, 1977:16-23). 단군 신화의 조화사상은 종적 질서의 조화와 횡적 질서의 조화를 이룬다(최주열, 최권진, 2009:11-12). 하늘에서 내려온 환웅과 땅에서 사는 동물이 정화된 인간이 되어 결혼을 하고 자녀를 낳아 가정을 이루고 사는 내용은 하늘과 땅, 신과 인간, 인간과 동물(자연)이 하나의 가족공동체가 되어 가장 평화롭고 자연스러운 조화가 되는 예이다. 이러한 한국의 조화사상은 한국 종교문화에 그대로 반영되고 있다.

조화적인 종교문화는 종교적 혼합주의로 나타나고 있는데 한국인들로 하여금 여러 종교의 사상과 이념들이 섞여 동시에 여러 종교의 성향을 가질 수 있게 만든다. 즉, 무교, 도교, 유교, 불교, 기독교의 교리적 성향들이 한국인의 일상생활 속에 혼합적으로 녹아있다는 것이다. 한국 종교문화의 특성에서 관용과 조화주의는 여러 문화가 혼재한 한국의 다문화 사회에서 중요한 덕목이 된다.

4. 한국 종교문화의 관용과 조화주의

1) 무교문화의 관용과 조화주의

포용과 관용적 태도를 가장 활발하게 보여주는 종교 전통이 무속[3]이다. 12거리로 불리는 굿에 등장하는 신들의 다양한 출신이 이점을 말해준다(윤이흠, 1999:92). 김태곤에 의하면 무속의 신관은 다신적 자연신관으로 신앙대상이 되는 무신이 많다. 무속에는 273종의 신이 있고 크게 자연신과 인간신으로 대별 되며 그 기능과 역할도 각각 다르다(김태곤, 1981:279-287). 무속의 신은 인간 세상과 분리되어 멀리 있는 것이 아니라 지상과 천상을 수시로 왕래할 수 있는 같은 공간권내에 있다.

무속에서는 신과 인간이 음주가무의 놀이마당을 통해 화동하며 무아경에 빠지면서 신인합일의 조화를 이루고 해방감 속에 적대감이 해소된다(유동식, 1978:31; 최문정, 1984:81). 신과 인간이 음주가무로 화동하는 시간은 서로의 마음이 녹아나는 시간이다. 무속의 음주가무의 문화는 오늘날 한국인의 음주문화와 노래방 문화의 뿌리로 연결될 수 있다. 현대 한국인들도 음주가무를 통해 홍을 돋구고 마음의 응어리를 풀며 화해하는 경우가 많다. 단체 여행객들이 야외에서나 관광버스 안에서 음주가무를 즐기며 화동하는 모습을 흔히 볼 수 있다. 이러한 무속의 음주가무의 문화는 친구 간, 가족 간, 사업자 간 상호 조화를 이루며 하나의 공감대를 형성하는 데 크게 기여한다. 한국 사회 전반에 이러한 문화가 크게

---

3) 무교의 용어는 원시적 종교의 한 형태로 종교적 의미로 사용될 때 지칭하며, 무속은 무교의 무당과 관련된 풍속으로 민간신앙의 형태로 사용될 때 지칭한다. 여기에서는 혼용하여 사용한다.

자리하고 있다.

무속의 포용성은 타종교와의 습합과정에서 잘 나타난다. 원래 유불선 3교의 요소를 지닌 무속은 외래종교의 수용과정에서 쉽게 타 요소를 받아들일 수 있었다. 이러한 포용성은 전통신앙을 지키는 보수주의와 외래종교를 수용하는 일화유이(一和有二)의 무속사회의 복합성을 나타낸다(정화수, 1981:38; 최문정, 1984:81). 무속에서 인과율은 우주와 자연의 질서로서 삼라만상 모든 것이 전체적인 관련 체계와 구조 안에서 균형과 조화를 지향하는 역동적인 기능을 한다(김인회, 1979:34; 최문정, 1984:82). 또한 무속에서는 세계를 이승과 저승으로 보는 이원적 사고이며 서로 분리되지 않고 상보적으로 윤회반복하면서 공존하고 있다(김인회 1979:174; 최문정, 1984:84). 인류학적으로 보면 굿은 종교적 기능 외에 사회질서를 안정적으로 강화하는 사회 통합기능을 하며 나아가 국민통합 기능을 하게 된다(이상일, 1977; 최문정, 1984:85).

한국인의 사고와 행동양식을 지배해 온 윤리, 도덕의 가치관은 인간의 실존적인 욕구, 즉 본질적인 욕구를 충족하지 못하고 나아가 사회적인 욕구를 가급적 억제하며 살아온 삶에서 그 본질이 한으로 변형되고, 그 한을 체험한자와 동일화 시켜 그 인물을 숭배하거나 동정함으로써, 자기 자신의 한의 카타르시스(Catharsis)를 경험한다(이규태, 1980:4-5; 최문정, 1984:86).

이와 같이 한국 무속에서 대부분 신(인신)과 인간은 한의 공감대에서 화해와 조화를 이루어가고 있다. 이 때 느끼는 공감대는 한국인의 심정이라는 언어와 관련된다. 동질의 고난과 애환을 이해하고 동정하는 심성은 상대를 너그럽게 수용하고 용서하며 화해한다. 한국 무속에서 관용의 가치는 이러한 과정에서 크게 기능하며 한국인의 가치관으로 자리하게 된다.

2) 불교문화의 관용과 조화주의

한국 불교에서 관용과 조화주의는 원효의 화쟁사상(和諍思想)에 잘 나타난다. 조수동에 의하면 원효의 화쟁사상은 불교내의 쟁론이나 가치관의 화해를 목적으로 나타나며 서로 간의 차별을 인정하고 조화로운 하나를 형성하는 이론이다. 원효의 이러한 화쟁의 논리는 『금강삼매경론』에서 불일불이(不一不二), 무이이불수일(無二而不守一)등의 개념으로 나타난다. 불일불이는 전체와 부분이 상호 관계하고, 영향을 주고받으면서 전체가 곧 부분이고 부분이 곧 전체가 되는 관계로 인식한다. 불일불이 이론은 동일성에 근거한 우열이 아니라 차이를 통하여 자신을 들어내는 논리이다. 즉, 다른 사람을 통하여 자신을 발견하는 것으로 상생의 사유체계이다. 또한 원효의 동이불이론(同異不異論)에 따르면 같다는 것은 다름에서 같음을 구별한 것이고, 다르다는 것은 같음에서 다름을 밝히는 것이다. 따라서 나와 타자, 내 안의 타자와 타자 안의 나를 차이로 포용하는 것이다. 원효의 화쟁사상은 불교내의 이쟁(異諍)의 화해뿐만 아니라 우리 사회의 여러 다양성을 조화롭게 화해하고 소통할 수 있는 원리도 적용된다. 나아가 원효는 범부 중생은 모두 불성을 가지고 있으며, 깨달음에 이를 수 있다고 하여 성과 속이 둘이 아니라 진속일여(眞俗一如)의 가치를 사회 현장에서 직접 실천하고자 하였다(조수동, 2010:89-91).

불교의 연기설(緣起說)은 모든 존재가 시간적 공간적으로 상호 관계하고 상호 의존해 있음을 말한다. 따라서 어떠한 존재도 나와 무관한 존재는 없으며 인간은 상생(相生)의 존재이다. 연기적 세계관에서 모든 존재는 서로 다른 문화적 배경이나 조건들로부터 분리될 수 없기 때문에 모든 사람, 모든 생명체는 한 범주 안에서 공존되며 분열과 갈등이 없는 조화로운 상태로서 의존적이다(조수동, 2008:43).

불교에서는 어떤 종교이든지 선입견이나 편견이 없이 대하며 상대의 문화적 전통과 관습을 관용하는 편이다. 불교의 가르침은 증오는 증오에 의하여 해결될 수 없으며 오직 자비에 의해서만 해결될 수 있다하여 인간의 존엄을 귀하게 여기고 다른 사람에게 차별을 하지 않는 관용이 강조된다(정천구, 2011: 69-70). 불교에서 관용의 실천적 정책은 인도 아쇼카 대왕의 정법정책의 기본에 잘 나타나는데, 사람들 자체에 대한 관용은 물론 사람들의 신념 및 사고방식에 대한 관용도 중시했다(Thaper, 1960:45; 정천구, 2011:73).

불교의 초창기 활동에서 붓다의 타 종교에 대한 관용적 태도가 잘 나타난다. 자이나교의 뛰어난 신자인 우팔리가 붓다를 찾아가 자이나교의 우월성을 증명하려다 붓다의 가르침에 감화를 받고 불교에 귀의하게 되는데 자이나교도의 보시행을 그대로 유지하게하며 존중해 준다. 불교에서는 타종교 및 문화적 차이로 인해 충돌이 발생했을 때 그 어느 하나의 편에 서서 옹호하거나 논박하는 것이 아니라 그 견해에 집착하는 태도를 문제 삼는데 그 특징이 있다. 즉, 불교에서는 견해에 집착하지 않는 태도를 중시하며 나와 상대와의 우열을 따지는 태도를 비판함으로써 갈등의 여지가 들어나지 않게 한다(김준호, 2012:11-16).

이처럼 불교문화의 특성은 나와 너, 전체와 개체를 구별하여 차별하지 않고 그 차이에 대한 논쟁 자체를 비판하며 상생과 공존의 가치가 되는 관용과 조화의 덕목이 강조되고 있다.

3) 유교문화의 관용과 조화주의

유교문화에서 중요한 덕목은 공자의 인(仁)사상이다. 남을 사랑하고 어질게 행동하는 실천을 중요시 한다. 유교의 인간 이해는 천인합일론(天

人合一論)으로 하늘과 인간의 관계 즉, 궁극적 존재와 인간 존재의 본질을 일치시키고 있다. 이러한 우주론적 인간관은 인간 존재의 가치를 극대화시키며 인간 존중의 정신을 확립하고 있다. 나아가 자연과 인간의 관계도 조화를 지향하는 물아일체론(物我一體論))에 기초하고 있다(금장태, 1996:289-290).

유교의 주역에서 나타난 패러다임은 '대립에서 협력'으로 이다. 즉 상보적 관계가 중시된다. 상보성이란 어떤 것이 완전히 고립된 홀로 존재할 수 없으며 그것의 존재를 위해서 다른 것에 의존하는 것을 말한다. 주역에서는 만물의 관계를 상호침투의 창조적 관계로 본다. 상호침투의 관계를 통해 두 사물이 새로운 차원의 화합을 이룬다. 따라서 서로 다른 두 사물은 서로가 생존을 위한 조건이 된다. 두 사물의 차이가 대립에서 통일을 이루고 창조적 의미를 가질 때 조화는 이루어진다(박재주, 1991:299-302; 임경희, 정용교, 2012:210-211).

음양의 패러다임은 통일체적, 체계적 인식을 특징으로 한다. 통일체적 인식은 전체론적 사고와 다르다. 전체론적 사고에서는 전체가 개체에 우선하고 개체는 전체에 의해 존재의 의미를 부여받는다(홍승표, 2002: 25; 임경희, 정용교 2012; 212). 그러나 통일체적 관점은 부분과 전체를 이원론적 관점에서가 아니라 부분과 전체가 하나로 통일체를 이루어 부분 없는 전체, 전체 없는 부분이 존재하지 않는다는 관점이다. 즉 주체와 대상, 교육자와 피교육자를 유기적 관계 속에서 체계적으로 인식한다.

임경희, 정용교에서는 유교의 세계관에서 리일분수의 덕목으로 인(仁), 충서(忠恕), 애민(愛民)을, 음양대대(陰陽待對)의 덕목으로 감응, 조화, 균형을 다문화교육의 이념 원리로 제시하고 있다(임경희, 정용교 2012; 213-217). 인은 공동체의 최고 덕목으로 남과 내가 사랑으로서 하나 되는 것이다. 충서는 사랑을 실천하는 구체적인 방법으로 '내 마음을 미루어

남을 너그럽게 대하다'라는 뜻으로 용서하는 마음과 관용이 담겨있다. 애민정신은 대동사회에 대한 유교경전의 『예기』에서도 잘 나타나고 있는데 사회구성원과 더불어 상부상조하는 것을 중요시 여긴다. 감응, 조화, 균형은 어울림과 관용의 덕목으로 다문화교육의 핵심원리가 된다. 이는 논어의 화이부동(和而不同)에서 잘 나타난다. '군자는 화하고 동하지 않으며, 소인은 동하고 화하지 않는다' 는 것으로 여기에서 화는 다름에 대한 수용이며 조화를 추구하고 있다(장승희. 2006: 116) 유교적 세계관에서 찾아볼 수 있는 어울림과 관용은 다양한 민족들이 상호 존중하며 조화로운 삶을 영위하는 대동사회 실현의 이상이다.

이상에서 살펴본 한국 종교 문화의 가치관에는 관용과 조화주의가 큰 중심이 되고 있다. 상대를 이해하고 포용하며 서로가 조화롭게 어우러져 하나를 이루는 공동체 정신은 한국인의 고유한 우리주의 가치관을 만들어 왔다. 우리주의의 가치관은 타인을 나의 가족과 같이 여기며 공동체적 관계를 존중한다. 즉, 남의 자녀를 나의 자녀처럼, 남의 부모를 나의 부모처럼 여기며 준중해 왔다. 이처럼 한국인의 우리주의 가치관은 혈연공동체인 가족공동체에 잘 녹아있다. 우리집, 우리가족, 우리마을, 우리나라 등 우리주의 가치관도 관용과 조화주의가 기저가 되며, 21세기 다문화사회의 인류한가족공동체문화를 이루는 중요한 덕목이 된다.

5. 결론

한국 종교문화의 특성과 가치관에서 다문화사회에서 요구되어지는 가치관으로 관용과 조화주의를 살펴보았다. 한국 종교문화의 일반적 특성으로 한국의 종교문화는 다양한 고등종교가 민간신앙화 된 무교와 함께 어우러져 조화를 이루며 독특한 종교 문화를 형성하고 있었다. 무교가 고등종교의 기반이 되었고 다양한 종교가 함께 공존하는 종교 다원주의 사회를 이루고 있었다. 나아가 한국 종교문화는 한국인들의 정서와 가치관 형성에도 큰 영향을 미치고 있었다.

한국 종교문화의 가치 지향적 특성으로는 포용적 관용주의, 열정적 감성주의, 현세적 공리주의, 조화적 혼합주의, 무교적 기복주의를 들고 있었으며 관용과 조화주의는 한국의 전통 종교인 무교, 불교, 유교에 공통적으로 중요한 덕목이 되고 있었다. 한국 종교문화의 한 특징인 관용은 한국의 지리적 환경과도 관련이 있었으며 조화주의는 민족정신의 뿌리가 되는 단군신화에서부터 드러나고 있었다.

한국 종교문화의 관용과 조화주의는 한국인들의 공동체문화의 핵심이 되는 우리주의의 바탕이 되고 있으며 다문화사회의 다양한 이질 문화와 종교의 차이에 따른 갈등과 대립을 극복할 수 있는 중요한 덕목이 되었다.

참고문헌

강휘원(2008). 근대 기독교의 종교적 자유와 관용의 상대성 오류. 현상과 인식, 32(1), 213-37.

금장태(1996). 유교사상과 유교문화. 서울: 전통문화연구회.

길희성(2009). 종교다원주의: 역사적 배경과 이론 실천. 종교연구, 28, 1-28.

김광식(1989). 기독교와 한국문화의 만남. 신학논단, 18, 149-168.

김용환a(1997). 관용과 가치교육의 전략. 철학연구, 40, 89-110.

김용환b(2006). 관용의 윤리: 철학적 기초와 적용 영역들. 철학, 87, 65-90.

김용환c(1994). 관용에 대한 철학적 분석: 다원주의 사회를 위한 기초 개념. 현상과 인식, 18(2), 91-116.

김인회(1979). 한국인의 가치관. 서울: 문음사.

김준호(2012). 다문화 담론과 불교정신: 초기 분전을 중심으로. 동아시아 불교문화, 10, 3-25.

김태곤(1981). 한국무속연구. 서울: 집문당.

김항제(2009). 종교평화의 시작: 관용. 평화학연구, 10(3), 203-218.

류성민(2001). 한국 종교문화의 현황과 특징. 종교문화연구, 3, 61-108.

신창석(2015). 다문화사회를 위한 관용의 철학적 근거: 에라스무스와 마르틴 루터. 가톨릭철학, 25, 129-156.

엄한진(2007). 세계화시대 이민과 한국적 다문화사회의 과제. 한국사회학회 기타간행물, 39-69.

오경석(2009).한국의 다문화주의. Homo Migrans, 9-32.

유동식a(1970). 한국문화의 종교적 기반. 현대와 신학, 6(1), 111-122.

유동식b(1978). 민속종교와 한국문화. 서울: 현대사상사.

윤이흠 외(1999). 샤머니즘과 한국문화사. 샤머니즘연구, 1, 81-96.

윤이흠 외(1987), 한국인의 종교, 정음사. 7-8.

윤태림(1964). 한국인의 성격. 서울: 현대교육총서.

이규태(1980). 한국인의 한. 서울: 세종출판사.

이상일(1977). 굿의 역할과 사회적 기능. 서울: 민음사.

이어령(1977). 한국인의 신화. 서울: 서문당.

이원규a(1990). 종교 다원주의 상황과 한국교회: Peter L. Berger의 사회학적 이론을 중심으로. 한국기독교신학논총, 7, 159-190.

이원규b(2007). 한국 종교문화의 특성에 대한 연구. 신학과 세계, 60, 129-171.

임경희·정용교(2012). 유교 관점에서 바라본 다문화 교육의 문제점과 대안. 인문연구,

66. 197-226.
장승희(2006). 유교적 가치 질서와 시민윤리의 정립: 화의 개념을 중심으로. 국민윤리연구, 61, 103-128.
전명수(2007). 종교와 대중문화의 관계 시론. 종교연구, 48, 359-393.
정천구(2011), 불교의 종교적 관용과 실천방안, 한국교수불자연합학회지, 17(1), 사단법인 한국교수불자연합회, 65-97.
정화수(1981). 한국무속의 구조적 특질, 광장, 95권, 38.
조수동a(2008), 불교의 평화사상, 인간과 사상, 20, 한국동서철학연구원, 43.
조수동b(2010). 다문화와 한국불교의 화쟁사상. 철학논총, 60(2), 79-98.
최문정(1984). 무속을 통해 본 한국인의 가치관. 연우회보, 26, 71-91.
최주열(2008). 한국 문화교육 접근 방법 연구. 언어와 문화, 4(1), 205-206.
최주열 · 최권진(2009). 외국인 학습자를 위한 한국 전통사상 교육방안 연구. 언어와 문화, 5(3), 204-222.
최준식(1997). 한국인에게 문화는 있는가. 서울: 사계절.
한국갤럽(1998). 한국인의 종교와 종교의식: 제3차 비교 조사.
Bemard, P. (2002). *Immigration: Le Defi Mondial*. Gallimard Education.
Benedict, R. (1934). *Patterns of Culture*. Boston: Houghton Mifflin.
Bruce D. Forbes & Jeffrey H. Mahan. (Ed.) (2000). *Religion and Popular Culture in America*. University of California Press, Ltd.
Corbett, J. M. (1997). *Religion in America*. Upper Saddle River, N.J.: Prentice-Hall.
Greeley, A. M. (1972). *The Denominational Society: A Sociological Approach to Religion in America*. Glenview, Illinois and London: Scott, Foresman and Co.
Moore, R. L. (1994). *Selling God: American Religion and Marketplace of Culture*. New York: Oxford University Press.
Rauscher, A. (Ed.). (2011). *Tolerance and Human Dignity*. Berlin: Duncker & Humbolt.
Stalker, P. (2003). *Workers without Frontiers: The impact the Globalization on International Migration*. 최수연 (역). 국경없는 노동자. 이화여자대학교출판문화원.
Thaper, R. (1960), Asoka and Buddhism, past and present, l(18),45.
Tillich, P. *Religion-philosophy*, 60.
Vermon, G. M. (1962). *The Sociology of Religion*. New York: McGraw-Hill.

/ 제3부 지역창생학, 다문화사회와 문화예술 /

충남 아산시의 인문학 관련 사업의 현황과 과제

유 춘 동(선문대학교 역사문화콘텐츠학과)

1. 서론

얼마 전까지 전국의 각 대학들은 교육부에서 진행하는 프라임(PRIME) 사업, 코어(Core) 사업, 지방대학특성화사업(CK-1/2)과 같은 다양한 국책(國策) 사업의 선정을 위하여 많은 노력을 해왔다. 이제 결과가 공표된 뒤로, 사업에 선정된 대학은 이에 따른 사업을 진행하고 있고, 그렇지 못한 대학에서는 차기(次期) 사업의 선정을 위하여 다시 준비하고 있다.

이제 이러한 교육부 사업의 취지와 방향에 대해서, 시비(是非)를 논하기는 불가능해졌고, 오직 이러한 일련의 사업에 선정되어야만 대학이 존립할 수 있다는 명제가 엄정한 현실로 자리 잡고 있다.

이 글에서 다룰 선문대학교(이하 선문대)는 충남 아산시에 있는 대학의 하나로, 2013년 이전에는 각종 기관에서 시행하는 대학 평가에서 하위권에 머물렀고, 이로 인하여 대학 운영에도 적잖은 어려움이 있었다. 그러나 재단의 다양한 지원과 대학 구성원들의 적극적인 노력으로 평가에 필요한 주요 지표를 높였고, 그 결과 2014년부터 지금까지 교육부에서 시행하는 중요 국책 사업에 다수 선정되었으며, 이제는 예전과 비교도 되지 않을 만큼 대학의 대내외적인 위상 또한 높아진 상황이다.

선문대의 역사문화콘텐츠학과는 2013년 대학 내의 자체 구조조정으로 만들어진 전략적인 학과로서, 역사와 문화콘텐츠에 중심을 두고, 충남 아산지역의 역사문화콘텐츠의 개발, 지역과의 연계 활동을 통한 지역 문화 연구의 활성화, 지역을 기반으로 한 콘텐츠 개발과 같은 다양한 노력을 하고 있다.

선문대 역사문화콘텐츠 학과에서 주력하고 있는 사업은 인문학(人文學) 학과로서, 인문학의 긍정적인 측면, 인문학만이 지닌 경쟁력에 초점

을 두고, '지역 인문학 자원의 발굴, 도시재생사업과 인문학의 연계 사업' 등에 집중하고 있다.[1)]

이 글은 경남대 인문과학연구소의 요청으로, 그동안 선문대 역사문화콘텐츠학과에서 수행했던 여러 인문학 관련 사업[2)]의 진행 상황과 성과 등을 살펴보는데 그 목적이 있다. 이 글의 내용은 우리나라 소도시에 있는 특정 대학의 사례이기 때문에 보편성을 획득하기 어려운 측면도 있다. 그러나 이러한 사례를 소개하고 공과(功過)를 검토하는 작업은 타 지역에서 시행하고 있거나 앞으로 진행할 인문학 관련 사업에 도움이 될 수 있다고 여겨진다. 이 글은 이러한 관점에서 그동안 아산시에서 진행했던 사업, 이와 관련해서 학과에서 참여했던 관련 내용 등을 소개하고 그 의미 등을 살펴보기로 한다.

2. 아산시의 인문학 관련 자원 및 진행 사업들

충남(忠南) 아산시는 천안시와 인접해 있고, 두 지역을 통틀어 모두 9개의 종합대학이 있다.[3)] 따라서 각종 국책 사업이 공지되면 국내의 어느 지역보다도 사업 선정을 위해 대학마다 치열한 경쟁이 벌이지고 있다.

이러한 상황 속에서 선문대 역사문화콘텐츠학과가 경쟁력을 갖게 된

1) 유춘동/임승휘(2014), 『서울의 지명 유래와 옛이야기』, 보고사, 1~2.
2) 인문학, 인문학 관련 사업에 대한 정의는 다양하다. 이 글에서는 교육부에서 '인문학'을 키워드로 진행하는 여러 사업을 말한다. 인문학에 대한 정의는 월터 카우프만의 논저를 참조할 수 있다. 월터 카우프만 지음, 이은정 옮김(2011), 『인문학의 미래』, 동녘, 2011.
3) 교육부, 교육통계서비스, 대학 알리미 사이트 참조. http://www.moe.go.kr.

가장 큰 이유는 지역 내의 다른 대학에서는 오래 전에 역사학과를 없애 버렸으나 선문대에서는 학과를 존속시킴으로써, '충남지역의 유일한 역사학과 소재 대학'이라는 영예와 함께 다양한 사업에 참여할 수 있는 기회가 생겼기 때문이다.

그 결과 선문대 역사문화콘텐츠학과는 교육부에서 시행하는 다양한 사업에 선정되었고, 최근에는 지자체에서 주관하는 인문학 관련 사업, 기타 기관에서 발주한 사업의 책임 연구기관이 되어 여러 사업을 운영하고 있다. 그리고 최근에는 아산시와 협약을 맺고, 시에서 추진하는 정책사업의 진행과 계획을 공유하게 되어 지역 발전을 위한 다양한 사업에도 참여하게 되었다. 이 장에서는 아산시에서 추진하는 주요 인문학 정책사업과 선문대의 역사문화콘텐츠학과에서 어떤 사업에 참여하고 있는지를 살펴보기로 한다.

다른 지자체의 상황도 마찬가지겠지만 아산시는 지역 발전을 위하여 2050년까지 '아산시 발전 중장기 계획'을 세워놓았다. 이 중에서 주요 과제를 소개하면 다음과 같다.

(1) 도심기능 회복 및 신구(新舊) 시가지의 균형발전 사업

(2) 도시계획의 패러다임 변화에 따른 주민 참여의 정책

(3) 역사문화자산 연계사업, 환경정비사업을 통한 구도심의 활성화

(4) 살기 좋은 지역 만들기, 도시형 마을 만들기를 위한 주민 확대 참여 인문학 및 연계 프로그램 운영

(5) 역사문화자원 기반의 관광산업 육성 및 농촌의 도시연계성 확대 사업

(6) 문화관광 내의 역사체험 관광 활성화 방안 등이다.

(1)은 도시계획 및 도시개발 영역이기 때문에 도시공학을 전공했거나

이와 관련이 있는 전문가들이 주관하여 사업을 진행하고 있다.

하지만 나머지 (2)~(6)의 사업은 인문, 사회, 철학, 역사, 문학 전공자들과 함께 해야만 진행될 수 있는 사업이라는 인식이 있어, 인문학 전공자들도 사업에 직간접적으로 참여하고 있다.

사진1. 아산시 행정구역도
(출처: 아산시청 홈페이지)

특히 (3)과 (4)의 "인문도시사업과 도시재생사업", (6)의 "충무공 이순신 축제, 외암리 민속마을 역사체험, 온양민속박물관 체험, 온천문화예술제"는 이 분야의 지식과 경험이 풍부한 인문학 전공자들의 적극적인 참여가 이루어지고 있다.

이러한 사업의 실행 배경을 이해하기 위해서는 '아산시'의 지역적 특수성을 설명할 필요가 있다. 아산시는 그동안 여러 차례 행정구역 개편이 있었다. 일제강점기에는 서로 다른 도시였던 온양, 아산, 신창 등 3개 군을 통합시켜 아산군이 만들어졌다. 이후 1986년에는 온양만 시(市)로 승격시켜 아산군에서 분리시키기도 했다. 그러다가 1995년에 와서 온양, 아산, 신창 3개 군과 인근 지역이었던 인주, 영인, 둔포, 음봉, 염치, 신창, 선장, 도고, 송악, 배방면을 하나로 통합하여, 현재의 아산시가 되었다.[4)]

이처럼 여러 지역을 하나의 행정구역으로 만들다 보니, 도시 내에 지역

---

4) 충남대 마을연구단(2007), 『아산 외암마을』, 대원사; 이외 내용은 『아산군지』, 『온양시지』 등을 참조했다.

간의 격차, 문화적인 편차가 생겼다. 온양의 경우, 아산시의 주요 행정 기관이 위치한 곳이다. 그러나 원도심(元都心)이기 때문에, 도시 내의 다른 지역과 비교해 볼 때, 도시의 기반 시설, 편의 시설 등이 상당히 낙후된 편이다. 따라서 이곳의 지역민들은 이러한 부분에 많은 불만이 있다.

한편, 도고면, 선장면, 인주면, 영인면, 둔포면의 경우, 행정구역은 아산시이지만 실제로는 경기도 평택, 충청남도의 당진, 예산, 내포과 지리적으로 더 가까워 이 지역의 생활권에 있다. 따라서 이곳의 주민들은 아산시민이라는 소속감이 상대적으로 덜하다. 그리고 지리적으로 아산시에서 시행하는 각종 문화, 행정 서비스에 대한 접근이 어려운 상황이다.

배방면은 삼성과 현대자동차와 같은 대기업과 그 계열사가 들어서면서 아산의 발전을 주도하고 있다. 그러나 이 지역에 있는 대기업과 계열사에 다양한 문화적 배경과 출신을 지닌 타 지역의 인구가 지속적으로 유입되면서, 행정상으로는 '아산시민'이지만 지역의 정체성, 지역민 간의 유대감을 느끼는 주민들은 많지 않다.

아산시에서는 이러한 복합적인 문제를 해결하고, 지역민의 유대감을 높이기 위하여 "인문강좌 프로그램, 인문도시 사업의 준비", "도시재생사업의 시행, "지역 역사문화 시설 기반의 활용", "지역 축제의 활성화", "지역민간의 격차 해소와 유대 강화" 등의 사업을 시행하고 있다. 이러한 시의 상황 속에서, 선문대 역사문화콘텐츠학과에서는 시에서 추진하는 여러 사업에 직간접적으로 참여하고 있다.

1) 아산시의 인문도시 사업의 진행 상황

인문도시 사업은 2014년부터 교육부에서 시행된 인문학 대중화 사업의 하나로서, 2년간 2500만 원을 지원하는 시민인문강좌사업과 1년 또는

3년간 매 년 1억 원을 지원해주는 사업이 있다.[5)]

선문대에서는 2014년에 "다문화 시대의 인문학 사랑방: 상처를 치유하고 환대에 이르는 방식"으로 시민인문강좌사업에 선정되었고, 이후 이 사업의 후속 사업인 인문도시 사업을 준비 중이다.

인문도시 사업은 지자체의 적극적인 협조, 지역 교육청과 지역 시민단체와의 긴밀한 연계가 필수적이다. 그리고 이 이전에 인문도시 사업과 유사한 인문강좌 사업의 경험도 있어야 선정될 수 있는 사업이다. 따라서 인문도시 사업은 인문학 대중화 사업 중에서 상당히 복잡하고 까다로운 사업이라 할 수 있다.

선문대에서는 인문도시사업의 주제를 "아산(牙山), 온천의 도시, 충절의 도시에서 인문도시로 거듭나다"로 잡았다. 그리고 세부 과제로 (1) 지역 간의 문화적 격차를 줄일 수 있는 인문 강좌의 개설, (2) 지역 역사문화자원의 발굴과 재인식, (3) 현충사, 온양온천, 외암 민속마을에 운영 중인 관광프로그램과 관광투어버스와 연계하여 관광인문학 등과 프로그램을 계획했다. 그리고 이 사업의 운영 상황을 점검해 보기 위해여 "아산학특강", "아산의 역사와 문화" 등의 교양과목을 개설하여 운영하고 있다.

한편, 아산시에서는 "아산 인문학 강좌", "행복아산 시민아카데미" 프로그램을 운영하고 있는데, 이 강좌 운영에도 직간접적으로 참여하고 있다. 행복아산 시민아카데미는 아산시에서 별도의 예산을 책정하여 국내 유명 인문학 인사들을 초청하여 인문학 관련 내용을 진행하는 강좌이다. 학교에서는 이 강좌의 강사를 파견하기도 한다.

이렇게 아산시와 선문대에서 관련 강좌와 프로그램을 운영하는 목적은 아산시의 인문학 가치의 발현이라는 기본 목표와 '인문도시 사업'에 선정되기 위한 이유 때문이다. 따라서 이 사업을 위하여 적극적인 세부

5) 한국연구재단 홈페이지 참조. http://www.nrf.re.kr.

프로그램의 개발 및 운영, 운영에 따른 결과의 평가와 피드백(feedback)을 지속적으로 준비하고 실제로 시행도 하고 있다.

2) 아산시의 도시재생사업 진행 상황

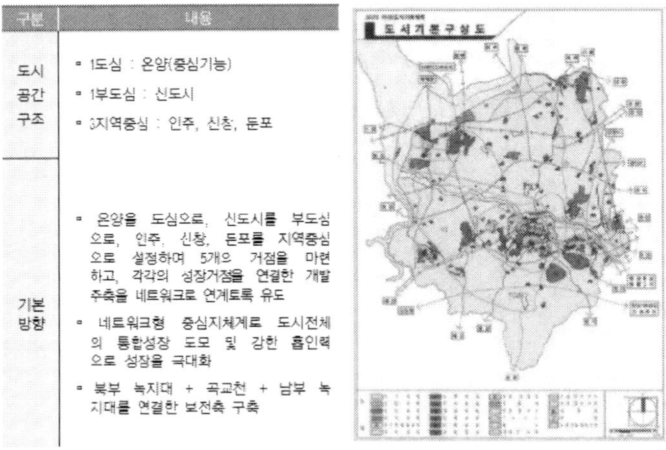

사진2. 아산시의 도시재생사업안(출처: 아산시청 홈페이지)

2013년 '도시재생 활성화 및 지원에 관한 특별법'이 제정되면서, 전국에서는 기존처럼 원도심을 물리적 개발방식으로 개발하는 방법을 지양하고, 각 지역(도시)의 특성을 반영하면서, 해당 지역의 공간적 특성과 경제적, 사회적, 문화적 측면 등의 비물리적 측면을 고려하여 도시의 활력을 불어넣는 "도시재생사업"을 활발히 시행하고 있다.[6]

아산시에서도 이러한 추세에 맞추어 도시재생사업의 계획을 세우고

6) 원제무(2012), 『탈근대 도시재생』, 환경과 조경; 김형균 외(2014), 『도시재생 실천하라』, 미세움; 대한국토/도시계획학회(2015), 『도시재생』, 보성각. 최근에는 이 주제로 많은 학위논문이 제출되고 있다.

시행 중이다.

사업은 도시의 공간 구조를 고려하여, 1도심, 1부도심(신도시), 3지역으로 나누고, 이에 의거하여 (1) 구도심인 온양 1동을 중심으로 한 도시재생사업, (2) 장항선 폐선 부지를 활용한 도시재생사업, (2) 구도심인 온양 1동을 중심으로 한 도시재생사업, (3) 미군기지 이전에 따른 아산시 북부권의 도시재생사업으로 구분하여 사업을 진행하거나 준비하는 상황이다.

이 중에서 선문대 역사문화콘텐츠학과에서 관심을 갖고 진행하는 것은 "온양 1동"을 중심으로 한 도시재생사업이다. 온양1동은 아산의 중심부 지역으로, 지역의 대표적 문화, 역사 자산인 온양온천, 온궁터, 대장간(문화재지정), 된장골목, 깡통골목과 같은 지역의 대표적 문화자산인 집결된 곳이다.

아산시는 지역 내 도시재생사업의 우선 지역으로 이곳을 선정했다. 그 이유는 앞서 언급한 대표적인 문화자산도 있지만 이 지역에 있는 속칭 '장미마을'이라고 불리는 성매매지역을 정비하여 도시의 활력을 불어넣기 위해서이다. 아산시에서는 이 문제를 해결하기 위해, 이 지역을 "온양1동 특정용도제한지구"로 설정하였고, 도심의 새로운 랜드마크를 만들기 위해서 다양한 사업을 준비하고 있다.

가장 이상적인 방법은 아산시에서 이곳에 있는 모든 점포를 매입하고, 다른 업종으로 전환하면 되겠으나 이것은 현실적으로 어렵다. 건물주와 운영자가 다른 문제, 성매매 업소 종사자의 직업 전환 및 보상이 쉽기 때문이다.

아산시에서는 이러한 이 지역의 복잡한 행정사항을 도맡아 처리하고 있으며, 역사문화콘텐츠학과에서는 타 지역 성매매 집결지역에 대한 사례 조사, 이를 벤치마킹하여 실현 가능성 있는 대안의 마련, 이 지역에 역사문화자원을 연계시켜 특화거리조성의 방안과 같은 계획 등을 세우고 있다.

그 대표적인 방안으로 온양온천을 활용한 온천문화콘텐츠개발, 온양온천 주변길을 산책로로 만들어 활성화시키는 방안, 성매매 업소를 물리적으로 폐쇄하거나 다른 시설물로 개발하지 않고, 최대한 현재의 모습과 건물들을 활용하여 이곳의 역사를 재현하려는 프로그램의 개발, 스토리텔링 사업 등을 진행하고 있다.

사진3. 온천을 중심으로 만든 온천천 거리 조성의 모습

이를 뒷받침하기 위해서 학과에서는 "도시재생과 인문학"이란 과목을 개설하여, 학생들과 이 지역을 직접 답사하고 수업에 활용하고 있다.

그리고 이러한 내용을 학문적인 성과와 이론으로 만들기 위해서 학과 내의 역사문화콘텐츠연구소를 개설하여 이와 관련된 진행을 돕고 있다.

3) 아산시의 역사문화자원 발굴 사업의 진행 상황

아산시의 역사문화자원은 지역주체(주민, 주민단체, 지역기관)의 역량으로 발굴한 지역 역사문화자원(물리적 자산, 환경적 자산, 역사·문화적 자산, 경제적 자산, 인적 자산, 사회적 자산)과 국가지정문화재, 도 지정 문화재, 기타 문화재 등이 있다.

국가 기관에서 지정한 아산시의 문화재는 국가지정문화재 14개, 도 지정 문화재 27개, 기타 문화재 자료 25개까지 총 66개이다. 이를 지역으로 분류해 본다면 현충사가 있는 염치읍에 가장 많이 몰려있고, 영인면, 신창면, 온양3동, 둔포면 순서로 존재한다.

타 지역과 비교해 볼 때, 아산시는 지역을 대표할 수 있는 특색 있는 역사문화자원이 비교적 풍부한 편이다. 그러나 이 문화재를 말할 때 '아산'을 함께 떠올리기는 어렵다. 예를 들어, 현충사, 공세리 성당, 외암리 민속마을, 온양온천, 아산온천, 도고온천 등은 알고 있으나 이러한 문화재(문화유산)와 아산을 연계시키는 인식은 낮다.[7]

사진4. 아산의 문학자원의 하나인 『요로원야화기』의 배경지 현재 남아있는 요로원(要路院) 터를 활용한 다양한 사업을 준비하고 있다.

이러한 지역 역사문화자원의 발굴과 활용의 문제는 이 지역에 있는 대학들이 그동안 거의 관심을 갖지 않았다. 하지만 지방자치제도가 실시되고 지역 대학은 지역에 거점을 두고 다양한 연구 성과를 도출해야 한다는 의견이 생겨나

7) 아산시(2015), 『아산시 시정보고』.

면서, [8] 이 지역에 있는 선문대, 순천향대, 호서대, 아산 이외의 충남대, 공주대, 영동대 등에서 지역의 역사문화자원의 실태 파악과 활용에 대한 다양한 방안이 제출되고 있다.

하지만 여전히 아산의 역사문화자원에 대해서는 현충사, 충무공 유적, 아산 공세곶, 공세리 성당, 맹씨행단, 외암 민속마을 등을 재조사하거나 연구하는 상황이다. 이로 인하여 정작 관심을 갖고 연구해야 할 지역 내의 향교(鄕校) 문화자원, 김옥균 관련 유적자원, 지역의 석탑 및 석불과 같은 문화재는 거의 방치되고 있다.

선문대에서는 아산시의 역사문화자원을 탐색하면서, 한편으로 문학자원(文學資源)의 발굴, 온천문화(溫泉文化) 자원의 발굴, 아산의 지명(地名)의 탐색, 아산 옛 골목길의 발굴을 통한 특화거리 조성 계획 작업, 학과 내의 외국인 유학생을 대상으로 한 아산의 역사문화자원의 재인식과 같은 차별적인 사업을 진행하고 있다.

아산시의 문학자원의 경우, 고전문학연구자들에게는 많이 알려져 있으나 일반인들에게는 거의 알려져 있지 않은 『요로원야화기』의 배경이 되는 요로원(要路院)을 대상으로 한 스토리텔링 작업, 역사기록의 탐색과 재정리, 김옥균 서사(敍事) 자원의 재 발굴, 토정 이지함과 장영실과 같은 지역과 연관된 인물의 설화 채집 및 활용 등을 시행하고 있다.

또한 『조선왕조실록』, 『세종실록지리지』, 『택리지』, 그 밖의 고지도(古地圖)를 활용한 아산의 지명 유래와 이야기 발굴, 향교 문화 자원 및 이야기 등을 총서로 계획하여 집필하고 있다.

---

8) 조동일(2003), 『지방문학사』, 서울대 출판부; 유승광(2006), 「역사교육에서 지역사 교육과정의 필요성과 구성 방안」, 『호남사학』 44.

3. 아산의 인문학 관련 사업의 공과(功過)와 타 지역과의 연계 가능성

지금까지 아산시에서 진행하는 각종 인문학 관련 사업, 선문대 역사문화콘텐츠학과에서 주관하여 시행하는 사업을 살펴보았다. 이 사업들은 현재 계획대로 진행되고 있지만 몇 가지 문제를 안고 있다.

먼저, 아산 지역에 있는 3개의 대학의 협력 문제를 들 수 있다. 아산시에서 시행하는 각종 사업을 놓고 현재 순천향대, 호서대, 선문대가 서로 각축을 벌이고 있다.

각 대학은 대학마다 우위에 있는 특장을 살려 사업을 진행하고 있다. 하지만 연구 인력, 관심사가 대부분 비슷한 상황이다. 따라서 사업의 완결성, 원활한 진행을 위해서, 이 지역의 대학끼리 서로 연계하여 작업을 진행하거나 공동 연구를 운영하면 가장 이상적인 결과물을 도출할 수 있다. 그러나 이렇게 지역의 대학끼리 연계하는 부분은 현실적으로 어려운 상황이다.

한편 생각해 볼 부분은 지자체의 입장이다. 아산시에서는 지역 내의 용역 및 연구 사업을 특정 학교에만 맡기면 안 된다고 생각을 하고 있다. 이로 인하여 특정 용역 및 연구 사업을 마친 뒤, 이를 기반으로 차기 사업을 진행하려는 학교는 어쩔 수 없이 사업을 중단하는 경우가 많다.[9] 이로 인해 사업은 일회성으로 끝나고 심화되지 못하는 문제가 있다. 따라서 이 부분의 보완이 필요하다.

---

9) 지역 안배, 특정 대학에 연구비가 몰리는 것을 우려하는 부분은 지자체에만 한정되지 않는다. 하지만 이로 인해 사업의 연속성, 완결성이 떨어지는 부분은 고민할 필요가 있다.

한편 인문도시 사업의 준비 부분에서도 몇 가지 문제가 있다. 인문도시 사업의 가장 큰 어려움은 반드시 지자체, 교육청, 기타 교육 기관과 협력해야만 사업이 원활히 진행된다는 점이다. 사업의 대부분은 대학이 운영하거나 처리할 수 있는 영역이다. 하지만 행정적인 측면에서 이들 기관과의 공조가 없으면 실제 사업 진행이 어렵다. 따라서 행정적인 부분의 긴밀한 협조가 요구된다.

그리고 인문도시 사업은 인문 강좌를 개설하고 강의를 진행해야 하는 사업이기 때문에, 수강생을 확보하는 문제가 가장 어려운 부분이다. 지역 내의 각종 단체가 이러한 사업에 적극적으로 참여하여 진행을 돕고 있지만 정작 강의를 듣고 싶어하는 이들은 주말에 몰려 있다. 따라서 강의를 듣고 싶지만 참여할 수 없는 문제가 발행한다. 따라서 평일에 강좌를 운영하면서 주말에도 강좌를 운영하거나 이들이 있는 직장 등을 직접 찾아가 운영하는 프로그램의 개발이 필요하다.

한편, 도시재생사업의 경우, 인문학 전공자들이 참여할 수 있는 기회는 기획 단계, 프로그램 개발 부분에만 한정되어 있다. 이로 인해 사업 전체 계획의 진행 상황을 모르는 상황도 일어난다. 또한 사업의 장기 운영 계획을 세웠다고 하더라도 가시적인 효과가 큰 시설물 설치를 선호하는 문제가 있다. 지역자원을 최대한 활용하면서 지역 공동체의 주체적인 노력으로 사업을 이끌어 갈 필요가 있다. 현재 도시재생사업의 하나로 주로 특화거리를 조성하고 있다. 하지만 특화거리의 경우 이 부분을 채워 넣을 콘텐츠는 주로 먹거리 콘텐츠만 생각하고 있다. 따라서 이 부분에 대한 진지한 고민도 필요하다.

지역의 역사문화자원 발굴과 활용 역시 현실적으로 어려운 점들이 많다. 연구자의 전공과 관심에 따라 역사문화자원의 발굴 및 활용의 방향이 다를 수 있고, 애써 발굴한 자료를 놓고 다시 콘텐츠로 만드는 데 상당한 입장 차이가 존재한다. 한편 사업에 참여했던 많은 연구자들이 어렵게 발굴한 지역의 역사문화자원을 놓고 논문으로만 쓰거나 전문학술서로만 펴내고 있어서 일반인들이 이러한 결과물을 쉽게 접할 수 없는 문제도 있다. 아울러 "콘텐츠", "스토리텔링"이라는 용어가 보편화되기는 했지만 정작 지역문화, 지역문화역사 자원에 맞는 스토리텔링의 방법론은 거의 없는 문제도 있다. 이 문제를 해결하기 위해서는 다음과 같은 보완 방안이 필요하다고 여겨진다.

먼저 인문도시사업의 경우, 사업의 기간을 충분히 확보하여 지역의 특성을 최대한 반영하는 계획을 세워야 할 것이다. 이를 위해서는 대학교원의 참여도 필요하지만 실제 지역의 구석구석을 잘 알고 있는 지역 토박이, 통장과 같은 지역 전문가들의 참여가 필수적이다.

그리고 대학에서는 지역사 과목의 개설, 지역을 바탕으로 한 교육과정의 개발이나 실제 프로그램 마련이 필요하다. 이 과정에서 강좌의 운영은 대학교원만이 아니라 지역의 다양한 인사들, 학생 및 교사, 학부모를 참여시켜야 할 것이다.[10] 이러한 기반 위에서 자연스럽게 지역에 대한 이해와 애착, 더 나아가 인문도시가 완성될 수 있다.

도시재생사업의 경우, 지역 맞춤형 사업 방식의 개발, 무엇보다 관(官) 주도가 아닌 지속가능한 도시재생사업의 모델 개발, 지역주민 역량 강화 사업에 역점을 둘 필요가 있다. 현재 국내 곳곳에서 도시재생사업이 진행되고 있지만 대부분 문화사업의 활성화, 특화거리조성사업, 재래시장 활성화 사업에만 매달리는 상황이다. 따라서 지역 주민들 스스로 지역의 역사와 인물 정보에 대한 탐색, 골목 및 주거공간에 대한 다양한 정보에 대한 아카이브 구축 사업, 역사문화유적지의 복원 및 정비 사업, 문학관

10) 전국역사교사모임(2002), 『우리 아이들에게 역사를 어떻게 가르칠 것인가』, 휴머니스트; 최상훈 외(2007), 『역사교육의 내용과 방법』, 책과 함께.

의 건립, 특화 박물관이 개설과 같은 지역민들에 참여로 이루어지는 자기 주도적인 사업이 절실하다.[11)]

지금까지 아산시의 인문학 관련 자원 및 사업의 진행 상황, 공과 등을 살펴보았다. 인문학 전공자로서 지역 대학에 재직하면서 새로 깨닫게 된 점은 지역에 관심을 가지면 가질수록 지역을 기반으로 다양한 사업을 진행할 수 있다는 점, 자신의 전공을 살려 지역에서 필요로 하는 틈새 영역을 찾아 특화된 사업을 시행할 수 있다는 점 등을 알게 되었다. 그리고 지역민만큼이나 지역을 공부하고 구석구석 생활지를 답사할 때 지역의 실정을 파악할 수 있고, 기존에 알지 못했던 다양한 연구대상을 발견할 수 있다는 점도 깨달았다.

지방의 한 도시인 아산에서 시행되거나 진행 중인 사업, 이 지역에 있는 대학에서 운영하는 인문학 관련 사업들을 살펴보았다. 이 내용이 우리나라 인문학 발전 지형(地形)에 얼마나 기여를 했는지, 이 결과를 다룰 때 타 지역에 어떤 도움이 될 수 있는지는 장담할 수 없다. 하지만 현재 각종 인문학 관련 사업이 지역의 실정, 지역의 역사문화자원을 최대한 활용할 때 성공을 거둘 수 있다는 점을 생각한다면 이 글에서 살펴본 내용은 조금이나마 이 분야에 기여할 수 있을 것이라 생각한다.

4. 마무리와 과제

현재 우리나라 모든 지역에서 지역 문화의 재인식, 지역 경제의 활성

11) 허경진/유춘동(2016), 「서울 서촌(세종마을) 지역 도시재생사업의 성과와 보완책」, 『열상고전연구』 51, 433-453.

화, 지역민들의 삶의 질 향상, 더 나아가 문화 강국 구현을 위한 다양한 인문학 관련 사업이 시행되고 있다. 아산에서도 이러한 경향에 맞추어 다양한 사업을 전개해 나가고 있다.

아산시에서 진행하는 사업에 대한 공과를 엄정하게 평가하기 위해서는 다른 지역에서의 사례를 제시하고, 아산에서 진행된 사업을 비교하는 자리가 분명 있어야 할 것이다.

참고문헌

강동진(1999), 「근대 역사 환경 보전의 패러다임 모색」, 『국토계획』 34(1).

국토교통부(2013), 『국가도시재생기본방침』.

김연진(2015), 『도시재생사업에서의 문화예술 도입방안 연구』, 한국문화관광연구원.

김형균 외(2014), 『도시재생 실천하라: 부산의 경험과 교훈』, 미세움.

김효정(2014), 「문화콘텐츠를 활용한 도시재생전략」, 『국토』 4, 국토연구원.

도시재생사업단편(2009), 『도시재생정책방향』, 도시재생사업단.

리처드 필립스/제니퍼 존스, 박경환 외 옮김(2015), 『지리답사란 무엇인가』, 푸른길.

서울시(2015), 『2014 동네 再발견: 서촌(세종마을) 마을가꾸기 희망사업 기록화작업』, 서울시.

아산시(2015), 『아산시 시정보고』, 아산시.

월터 카우프만 지음, 이은정 옮김(2011), 『인문학의 미래』, 동녘.

유승광(2006), 「역사교육에서 지역사 교육과정의 필요성과 구성 방안」, 『호남사학』 44.

유춘동/임승휘(2014), 『서울의 지명 유래와 옛이야기』, 보고사, 1~2.

유춘동 외(2017), 『지역문화연구: 서울 동작구 노량진의 탐색』, 청송

전국역사교사모임(2002), 『우리 아이들에게 역사를 어떻게 가르칠 것인가』, 휴머니스트.

제인 제이콥스 지음(2015), 유강은 옮김, 『미국 대도시의 죽음과 삶』, 그린비.

조동일(2003), 『지방문학사』, 서울대 출판부.

조명래(2011), 「문화적 도시재생과 공공성의 회복. 한국적 도시재생에 관한 비판적 성찰」, 『공간과 사회』 21(3).

최상훈 외(2007), 『역사교육의 내용과 방법』, 책과 함께.

한지은(2014), 『도시와 장소 기억』, 서울대 출판문화원.

허경진/유춘동(2016), 「서울 서촌(세종마을) 지역 도시재생사업의 성과와 보완책」, 『열상고전연구』 51. 433-453.

/ 제3부 지역창생학, 다문화사회와 문화예술 /

백제의 동아시아 서예교류와 수용

이 성 배(단국대학교)

1. 서언

백제는 대내적으로 낙랑 · 고구려 · 신라 · 가야와 교류하며, 대외적으로 공식적으로는 동진에 사절을 파견한 이후로 남조의 송·제·양·진과 북조의 북위·북제·북주와 수·당 그리고 왜와 지속적으로 교류하였다. 물론 문헌으로 나타난 교류는 주로 외교와 전쟁의 형태로 나타나지만 이 과정에서 다양한 문물을 교류하게 되는데 서예도 포함되어 영향을 주고받았을 것으로 추정된다.

본고에서 주목하고자 하는 것은 백제와 남조 · 수 · 당 시기를 중심으로 동아시아 서예의 교류와 관계를 살피는 것이다. 중국 서예는 풍부한 자료를 바탕으로 많은 연구가 진행되었지만 이에 비해 우리의 삼국 시대 서예관련 자료는 조금이 아니라 매우 부족하다. 다행히도 최근에 고고발굴로 목간 등 여러 유물이 드러나면서 그 갈증을 조금이나마 해결할 수가 있었다. 이를 바탕으로 부족하고 아쉽지만 백제 서예도 조금씩 그 윤곽을 잡을 수가 있게 되었고 백제가 동시기의 남조 · 수 · 당에 비해 어떠한 유형의 글씨를 쓰고 발전시켰는지를 미미하나마 비교하고 확인할 수 있게 되었다.

백제는 총 682년 중에 세 번 도읍을 옮겼기 때문에 이를 바탕으로 한성시기, 웅진시기, 사비시기로 구분한다. 그중에 한성시기는 493년을 차지하여 가장 길고, 웅진시기는 52년간으로 가장 짧으며, 사비시기는 124년을 차지한다. 그렇지만 서예 유물은 이 시기와 꼭 비례하지 않는다. 사실 한성시기는 가장 길지만 서예관련 문헌 자료나 유물은 매우 빈약한 실정이다. 그러므로 이 시기를 거론할 때 당시 외부에서 들어온 유물을 중심으로 추정할 수밖에 없는 실정이며 또한 남조 · 수 · 당과 서예를 비교할 때에도 어려움을 겪게 된다.

부족한 백제 서예 자료이지만 비교하기 위해 서체를 예서, 해서, 행서, 초서로 분류하여 살펴보고자 하였다. 웅진 시기의 무령왕릉에서 나온 유물과 최근 부여에서 발굴되는 목간 자료들을 통해 당시 백제의 서예의 다양성을 확인할 수가 있었다.

따라서 이번의 원고는 이러한 서예유물들을 바탕으로 중국 서예와 비교하여 백제는 어떠한 서예문화를 발전시키고 있었는지를 고찰하려 한다. 좀 더 쉽게 이해하기 위해서 예서, 해서, 행서, 초서를 중심으로 하고, 비교하기 어려운 일부 서체는 제외하였다. 이러한 비교를 통해 백제가 중국과 교류하면서 얼마나 내재적인 발전을 하였는지를 살펴보려고 한다. 이를 바탕으로 한국서예의 미학적 기질과 성향이 무엇인지를 확인할 수 있는 계기가 되기를 바라는 바이다. 아울러 백제 서예를 보다 깊이 이해하기 위해 새로운 이해의 틀로서 새롭게 읽어 내고 해석하며 방향을 찾아야 할 것이다.

2. 백제와 대외 서예교류

1) 한성시기(B.C.18～475)

『三國史記(삼국사기)』에 의하면 백제는 기원전 18년에 건국되었다. 이 시기는 前漢 成帝(성제) 鴻嘉(홍가) 3년에 해당된다. 백제의 문자 생활은 최근에 발굴된 신석기 시대 토기에 새겨진 기호나 부호들을 볼 때 건국 이전부터 시작되었음을 알 수 있다. 그러나 이러한 문자자료들이 백제와 어떠한 관계가 있는지에 대해서는 아직 더 많은 연구가 필요하다.

백제는 건국 초기에 한사군의 樂浪(낙랑)·帶方(대방) 등과 교류하거나 漢(한)과 직접 교류를 하였는데 이를 통해 문자 생활이 좀 더 확대되었을 것으로 본다. 특히 낙랑과 대방이 망한 후 잔여 세력이 백제에 참여하였는데[1] 한성시기 유물의 문자흔적이나 명문에서 그 면모를 볼 수 있다. 평양에서 출토된 낙랑의 서예유물은 같은 시기 중국의 것과 구분되는 요소가 많이 있다.[2] 낙랑의 유물 중에 瓦塼銘文(와전명문)의 書體(서체)는 고구려의 여러 銘文塼(명문전)·〈廣開土好太王碑(광개토호태왕비)〉와 백제의 〈七支刀(칠지도)〉·〈昌王銘舍利龕(창왕명사리감)〉 등에서도 그 상관성을 말할 수 있다. 때문에 한국 서예사에서 낙랑 서예를 적극적으로 재평가하는 작업이 필요하다.

고구려 서예는 백제 한성시기뿐 아니라 사비시기에도 지속적인 영향을 미쳤음을 서예유물에서 확인할 수 있다. 이 때 낙랑 서예와는 어떻게 구분되는지 앞으로 적극적 연구가 필요하다.

근초고왕 27년(372)에 공식적으로 百濟(백제)라는 국명으로 東晋(동진)에 사신을 파견한다.[3] 또한 南北朝(남북조)와의 빈번한 使行(사행)도 있었다. 그러나 서예교류에 대한 구체적인 내용을 알 수 없다. 한성시기 서예 관련 유물과 자료는 극히 적기 때문에 이러한 간접 자료를 통해 짐작할 수밖에 없다. 남북조와의 교류를 도표로 보면 다음과 같다.[4]

---

1) 강종원, 『4세기 백제사연구』(서경문화사, 2002), pp.88~93참조.

2) 유재학, 「樂浪瓦塼銘文의 書藝史的考察」(홍익대 석사논문, 1988.)은 이런 면에서 의미 있는 연구라고 할 수 있다.

3) 『晉書』「簡文帝紀」 咸安 二年六月條 : 咸安二年春正月辛丑, 百濟林邑王, 各遣使貢方物. 六月, 遣使百濟王餘句, 爲鎭東將軍領樂浪太守.

4) 유원재, 『백제사의 역사』(충청남도, 1995)의 도표를 참고하여 작성함.

왕 조		시 기	한성시기 교류 횟수
東晋(동진)		372-420	8
남조	宋(송)	420-479	18

표 4. 중국과의 교류 현황(중국 왕조의 시기 중 일부가 중복됨)

2) 웅진시기(475~538)

웅진시기에 梁(양)나라와 서예를 교류한 사실을 알 수 있는 좋은 자료로 〈梁職貢圖(양직공도)〉가 있다.

〈梁職貢圖(양직공도)〉는 원래 양을 방문한 외국 사신의 모습을 25개국 정도 그렸는데 지금 남아있는 것은 12개국 정도의 자료가 남아 있다. 현재 전하는 자료는 1077년 송나라 때 원본을 모사한 것으로 알려져 있다. 〈梁職貢圖(양직공도)〉는 백제 사신의 인물과 복색, 관 등을 사실적으로 묘사하여 전하고 있다. 또한 6세기 초 백제의 檐魯(담노) 제도와 풍습 등을 간략하게 소개하고 있어서 당시 상황을 살필 수 있는 주요 자료로서 의미를 갖는다.[5]

---

5) 『백제의 문자』, 국립부여박물관 간행, 2002. 참조.

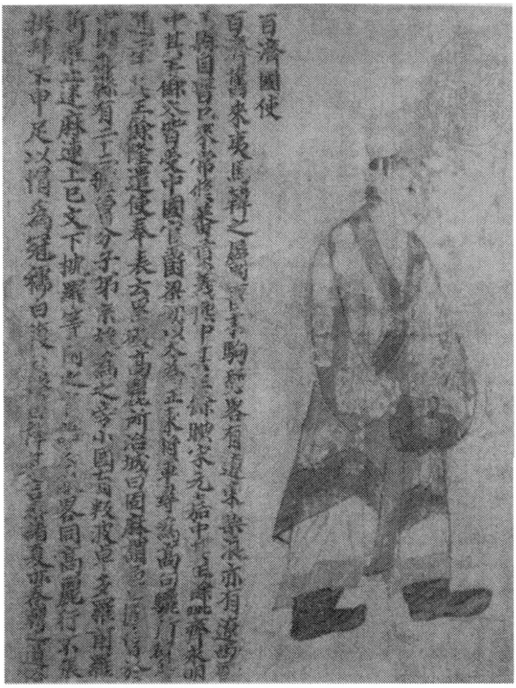

그림 18. <梁職貢圖(양직공도)>중
百濟國使(백제국사)

남조는 군주와 귀족들이 서예를 애호하는 경향이 있었다. 宋 孝武帝(송 효무제)인 劉駿(유준), 齊 高帝(제 고제)인 蕭道成(소도성), 梁 武帝(양 무제)인 蕭衍(소연) 등은 왕희지 서예를 모아 서책으로 간행하기도 하였다. 특히 양무제는 왕희지 부자의 글씨를 수집하여 묶은 책이 760권 정도였다. 그러나 이들 작품은 梁 元帝(양 원제) 承聖(승성) 3년(554)에 西魏(서위)와의 전쟁으로 모두 소실되었다. 송대에는 羊欣(양흔), 謝靈運(사영운), 薄紹之(박소지), 孔琳之(공림지) 등이 서예로 유명했으며, 양대에는 陶弘景(도홍경), 蕭子雲(소자운)이 널리 알려졌으며, 진대에는 智永(지영) 등이 크게

활동하였다.[6]

魏代(위대)에 실시된 禁碑令(금비령)은 남조에 이어져 석각이 적으며 대신 종이와 비단으로 된 帖(첩)으로 많이 전해진다. 그러나 북조에는 이러한 관습이 이어지지 않아 墓誌石(묘지석), 墓碑(묘비), 造像記(조상기), 磨崖刻石(마애각석)이 주종을 이루고 있다. 때문에 남조의 서예가 간찰을 주로 쓴 일상문화와 귀족적인 세련된 문화를 표현하기 적당한 행서와 초서가 주종을 이루며 帖(첩)을 중심으로 성행하였다면, 북조는 비문과 조상기와 각석 등의 재질에 적합한 서체로 방정하면서 강건한 필획을 구사하는 해서가 발달하였다.

왕 조		시기	웅진시기 교류 횟수
남조	宋(송)	420-479	2
	齊(제)	479-502	10
	梁(양)	502-557	7

표 5. 중국과의 교류 현황(웅진시기와 중국 왕조의 시기가 일부 중복됨).

도표를 보면 웅진시기의 서예는 남조에 치중되어 교류가 이루어지고 있다.[7] 그러나 북조와도 사행 등 큰 교류는 없지만 작은 교류는 지속되었다. 다만 남조에 비하여 차지하는 비중이 적었다. 무령왕릉에서 출토된 서예유물에서 유려함과 질박한 서풍이 병행하는 것은 남북조와의 서예교류가 병행하고 있었음을 보여주는 것이다.

---

6) 배규하,『중국서법예술사』(이화문화출판사, 1999) p.296. 참조.

7) 사비시기에서 백제 사신이 양의 서예가 蕭子雲(소자운)을 만나 글씨를 구입하는 구체적인 서예교류가 있었음을 볼 때 이러한 사행을 통한 교류가 이전부터 빈번하였을 것으로 추정해 볼 수 있다.

3) 사비시기(538~663)

① 南朝(남조)

신라 말에 崔致遠(최치원, 857~?)은 다음과 같은 시를 지었다.

見說書窓暫臥龍　　書窓을 보니 잠시 와룡이 서린 것 같고
神傳妙訣助奇鋒　　神傳과 妙訣이 기묘하게 필봉(필획)을 도와주네.
也知外國人爭學　　또한 외국에 알려져서 사람들이 다투어 배웠건만
惟恨無因乞手蹤　　오직 필적을 구할 인연이 없음을 한하네.

(南朝蕭子雲善書, 百濟使人求手蹤, 以爲國寶.)[8] (남조 소자운은 글씨를 잘 썼는데 백제 사신이 필적을 구하여 나라의 보배로 삼았다.)

이 시는 최치원이 지은 「獻詩啓(헌시계)」라는 글의 뒤에 있는 「附七言紀德詩三十首謹獻司徒相公(부칠언기덕시삼십수근헌사도상공)」중에 나오는 「筆法(필법)」이라는 시이다. 여기에서 謹獻司徒相公(근헌사도상공)은 당말에 절도사를 지낸 高駢(고변, ?~887)을 말한다. 이 시를 지은 시기와 장소는 분명하지 않지만 고변을 위한 기덕시의 하나임을 알 수 있다. 그러나 최치원이 시 말미에 기록한 것은 시의 내용이 蕭子雲(소자운, 486~548)이 연관되고 있어서 복합적인 의미를 갖는다.

소자운은 남조 양의 대표적인 서예가로 魏(위)의 鍾繇(종요, 151~230)의 해서와 東晋(동진)의 王羲之(왕희지, 303~361 혹은 321~379), 王獻之(왕헌지, 344~386) 부자의 行書(행서)·草書(초서)·飛白(비백)·小篆(소전)을 이어받은 인

8) 崔致遠, 『鷄苑筆耕集』卷17 「獻詩啓」 附七言紀德詩三十首謹獻司徒相公.

물이었다.

『南史(남사)』에는 소자운이 백제 사신을 만나는 장면을 다음과 같이 묘사하고 있다.

> (소자운이) 東陽太守(동양태수)로 나가게 되었다. 백제국 사신이 建鄴(건업)에 이르러 글씨를 구하는데 마침 子雲(자운)이 郡(군)을 다스리러 가게 되었다. 배가 떠나려 하는데 백제 사신이 물가에 머물면서 그를 기다렸다. 배에서 30여보 떨어진 곳에서 인사를 하고 앞에 나섰다. 자운이 그를 보고 묻자 사신이 대답하기를 「侍中(시중)이 쓴 尺牘(척독)의 아름다움은 멀리 해외에도 알려졌습니다. 오늘 구하려는 것은 오로지 그대의 뛰어난 글씨입니다」라고 하였다. 이에 蕭子雲(소자운)은 배를 삼일 간 멈추고서 글씨 30장을 써서 주고는 금화 수백만을 얻었다.9)

이 자료는 백제가 양나라와 어떻게 교류하며 서예를 수용하고 있는지 그 일면을 보여준다. 백제 사신이 양나라 최고의 서예가인 소자운의 필적을 구하여 나라의 보배로 삼았다는 것은 백제서예교류를 살필 수 있는 매우 의미 있는 사실이다. 소자운이 동양 태수로 가는 시기는 『梁書(양서)』를 보면 大同(대동) 7년(541)이다. 이 시기는 백제 성왕 19년이며, 사비로 천도한지 3년이 된다. 그런데 소자운은 대동 7년(541년)에 仁威將軍(인위장군)·東陽太守(동양태수)로 나갔다가 中大同 원년(546)에 돌아와 宗正卿(종정경)에 제수되고, 太淸(태청) 원년(547년)에 侍中(시중)이 된다. 소자운이 동양태수로 부임한 해는 541년이고, 백제 사신이 양에 파견되어 만

9) 『南史』卷42 「列傳」32 : 出爲東陽太守. 百濟國使人至建鄴求書, 逢子雲爲郡, 維舟將發. 使人於渚次候之, 望船三十許步, 行拜行前. 子雲見問之, 答曰 : 「侍中尺牘之美, 遠流海外, 今日所求, 唯在名迹」子雲乃爲停船三日, 書三十紙與之, 獲金貨數百萬.

난 시기도 541년이다. 이러한 정황으로 볼 때 둘이 만난 541년에 백제 사신이 소자운을 侍中으로 부른 것은 아직 시중으로 제수되기 이전이므로 잘못되었음을 알 수 있다. 이러한 오류는 후대에 史書(사서)를 편찬하는 과정에서 발생한 것으로 보인다.

백제서예는 二王(왕희지·왕헌지 부자)의 서법에 뛰어났던 소자운을 접하면서 유려하고 세련된 남조서풍을 수용할 수 있었다. 또한 백제 사신이 소자운 글씨 30점을 수백만 금을 주고 지불하였다는 사실에서 당시에 상당한 수준의 서예 작품 수집이 이루어지고 있음을 알 수 있다. 이것은 당시 백제인들이 서예에 대한 뛰어난 감상 능력이 있었고, 좋은 작품을 고가로 매입하고 수장할 수 있는 수요처가 형성되었음을 보여주는 것들이다.

소자운 외에도 남조와의 빈번한 교류를 통해 양의 武帝(무제)나 진의 智永(지영) 등과 같은 당시 일급 서예가들과 교류했을 가능성도 높다. 남조의 서예가 중에서 송나라의 羊欣(양흔, 370~422) · 제나라의 王僧虔(왕승건, 426~485)·양나라의 蕭子雲(소자운) · 진나라의 智永(지영, 510?~610?)을 南朝 四大家(남조 사대가)로 꼽는다. 그중에서 소자운을 제외하고는 백제와의 관계가 거의 알려진 바가 없다. 그러나 소자운의 경우처럼 당대 최고의 名蹟(명적)을 찾으려는 백제 사신과 어떠한 간접적인 접촉이 있었을 가능성을 전혀 배제할 수는 없다.

② 隋 · 唐(수당)

백제와 隋 · 唐(수당)과의 교류도 조공과 책봉 그리고 전쟁 등의 기록이 중점적으로 나타난다. 이들의 교류에서 서예교류에 대한 직접적인 문헌 기록은 아직 알려지지 않았지만 역시 정치적 교섭 속에서 더불어 상당히 진행되었을 것으로 생각한다. 〈砂宅智積碑(사택지적비)〉속에서 볼 수 있는 書風(서풍)이나 多足硯(다족연) 등 유물은 당시 隋·唐(수당)과의 서예교류를 간접적으로 시사해주는 자료들이다.

기타 〈定林寺址五層塔刻石(정림사지오층탑각석)〉(660)·〈劉仁願碑(유인원비)〉(663) 등은 백제 멸망 할 때 唐人(당인)에 의해 刻字(각자)되었다. 이 비문은 初唐(초당)의 楷書(해서)를 직접 접하게 되었다는데 의미가 있으며, 唐碑(당비) 양식이 나타나기도 한다.

왕 조		시 기	사비시기 교류 횟수
남 조	梁(양)	502-557	4
	陳(진)	557-589	5
隋(수)		581-618	18
唐(당)		618-660	36

표 6. 중국과의 교류(사비시기와 중국 왕조의 시기가 일부 중복됨).

수나라는 남북조를 통합하면서 서예에 대한 교육도 강화 하였다. 기록에 의하면 종구품 아래에 書學博士 제도를 두었다고 하였다. 이것은 이후 서예가 크게 발전할 수 있는 기틀이 되었다. 수나라에서 해서가 크게 발전하는 데는 교육제도와 함께 과거제도의 시행도 관련이 있다. 과거 제도를 시행한 이후 서예는 더욱 다듬어지고 정형화 또는 표준화의 단계로 발전하게 되었다. 陳代와 隋代에 활동한 智永은 해서를 익히는 기본 법칙으로 '永字八法'을 강조하였으며, 그가 30년 동안 800부를 쓴 〈眞草千字文〉 등은 후대에 서예학습의 기본으로 큰 영향을 미쳤다.

당의 서예 정책은 대체로 隋를 계승하였다. 특히 당태종은 王羲之를 書聖으로 추앙하는 서예정책을 실시하였다. 그는 身言書判으로 인재를 선발하고, 弘文館에 학사를 두어 서예를 교육하였는데 우세남과 구양순 등을 등용하여 해서를 교육하는 제도적인 장치를 마련하였다. 또한 國子監의 六學의 하나로 書學을 두어 『石經三體』3년, 『說文』 2년, 『字林』 1년을 교육시켰다.

이러한 서예 교육제도와 書學博士 등 제도는 당의 서예를 크게 진작시켰다. 초당 삼대 서예가인 구양순, 우세남, 저수량은 해서로 유명하며 서예사에 큰 공적을 남겼다.

이러한 수당의 서예 교육과 제도가 백제에 얼마나 영향을 주었는지는 분명하지 않다. 다만 백제 내에도 다양한 박사 제도가 있었던 사실로 미루어 볼 때 서예도 전문 서사인과 이들을 양성하는 일정한 교육 과정이 있었을 것으로 추정해볼 뿐이다.

3. 백제와 남조 · 수 · 당의 서예비교

1) 예서비교

백제에서 예서는 한성시기 유물에서 비교적 많이 나타나고 있다. 일부 유물은 백제에서 직접 사용하였는지 확인하기 어려운 점이 있지만 당시 사용하고 소통하였던 유물로 추정할 수 있다. 다음의 유물들로 당시 예서의 교류과정을 찾아볼 수 있으며 동 시기 주변국과 어떠한 구별성이 있는지도 확인할 수 있다.

① 盤龍鏡(반룡경)

盤龍鏡(반룡경)은 지름이 14.4cm로 익산 연동리에서 나왔으며 龍虎紋樣(용호문양)이 있다. 명문 내용은 '…家人民息胡羌殄滅天下復風雨(가인민식호강진멸천하복풍우)…'로 추정된다.

그림 19. 盤龍鏡(반룡경)

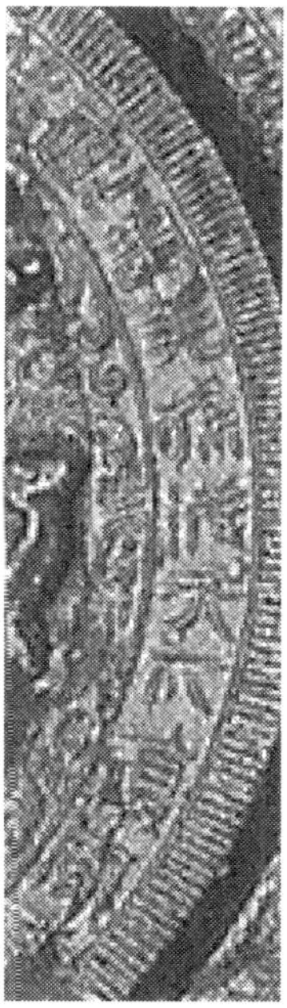

그림 20. 명문 부분 확대

銅鏡(동경)의 양식과 명문 내용은 낙랑에서 나온 漢代(한대)의 盤龍鏡(반룡경)과 유사하다.[10] 동경이 한에서 들어온 것이라도 백제에서 사용

10) 『백제의 문자』, 국립 부여박물관(2002) pp.113 참고.

한 서체를 알 수 있다. 또한 백제가 낙랑이나 한과 서예교류를 하였음을 추정할 수 있는 자료이다. 명문의 서체는 古隸(고예)로 되었다. 당시 낙랑에서 출토된 동경에 나오는 명문의 서체와 유사함을 보이고 있다.

② 大吉(대길) 명문 동탁

그림 21. '大吉(대길)' 명문 동탁

'大吉(대길)' 명문 동탁은 높이 6.8cm이며, 한성시기 변방이었던 청주 봉명동에서 발견된 것으로 낙랑이나 한과의 서예교류를 추정할 수 있는 유물이다. 주물로 처리된 '大吉' 명문은 두 글자 크기가 현저하게 다른데, 글자의 대비로 변화를 주려고 한 의도로 보인다. 동탁에 사용한 서체는 古隸(고예)로 주변의 문양과 조화를 이루고 있다. 고예는 西漢(서한)에서 주로 사용한 서체로 篆書(전서)에서 八分隸(팔분예)[11]로 발전하는 중간에 나타났는데 전서적인 요소와 예서적인 요소가 섞여 강건하고 질박한 것이 특징이다. 글씨와 그림이 어울린 대표적인 것으로 서한 시대에 성행한 畵像塼(화상전)이라는 미술 양식이 있다. 화상전은 문자와 그림과 문양이 함께 어우러져

11) 팔분예는 波磔(파책)이 있는 것이 주요 특징이며, 후한대에 성행한 서체.

장식적인 효과를 크다. 특히 선의 질감과 문양과 글자가 어울려서 다양한 형식으로 발전하고 있다.

③ 七支刀(칠지도)

그림 22. 칠지도의 전면(좌측)과 후면(우축)

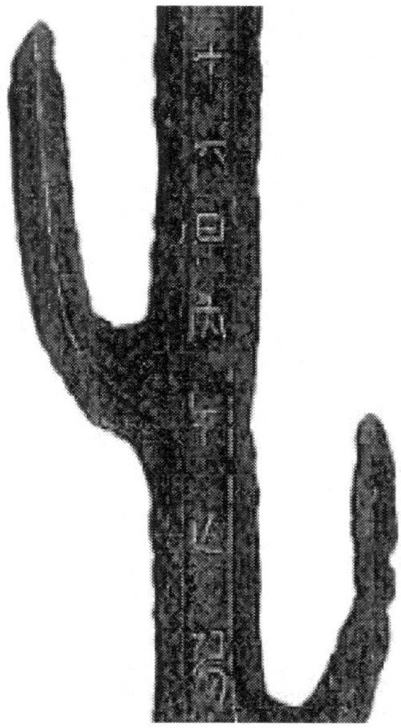

그림 23. 칠지도 전면 부분 확대

〈七支刀(칠지도)〉에 새겨진 명문은 다음과 같다.[12]

전면 : 泰和四年五月十六日丙午正陽 造百練鐵七支刀 世

(태화사년오월십육일병오정양 조백련철칠지도 세)

12) 『백제의 문자』, 국립부여박물관 간행(2002) p.30. 명문해독 참조.

辟百兵 宜供供 侯王△ △△△作

(벽백병 의공공 후왕△ △△△작)

해석 : 태화4년 5월 16일 병오 정오에 백련철로 된 칠지도를 만들었는데 세세로 百兵을 물리칠 수 있으니 마땅히 후왕△을 받들어야 한다. △△△가 만들다.

후면 : 先世以來 未有此刃 百慈王世子奇生聖會(?) 故爲倭王旨造 傳示後世

(선세이래 미유차인 백자왕세자기생성회(?) 고위왜왕지조 전시후세))

해석 : 선세 이래로 이 칠지도가 없었는데 자애로움 많은 왕세자 奇가 聖會(?)를 낳았으므로 왜왕 旨를 위해 만드니 전하여 후세에 보여주어라.

〈칠지도〉의 명문 일부를 살펴보기로 한다.

午(오)	正(정)	陽(양)	造(조)
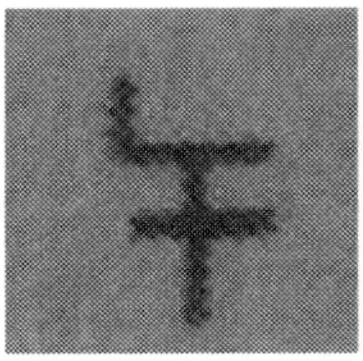	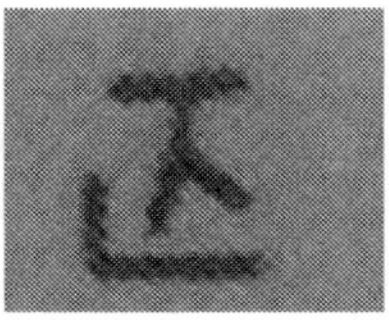		

표 7. 전면 일부

'午(오)'자는 제 1획과 제 2획을 연결하면서 당당하고 간결한 결구를 보여주고 있다. '正(정)'자는 내부를 '人인)'에 가깝게 하여 눈에 띈다.'陽(양)'자는 '阝'와 '昜'부분에서 강한 필세와 결구를 볼 수 있다. '造(조)'자는 결구가 안정되었으며 '辶'을 단순하게 처리하고 있다.

지금까지 판독된 〈七支刀(칠지도)〉의 명문은 금속 표면에 글자를 상감하였기 때문에 독특한 미감을 보여주고 있다. 사용된 서체는 古隸(고예)[13]로 점획의 변화가 적으며, 자형의 대소와 異體字(이체자)를 사용하여 변화를 주었다. 필획이 단조롭지만 굳세면서 둔중한 질감을 보여주고 있다. 우리 서예사에서 古隸(고예)를 사용한 예를 들면 낙랑의 '逸民(일민)'·'大王(대왕)' 명문전과 고구려의 '張撫夷(장무이)'명문전(358)이나 〈광개토호태왕비(414)〉 등에서 확인할 수 있다. 〈七支刀(칠지도)〉에 쓰인 古隸(고예)는 백제서예가 낙랑과 고구려 서예를 수용하였음을 보여주는 것이라고 본다.

그림 28. 낙랑. '일민'.'대왕' 명문전

그림 29. 고구려. '장무이' 명문전

13) 西漢(서한) 때 널리 쓰인 古隸(고예)는 篆書(전서)에서 八分隸(팔분예)로 발전하는 과도기의 서체로서 전서적인 요소와 예서적인 요소가 섞여 나타나고 있다.

그림 30. 고구려. <광개토호태왕비> 일부

④ 隅田八幡鏡(우전팔번경)

그림 31.
<隅田八幡鏡(우전팔번경)> 탁본

그림 32. <隅田八幡鏡(우전팔번경)> 부분 확대

〈우전팔번경〉의 명문은 다음과 같다.[14]

원문 : 癸未年八月二十六 三年 男弟王 在意柴沙加宮時
斯痲念長奉 遣開中費直 穢人今州利二人等
所白上同二百旱 所此竟

해석 : 계미년 8월 26일, (무령왕) 3년(503) 男弟王이 의시사가궁에 있을 때 斯痲가 (男弟王이) 오래 받들 수 있도록 생각하여 개중의 비직과 穢人 금주리 2인 등을 보내어 백상동 200旱으로 이 거울을 만들었다.

명문에 사용된 서체는 예서 · 행서 · 해서 등의 필의가 섞인 簡帛書(간백서)[15]에 가깝다. 글자의 大小(대소)와 공간의 密疏(밀소) 등 변화가 많으며 자연스럽다. 글자를 보면 자형의 변형이 심하거나, 자형이 뒤집혔으

14) 한국고대사연구실 편, 『역주한국고대금석문』 제 1권의 명문 해독을 참고하였다.
15) 진 · 한대에 출토된 죽간 · 목간 · 비단에 쓰인 글씨로 전서·예서·초서가 섞인 과도기적인 서체.

며, 또는 생략된 자형이 섞여 있다. 명문은 圓形(원형)으로 위치하였기 때문에 자형이 더욱 이지러져 독특한 분위기를 보여준다. 다음의 사례에서 일부 특성을 살펴볼 수 있다.

上(상)	二(이)
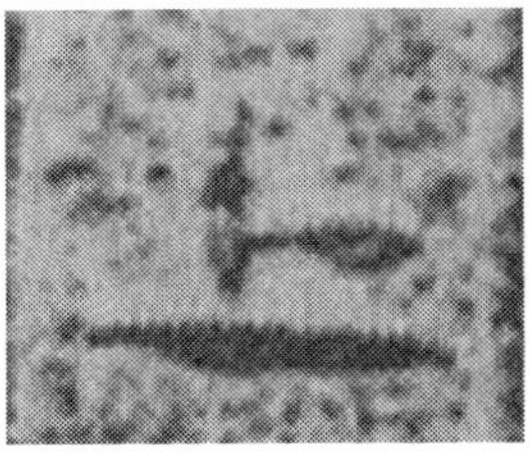	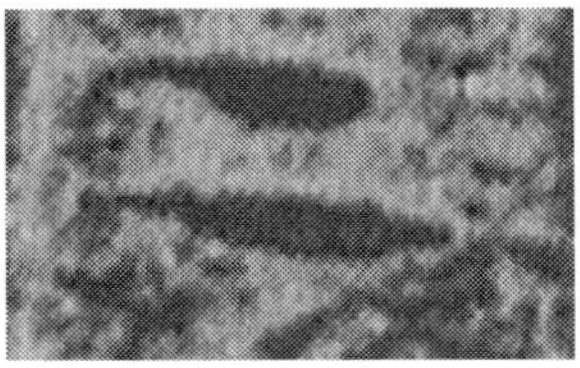

'上(상)'자는 세로획과 가로획, '二'자의 가로획의 起筆(기필)을 보면 온전한 해서 획이 아니다. 收筆(수필)은 예서의 파책과 비슷하게 처리하여 독특한데 이것은 죽간이나 목간 등에서 볼 수 있는 형태로 簡帛書(간백서)[16] 필의이다.

〈우전팔번경〉의 명문을 보면 획의 가감과 변형된 자형을 사용하였으며, 여기에는 간백서 필의 외에도 해서, 행서, 예서 등 여러 서체가 어우러져서 독특한 장법을 보여주고 있다. 여기에 사용한 여러 書體(서체)는 웅진시기 백제서예의 다양한 면모를 확인해 준다. 또한 백제 서예가 일본의 大和 時代(대화 시대)에 전해진 일면을 확인할 수 있다. 당시 일본서예는 백제 등 외부에서 서예가 전해졌지만 아직은 자체적으로 좋은 서예

16) 簡帛書(간백서)는 춘추·전국·진한 시기에 실용적인 서체로 널리 쓰였다. 후한대에 채윤이 제지법을 개량하여 질 좋은 종이가 대량으로 생산되기 전까지 죽간·목간·비단에 서사하였다. 간백서라는 명칭은 여기에서 나왔다. 서체는 전서, 예서, 초서 등이 섞여 독특한 자형과 장법을 갖는다. 참고로 우리나라는 현재까지 목간만 출토되었다.

를 발전시킬 수 있는 단계가 아니었다.[17)]

2) 해서비교

백제에서 해서는 한성시기의 유물에서 확인되지만 자료가 적어 깊이 논하기 어렵다. 웅진시기에 이르러 무령왕릉에서 출토된 유물로 자료가 비교적 풍족해지고 특성을 논할 수 있게 되었다. 사비시기에는 많은 유물이 발굴되어 해서의 발전과정을 살피기에 용이해졌다. 비록 수량은 많지 않지만 백제 해서는 중국의 남조와 수당의 수용하면서 다양성과 특성을 가지고 있음을 확인할 수 있다.

① 大夫(대부) 명문 토기

그림 35. '大夫' 명문 토기

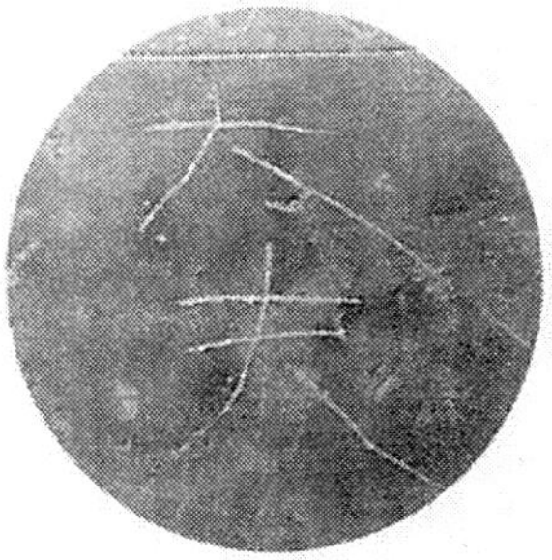

그림 36. '大夫' 명문 확대

한성시기 풍납토성에서 출토된 토기에 '大夫' 명이 있다. 토기 표면에 날카로운 도구를 사용하여 그은 선이 가늘고 날카로워 토기가 굳은 뒤에

17) 정태희 편저, 『일본서예사』(원광대학교출판국, 1996) pp.50~51.

쓰였음을 알 수 있다. 서예의 필획이라 볼 수는 없지만, '大夫'라고 쓴 글씨는 백제인의 활달한 기백을 느끼게 한다. '大夫'에서 활달한 필선을 볼 수 있다. '大'와 '夫'는 마지막의 '㇏'에서 방향이 조금 다를 뿐 필선을 시원하게 뻗어 공간을 대범하게 처리하고 있다.

② 井(정) 명문 토기

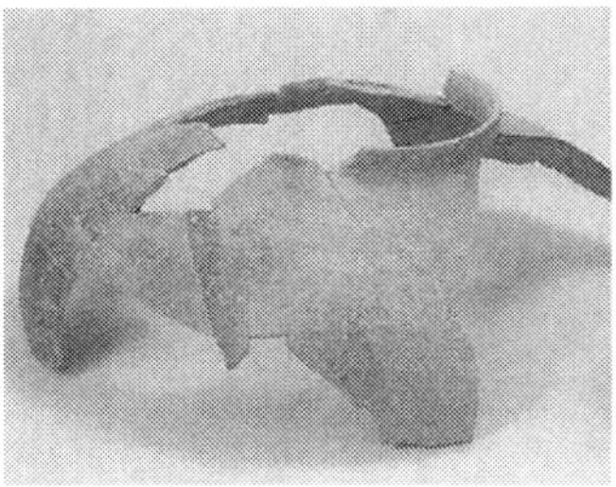

그림 37. '井' 명문 토기

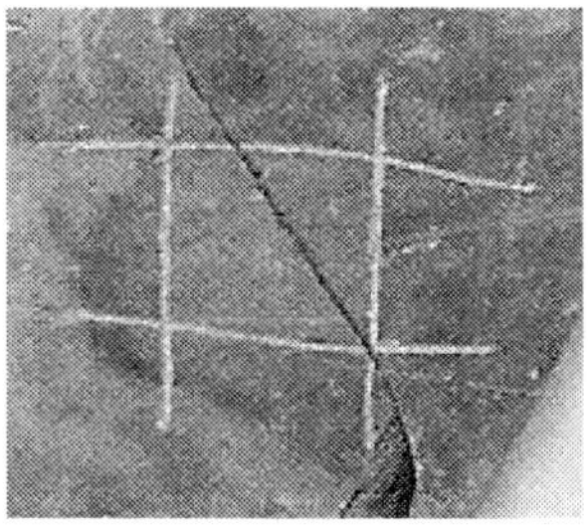

그림 38. '井' 명문 확대

풍납토성에서 발굴된 '井'자 명문은 단순하고 명쾌한 직선을 교차하여 시원한 기상을 드러내고 있다. '井'자 명문은 고구려에서 출토된 명문과 유사하기 때문에 고구려와의 서예교류 가능성을 생각하게 한다.

③ 武寧王 誌石(무령왕 지석)

그림 39. <무령왕 지석> 탁본

웅진시기 서예를 대표하는 〈武寧王 誌石(무령왕 지석)〉(525)의 해서는 남조나 북조의 해서를 분위기를 반영하면서 이와 구별되는 독특한 풍취가 있다. 그것은 비슷한 시기의 중국 남북조의 지석에 나타나는 정형화된 형식과 서체가 아니고 점획과 자형의 변화가 풍부하고 章法(장법)과 刻法(각법)이 자연스러운 백제적인 특징을 보여주고 있는 것이다.

〈광개토호태왕비〉의 서체가 고구려의 굳세고 호방한 기상을 잘 표현한 서체였다면 〈武寧王 誌石(무령왕 지석)〉의 서체는 온아하면서 섬세하고 세련되었으면서 자연스럽고 담박한 여운을 느끼게 해주는 서체이다. 다시 말해 백제의 문화와 감성을 잘 표현하고 있는 최고의 글씨로 평할 수 있다.

그림 40 양
소부비왕씨묘지(520)

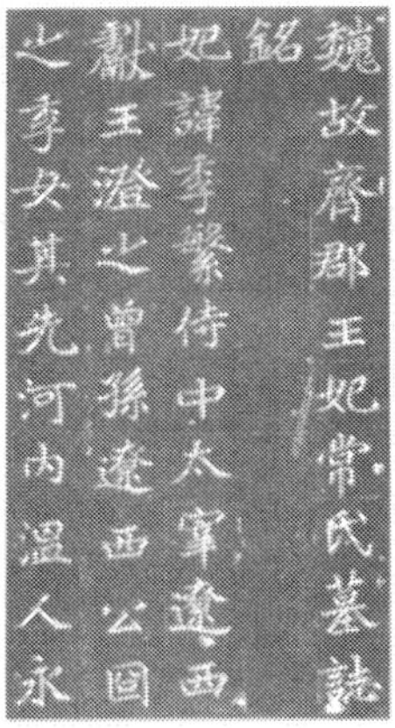

그림 41 북위
상계번묘지(523)

④ 砂宅智積碑(사택지적비)

〈砂宅智積碑(사택지적비)〉는 백제 사비시기 楷書(해서)의 정수라 할 정도로 단연 돋보이는 유일한 碑文(비문)이다. 이 비문은 다른 금석 자료에 비하여 글자가 크고, 남아 있는 자형이 온전하며, 필세가 강건하고 맑고 다양한 서풍을 볼 수 있기 때문에 백제서예를 논하는데 우선 거론되는 것이다. 방형의 정간을 긋고 그 안에 단아한 운필과 안정되게 글자를 배치하고 있다. 전체적으로 점획의 변화에 비해 결구의 변화가 많으며, 자형은 대체로 넉넉하고 약간 방형에 가깝다. 현재는 碑身(비신)만 남아있지만 원래는 이와 어울리는 基壇(기단)과 屋蓋(옥개) 등 碑(비)의 형식도 함께 있었을 것으로 추정된다.

비문의 글씨에서 北魏書(북위서)와 수와 초당의 楷書(해서)의 면모를 볼 수 있다.

그림 42. <사택지적비>
탁본

年(년)	月(월)	悲(자)	合(합)
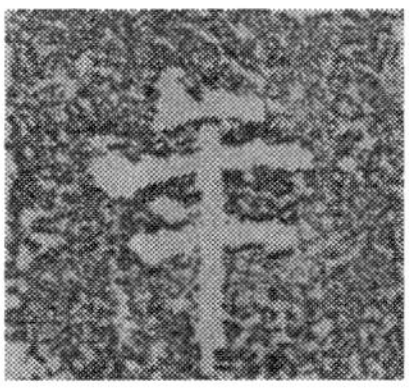	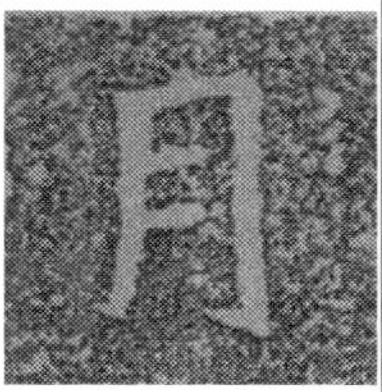	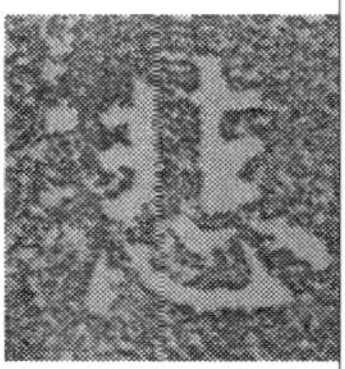	

'年(년)'자에서 제 3획을 강조한 것과 '月(월)'에서 제 2획의 강한 삐침 등은 北魏(북위) 서풍이 반영된 것이다. '悲(자)'자의 '非'와 '心'의 안정된

결구와 '含(함)'자의 '人' 부분은 隋·唐(수당) 서풍이 반영된 흔적이다.

그러나 전반적인 점획과 자형과 결구에서 隋·唐(수당) 서풍이 강하게 섞여 있으면서도 이와 구별되는 독특한 분위기를 보여준다. 이것이 백제 〈砂宅智積碑(사택지적비)〉의 특징인 것이다.

〈武寧王 誌石(무령왕 지석)〉도 동형자가 있었지만 자연스런 변화를 보여 주었다. 이에 비해 〈砂宅智積碑(사택지적비)〉의 동형자는 변화가 거의 나타나지 않고 동형 반복을 하고 있다. 이러한 현상이 나타나기 시작한다는 것은 백제서예가 새로운 형식으로 변하고 있다는 단서이다. 웅진시기 서예에서 볼 수 있는 세련미와 안정된 미감, 그리고 공교함과 질박함이 자연스럽게 어울렸던 미감에서 점차 벗어나는 것이다.

〈砂宅智積碑(사택지적비)〉에서 일부 글자가 동형 반복을 보이는 것은 수당의 해서를 수용하면서 나타나는 현상이다. 백제 말기의 서예에서 세련되면서 안정되고 정연한 字法과 章法을 추구하는 현상이 나타나기 시작하는 것이다.

이처럼 〈砂宅智積碑(사택지적비)〉는 전반적으로 북위와 수·당의 해서를 사용하고 隷書(예서)와 行書(행서) 그리고 異體字(이체자)를 사용하여 변화가 풍부하다. 필획에 骨氣(골기)가 많아 필세가 강하며, 기운이 맑고 楷正(해정)하여 독특한 미감을 드러내고 있다. 그렇지만 일부에서 동형반복 현상이 나타나 미감의 변화를 보이고 있다.

이러한 특징을 갖는 〈砂宅智積碑(사택지적비)〉는 사비시기 백제서예의 고유성을 드러낸 대표적인 해서로서 의미를 갖는다.

⑤ 印刻瓦(인각와)

印刻瓦(인각와)의 내용은 干支(간지)가 대부분이고, 處所(처소)와 官府

(관부)도 있다. 瓦片(와편)의 인장은 형식적으로 원형과 방형으로 구분되며, 글자 수에 따라 ①한 글자 인각 ②한 글자씩 새긴 두 글자 인각 ③한 공간내에 두 글자 새긴 인각 ④4자 이상 새긴 인각으로 구분된다. 아직 官印(관인)이나 私印(사인) 등 다양하고 발달된 형식의 인장이 발견되지 않았기 때문에 印刻瓦(인각와)를 통해 제한적으로나마 백제 해서를 확인할 수 있다.

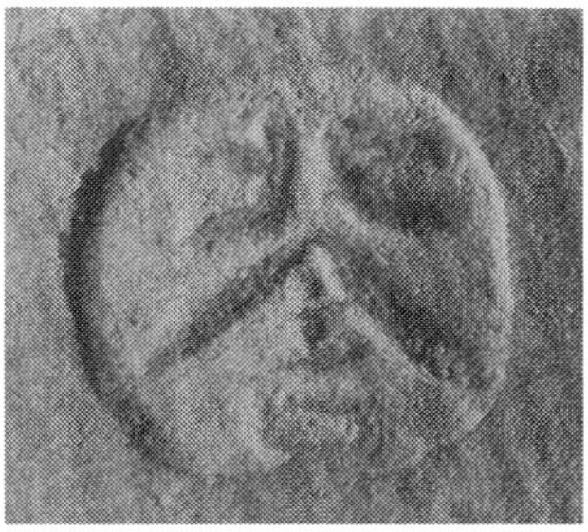

그림 47. '北舍'명문 인각와 1

사진 48. '北舍' 명문 인각와 2

'北舍(북사)' 명문 인각와 1은 부여 관북리에서 출토된 것으로 원의 크기는 2cm 정도이고, 명문은 양각이다. '北舍(북사)'라는 명칭으로 볼 때 官印(관인)으로 보인다.

온전함에 무심한 원은 그 모습이 더 어울린다. 그 원안에 질박한 글자가 넉넉한 모습으로 안치되었다. 조그만 '北(북)'자는 어린애가 팔다리를 뻗고 노는 듯 천진하다. 그 아래 '舍(사)'자는 마애삼존불의 천연스러운 미소와 닮은 느긋함으로 받치고 있다. 부드러운 선질, 두 글자가 한 글자처럼 어울린 자연스러움, 여유 있는 공간이 서로 잘 어울린다.

부여 관북리에서 출토된 '北舍(북사)' 명문 인각와 2는 2cm정도의 원안에 명문이 양각되어 있다. '北舍(북사)'라는 명문으로 볼 때 官印(관인)으로 사용된 것으로 보인다.

앞의 인각와 명문이 아기자기하여 여성적이고 靜(정)적이라면 이 명문은 남성적이고 動(동)적이다. 거치없는 획이 원에 닿고 여백이 좁아 보일 정도로 두 글자는 씩씩하고 기상이 쾌활하다.

露鋒(노봉)이 많고 탄력있는 양각선이 기세좋게 펼쳐진다. 만들 때부터 그러한 것인지, 아니면 찍을 때 우연히 나타난 것인지 모르지만 '北(북)'자를 보면 우측 획이 더 도드라져있고, '舍(사)'자는 왼쪽이 더 도드라져 입체감을 더해준다. '舍(사)'자에서 '土(토)'와 '口(구)'가 하나로 합쳐진 점이 눈에 띈다.

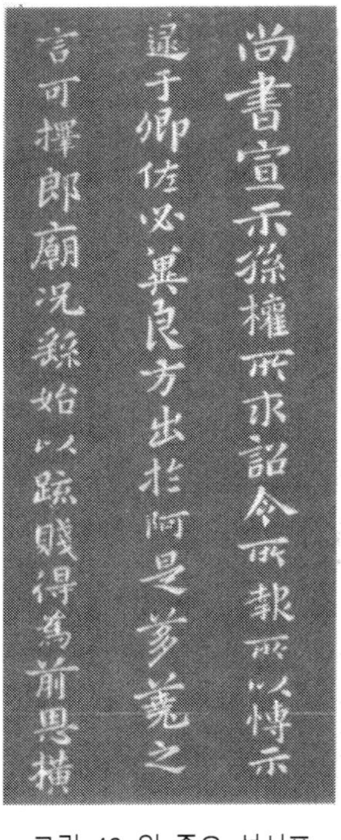

그림 49 위 종요 선시표

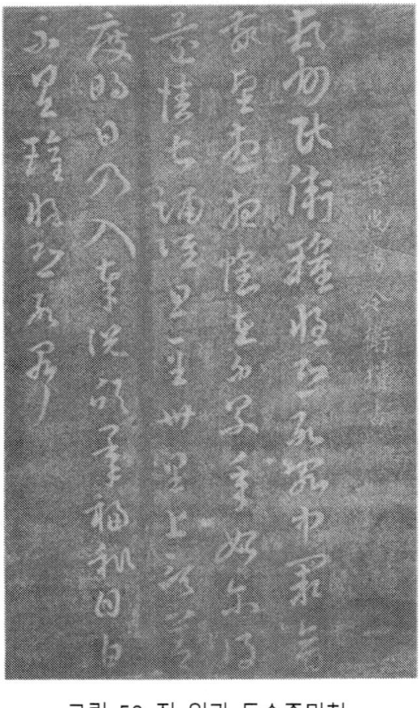

그림 50 진 위관 돈수주민첩

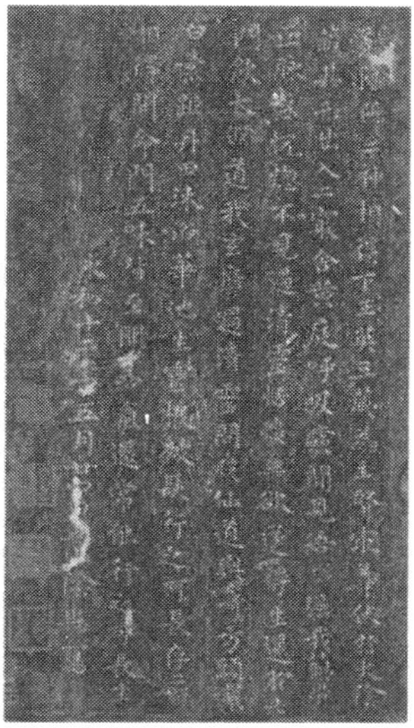

그림 51 왕희지 황정경

그림 52. 북위. 원현준묘지(513)

그림 53 진 위화묘지(570)

그림 54 당 구양순 구성궁예천명(632)

3) 행서비교

백제의 행서 수준은 여러 서예 유물을 통해서 볼 때 상당한 수준에 이르렀음을 볼 수 있다. 백제 행서는 상당수가 생생한 묵적으로 전하고 있다. 특히 사비시기의 목간으로 많이 전하고 있는데 백제 특유의 온화하고 세련된 운필은 당시 중국의 서예와 견줄 정도로 뛰어났다.

① 계양산성 출토 목간

2005년에 인천 계양산성에서 목간을 발굴하였는데 발굴자측은 3~4세기 백제 목간으로 추정하였다.[18] 목간 길이는 13.8cm의 막대 모양이지만 목간 상하가 일부 부러진 상태이기 때문에 원래 더 길었음을 알 수 있다. 표면을 5면으로 깎아서 『論語(논어)』「公冶章(공야장)」 구절을 썼는데 글씨 일부를 확인할 수 있다.

일부 확인된 글자와 『논어』 원문은 다음과 같다.

◉'賤君子(천군자)' 묵서 부분.

원문 : 子謂子賤 君子哉 若人 魯無君子者 斯焉取斯(「公冶章」 第 2章)

◉'吾斯之未能信子(오사지미능신자)' 묵서 부분.

원문 : 子使漆雕開 仕 對曰吾斯之未能信 子說(「公冶章」 第 5章)

---

18) 선문대학교의 보고 자료에서 '主夫吐'(주부토)라는 글자를 새긴 기와가 출토됨으로써 『삼국사기』에서 이 일대를 주부토군(主夫吐郡)이라고 불렀다고 하는 기록과 상통하는 것으로 드러났다.'고 보았지만 書體나 筆意를 보면 능산리 목간과 유사한 부분이 있다. 또 혹자는 신라 목간으로 보기도 하기 때문에 이에 대한 검토가 필요하다.

◉'不知其人也赤也(부지기인야적야)' 묵서 부분.

원문 : 孟武伯問子路仁乎 子曰不知也 ……, 求也 千室之邑 百乘之家 可使爲之宰 也 不知其仁也 赤也 何如(「公冶章」 第 7章)

그림 55

그림 56

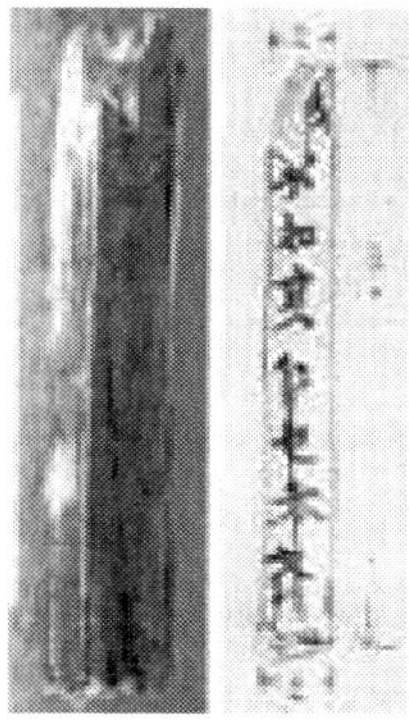

그림 57

목간의 글씨는 해서로 썼지만 '子(자)' · '之(지)' · '其(기)'자를 보면 행서도 약간 섞여 있다. 또한, 점획의 필선이 유려하고 글자의 구조가 안정되어 상당히 능숙한 필치임을 알 수 있다. 이러한 세련된 서풍은 점획의 起筆(기필), 轉折(전절), 波磔(파책) 등에서 강한 方筆(방필)로 운필하는 北魏書風(북위서풍)과는 구별되며, 세련된 운필은 오히려 南朝書風(남조서풍)과 관계있음을 보여준다.

위에서 살펴본 서사자료는 적어서 구체적으로 살펴보기에 미흡하였지만 한성시기에 古隸(고예)·楷書(해서) · 行書(행서) 등이 쓰였음을 알려주고 있다. 그렇지만 낙랑 · 한 · 고구려 · 일본 등과의 서예교류와 서예자료에 대한 구체적인 연구는 앞으로의 과제이다.

② 甲乙 묵서

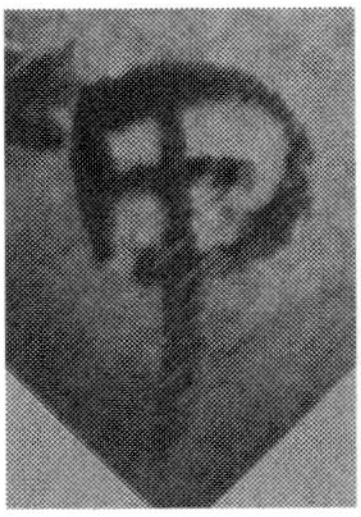

그림 58.
'甲(갑)'자 묵서
확대 부분

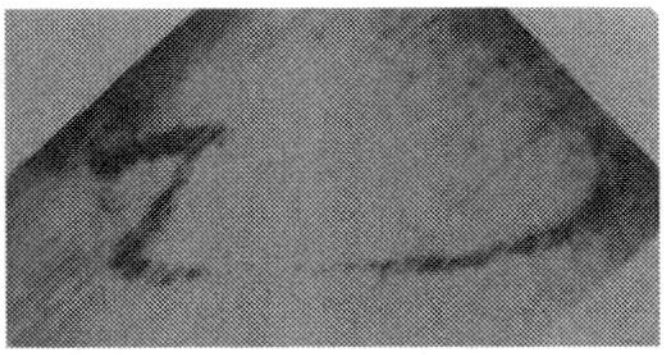

그림 59. '乙(을)'자 묵서 확대
부분

무령왕릉의 왕비 두침에서 발견된 두 글자는 行書(행서)로 쓰였으며 필획이 대체로 도톰하고 매우 유연하며 온아한 풍을 보인다. '甲(갑)'자는 필획이 대체로 굵고 부드러운 운필을 하고 있다. 제 2획은 시작을 부드럽고 굵게 시작하고 전절 부분을 아주 유연하게 처리하여 묵적에서 느낄 수 있는 특유의 탄력을 느낄 수 있다. '乙(을)'자는 '甲(갑)'자에 비하여 약간 가늘면서 길고 경쾌하게 필획을 마무리하고 있다. 약간 과장되게 표현한 필획에서 글쓴이의 자신감 있는 호쾌한 붓 맛을 느낄 수 있다.

甲乙 묵서는 南朝(남조)의 행서에서 느낄 수 있는 유려하고 경쾌한 운필을 생생하게 보여주는 육필자료이며 백제 행서의 수준이 상당하였음을 보여주는 귀중한 자료이다.

③ 陵山里 木簡(능산리 목간)

1980년대 이후 고고학적 발굴로 출토되기 시작한 木簡(목간)은 금석문이 적은 백제서예의 미흡함을 보완해줄 중요한 서예자료이다. 墨痕(묵흔)이 생생한 목간은 서사 당시의 느낌을 고스란히 전해주는 육필 자료이기 때문에 앞으로 사비시기 서예를 논하는데 최우선 자료로 거론되어야 마땅할 것이다.

	연대	출토지	발굴	목간(묵서)
陵山里木簡	6C전반	부여능산리사지	2000~2002	24(20)
官北里木簡	7C	부여관북리	1982~2003	12(10)
宮南池木簡	7C	부여궁남지	1995~2001	11(3)
雙北里木簡	7C	부여쌍북리	1998	2(2)

표 10. 백제 목간 발굴 현황(2003년 현재 기준)

백제 목간은 1982년과 1983년에 전 부여박물관 정문을 발굴하는 과정에서 나온 관북리 목간 2점이 최초의 사례이다. 명문 내용은 「△△本我自(본자아)」였다.[19] 이후 지속적으로 발굴되어 모두 12점이 나왔다. 그리고 능산리에서 24점, 쌍북리에서 2점, 그리고 궁남지에서 11점이 각각 발굴되었다. 현재에도 계속 발굴되고 있어 백제서예의 미흡한 자료를 보완해줄 것으로 기대된다.

백제 목간 중에 능산리 목간과 궁남지 목간이 보존 상태가 양호하며 글자가 많고 서사 수준이 뛰어나 가치가 높다. 이 중에서 능산리 목간 중 六部五方(육부오방) 목간을 살펴보기로 한다. 목간 내용은 다음과 같다.

---

19) 박현숙, 『백제이야기』(대한교과서, 1999), p.258.

전면 : 書亦從此法爲之凡六冂五方

(서역종차법위지범육절오방)

해석 : 書(서) 또한 이 법에 따라 한다. 무릇 육부오방의…

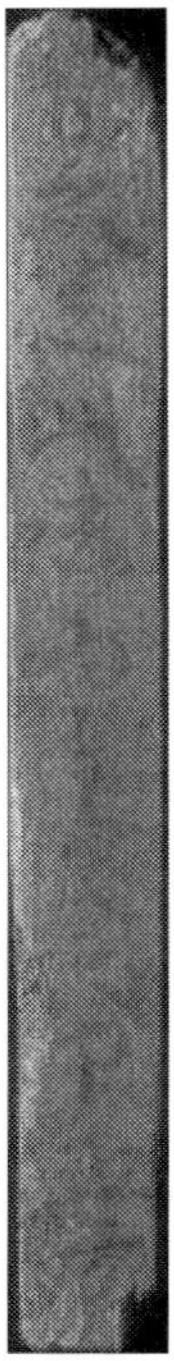

書
亦
從
此
法
爲
之
凡
六
冂
五
方

그림 60.목간 전면

이 목간의 크기는 길이 16.4cm, 폭 1.7cm, 두께 0.5cm이다. 목간 전면과 후면에 행서로 쓴 墨書(묵서)가 있다. 목간 윗부분이 부러져 내용을 알 수 없지만 '書亦從此法爲之(서역종차법위지)'라는 글로 보아 필법 혹은 문장, 간찰 등에 대한 글로 추정된다. 일부 글자의 특징을 살펴보기로 한다.

亦(역)	從(종)	此(차)	之(지)
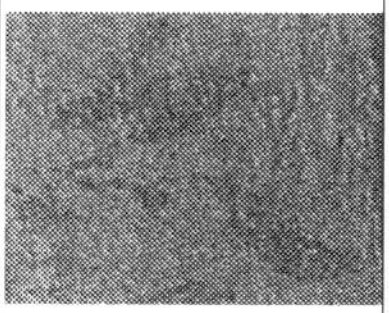	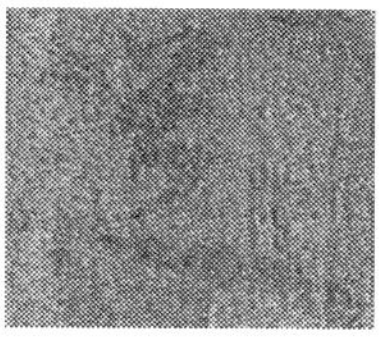	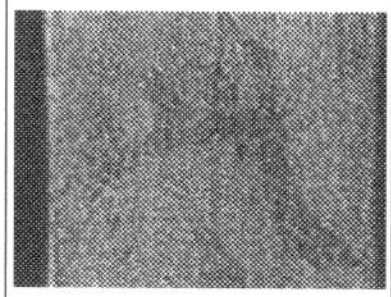	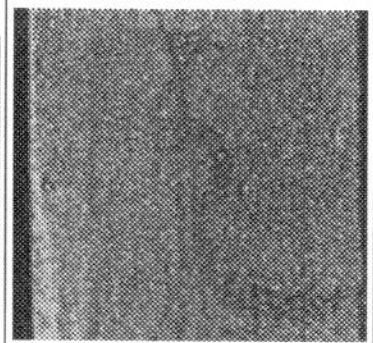

'亦(역)'자는 유연한 흐름이 뛰어나며 마지막을 파책으로 강조하는 서사 습관을 볼 수있다. '從(종)'자도 점획의 연결이 물 흐르듯 자연스러우며 마지막을 길게 처리하여 강조하였다. '此(차)'자는 탄력있는 점획과 장단의 변화 그리고 유연한 흐름이 일품이다. '之(지)'자는 성난 뱀이 고개를 쳐들 듯 필세가 뛰어나다.

위에서 살펴본 '六部五方(육부오방)' 목간의 묵서는 유려하고 능숙한 운필, 필획의 강약, 비수 등이 잘 표현되어 二王(이왕)이나 南朝(남조)의 글씨와 비교해도 그 수준이 결코 뒤지지 않음을 알 수 있다. 사비시기와 비슷한 시기의 남조에는 양나라의 蕭衍(소연, 즉 양 무제)과 蕭子雲(소자운)이 있고, 진나라의 智永(지영) 등이 있어 王羲之(왕희지)의 행서와 초서에 뛰어났던 인물들이다. 사비시기 목간의 글씨는 이들과 비견할 수 있는 높은 수준에 달했음을 확인할 수 있다.

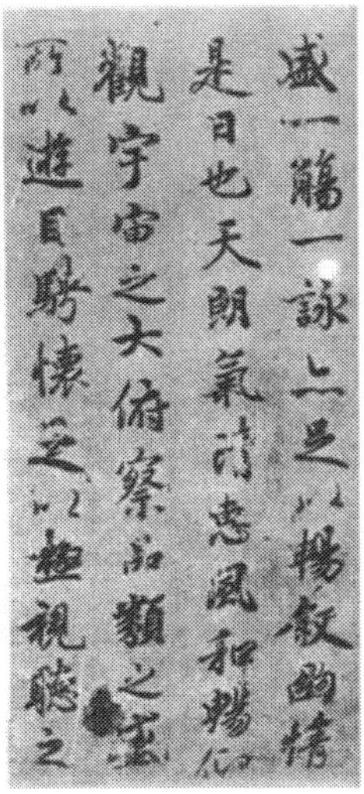

그림 65 동진 왕희지
난정서

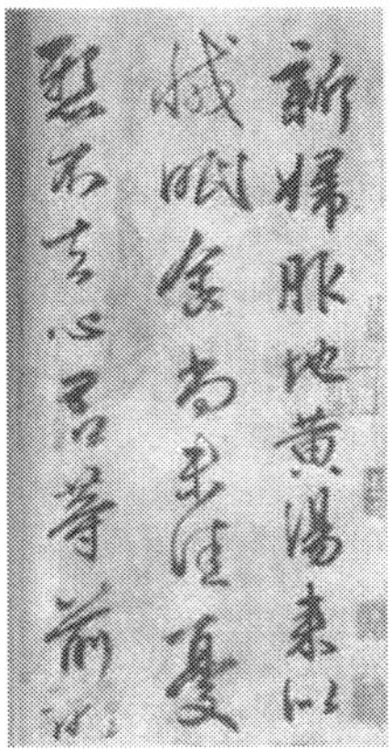

그림 66 동진 왕헌지
지황탕첩

그림 67. 당. 당태종
온천명(648)

4) 초서비교

그림 68.
'梁官下爲師矣' 명문전

백제의 초서는 塼, 토기, 목간에서 일부 전하지만 능숙하고 호방한 필세를 볼 수 있다. 중구에서 초서는 행서와 함께 일상적인 서사에 많이 사용되며 세련된 귀족 문화를 담아 표현하기에 적합한 현태로 발달 하였다. 백제의 초서도 귀족 문화의 발달과 함께 하였을 것으로 추정되나 자료가 미흡한 실정이다.

현전하는 대표적인 초서로 '梁官下爲師矣(양관하위사의)'[20] 명문전이 있다. 이것은 송산리 6호분의 羨道(연도) 입구를 막는데 사용하였던 것으로 크기는 가로 31.7cm, 세로 13.8cm, 두께 4.4cm이다. 명문 내용을 통해 제작 과정과 왕릉을 축조하는 과정 등을 알 수 있는 주요자료이다.

글씨는 벽돌이 굳기 전에 부드러운 진흙 위에 날카로운 도구로 쓰였기 때문에 독특한 분위기가 난다. 행서와 초서가 섞였고 필치가 능숙하며 필세가 활달하다. 가늘고 날카로운 도구를 사용하여 필획이 가늘고 날카로우면서 전체의 흐름이 유연하다. 이 명문은 6자에 불과하지만 주저함이 없는 필획과 대범한 공간 활용은 웅진시기 서예의 호방한 일면을 그대로 표현하고 있다.

20) 그렇지만 혹자는 명문 초서를 '梁官品爲師矣' 또는 '梁官瓦爲師矣'로 보기도 한다.

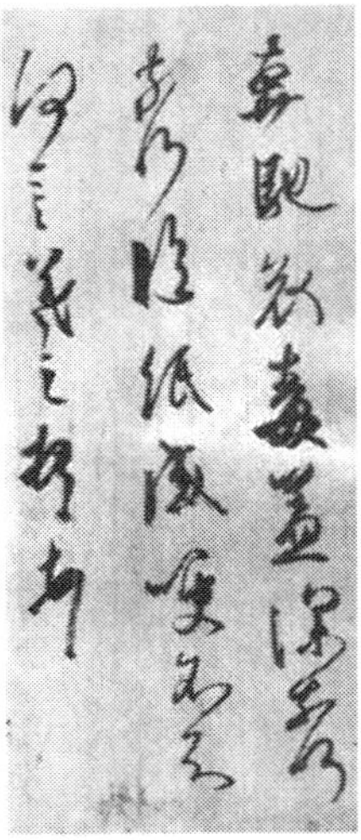

그림 69 동진 왕희지
상란첩

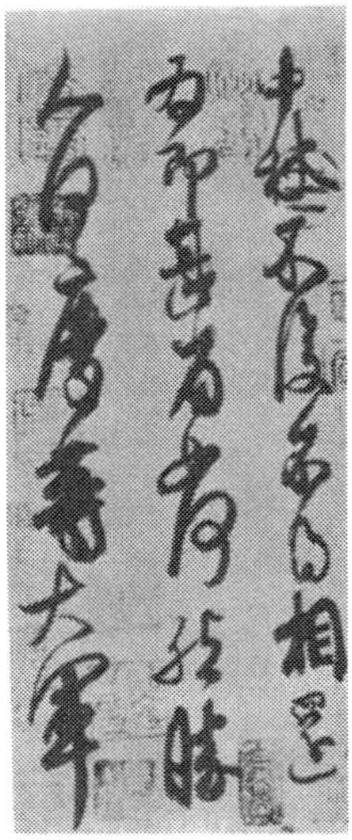

그림 70 동진
왕헌지 중추첩

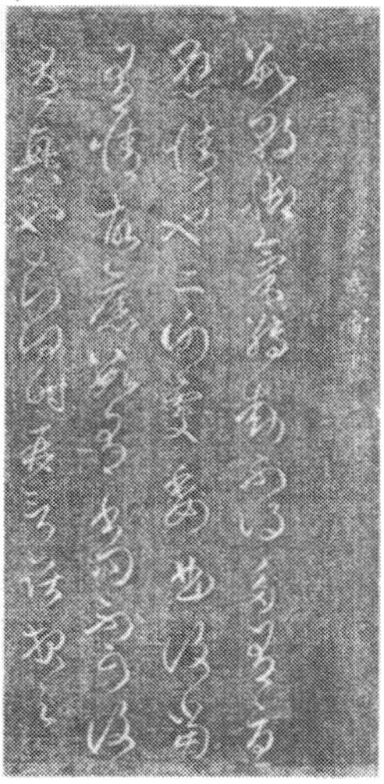

그림 71 양 무제 삭조첩

4. 결어

이상으로 백제가 중국 남조와 수당 등과 이루어진 동아시아 서예 교류를 살펴보고 그 결과 나타난 서체별 특징을 정리한다면 다음과 같다.

먼저 隸書를 살펴보기로 한다. 백제는 예서 중에서 古隸를 많이 사용되었음을 확인할 수 있었다. 한성시기는 시기적으로 後漢의 八分隸를 접할 수가 있었지만 현전하는 서예유물에서는 팔분예를 볼 수 없다. 이러한 현상은 웅진과 사비 시기에도 해당된다. 그 이유는 백제의 古隸가 漢보다는 樂浪과 高句麗를 통해 주로 수용되었기 때문이라고 본다. 고예가 사용된 동경과 동탁은 한대의 것이 전해졌을 가능성이 큰 것으로 일부에서 보고 있다. 이 유물의 명문과 함께 사용된 양식은 畵像塼의 양식과 유사함을 볼 수 있다. 이에 비해 〈칠지도〉는 낙랑과 고구려의 명문전의 고예와 유사함을 확인할 수 있어 중국보다는 국내의 영향을 받았다고 본다. 웅진시기의 예서로는 〈우전팔번경〉을 들 수 있다. 그러나 이 명문은 예서 외에도 중국의 簡帛書에서 볼 수 있는 서체의 양식을 확인할 수 있다. 사비 시기의 예서유물로 〈창왕명 사리감〉을 거론할 수 있다. 여기에 사용된 서체는 고예이지만 해서의 특성을 보이는 글자가 함께 사용되었다. 이렇게 볼 때 백제 예서는 고예를 중심으로 사용되었고, 팔분예를 사용한 경우는 아직 확인되지 않고 있다. 중국에서는 전한과 후한에서 각각 고예와 팔분예가 구분되면서 크게 성행하였으며, 후한 이후 팔분예가 대표적인 예서로 이어졌다. 그러나 백제의 경우 八分隸의 사용 흔적이 거의 나타나지 않은 것은 특이한 경우라 하겠다.

다음에 楷書를 살펴보기로 한다. 한성시기의 해서는 '大夫'·'井'명 토기에서 확인할 수가 있다. 글자가 적지만 필세가 호방하고 익숙하게 쓴 것으로 볼 때 해서가 당시에 보편화되었을 것으로 보인다. 웅진시기의 해서는 무령왕릉에서 출토된 〈무령왕 지석〉·〈매지권〉·〈무령왕비 지석〉과 각종 銘文塼 등에 사용되고 있어 자료가 갑자기 풍부해진다. 특히 〈무령왕 지석〉의 해서는 웅진시기 뿐 만 아니라 백제 해서를 대표하는 것으로 평가된다. 지석의 해서는 중국 남조와 북조의 서풍이 함께 보이지만 그들과 특성이 구별되며, 石材와 刻法이 함께 어우러져 百濟的인 正體性을 자연스럽게 보여주고 있다. 사비 시기의 해서는 〈사택지적비〉로 대표된다. 자형을 분석해보면 북위서풍과 수당서풍을 반영하면서 백제적인 특성을 보여주는 것으로 말기의 뛰어난 서사 수준을 보여주고 있다. 현전하는 백제의 유일한 비석으로서 의미를 가지는 이 비는 중국적인 비양식도 전해지는 과정을 보여주고 주요유물이다. 木簡의 글씨도 사비 시기의 해서로 대표적인 것으로 꼽을 수가 있다. 목간은 당시의 서사수준을 직접 전하는 매우 소중한 육필자료이다. 목간은 해서 외에 행서와 초서를 많이 썼으며, 일부 자형에서는 예서 등의 필의도 확인할 수 있는 등 다양한 서체를 확인할 수가 있다. 목간에 쓰인 해서는 〈사택지적비〉에 사용된 정제된 미감의 점획과 자형과는 다르며 서사의 실용성을 살린 자연스런 특성을 보여주고 있다. 이외에 '前部'명이나 印刻瓦 등에 사용된 해서는 서사 공간에 따라 달라지는 다양한 느낌을 볼 수가 있다.

중국의 해서를 보면 魏의 鍾繇가 쓴 〈선시표〉 등의 해서는 점획과 자형 등에서 예서적인 특징이 남아 있는 초기 해서의 면모를 보여주고 있다. 東晋에 이르러 종요 해서를 계승한 왕희지의 소해인 〈황정경〉·〈동방삭화찬〉·〈악의론〉과 왕헌지의 소해를 보면 귀족적인 세련미를 더하며 해서의 완성도를 높이고 있다. 南朝 해서는 대체로 종요와 二王의 해서를 계승하고 있다. 이에 비해 北朝는 北魏를 중심으로 필세가 웅방하고, 전절과 파책 등에서 강한 방정함이 보이는 해서를 발전시킨다. 이러한 북위서의 필의는 백제를 비롯하여 고구려 신라의 해서에서도 확인할 수가 있다. 隋는 남북조의 서예의 특성을 아우르면서 북조의 방정함과 남조의 세련성을 더한 해서가 특징이나 단명하여 당으로 이어져 발전하게 되었다. 수를 이은 初唐 서예는 더욱 완성도 높고 필법이 분명하며 정적인 안정성이 극도로 강하여 尙法의 특징이 있는 해서로 발전시켰다. 이 시기에 해서를 극치로 이끈 대표적인 서예가들로 구양순·우세남·저수량 등이 있다. 특히 구양순은 한국 서예사에서 지속적으로 영향을 미친 인물이다. 백제의 해서는 세련되고 정제된 미감과 정형성이 강한 남조 서예와 수당 서예의 발전과 궤를 함께 하면서도 자유롭게 서사하고 얽매임이 덜한 부정형의 특성이 강한 백제 해서를 보여주면서 한성 · 웅진 · 사비시기로 발전하는 내재적인 발전을 보이고 있다.

다음에 行書를 보기로 한다. 인천의 계양산성에서 출토된 木簡을 볼 때 한성 시기의 행서는 상당한 서사 수준에 도달하였음을 확인할 수 있다. 그 목간은 『논어』의 일부를 서사하여 갖고 다니는 실용적인 목적으로 사용된 것으로 당시의 일상적인 서사 수준과 실정을 전하는 자료이기도 하다. 웅진시기의 행서는 '甲乙' 墨書에서 살펴볼 수 있다. 두 글자에 불과하지만 넉넉하고 탄력적인 선질을 구사하며 세련되고 수준 높은 운필 수준을 잘 보여주고 있다. 사비 시기의 행서는 능산리와 궁남지의 목간 등에 쓰인 것이 서사 수준이 높고 필의도 다양하다. 위진 이후 행서는 二王과 그들을 추종하는 수많은 서예가들에 의해 가장 왕성하게 발전하였다. 백제의 목간 행서는 남조와 수당의 행서에 결코 뒤지지 않는다고 본다.

마지막으로 草書는 백제에서 자료가 드물어 논하기가 쉽지 않다. 다만 웅진 시기의 塼에 쓰인 '梁官下爲師矣'는 초서의 수준을 잘 보여주고 있으며, 대범하고 능숙한 공간활용이 백제의 초서수준이 상장하였음을 보여주는 것이다. 중국에서 초서는 東晋의 二王에 의해 예술성 높은 완성을 이루며 최고의 수준에 도달하였다. 남조의 梁은 梁武帝와 蕭子雲 등 뛰어난 서예가들이 있었고, 陳의 智永 등이 이왕 등의 서예를 이어갔다. 백제 초서는 이들과 교류하면서 발전 시켰을 것으로 보인다.

이상으로 살펴본 바와 같이 백제는 남조·수·당과 교류하면서 다양한 서체가 등장에 대해 동아시아 서예의 발전과 궤를 함께 함을 볼 수 있었다. 그 결과 백제의 서예는 일부 서체에서 동시기 남조 · 수 · 당과 대등할 정도로 발전하였고, 또한 정체성이 분명한 서예문화를 이루면서 내재적인 발전을 이루고 있음을 확인할 수 있었다. 이러한 백제 서예의 성취는 멸망이후 통일신라로 이어져 영향을 주었을 것으로 판단된다.

〈참고문헌〉

『三國史記』

『晉書』

『南史』

崔致遠, 『鷄苑筆耕集』

劉正成 主編, 『中國書法全集』卷18, 卷19, 卷20. 北京,榮寶齋出版社, 1997.

국립 부여박물관, 『백제의 문자』, 2002.

한국고대사연구실 편, 『역주한국고대금석문』, 駕洛國史蹟開發研究院, 1992.

강종원, 『4세기 백제사연구』, 서경문화사, 2002.

배규하, 『중국서법예술사』,이화문화출판사, 1999

박현숙, 『백제이야기』, 대한교과서, 1999.

유원재, 『백제사의 역사』, 충청남도, 1995.

유재학, 「樂浪瓦塼銘文의 書藝史的考察」, 홍익대 석사논문, 1988.

이성배, 「百濟 서예와 木簡의 書風」 『百濟研究』제40집, 충남대백제문화연구소, 2004.

이성배, 「백제 웅진시기서예 다시읽기」,『동양예술』제11집, 한국동양예술학회, 2006.

이성배, 「사비 시기의 백제 서예」『書學論集』 제 6집, 대구서학회, 2001.12.

정태희 편저, 『일본서예사』, 원광대학교출판국, 1996.

/ 제3부 지역창생학, 다문화사회와 문화예술 /

조선시대 사찰 주불전 발굴지 복원을 위한 자료구축에 관한 기초연구:

주불전 발굴지와 현존 주불전과 비교를 중심으로

김 환 철(선문대학교 역사문화콘텐츠학과)

1. 서론

1) 연구의 배경 및 목적

과거 한반도에 불교가 전래되고 그 불교와 관련된 수많은 건조물들이 아주 오랫동안 만들어져 왔고, 만들어진 건축물 대부분 목조 건축물이다. 과거 조영된 목조 건축물들은 한반도에 있었던 크고 작은 전쟁의 흔적으로 그 대부분이 사라졌다. 현재 현존하고 있는 사찰 불전의 대부분은 조선시대 건립 및 중건된 것이다. 조선시대는 발굴지와 현존 불전이 공존하는 시기이므로 같은 시기의 발굴지와 현존 불전을 비교할 수 있는 유일한 시기라고 할 수 있다. 이에 따라서 발굴지를 복원하기에 가장 많은 자료가 존재하는 시기라고 할 수 있다. 근래에 들어 많은 과거시대 건축물들을 원형에 맞춰 복원하는 방식을 추구하고자 하는 경향을 보이고 있다. 발굴지 복원을 위해서는 다양한 자료가 필요하기 때문에 상호 보완하면서 보다 정확한 자료를 찾고자 노력하게 된다.

현재 발굴지 건물 복원에 관련하여 기초 자료를 선택하고 원형 복원의 기준을 결정하는 방법은 다양하다. 첫째 문헌 및 자료는 남아있으나 현존하지 않는 건물 원형 추정을 문헌 및 자료를 기준으로 추정하는 방법, 둘째 건립시기가 유사한 현존 건물을 기준으로 하여 원형을 추정하고 그 추정자료를 기준으로 삼는 방법, 셋째 발굴 조사를 통하여 얻은 정보를 바탕으로 원형을 추정하고 복원하는 방법. 위 세 가지의 방법이 서로 상호 보완을 통해 가장 많이 사용하고 있다. 이렇게 다양한 방법이 서로 보완하면서 동시에 사용되는 것은 복원하려는 건물에 대한 실체가 없어 하나의 기준과 방법만으로 복원하기 어렵기 때문이다. 문헌에 의한 자료, 유사사례에서 얻을 수 있는 자료, 발굴지에서 추출된 자료 등 최대한 정확하고 많은 자료를 취득하는 것이 중요할 수밖에 없다. 이렇게 얻은 자료를 분석하여 복원에 필요한 자료로 활용여부에 대한 판단 과정을 거치게 된다. 복원이 실제로 이루어지지 않더라도 복원이라는 관점에서 발굴지를 조사 연구를 한다는 것은 존재 하였던 불전의 모습을 추적한다는 의미에서 아주 중요한 과정이라고 할 수 있다. 건물 발굴지를 통해 추출한 자료를 기반으로 건축물을 복원하는 방식은 배치상황과 평면 규모 등을 명확하게 알 수 있기 때문에 다른 자료보다 조금 더 구체적이고 명확한 자료를 활용하는 방법이라고 할 수 있다. 따라서 발굴 자료가 없는 건축물을 복원할 때보다는 월등히 수준이 높고 많은 기초자료를 바탕으로 복원작업을 수행할 수 있다.

조선시대 사찰 주불전 건물지에 대한 복원은 발굴지에서 나타난 평면 규모와 더불어 현존하는 건물들이 있어 보다 많은 자료를 기초자료로서 확보할 수 있게 된다는 것을 의미한다. 현존하는 건물들이 가진 특징들을 찾고 발굴지에서 나온 자료를 비교 검토하여 복원에 사용할 기초자료로서 구축하는 방법을 찾는 것이 가장 효율적인 방법이라고 할 수 있겠다. 평면규모와 유사한 특징을 가진 현존 건물을 선택하여 기초자료로서 활용하는 방법은 발굴지 복원에 중요 요소로 작용 할 수 있다. 그리고 이러한 기초자료들을 정리하는 방식을 제시하여 복원의 방향과 기준을 구축하는데 도움이 될 수 있을 것이라고 보았다.

2) 연구의 대상과 방법

본 연구는 평면 규모가 드러난 조선시대 사찰 주불전 건물지 복원이라는 관점에 필요한 기초자료를 제공, 제안하는 일련의 기초 연구 중 하나이다. 기존 선행 연구자의 연구의 대부분 발굴지와 현존 건물의 비교에 대한 가치를 설명하고 비교의 항목에 대한 기준을 제시하는 연구였다. 본 연구는 실제 사례를 통해 발굴지와 유사성이 높다고 보이는 현존 주불전에 대한 자료를 비교하고, 추출된 자료를 바탕으로 발굴된 건물지 주불전의 건축형식을 추정 자료를 축적하고자 하였다. 이렇게 축적된 자료가 복원자료로써의 가치 여부의 타진과 동시에 어떻게 활용할 수 있는지 방법을 찾아보고자 하였다. 자료 구축의 연구 대상은 조선시대 건립된 사찰 주불전 중에서 3x3칸 주불전의 발굴지는 7개소이며, 건물지는 8개소이다.

3x3칸 주불전을 주 연구 대상으로 선택한 이유는 다음과 같다. 첫째, 3x3칸 형태의 주불전은 한국 전통건축물 중에서도 정형적인 평면형식으로 오랜 시간동안 유지 및 존속해 왔기 때문에 현존 건물과 비교하기가 용이하기 때문이다. 둘째, 3x3칸 형태의 주불전은 문화재로 지정된 불전 가장 많은 수량을 차지하고 있다. 즉, 지정 문화재로 다른 사찰건물보다는 가치가 인정되고 기준으로 삼아도 인정이 될 수 있는 보편적 타당성이 인정되는 불전이다. 동시에 현존하는 비교대상이 많다는 장점이 있다. 비교대상이 많다는 것은 보다 정교한 비교 작업을 할 수 있으며 발굴지를 여러 측면에서 검토가 가능하다는 것을 의미한다. 세 번째로는 3x3칸 형태의 주불전은 사찰 불전뿐만 아니라 서원 향교 궁궐 건축 등 다양한 용도에 두루 사용 되었다. 특히 중소규모의 전각에 널리 사용된 형식이다. 정면과 측면이 모두 어칸과 협칸으로 구성되어 있는 최소한의 규모로서 서로의 길이를 비교 검토할 수 있기 때문에 더욱 좋은 연구 대상라고 할 수 있을 것이다.

조선시대에 건립된 사찰 주불전의 발굴지 중에서 3x3칸의 규모를 가지고 명확하게 조선시대에 건립된 것을 확인할 수 있는 건물지 8개를 선정하였다. 현존 건물의 선정은 발굴지의 평면 규모와 동일한 3x3칸 형태의 주불전중 지정문화재로 지정된 것을 대상으로 79채를 비교 대상으로 삼았다. 그 대상목록은 〈표11〉과 같다. 이들 현존 건물들은 도면이 작성되어 있어 평면규모를 비교하기에 용이하기 때문이다. 발굴지와 비교 분석하여 상위 3개소의 현존 건물을 선정하여 비교 대상으로 삼고자 한다. 3개의 개수는 최소한의 비교 수량이라 연구의 편의상 정한 것이며 보다 많은 수의 현존건물과 비교도 필요할 것이라 생각한다.

이 연구에서는 비교 항목으로는 절대적인 규모라고 할 수 있는 길이 수치와 면적으로 표현되는 항목이다. 이에 따라서 ① 정면의 길이 ② 측면의 길이 ③ 면적 ④정 면/측면 길이의 비율을 검토해보고자 하였다. 우선적으로 ① 정면의 길이가 유사한 현존 건물, ② 측면의 길이가 유사한 건물 ③ 면적이 유사한 현존 건물을 선택하고 그들 중에서 ④ 정면/측면 길이의 비율이 유사한 건물을 선택하는 방법을 사용하였다.[1] 이렇게 함으로서 ① ~ ③항목과 ④항목에 공통으로 유사한 현존건물을 찾아내는 것을 목표로 하였다. 공통으로 유사한 현존건물을 찾아내지 못하더라도 어떤 항목에 어떤 건물이 유사한지를 찾아내어 기초자료로서 사용할 수 있도록 한 것이다. 따라서 2개의 항곡에 모두 만족하는 사례와 만족하지 못하는 사례 등 다양한 경우가 나타날 것으로 보았다. 이러한 경우들을 종합하여 비교항목의 연관성과 기초자료의 타당성 등을 찾아보고자 하였다. 따라서 일부의 사례에서는 모두 일치하는 자료를 찾을 가능성도 있고 일치하는 자료를 찾지 못할 수도 있지만 이렇게 다양한 사례와 연관관계를 찾아봄으로서 보편적인 기초자료의 구축방식을 찾는 사례연구로서 시도한 것이다.

---

1) 김환철, 안대환, 조선시대 사찰의 3x3칸 주불전 건물지 복원을 위한 자료 구축에 관한 기초연구, 한국산학기술학회 Vol. 17, No. 9 pp. 163-177, 2016,

(1) 정면과 측면 길이와 면적 기준으로 비교

첫 번째로 건축물의 면적은 절대적인 건축물의 크기를 보여주는 항목이다. 한국 전통 목조건축물에서 건축물의 면적은 평면계획에서 가장 중요한 항목이다. 건축물의 상부 가구계획 등에 많은 영향을 준다. 면적은 발굴지에서도 명확하게 알아낼 수 있는 중요한 요소이다. 발굴지 복원에서 중요한 가치를 가진 기초자료이다. 일반적으로도 유사한 면적의 건축물은 유사한 건축적 특징을 가지고 있는 경우가 많다. 따라서 발굴지 복원이 아니더라도 전통건축물 복원에서 가장 많이 사용되는 항목이라고 할 수 있다. 발굴 조사를 통해 정확한 면적을 알 수 있다면 유사한 현존 건물에 적용 및 참고가 용이해진다는 것이다.

(2) 정면과 측면 길이와 그 비율을 기준으로 비교

건축물의 평면 계획에서 객관적인 규모를 말해주는 면적을 기준으로 정면과 측면 길이와 그 길이의 비율은 상대적인 규모로서 표현되는 계획을 검토해야할 것이다. 특히 평면 계획은 한국 전통목구조에서 가장 기초가 되는 계획 중의 하나이다. 상부가구 계획에 커다란 영향을 미치기 때문이다. 따라서 발굴지에서 정면과 측면 길이의 비율에 관련된 계획을 확인한 다는 것은 불전의 평면 계획을 확인하는 것과 마찬가지라고 할 수 있다. 이번 연구의 대상은 3x3칸 규모이므로 정면과 측면의 길이의 비율을 확인하고 유사한 사례를 찾아보고 이를 기준으로 정면과 측면 길이의 비율길이를 확인해보고자 한다. 이렇게 함으로서 면적은 다를 수 있지만 정면과 측면 길이 비율 계획에 대한 유사성이 있는 현존 건물들을 찾아보고자 한 것이다. 전체 면적의 유사성을 기준으로 하여 선택된 현존 건물 중에서 정면과 측면의 비율까지 검토된다면 면적에 대한 유사성에 대한 신뢰도를 높일 수 있을 것으로 보았다. 즉 면적과 더불어 정면과 측면 비율의 유사성까지 찾아본다면 평면 계획에서의 객관적인 규모에 대하여 유사성을 찾을 수 있다는 것을 의미하기 때문이다. 이러한 유사성을 가진 자료는 다양한 측면에서 복원에 활용할 수 있을 것으로 보았다.

2. 3×3칸 주불전 건물지 현황

1) 개요

국립문화재연구소에서 2007년 발간한「건축유적 발굴조사 자료집 사찰편 I II III」3권의 자료를 기초 자료로 삼아, 자료를 비교 분석한 결과 조선시대 건립 되었다고 기록되어 있는 사찰 발굴지는 약 90여개이다.[2] 그 중에서 본 연구에 대상으로 삼은 평면 규모 3×3칸, 건물의 용도 주불전, 건립 시기 조선시대에 해당하는 발굴 유적은 아래 〈표1〉과 같다.

표1 3x3 칸 발굴지 개요

유적명	지역	건물지 명칭	정면	측면	면적	정측비율
한계사지	강원 인제	금당지	8,400	5,600	47.04	1.500
천룡사지	경북 경주	제1건물지 금당지	9,600	9,600	92.16	1.000
인각사지	경북 군위	3차 대웅전	11,700	7,540	88.22	1.551
보문사지	대전 중구	금당지	9,900	5,500	54.45	1.800
대견사지	대구 달성	건물지 2호	11,200	8,400	94.080	1.333

2)『건축유적발굴조사자료집 사찰편 Ⅰ,Ⅱ,Ⅲ』, 국립문화재연구소, 2007

실상사 백장암	전북 남원	2차 법당지	11,100	7,600	84.36	1.460
		3차 법당지	8,700	7,800	67.86	1.115
주미사지	충남 공주	제1건물지 금당지	9,900	7,200	71.28	1.375

연구 대상 발굴지 중 실상사 백장암은 2차, 3차 법당지로 나눠져 있다. 2차, 3차 건물지는 3×3칸의 평면 형태는 변함이 없지만 길이와 면적에서 차이를 보인다. 이 두 가지 유적의 경우 모두 발굴보고서에서 조선시대라는 건립시기로 확인하고 평면 형태도 3×3칸의 규모로 본 연상의 항목에 맞아 2차, 3차 건물지 유적을 별도 건조물 유적으로 인식하고 별도 분석 하였다. 지역은 현 주소지를 기준으로 하여 조선시대 지역으로 분류하였다. 서울 인천은 경기로 대구는 경북, 부산은 경남, 대전은 충남으로 하여 지역 분류하였다. 〈표1〉을 통해서 본 연구 대상의 발굴지는 총 7개소이며, 건물지는 8개소, 지역별로는 충남2, 전북2, 경북 3, 강원 1개이다.

2) 유적과 발굴지 개요

(1) 인제 한계사지(寒溪寺址)[3]

한계사지는 창건된 연대는 백담사의 전신 사찰로서 신라 진덕왕 원년(서기 647)으로 되어 있다. 8세기 말~9세기 초에 조성된 것으로 추정하고 있다. 1655년, 1664년, 1683년 등 여러 번의 사찰 수리 기록이 확인으로 인해 17세기 말까지는 한계사라 절이 존속되었음을 알 수 있다.[4] 금당지

3) 『건축유적 발굴조사 자료집 사찰편Ⅱ(강원 · 경북 · 경남)』, 국립문화재연구소, 2007, pp.142-151.

4) 『한계사』, 강원대학교박물관 유적조사보고 제4집, 강원대학교박물관, 1985.

는 정남에서 동쪽으로 2。 정도 틀어진 각도를 갖는 거의 정남향이다. 그 규모나 형태는 현재 남아 있는 12기의 초석으로 보아 동서 8.4m, 남북 5.6m의 크기로 정면 3칸, 측면 3칸의 작은 건물이다. 기단부의 크기는 동서 11.4m, 남북 9.2m로서 초석과 기단석 사이의 폭은 0.9m이다. 금당지 중앙에는 불상을 모셨던 불단의 흔적이 남아 있다.

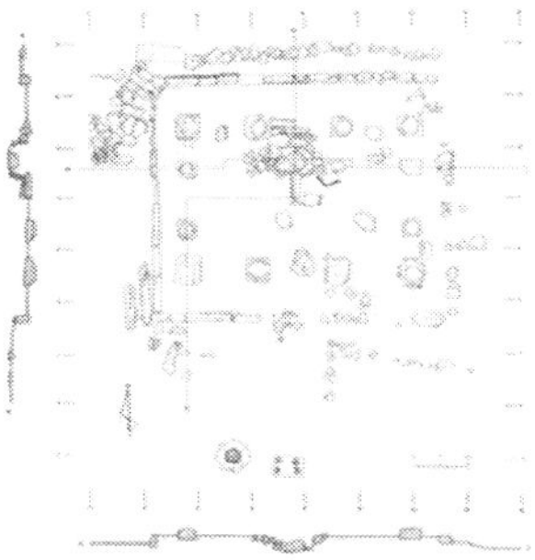

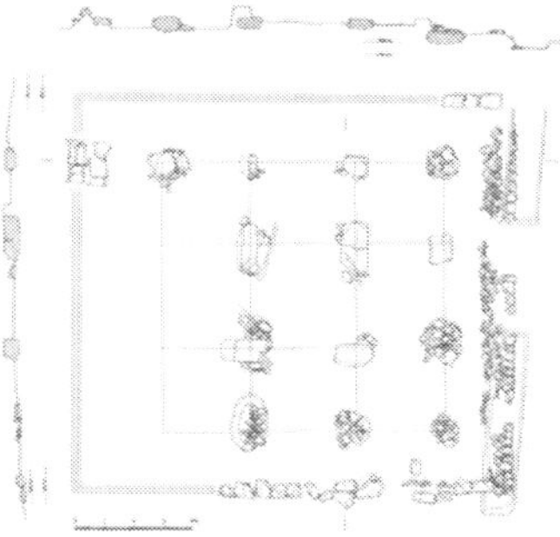

그림 73 (左) 인제 한계사지 발굴 평면도 (右) 경주 청룡사지 발굴 평면도

(2) 경주 천룡사지(天龍寺址)[5]

천룡사는 경주 남산 서남쪽에 위치한다. 『삼국유사』에 처음 등장하고 조선시대에도 기록이 나온다. 고려 초에 중건되고, 고려말 폐사 후 조선 초 재 중건되어 조선 후기까지 유지했던 것으로 보인다. 원래 수리사(高位寺) 또는 고사(高寺)라 했는데 고려시대 이후 천룡사로 불렀다고 한다.[6] 가구식 기단 석렬 약간 북쪽으로 정면 3칸, 측면 3칸의 건물지 1동이 확인되었다. 주칸 거리는 어칸이 3.6m, 협칸이 3m로 정면과 측면의 주칸이 동일하였다. 조선시대 금당으로 추정된다. 분청사기 외에는 조선백자 등

5) 『건축유적 발굴조사 자료집 사찰편Ⅱ(강원 · 경북 · 경남)』, 국립문화재연구소, 2007, pp.142-151.

6) 『천룡사지 발굴조사보고서』, 국립경주문화재연구소, 1998.

의 유물이 전혀 출토되지 않아 건물지의 상한은 15세기 후반을 넘지 않을 것으로 판단된다.

(3) 군위 인각사지(麟角寺址)[7]

인각사에 대한 사료는 대부분 위치에 대하여 소략하게 다루었을 뿐이며 연혁은 알 수 없다. 1362년의 『인각사무무당기(麟角寺無無堂記)』와 1721년의 『강설루중수기(講說樓重修記)』, 1962년 이도원의 중수기에 절의 상황에 대한 내용이 약간 전해진다.[8] 대웅전 건물지로 1934년 붕괴된 건물로 추정된다. 초석 6기, 적심석 8개소로부터 정면 3칸, 측면 3칸에 내부의 전면 내주열을 생략한 구조가 확인된다. 주칸거리는 정면 3.9m로 모두 동일하며, 측면은 어칸이 3.2m이고 양 협칸이 2.17m이다. 주칸거리는 정면 3.9m로 모두 동일하며, 측면은 어칸이 3.2m이고 양 협칸이 2.17m이다.

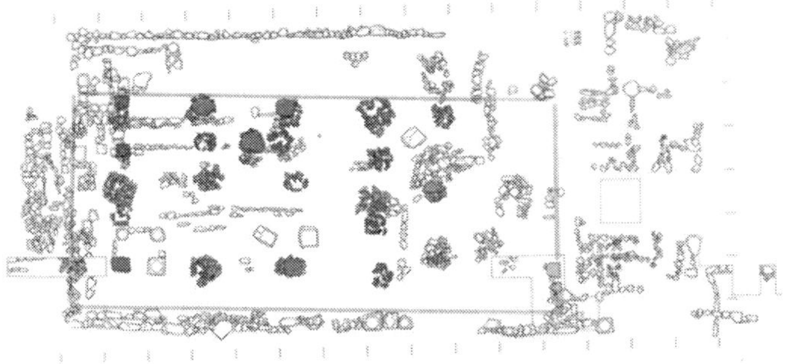

그림 74 (左) 군위 인각사지 발굴지 평면도

7) 『건축유적 발굴조사 자료집 사찰편Ⅱ(강원 · 경북 · 경남)』, 국립문화재연구소, 2007, pp.168-181.

8) 『화산인각사』, 경북대학교박물관, 군위군, 1993.

(4) 대구 달성군 대견사지(大見寺址)[9]

대견사의 정확한 창건 시기는 알 수 없다. 조선 초에 대견사장육관음석상(大見寺丈六觀音石像)이 땀을 흘렸다는 기록이 있으며, 그 후 쇠락했던 것을 1900년 영친왕(英親王) 즉위를 축하하기 위하여 중창했으나 1909년 다시 폐사되었다고 전한다. 주불전으로 예상되는 건물지 2호는 가장 큰 건물지이며 건물지 1호의 약간 서쪽에 있는데 처마가 서로 겹치게 된다. 조사 시작 전 부터 초석 일부와 연화대좌가 드러나 있었다. 정면 3칸, 측면 3칸으로 추정되며, 가로 11.2m, 세로 8.4m의 규모이다.

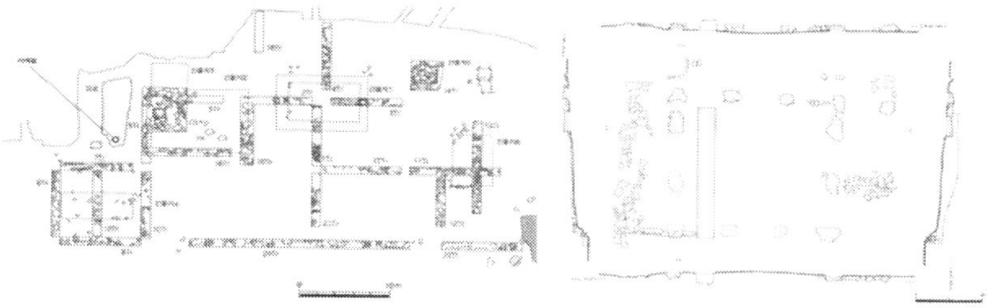

그림 75 (左) 대구 대견사지 건물지 추정 배치도 (右) 대전 보문사지 발굴지 평면도

(5) 대전 중구 보문사지(普門寺址)[10]

보문사지는 보문산(普門山)의 남서쪽 계곡 사이의 넓은 남향 대지에 위치한다. 보문사의 창건 연대는 정확히 알 수 없다. 조선시대의 기록으로 보문사가 공주 동쪽에 19세기 중엽까지 존재하다가 급격한 변화로 폐사되었다. 사역은 계단식으로 여러 단 축대를 쌓아 조성하였다. 중간의 석축에는 누각이 있었다고 생각되며, 맨 위의 석축 아래에는 괘불대가 있

---

9) 『달성 대견사지 시굴조사보고서』, 영남문화재연구원, 2004.

10) 『대전 보문사지 I 』, 한국문화재보호재단 · 대전광역시, 2000.

는 것으로 보아 금당지가 있었던 것으로 보이는데 민가가 들어서서 훼손되었다.

(6) 남원 실상사 백장암 2차 법당지(實相寺 實相寺 百丈庵 二次 法堂址)[11]

백장암은 남원 수청산 중턱에 위치, 법당, 칠성각, 산신각 등으로 이루어진 작은 암자이다. 백장암이라는 이름은 19세기 말 『호남읍지(湖南邑誌)』 운봉현 지도에서부터 볼 수 있다. 1913년의 『지리산실상사지(智異山實相寺志)』에 의하면 원래 큰 절이었던 백장사가 1679년 화재로 소실되자 실상사 터로 옮겨 중건하고, 현재의 실상사가 되고 백장사 자리에는 작은 암자만 남게 되면서 조선말에는 그 작은 암자가 백장암으로 불리게 된 것으로 보인다.[12] 2차 건물지는 삼층석탑 중심축선상에 배치되어있고 기단은 3차 건물지 기단보다 남쪽으로 약간 나가 있으며 양쪽에 대칭으로 부속건물이 있다. 건물 구조는 정면 3칸, 측면 3칸이며 전면과 측면 어칸이 양 퇴칸보다 넓다. 주칸거리는 전면의 경우 3.3m, 4.5m, 3.3m이며, 측면은 2.1m, 3.4m, 2.1m 내외이다.

(7) 남원 실상사 백장암 3차 법당지(實相寺 實相寺 百丈庵 三次 法堂址)[13]

남원 실상사 백장암 3차 건물지는 삼층석탑 중심축에서 약간 서쪽으로 치우쳐 조성되었고 기단이 2차 건물지보다 뒤로 물러나 있다. 정면 3칸, 측면 3칸이며 전면길이는 2차 건물지보다 약간 좁다. 주칸거리는 전면의 경우 2.4m, 3.9m, 2.4m이며, 측면의 경우 2.4m, 3m, 2.4m이다. 초석은 .크지 않은 자연석과 할석을 활용했고 기단은 얇고 평평한 석재를 수

11) 『건축유적 발굴조사 자료집 사찰편Ⅲ(전북 · 전남 · 제주)』, 국립문화재연구소, 2007, pp.48-55

12) 『남원 실상사 백장암』, 원광대학교 마한백제문화연구소 · 남원시, 2005.

13) 상동.

평으로 놓은 뒤 그 위에 대형 할석을 안으로 물려1~3단 쌓았다.

그림 76 (左) 남원 실상사 백장암 건물지 (右) 공주 주미사지 금당지 발굴 평면도

(8) 공주 주미사지(舟尾寺址)[14]

주미사지에 대한 가장 오래된 기록은 『동국여지승람』에 주미사가 주미산(舟尾山)에 있다고 한 것인데, 여기에 절의 연혁에 대한 언급은 전혀 없다. 조사지역 서쪽의 남북방향으로 완만한 경사지에서 조선시대 건물군이 발견되었다.[15] 조선시대 제1 건물지는 정중앙의 중정 북단에 남서향하여 위치하며 금당으로 추정된다. 정면, 측면 각 3칸 정도로 추정되는 건물이 중복된다. 초석, 적심석이 거의 같은 높이에 무질서하게 늘어서 있다. 초석은 윗면만 깎은 자연석이다. 건물의 규모는 동서길이가 9.9m로 주칸거리는 3.3m이고, 남북길이는 약 7.2m로 주칸 거리는 2.4m이다.

14) 『건축유적 발굴조사 자료집 사찰편Ⅰ(경기·충북·충남)』, 국립문화재연구소, 2007, pp.236-243.
15) 『주미사지』, 공주대학교박물관·공주시, 1999.

3. 현존 주불전과의 비교를 통한 자료 구축

이번 장에서는 발굴지의 면적을 기준으로 유사한 사례를 먼저 선택하였다. 그리고 면적과 연관성이 있다고 생각되는 비교항목으로서 정면/측면 길이의 비율을 가지고 비교를 하였다.

1) 대상 선정의 기준

(1) 현존하는 3x3칸 규모의 주불전

현존하는 건축물은 건립시기가 조선시대로 대상은 국가지정 시·도 지정 이상 문화재로 지정된 사찰 건물 중 금당, 혹은 금당, 법당 등 주불전 건물로 조선시대 금당과 비슷한 용도를 가진 건조물로 규정, 그 대상으로 하여 약 156동 중에서 평면 형식이 3×3칸 형태로 되어 있는 79개를 기준으로 하여 발굴 금당지와 비교 분석하였다.[16] 그 분석표는 아래 〈표 12〉 와 같다. 지역은 현 주소지를 기준으로 하여 조선시대 지역으로 분류 하였다. 서울 인천은 경기로 대구는 경북, 부산은 경남, 대전은 충남으로 하여 지역 분류하였다. 지역별로 분류하면 아래 표2와 같다.

표 14 현존하는 3x3칸 불전 지역 분포도

지역	강원	경기	경남	경북	전남	전북	충남	충북	제주	계
개소	7	11	7	18	13	10	9	4	0	79

이 표를 보면 조선시대 건립된 사찰 중 경북지역이 3×3칸 규모의 금당

16) 박상철, 「3칸3칸 불전의 구조 및 의장에 관한 연구」, 2002, 서울대 석사논문.

이 가장 많이 현존하고 있음을 알 수 있다. 이는 조선시대 건립된 사찰 건물을 복원과 고증하는 데 있어 현존하는 경북지역 사찰이 가장 좋은 자료가 될 수 있음을 의미하기도 한다.

2) 절대적 규모 요소에 의한 비교

절대적인 규모는 면적과 길이, 수치로 표현되고 절대 평가 항목으로 표현 할 수 있는 것을 말한다. 이에 따라서 ① 정면의 길이 ② 측면의 길이 ③ 면적 ④ 정면/측면 길이의 비율을 검토해보고자 하였다. 우선적으로 ① 정면의 길이가 유사한 현존 건물, ② 측면의 길이가 유사한 건물 ③ 면적이 유사한 현존 건물을 선택하고 그들 중에서 ④ 정면/측면 길이의 비율이 유사한 건물을 선택하는 방법을 사용하였다. 현존하는 건물의 선정기준은 국가지정 문화재로 등록된 문화재이며 시기는 조선(1392~1910)으로 한정 하였으며. 정면, 측면 길이, 면적, 정/측 비율은 ±3%의 오차 범의 안으로 정하고 산정하였다.

(1) **인제 한계사지** (寒溪寺址)

인제 한계사지 금당지는 정면 8,400mm 측면 5,600mm 면적은 47.04㎡이며, 정면과 측면 길이의 비율은 1.500이다. 현존하는 불전 중에서 정면 길이는 전등사 대웅전, 홍국사 대웅전, 화계사 대웅전. 측면 길이는 봉국사 대광명전, 홍천사 극락보전, 고산사 대웅전이다. 면적으로 유사한 불전은 봉국사 대광명전, 홍천사 극락보전, 죽림사 극락보전 등이 있다. 가장 유사한 불전으로는 죽림사 극락보전이다. 면적에서 1.44㎡, 약 3%정도 차이가 난다. 인제 한계사지와 비교 대상이 되는 현존 불전 중 길이를 기준으로 정면은 전등사 대웅전, 측면은 봉국사 대웅전이다. 면적의 비교 대상은 죽림사 극락보전이다. 다른 비교대상의 불전과는 달리 한계사지와 길이와 면적이 일치하는 현존 불전은 없고 근사치로만 존재하고 있다.

현존하는 불전 중에서 정면과 측면 길이 비율로 가장 유사한 것은 청암사 대웅전, 영랑사 대웅전, 불갑사 대웅전, 보살사 극락보전 등이 있다. 그 중에서 영랑사 대웅전, 청암사 대웅전의 정/측면 비율이 1.500으로 일치 하지만 면적에서는 59.54㎡, 69.36㎡으로 한계사지 금당지와 면적에서는 큰 차이를 보이고 있다. 정면과 측면 길이의 비율이 유사한 현존 불전은 존재하지만 면적과 정면과 측면 길이의 비율이 동시에 유사한 현존하는 불전은 없다고 할 수 있다. 인제 한계사지 복원 시 각 불전의 특성을 고려를 해야 할 것이다.

표 15 인제 한계사지 금당지와 현존 건물 유사성 비교

인제 한계사지 (寒溪寺址) 금당지			
구분	건물명	소재지	비고
정면 (8,400)	흥국사 대웅전	경기 남양주	8,593
	화계사 대웅전	서울 강북	8,240
	전등사 대웅전	인천 강화	8,416
측면 (5,600)	봉국사 대광명전	경기 성남	5,530
	흥천사 극락보전	서울 성북	5,495
	고산사 대웅전	대전 동구	5,850
면적(㎡) (47.04)	봉국사 대광명전	경기 성남	44.687
	흥천사 극락보전	서울 성북	44.894
	죽림사 극락보전	전남 나주	45.600
비율 (1.500)	청암사 대웅전	경북 김천	1.500
	영랑사 대웅전	충남 당진	1.500
	불갑사 대웅전	전남 영광	1.497
	보살사 극락보전	충북 청주	1.503

(2) 경주 천룡사지(天龍寺址)

경주 천룡사지 제1 건물지 금당지는 정면 9,600mm 측면 9,600mm 면적은 92.16㎡이며 정면과 측면 길이의 비율은 1.000이다. 현존하는 불전 중에서 정면 길이는 대흥사 대광명전, 영랑사 대웅전, 영국사 대웅전, 측면 길이는 신흥사 대광전, 범어사 대웅전, 천황사 대웅전등이 있다. 면적으로 유사한 불전은 불영사 대웅보전, 무위사 극락전, 개암사 대웅전등이 있다. 경주 천룡사지와 비교 대상이 되는 현존 불전 중 길이를 기준으로 정면은 대흥사 대광명전, 측면은 천황사 대웅전이다. 면적의 비교 대상은 무위사 극락전이다. 경주 청룡사지 금당지는 정면과 측면의 길이가 같은 정방형으로 비율이다. 면적으로 가장 유사한 무위사 극락전은 정면은 2,023mm 길며, 측면의 경우 1,658mm 짧다. 다른 비교대상의 불전과는 달리 경주 청룡사지 길이와 면적이 동시에 일치하는 현존 불전은 없고 근사치로만 존재하고 있다.

현존하는 불전 중에서 정면과 측면 길이 비율로 가장 유사한 것은 도리사 극락전, 봉원사 대웅전, 전등사 대웅전등이 있다. 그 중 도리사 극락전은 비율 1.000으로 일치하지만 면적에서는 51.965㎡, 길이에서는 3,260mm으로 큰 차이를 보이고 있다. 정/측 길이 비율이외에는 다른 비교에서는 전혀 유사점을 찾아볼 수가 없었다. 경주 천룡사지 제1 건물지 금당지는 면적과 정면과 측면 길이의 비율이 동시에 유사한 현존하는 불전은 없다고 할 수 있으며 복원 시에 각 불전의 특징을 고려해야 할 것이다.

표 16 경주 천룡사지 제1 건물지 금당지와 현존 건물 유사성 비교

경주 천룡사지 제1 건물지 금당지			
구분	건물명	소재지	비고

정면 (9,600)	대흥사 대광명전	전남 해남	9,570
	영랑사 대웅전	충남 당진	9,450
	영국사 대웅전	충북 영동	9,720
측면 (9,600)	신흥사 대광전	경남 양산	9,505
	범어사 대웅전	부산 금정	9,793
	천황사 대웅전	전북 진안	9,650
면적(㎡) (92.160)	불영사 대웅보전	경북 울진	92.979
	무위사 극락전	전남 강진	92.309
	개암사 대웅전	전북 부안	93.073
비율 (1.000)	봉원사 대웅전	서울 서대문	1.064
	전등사 대웅전	인천 강화	1.122
	도리사 극락전	경북 구미	1.000

(3) 군위 인각사지(麟角寺址)

군위 인각사지 3차 대웅전지는 정면 11,700mm 측면 7,540mm 면적은 88.218㎡이며, 정면과 측면 길이의 비율은 1.551이다. 현존하는 불전 중에서 정면 길이는 범어사 대웅전, 무위사 극락전, 신안사 극락전, 측면 길이는 보덕사 극락보전, 전등사 대웅전, 관룡사 대웅전, 면적으로 유사한 불전은 개심사 대웅전, 대원사 극락전, 미황사 대웅전등이 있다. 비교 대상이 되는 현존 불전 중 길이를 기준으로 정면은 신안사 극락적, 측면은 관룡사 대웅전이다. 면적의 비교 대상은 개심사 대웅전이다. 다른 비교 대상의 불전과는 달리 군위 인각사지 길이와 면적이 동시에 일치하는 현존 불전은 없고 근사치로만 존재하고 있다.

현존하는 불전 중에서 정면과 측면 길이 비율로 가장 유사한 것은 장육사 대웅전, 청곡사 대웅전, 율곡사 대웅전, 용천사 대웅전 등이 있다. 그 중에서 장육사 대웅전의 비율이 1.550으로 가장 유사하다. 하지만 면적에서 있어 53.985㎡로 현격한 차이를 보이고 있다. 군위 인각사지 3차 대웅전지는 개별 요소로는 유사한 현존 불전이 존재하지만 면적과 정면과 측면 길이의 비율이 동시에 유사한 현존하는 불전은 없다고 할 수 있으며 복원 시 각 불전의 특성을 고려를 해야 할 것이다.

표 17 군위 인각사지 3차 대웅전지와 현존 건물 유사성 비교

군위 인각사지 3차 대웅전지			
구분	건물명	소재지	비고
정면 (11,700)	범어사 대웅전	부산 금정	11,604
	무위사 극락전	전남 강진	11,623
	신안사 극락전	충남 금산	11,760
측면 (7,540)	보덕사 극락보전	강원 영월	7,503
	전등사 대웅전	인천 강화	7,500
	관룡사 대웅전	경남 창녕	7,545
면적(㎡) (88.218)	개심사 대웅전	충남 서산	88.818
	대원사 극락전	전남 보성	87.674
	미황사 대웅전	전남 해남	90.112
비율 (1.551)	장육사 대웅전	경북 영덕	1.550
	청곡사 대웅전	경남 진주	1.548
	율곡사 대웅전	경남 산청	1.561
	용천사 대웅전	경북 청도	1.561

(4) 대구 달성군 대견사지(大見寺址)

대구 대견사지 건물지 2호는 정면11,200mm 측면 8,400mm 면적은 94.080㎡이며, 정면과 측면 길이의 비율은 1.333이다. 현존하는 불전 중에서 정면 길이는 불갑사 대웅전, 미황사 대웅전. 위봉사 보광명전. 측면 길이는 구룡사 대웅전, 석남사 대웅전, 안국사 극락전이다. 면적으로 유사한 불전은 구룡사 대웅전, 불영사 대웅보전, 개암사 대웅전등이 있다.

대견사지 건물지 2호와 비교 대상이 되는 현존 불전 중 길이를 기준으로 정면은 미황사 대웅전, 측면은 안국사 극락전이다. 면적의 비교 대상은 구룡사 대웅전이다. 다른 비교대상의 불전과는 달리 대구 대견사지 길이와 면적이 동시에 일치하는 현존 불전은 구룡사 대웅전이 있다. 구룡사 대웅전은 측면과 면적에서 동시에 일치하고, 비율에서는 1.280으로 차이를 보이고 있다.

현존하는 건물 중에서 정면과 측면 길이 비율로 가장 유사한 것은 선암사 대웅전, 홍국사 대웅전 대둔사 대웅전 등이 있다. 그 중에서 선암사 대웅전, 홍국사 대웅전은 1.332로 일치에 가까운 아주 유사한 값을 보여주고 있다. 하지만 면적에서 135.075㎡, 164.679㎡로 현격한 차이를 보이고 있다. 면적과 정면과 측면 길이의 비율이 동시에 유사한 현존하는 불전은 없다고 할 수 있지만 측면 길이와 면적이 유사한 현존 불전이 존재하고 비율이 일치에 가까운 불전이 2채가 존재 한다는 것이 다른 발굴지와는 다른 양상을 보이고 있어 차후 대구 대견사지 복원 시 각 불전의 특성을 고려를 해야 할 것이다.

표 18 대구 대견사지 건물지 2호 와 현존 건물 유사성 비교

대구 대견사지 건물지 2호			
구분	건물명	소재지	비고
정면 (11,200)	불갑사 대웅전	전남 영광	11,141
	미황사 대웅전	전남 해남	11,250
	위봉사 보광명전	전북 완주	11,280
측면 (8,400)	구룡사 대웅전	강원 원주	8,572
	석남사 대웅전	경기 안성	8,227
	안국사 극락전	전북 무주	8,370

면적(㎡) (94.080)	구룡사 대웅전	강원 원주	94.060
	불영사 대웅보전	경북 울진	92.979
	개암사 대웅전	전북 부안	93.073
비율 (1.333)	대둔사 대웅전	경북 구미	1.335
	선암사 대웅전	전남 순천	1.332
	흥국사 대웅전	전남 여수	1.332

(5) 대전 중구 보문사지(普門寺址)

대전 보문사지 금당지는 정면 9,900mm 측면 5,500mm 면적은 54.450㎡이며, 정면과 측면 길이의 비율은 1.800이다. 현존하는 불전 중에서 정면 길이는 금탑사 극락전, 동화사 대웅전, 상주사 대웅전. 측면 길이는 봉국사 대광명전, 홍천사 극락보전, 고산사 대웅전이다. 면적으로 유사한 불전은 화계사 대웅전, 봉원사 대웅전, 장육사 대웅전등이 있다. 대전 보문사지 금당지와 비교 대상이 되는 현존 불전 중 정면 길이를 금탑사 극락전, 동화사 대웅전, 상주사 대웅전이 일치하고 있다. 측면은 홍천사 극락보전이다. 면적의 비교 대상은 장육사 대웅전이다. 다른 발굴지와 달리 정면 길이가 일치하는 현존 불전이 3곳이 존재한다. 하지만 다른 길이와 면적에서는 차이를 보이고 있어 길이와 면적이 동시에 일치하는 현존 불전은 없고 근사치로만 존재하고 있다.

현존하는 건물 중에서 정면과 측면 길이 비율로 가장 유사한 것은 죽림사 극락보전, 쌍계사 대웅전, 신광사 대웅전등이 있다. 그 중에서 신광사 대웅전의 정/측면 비율이 1.812로 가장 유사하다. 하지만 정면 8,700mm 측면 4,800mm 면적은 41.760㎡ 현격한 차이를 보이고 있다. 보문사지 금당지의 경우 정면 길이는 일치하고 측면의 길이에서는 유사한 현존하는 불전이 존재하지만 면적과 정/측면 비율로는 유사한 현존하는 불전은 없다고 할 수 있다. 대전 보문사지 금당지 복원 시 각 불전의 특성을 고려를 해야 할 것이다.

표 19 대전 중구 보문사지(普門寺址) 금당지 와 현존 건물 유사성 비교

대전 중구 보문사지(普門寺址) 금당지			
구분	건물명	소재지	비고
정면 (9,900)	금탑사 극락전	전남 고흥	9,900
	동화사 대웅전	전남 순천	9,900
	상주사 대웅전	전북 군산	9,900
측면 (5,500)	봉국사 대광명전	경기 성남	5,530
	흥천사 극락보전	서울 성북	5,495
	고산사 대웅전	대전 동구	5,850
면적(㎡) (54.450)	화계사 대웅전	서울 강북	52.653
	봉원사 대웅전	서울 서대문	56.638
	장육사 대웅전	경북 영덕	53.985
비율 (1.800)	죽림사 극락보전	전남 나주	1.824
	쌍계사 대웅전	전남 진도	1.775
	신광사 대웅전	전북 장수	1.812

(6) 남원 실상사 백장암 2차 법당지(實相寺 實相寺 百丈庵 二次 法堂址)

남원 실상사 백장암 2차 법당지는 정면 11,100mm 측면 7,600mm 면적은 84.360㎡이며, 정면과 측면 길이의 비율은 1.460이다. 현존하는 불전 중에서 정면 길이는 불회사 대웅전, 대원사 극락전, 불갑사 대웅전. 측면 길이는 @@@이다. 면적으로 유사한 불전은 상원사 대웅전, 보광사 대웅보전, 참당암 대웅전등이 있다. 남원 실상사 백장암 2차 법당지와 비교대상이 되는 현존 불전 중 길이를 기준으로 정면은 대원사 극락전, 측면은 상원사 대웅전이다. 면적의 비교 대상은 참당암 대웅전이다. 다른 비교대상의 불전과는 달리 남원 실상사 백장암 2차 법당지 길이와 면적이

동시에 일치하는 현존 불전은 없고 근사치로만 존재하고 있다.

현존하는 건물 중에서 정면과 측면 길이 비율로 가장 유사한 것은 봉국사 대광명전, 백흥암 극락전, 무위사 극락전등이 있다.

그 중에서 봉국사 대광명전의 정/측면 비율이 1.461으로 가장 유사하다. 하지만 정면 8,081mm 측면 5,530mm 면적 44.687 ㎡으로 백장암 2차 법당지와 현격한 큰 차이를 보이고 있다. 정면과 측면 길이의 비율이 유사한 현존 불전은 존재하지만 면적과 정면과 측면 길이의 비율이 동시에 유사한 현존하는 불전은 없다고 할 수 있다. 인제 한계사지 복원 시 각 불전의 특성을 고려를 해야 할 것이다.

표 20 남원 실상사 백장암 2차 법당지와 현존 건물 유사성 비교

남원 실상사 백장암 2차 법당지			
구분	건물명	소재지	비고
정면 (11,100)	불회사 대웅전	전남 나주	11,052
	대원사 극락전	전남 보성	11,070
	불갑사 대웅전	전남 영광	11,141
측면 (7,600)	보덕사 극락보전	강원 영월	7,503
	상원사 대웅전	강원 원주	7,620
	관룡사 대웅전	경남 창녕	7,545
면적(㎡) (84.360)	상원사 대웅전	강원 원주	83.286
	보광사 대웅보전	경기 파주	83.304
	참당암 대웅전	전북 고창	84.371
비율 (1.460)	봉국사 대광명전	경기 성남	1.461
	백흥암 극락전	경북 영천	1.458
	무위사 극락전	전남 강진	1.463

(7) 남원 실상사 백장암 3차 법당지(實相寺 實相寺 百丈庵 三次 法堂址)

남원 실상사 백장암 3차 법당지는 정면 8,700mm 측면 7,800mm 면적은 67.86㎡이며, 정면과 측면 길이의 비율은 1.115이다. 현존하는 불전 중에서 정면 길이는 신광사 대웅전, 보석사 대웅전, 고산사 대웅전. 측면 길이는 보광사 대웅보전, 성주사 대웅전, 동화사 대웅전이다. 면적으로 유사한 불전은 칠장사 대웅전, 백홍암 극락전, 상주사 대웅전등이 있다. 남원 실상사 백장암 3차 법당지와 비교 대상이 되는 현존 불전 중 길이를 기준으로 정면은 신광사 대웅전, 측면은 보광사 대웅보전, 동화사 대웅전이다. 면적의 비교 대상은 칠장사 대웅전이다. 다른 비교대상의 발굴지와는 달리 백장암 3차 법당지의 정면 신광사 대웅전, 측면 보광사 대웅보전, 동화사 대웅전이 길이가 각각 부분에서 일치하지만 면적에서는 일치하지 않고 있다. 길이와 면적이 동시에 일치하는 현존 불전은 없고 근사치로만 존재하고 있다.

현존하는 불전 중에서 정면과 측면 길이 비율로 가장 유사한 것은 보현사 대웅전, 수타사 대적광전, 전등사 대웅전등이 있다. 그 중에서 전등사 대웅전의 정/측면 비율이 1.122로 가장 유사하다. 하지만 정면 8,416mm 측면 7,500mm 면적은 63.12㎡로 차이를 보이고 있다. 백장암 3차 법당지의 경우 정면과 측면의 길이가 일치하는 현존하는 불전이 존재하지만 면적과 정/측면 비율로는 유사한 현존하는 불전은 없다고 할 수 있다. 복원시 각 불전의 특성을 고려를 해야 할 것이다.

표 21 남원 실상사 백장암 3차 법당지와 현존 건물 유사성 비교

남원 실상사 백장암 3차 법당지			
구분	건물명	소재지	비고

정면 (8,700)	신광사 대웅전	전북 장수	8,700
	보석사 대웅전	충남 금산	8,640
	고산사 대웅전	대전 동구	8,650
측면 (7,800)	보광사 대웅보전	경기 파주	7,800
	성주사 대웅전	경남 창원	7,840
	동화사 대웅전	전남 순천	7,800
면적(㎡) (67.860)	칠장사 대웅전	경기 안성	69.046
	백흥암 극락전	경북 영천	69.244
	상주사 대웅전	전북 군산	69.300
비율 (1.115)	보현사 대웅전	강원 강릉	1.162
	수타사 대적광전	강원 홍천	1.163
	전등사 대웅전	인천 강화	1.122

(8) 공주 주미사지(舟尾寺址)

공주 주미사지 금당지는 정면 9,900mm 측면 7,200mm 면적은 71.28㎡이며, 정면과 측면 길이의 비율은 1.375이다. 현존하는 불전 중에서 정면 길이는 금탑사 극락전, 동화사 대웅전, 상주사 대웅전. 측면 길이는 봉원사 대웅전, 파계사 원통전, 천은사 극락보전이다. 면적으로 유사한 불전은 관룡사 대웅전, 청암사 대웅전, 상주사 대웅전등이 있다. 공주 주미사지 금당지와 비교 대상이 되는 현존 불전 중 길이를 기준으로 정면은 3곳의 현존 불전인 금탑사 극락전, 동화사 대웅전, 상주사 대웅전이 일치하고, 측면은천은사 극락보전과는 일치한다. 면적의 비교 대상은 관룡사 대웅전, 청암사 대웅전, 상주사 대웅전이다. 면적의 비교 대상은 청암사 대웅전이다.

다른 비교 대상의 발굴지와는 달리 길이로 정면 3곳과 측면 1곳이 일치하는 현존 불전이 존재한다. 하지만 길이와 면적이 동시에 일치하는 현존 불전은 없고 근사치로만 존재하고 있다.

현존하는 불전 중에서 정면과 측면 길이 비율로 가장 유사한 것은 보광사 대웅보전, 안정사 대웅전, 개심사 대웅전 등이 있다. 그 중에서 개심사 대웅전의 정/측면 비율이 1.372로 가장 유사하다. 하지만 개심사 대웅전은 정면 11,043mm 측면 8,043mm 면적은 88.818㎡ 현격한 차이를 보이고 있다. 공주 주미사지 금당지의 경우 정면과 측면의 길이가 일치하는 현존하는 불전이 존재하지만 면적과 정/측면 비율로는 유사한 현존하는 불전은 없다고 할 수 있다. 복원 시 각 불전의 특성을 고려를 해야 할 것이다.

표 22 공주 주미사지 제1 건물지 금당지와 현존 건물 유사성 비교

공주 주미사지 제1 건물지 금당지			
구분	건물명	소재지	비고
정면 (9,900)	금탑사 극락전	전남 고흥	9,900
	동화사 대웅전	전남 순천	9,900
	상주사 대웅전	전북 군산	9,900
측면 (7,200)	봉원사 대웅전	서울 서대문	7,295
	파계사 원통전	대구 동구	7,110
	천은사 극락보전	전남 구례	7,200
면적(㎡) (71.280)	관룡사 대웅전	경남 창녕	69.353
	청암사 대웅전	경북 김천	69.360
	상주사 대웅전	전북 군산	69.300
비율 (1.375)	보광사 대웅보전	경기 파주	1.369
	안정사 대웅전	경남 통영	1.365
	개심사 대웅전	충남 서산	1.372

4. 주불전 복원을 위한 기초자료 고찰

본 연구에서 사용한 방식은 발굴지에서 얻을 수 있는 비교항목들을 순차적으로 적용하고, 현존하는 주불전중에서 자료로 활용 할 수 있는 범위를 확장하는 형태로 비교 항목의 수를 늘려간다면 다양한 방향으로 범위를 확장할 수 있을 것으로 보았다. 하지만 이러한 연구방법은 장단점을 가지고 있다. 하지만 그럼에도 불구하고 계속 시도 되어야 하는 이유는 현재 발굴지 복원에 대한 명확한 방식, 정형화된 데이터 구축방식이 정립되지 않았기 때문이다. 현재 복원을 위한 기초 자료는 복원 조사자 및 연구자가 각각 개별적 자료를 구축하여 사용하고 있다. 또한 지금까지는 복원을 위한 기초 자료를 각각 개별적으로 구축하여 복원 건물마다 서로 다른 방식을 사용해왔기 때문이다. 이 연구에서 이러한 과정을 시도함으로서 발굴지 복원에 대한 기초자료를 구축하는 일반적인 방식을 제안할 수 있을 것으로 보았다. 본 연구에서 사용한 연구방법론 이외에도 지역적 유사성을 찾기 위하여 문헌조사 항목과 만든 장인을 비교항목으로 도 할 수 있을 것이다, 하지만 그 문헌적 기록을 찾기가 궁궐 및 일부 건축분야를 제외하고는 찾기가 쉽지 않을 것으로 예상된다. 하지만 그렇게 된다면 문헌 조사를 통해 얻을 수 있는 항목과 장인과 관련된 항목, 지역적 유사성에 관한 항목을 만들 수 있을 것으로 다양한 기초 자료가 구축 될 수 있을 것이다. 여러 유사 사례 및 수많은 비교 항목을 이용하여 만든다면 보다 명확하고 풍부한 복원을 위한 기초자료로서 활용 가치가 높아질 것이다.

1) 비교항목에 관한 고찰

본 연구에서는 발굴지에서 찾아낸 절대적인 규모라고 할 수 있는 면적과 길이로 표현되는 것이 있다. 이에 따라서 현존하는 3x3칸형 주불전 건물 79채를 기준으로① 정면의 길이, ② 측면의 길이, ③ 면적, ④ 정면/측면 길이의 비율을 검토해보고자 하였다. 연관된 항목에 대하여 교차하여 현존 불전과 비교하는 방식을 사용하였다. 이에 따라서 ① 정면의 길이가 유사한 현존 건물, ② 측면의 길이가 유사한 건물, ③ 면적이 유사한 현존 건물을 선택하고 그들 중에서 ④ 정면/측면 길이의 비율이 유사한 건물을 선택하는 방법을 사용하였다. 이렇게 함으로서 1~3항목과 ④ 항목에 공통으로 유사한 현존건물을 찾아내는 것을 목표로 하였다. 공통으로 유사한 현존건물을 찾아내지 못하더라도 어떤 항목에 어떤 건물이 유사한지를 찾아내어 기초자료로서 사용할 수 있도록 한 것이다. 이러한 경우들을 종합하여 비교항목의 연관성과 기초자료의 타당성 등을 찾아보고자 하였다. 발굴지와 현존하는 주불전에서 정면, 측면 길이와 면적과 지역이 모두 일치하는 현존하는 건축물은 없었다. 그럼에도 불구하고 이러한 방식이 사용되어야 하는 점은 이제까지는 발굴지와 현존 주불전을 직접적인 수치 자료를 가지고 비교 분석하는 방식으로서 발굴지 복원을 위한 사례를 기초자료로서 수집하지 않았다는 점이다. 그래서 보편적인 기초자료의 구축방식을 찾는 사례연구로서 시도한 것이다.

특징으로는 첫째, 비교 항목의 선택과 비교 순서에 따라서 다른 서로 다른 결과를 만들어낼 수 있다는 점이다. 비교항목이 많아질수록 보다 정교한 사례를 찾아낼 수 있고, 보다 다양한 기초자료를 만들어낼 수 있다. 이는 복원을 위한 다양한 기초 자료를 구축할 수 있다는 것이며 이렇게 많은 자료가 모이게 되면 복원을 위한 자료로서의 가치와 사용될 가능성이 많아진다는 것을 의미한다. 둘째, 비교 항목의 폭넓은 확장성이다. 비교 항목을 교차하여 비교함으로써 서로의 연관성을 확인하고 비교항목의 상관성을 찾아낸다면 추후 복원할 때 기초자료를 정확하고 활용도가 높은 기초자료를 만들어 낼 수 있다는 것이다. 기초 자료의 비교항목의 연관성이 높다는 것은 복원계획에도 여러 항목에 대하여 고려했다는 것을 의미하기도 한다. 이 연관성은 비교 항목에 대하여 얼마나 많은 실질적은 사례를 적용하고 비교 하였는지도 기초자료서 신뢰도를 높여주기 때문이다.

2) 건물지와 선정 기준에 적합한 건물

발굴지와 현존하는 주불전중에서 ① 정면의 길이, ② 측면의 길이, ③ 면적, ④ 정면/측면 길이의 비율이 모두 일치하는 현존하는 건축물은 없었다.

인제 한계사지의 경우 ④ 정면/측면 길이의 비율이 영랑사 대웅전, 청암사 대웅전의 정/측면 비율이 1.500으로 일치 하지만 면적에서는 59.54㎡, 69.36㎡으로 면적과 길이 항목에서 큰 차이를 보였다.

경주 천룡사지의 경우 ④ 정면/측면 길이의 비율이 도리사 극락전은 비율 1.000으로 일치하지만 면적에서는 51.965㎡, 길이에서는 3,260mm으로 큰 차이를 보였다.

군위 인각사지의 경우 다른 비교대상의 불전과는 달리 군위 인각사지 길이와 면적이 동시에 일치하는 현존 불전은 없고 다면 ② 측면의 길이에서 관룡사 대웅전이 7,545mm로 5mm차이의 아주 유사성을 보였다.

대구 대견사지의 경우 일치하는 현존 주불전은 없었지만 ④ 정면/측면 길이의 비율에서 선암사 대웅전, 홍국사 대웅전은 1.332로 일치에 가까운 아주 유사한 값을 보여주고 있다. 하지만 면적에서 135.075㎡, 164.679㎡로 큰 차이를 보였다.

대전 보문사지의 경우 ① 정면의 길이에 금탑사 극락전, 동화사 대웅전, 상주사 대웅전이 일치하고 있다. ② 측면의 길이에서 홍천사 극락보전이 5,495mm로 5mm차이의 아주 유사성을 보였다.

남원 실상사 백장암 2차 법당지의 경우 일치하는 현존 주불전은 없었지만 ④ 정면/측면 길이의 비율에서 봉국사 대광명전의 정/측면 비율이 1.461으로 가장 유사하다. 하지만 정면 8,081mm 측면 5,530mm 면적 44.687 ㎡으로 백장암 2차 법당지와 현격한 큰 차이를 보였다.

남원 실상사 백장암 3차 법당지의 경우 ① 정면의 길이에서 신광사 대웅전, ② 측면의 길이에서 보광사 대웅보전, 동화사 대웅전이 일치 했다. 하지만 다른 항목에서는 큰 차이를 보였다.

공주 주미사지 의 경우 ① 정면의 길이에 금탑사 극락전, 동화사 대웅전, 상주사 대웅전. ② 측면의 길이에서 천은사 극락보전이 일치했다. 공주 주미사지의 경우 정면 3곳과 측면 1곳이 일치하는 현존 불전이 존재했다. 하지만 동시에 다른 항목과 일치하는 현존 불전은 없었다.

발굴지와 현존하는 주불전 건물 분석결과 ① 정면의 길이에서는 대전 중구 보문사지가 3개소, 실상사 백장암 금당지가 1개소, 공주 주미사지가 3개소 등 총 7개소가 일치했다. ② 측면의 길이에서는 실상사 백장암 금당지가 2개소, 주미사지가 1개소 등 3개소가 일치했다. ③ 면적부분에서는 발굴지와 일치하는 현존 건축물은 없고 다만 근사치 값으로 일치 하고만 있었다. ④ 정면/측면 길이의 비율에서는 인제 한계사지가 2개소, 경주 청룡사지 1개소가 일치했다. 대구 대견사지의 경우 선암사 대웅전, 홍국사 대웅전은 1.332로 일치에 가까운 아주 유사한 값을 보여주고 있다. 발굴지와 현존하는 주불전에서 정면, 측면 길이와 면적과 지역이 모두 일치하는 현존하는 건축물은 없었다.

표 23 3x3 칸 발굴지 와 일치 및 유사 현존 건물

유적명	건물지 명칭	정면	측면	면적	정/측 비율
인제 한계사지	금당지	전등사 대웅전			**청암사 대웅전** **영랑사 대웅전**
경주 천룡사지	제1건물지 금당지	대흥사 대광명전	천황사 대웅전	개암사 대웅전	**도리사 극락전**
군위 인각사지	3차 대웅전	신안사 극락전	관룡사 대웅전	개심사 대웅전	장육사 대웅전
대구 대견사지	건물지 2호	미황사 대웅전	안국사 극락전	구룡사 대웅전	선암사 대웅전 흥국사 대웅전
대전 보문사지	금당지	**금탑사 극락전** **동화사 대웅전** **상주사 대웅전**	흥천사 극락보전	장육사 대웅전	신광사 대웅전
남원 실상사 백장암	2차 법당지	대원사 극락전	상원사 대웅전	참당암 대웅전	봉국사 대광명전
	3차 법당지	**신광사 대웅전**	**보광사 대웅보전** **동화사 대웅전**		전등사 대웅전
공주 주미사지	제1건물지 금당지	**금탑사 극락전** **동화사 대웅전** **상주사 대웅전**	**천은사 극락보전**		개심사 대웅전`

위 〈표11〉은 정면, 측면 길이, 면적, 정/측 비율은 ±3 %의 오차 범의 안으로 정하고 산정한 내용을 표로 간략하게 정리 하였다. 오차 범위에서 벗어나는 항목은 빈칸으로 처리하고 일치하는 항목은 굵게 표시 하였다. 비교 대상이 되는 현존 건축물들 개별 요소로는 일치하거나 유사한 현존 불전이 존재하지만 면적과 정면과 측면 길이의 비율이 동시에 유사한 현존하는 불전은 없다고 할 수 있다. 이런 점은 주불전 복원 시 각각의 불전의 특성을 고려를 해야 할 것이다. 특히 측면 길이의 유사성은 기둥의 간격, 내주의 구성, 공포대 간격, 지붕의 형태, 건물의 볼륨 등 건물에서 상부가구를 받는 구조적 특성이 의장적 면모와 긴밀한 관련성을 있다. 이런 점을 들어 길이에서 차이를 보이지만 길이 비율이 맞음을 이용하여 참조 한다면 복원에 도움이 될 거라 생각된다.

5. 결론 : 현존 불전과 비교를 통한 기초자료구축의 특징

본 연구에서는 평면 규모가 조사된 조선시대 사찰 발굴지 주불전 복원을 위하여 발굴지 평면규모와 같은 현존 건물들과 서로 비교·분석하여 건물 복원에 사용될 수 있는 기초자료를 구축하는 방식에 대해 제안하고자 한 것이다. 현존 주불전에 대하여 여러 항목을 교차 비교함으로로써 여러 종류의 데이터를 만들 수 있다는 것을 알게 되었다. 기초자료를 구축함에 있어 비교 항목을 어떻게 선정하고 어떤 순서로 비교하고 사례를 선정하는 기준이 복원을 위한 기초자료를 구축하는 방식에 아주 중요한 요소로 작용 할 수 있다는 것을 알 수 있었다. 그리고 이러한 사례를 비교하고 서로의 연관성을 찾는 방법론으로 기초 자료를 구축하는 방법은 다양한 비교항목을 만들 수 있고 사례의 범위도 늘릴 수 있는 확장성이 아주 높은 방법론이라고 할 수 있다. 이러한 기초자료 구축 방법을 연구하고 시도 해봄으로써 복원하고자 할 때 사용 할 수 있는 보편적이고 객관적인 자료 구축방법을 제안 할 수 있었고 그 과정에서 방법의 오류와 문제점에 대해 지적하고자 하였다. 이러한 방식이 사용되어야 하는 점은 이제까지는 발굴지 복원을 위한 사례 및 자료 구축에 있어 발굴지와 현존 주불전을 직접적인 수치자료를 가지고 비교 분석하는 방식으로 하지 않았다는 점이다. 본 연구 방법의 특징은 발굴지와 현존 금당을 비교하는 여러 가지 방법 중에 비교적 명확한 데이터를 가지고 비교할 수 있다는 점이다. 따라서 이러한 기초자료들이 쌓인다면 점차 정확하고 효율적인 자료를 수집할 수 있을 것이라는 것이다.

본 연구를 통하여 본 3x3칸 형식으로 된 평면구성은 사찰 불전뿐만 아니라 동아시아 목조건축에서 중소규모이지만 사용목적과 내부 구성방식이 있는 전각에 다양한 용도로 두루 사용된 평면형식이다. 조선시대 사찰지 건물 복원뿐만 아니라 진정성을 화두로 하여 복원을 계획하고 있는 건물복원 방법에 새로운 자료를 제공 혹은 기초자료로 사용될 수 있을 것이라고 생각된다. 앞으로 복원 방법에 대한 연구가 점차 많이 진행될 것으로 기대한다.

표 24 분석 대상 현존 3×3칸 불전 목록

연번	건물명	소재지	정면	측면	면적	비율	지붕	처마	공포
1	수타사 대적광전	강원 홍천	7,628	7,942	60.581	0.960	맞배	겹처마	주심
2	보현사 대웅전	강원 강릉	7,699	6,200	47.733	1.241	맞배	겹처마	다포
3	영은사 대웅보전	강원 삼척	10,104	6,239	63.038	1.619	맞배	전겹 배홑	다포 하앙
4	신흥사 극락보전	강원 속초	12,314	9,793	120.591	1.257	맞배	겹처마	다포
5	보덕사 극락보전	강원 영월	10,217	6,558	67.003	1.557	팔작	겹처마	다포
6	구룡사 대웅전	강원 원주	10,973	8,030	88.113	1.366	맞배	겹처마	다포 주심
7	상원사 대웅전	강원 원주	10,930	8,850	96.730	1.235	팔작	겹처마	다포
8	화계사 대웅전	서울 강북	8,240	6,850	56.444	1.202	팔작	겹처마	다포
9	봉원사 대웅전	서울 서대문	7,764	11,115	86.296	0.698	팔작	겹처마	다포
10	흥천사 극락보전	서울 성북	8,170	7,110	58.088	1.149	맞배	겹처마	다포
11	봉국사 대광명전	경기 성남	8,081	11,965	96.689	0.675	팔작	겹처마	다포
12	전등사 대웅전	인천 강화	8,416	7,503	63.145	1.121	팔작	겹처마	다포
13	보광사 대웅보전	경기 파주	10,680	9,505	101.513	1.123	맞배	겹처마	다포
14	흥국사 대웅전	경기 남양주	8,593	7,020	60.322	1.224	맞배	정겹 배홑	다포
15	석남사 대웅전	경기 안성	9,968	7,996	79.704	1.246	팔작	겹처마	다포
16	청원사 대웅전	경기 안성	7,512	6,300	47.325	1.192	맞배	정겹 배홑	다포
17	칠장사 대웅전	경기 안성	10,220	7,456	76.200	1.370	맞배	겹처마	다포
18	용주사 대웅보전	경기 화성	11,515	6,690	77.035	1.721	맞배	겹처마	다포
19	범어사 대웅전	부산 금정	11,604	5,900	68.463	1.966	맞배	전겹 배홑	주심
20	신흥사 대광전	경남 양산	13,300	7,740	102.942	1.718	맞배	겹처마	다포
21	성주사 대웅전	경남 창원	10,290	8,227	84.655	1.250	맞배	겹처마	다포
22	율곡사 대웅전	경남 산청	10,696	7,360	78.722	1.453	맞배	겹처마	다포
23	청곡사 대웅전	경남 진주	12,220	9,650	117.923	1.266	맞배	겹처마	다포
24	관룡사 대웅전	경남 창녕	9,192	7,920	72.800	1.160	맞배	겹처마	다포
25	안정사 대웅전	경남 통영	9,300	8,700	80.910	1.068	맞배	겹처마	다포
26	파계사 원통전	대구 동구	9,180	8,644	79.351	1.062	팔작	겹처마	다포
27	백율사 대웅전	경북 경주	10,100	7,933	80.123	1.273	맞배	겹처마	다포
28	도리사 극락전	경북 구미	6,340	7,840	49.705	0.808	맞배	겹처마	다포
29	동화사 대웅전	대구 동구	12,200	6,890	84.058	1.770	팔작	겹처마	다포
30	용연사 극락전	대구 달성	10,980	7,800	85.644	1.407	팔작	겹처마	다포
31	선석사 대웅전	경북 성주	8,160	6,756	55.128	1.207	맞배	겹처마	다포
32	운문사 대웅보전	경북 청도	15,706	7,800	122.506	2.013	팔작	겹처마	다포
33	보광사 극락전	경북 청송	9,070	8,827	80.060	1.027	팔작	겹처마	다포
34	대둔사 대웅전	경북 구미	9,211	8,043	74.084	1.145	맞배	겹처마	다포
35	청암사 대웅전	경북 김천	10,200	5,010	51.102	2.035	팔작	겹처마	주심
36	김용사 대웅전	경북 문경	12,600	7,890	99.414	1.596	팔작	겹처마	다포
37	봉정사 대웅전	경북 안동	13,431	8,370	112.417	1.604	맞배	겹처마	다포
38	장육사 대웅전	경북 영덕	9,150	6,895	63.089	1.327	팔작	겹처마	다포
39	백흥암 극락전	경북 영천	10,050	7,545	75.827	1.332	팔작	겹처마	다포
40	불영사 대웅보전	경북 울진	10,524	7,500	78.930	1.403	팔작	겹처마	다포

연번	건물명	소재지	정면	측면	면적	비율	지붕	처마	공포
41	용천사 대웅전	경북 청도	9,840	7,847	77.214	1.253	팔작	겹처마	다포
42	대비사 대웅전	경북 청도	10,564	8,580	90.639	1.231	팔작	겹처마	다포
43	적천사 대웅전	경북 청도	10,560	7,000	73.920	1.508	팔작	겹처마	다포
44	대원사 극락전	전남 보성	11,070	8,572	94.892	1.291	팔작	겹처마	다포
45	쌍계사 대웅전	전남 진도	11,880	8,835	104.959	1.344	팔작	겹처마	다포
46	대흥사 대광명전	전남 해남	9,570	8,630	82.589	1.108	팔작	겹처마	팔작
47	무위사 극락보전	전남 강진	11,623	7,295	84.789	1.593	팔작	겹처마	주심포
48	금탑사 극락전	전남 고흥	9,900	7,700	76.230	1.285	맞배	전겹 배홑	다포
49	천은사 극락보전	전남 구례	10,950	6,810	74.569	1.607	팔작	겹처마	다포
50	죽림사극락보전	전남 나주	9,120	7,200	65.664	1.266	팔작	겹처마	다포
51	불회사 대웅전	전남 나주	11,052	8,010	88.526	1.379	팔작	겹처마	다포
52	동화사 대웅전	전남 순천	9,900	8,598	85.120	1.151	팔작	겹처마	다포
53	선암사 대웅전	전남 순천	13,415	7,348	98.573	1.825	팔작	겹처마	다포
54	흥국사 대웅전	전남 여수	14,816	6,180	91.562	2.397	맞배	겹처마	다포
55	불갑사 대웅전	전남 영광	11,141	6,300	70.188	1.768	맞배	겹처마	다포
56	미황사 대웅전	전남 해남	11,250	6,750	75.937	1.666	팔작	겹처마	다포
57	개암사 대웅전	전북 부안	11,861	10,069	119.428	1.177	팔작	겹처마	다포
58	내소사 대웅보전	전북 부안	12,300	6,240	76.752	1.971	맞배	겹처마	다포
59	위봉사 보광명전	전북 완주	11,280	7,980	90.014	1.413	팔작	겹처마	다포
60	신흥사 대웅전	전북 임실	10,300	6,620	68.186	1.555	팔작	겹처마	다포
61	참당암 대웅전	전북 고창	10,507	6,390	67.139	1.644	팔작	겹처마	다포
62	상주사 대웅전	전북 군산	9,900	5,940	58.806	1.666	맞배	정겹 배홑	다포
63	안국사 극락전	전북 무주	9,780	6,800	66.504	1.438	팔작	겹처마	다포
64	화암사 극락전	전북 완주	9,882	6,200	61.268	1.593	맞배	겹처마	다포
65	신광사 대웅전	전북 장수	8,700	6,750	58.725	1.288	맞배	겹처마	다포
66	천황사 대웅전	전북 진안	12,500	6,280	78.500	1.990	맞배	정겹 배홑	다포
67	갑사 대적전	충남 공주	8,620	5,530	47.668	1.558	맞배	겹처마	다포
68	보석사 대웅전	충남 금산	8,640	4,800	41.472	1.800	맞배	겹처마	전다 후익
69	신안사 극락전	충남 금산	11,760	5,495	64.621	2.140	팔작	겹처마	다포
70	영랑사 대웅전	충남 당진	9,450	5,027	47.505	1.879	맞배	정겹 배홑	전다 후익
71	고산사 대웅전	대전 동구	8,650	7,020	60.723	1.232	맞배	겹처마	다포
72	신원사 대웅전	충남 공주	11,400	6,900	78.660	1.652	팔작	겹처마	다포
73	개심사 대웅전	충남 서산	11,043	7,620	84.147	1.449	팔작	겹처마	다포
74	문수사 극락보전	충남 서산	10,650	7,442	79.257	1.431	팔작	겹처마	다포
75	고산사 대웅전	충남 홍성	6,382	5,850	37.334	1.090	맞배	겹처마	다포
76	각연사 대웅전	충북 괴산	11,530	5,000	57.650	2.306	맞배	겹처마	주심
77	신륵사 극락전	충북 제천	9,780	6,340	62.005	1.542	팔작	겹처마	다포
78	보살사 극락보전	충북 청주	9,440	7,350	69.384	1.284	팔작	겹처마	다포
79	영국사 대웅전	충북 영동	9,720	8,980	87.285	1.082	맞배	겹처마	다포

참고문헌

단행본
『한계사』, 강원대학교박물관 유적조사보고 제4집, 강원대학교박물관, 1985
『화산인각사』, 경북대학교박물관, 군위군, 1993
『천룡사지 발굴조사보고서』, 국립경주문화재연구소, 1998
『주미사지』, 공주대학교박물관 · 공주시, 1999
『대전 보문사지Ⅰ』, 한국문화재보호재단 · 대전광역시, 2000
『달성 대견사지 시굴조사보고서』, 영남문화재연구원, 2004
『남원 실상사 백장암』, 원광대학교 마한백제문화연구소 · 남원시, 2005
『건축유적 발굴조사 자료집 사찰편Ⅰ(경기 · 충북 · 충남)』, 국립문화재연구소, 2007
『건축유적 발굴조사 자료집 사찰편Ⅱ(강원 · 경북 · 경남)』, 국립문화재연구소, 2007
『건축유적 발굴조사 자료집 사찰편Ⅲ(전북 · 전남 · 제주)』, 국립문화재연구소, 2007

논문
김환철, 안대환, 조선시대 사찰의 3x3칸 주불전 건물지 복원을 위한 자료 구축에 관한 기초연구, 한국산학기술학회 Vol. 17, No. 9 pp. 163-177, 2016,
박상천, 전봉희 3칸 3칸 불전의 구조적 특성에 관한 연구 2001, 대한건축학회
대한건축학회 학술발표대회 논문집 - 계획계/구조계, Vol.21 No.2, [2001])
박상철, 「3칸3칸 불전의 구조 및 의장에 관한 연구」,2002, 서울대 석사논문
조경래, 「조선시대 3칸 불전건축의 비례체계 연구」, 2012, 동방대학원 박사논문